Boße | Voyage, Voyage

André Boße

Voyage, Voyage

Eine Reise durch
die französische Popmusik

RECLAM

MIX
Papier | Fördert gute Waldnutzung
FSC® C083411

2024 Philipp Reclam jun. Verlag GmbH,
Siemensstraße 32, 71254 Ditzingen
Druck und buchbinderische Verarbeitung:
CPI books GmbH, Birkstraße 10, 25917 Leck
Printed in Germany 2024
RECLAM ist eine eingetragene Marke
der Philipp Reclam jun. GmbH & Co. KG, Stuttgart
ISBN 978-3-15-011468-1

Auch als E-Book erhältlich

www.reclam.de

Inhalt

Playlist zum Buch

Wenn ich über Musik lese, brenne ich darauf, direkt zu erfahren, wie eine Band oder ein Song klingt, über die oder den ich gerade mehr erfahre. Die Playlist zum Buch finden Sie daher online unter reclam.de/voyage bzw. unter

Bestückt ist die Playlist mit allen Acts aus diesem Buch.

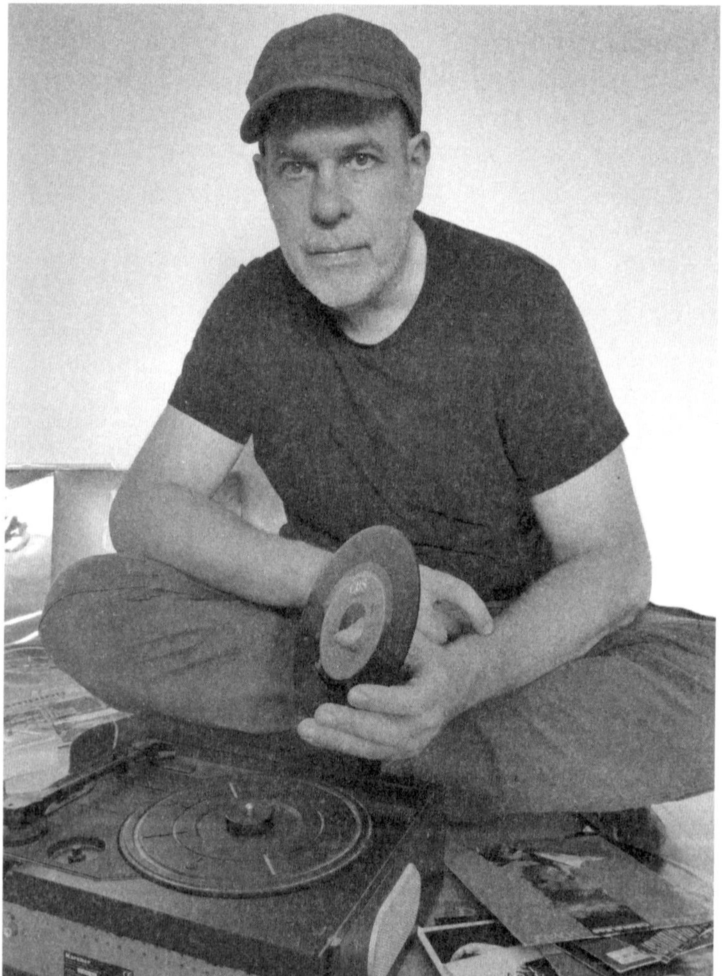

Der Autor, fotografiert beim Start seiner Entdeckungsreise

1 Message personnel

»Si le dégoût de la vie vient en toi
Si la paresse de la vie s'installe en toi
Pense à moi
Pense à moi«

»Wenn dich der Ekel des Lebens überkommt / Wenn sich die Trägheit des Lebens in dir festsetzt / Denk an mich / Denk an mich«

(Françoise Hardy: »Message Personnel«)

Sommerurlaub mit der Familie. Das Ziel ist ein Campingplatz am Lac de Serre-Ponçon in den französischen Alpen, die erste Station aber ist Lyon. Noch einmal in einem Hotel in der Stadt schlafen, bevor es dann für knapp drei Wochen ins Zelt geht. Mit dabei ist zum ersten Mal unser Hund, ein noch sehr junger Hund. Damit er im Auto schläft und nicht nervös herumheult, wird über Nacht gefahren – und geschlafen nur für wenige Stunden auf einem Rastplatz in der Nähe von Lyon. In aller Frühe geht es in diese Stadt, die drittgrößte Frankreichs, verwöhnt von gleich zwei Flüssen, der Rhône und der Saône, die hier zusammenfließen. Es ist heiß, den Hund zieht es an die Flussufer, die Kinder in Spezialgeschäfte für Mangas, uns Eltern ins Café.

Am frühen Nachmittag setzt die große Müdigkeit ein. Wir gehen ins Hotel, um uns Ruhe zu gönnen, Schlaf nachzuholen. Der Hund schläft als Erster, bald dösen alle. Nur ich nicht. Manchmal bin ich zu müde, um einschlafen zu können. Also wieder raus, das machen, was in jeder größeren Stadt, die ich besuche, eine Pflichtveranstaltung ist: nach den Plattenläden suchen. Es gibt davon in Lyon einige, viele haben aber mittags geschlossen. Geöffnet hat Fnac, eine recht seelenlose Elektronikmarktkette, jedoch mit gut sortierter Musikabteilung. Also hin. Ich schaue bei den LPs, mit der CD als Tonträger hatte ich eigentlich abgeschlossen. Ich nehme aber keine mit. Kurz vor einem längeren Zelturlaub auf glühend heißen französischen Campingplätzen ist es keine gute Idee, Vinyl zu kaufen, es schmilzt einfach weg. Pflichtschuldig schaue ich auf die CD-Regale. Auf einem Extratisch liegen stapelweise Alben von Alain Bashung, jede einzelne CD für sieben Euro, vier CDs für 20 Euro. Mein übermüdeter Kopf kommt zu dem Schluss, dass das ein ganz guter Deal ist. Ich bin ein großer Freund solcher Rabattierungen, weil sie meinem Kaufdrang ein mathematisches Argument schenken.

Von Alain Bashung kenne ich bereits einige frühe Platten von Ende der 70er und Anfang der 80er Jahre, damals spielte er einen sehr coolen, wenn man so möchte, unterkühlten Wave-Pop. Sein späteres Werk ist mir unbekannt. Dass er aber auch seit den 90ern einiges veröffentlicht hat, zeigt die Vielfalt der Alben auf dem Tisch. Ich nestele mein Handy aus der Tasche und rufe die Seite *Rateyourmusic.com* auf, ein großartiges Portal, in dem Musikfans aus aller Welt Alben und Singles beschreiben und bewerten – ein wunderbarer Fall von Schwarmintelligenz, denn die schiere Masse an Bewertungen nähert sich einem objektiven Urteil. Alben, die hier eine gute Durchschnittsnote vorweisen, sollten in der Regel auch Gehör finden. Und die Platten von Alain Bashung ab 1989 scheinen wirklich allesamt Anklang zu finden: Alben wie *Fantaisie militaire* aus dem Jahr 1998, *L'Imprudence* von 2002 oder *Bleu pétrole* von 2008 erhalten hohe Wertungen, schnell wird mir klar: Ich muss sie alle haben. Acht CDs bietet Fnac auf dem Extratisch, macht dank des Deals eben nicht 56, sondern 40 Euro. Da wäre ich ja schön blöd, nicht zuzugreifen.

Knapp drei Wochen liegen die CDs halbwegs schattig und sicher verstaut im Auto. Im Urlaub lese ich *Das Leben des Vernon Subutex* (2017–18), die Romantrilogie von Virginie Despentes, die vom Niedergang und von der Wiederauferstehung eines Plattenladenbesitzers in Paris handelt – und die mich auf das, was Bashung zu bieten hat, schon einmal vorbereitet. Nach den Ferien an zwei französischen Bergseen, ein weiteres Ziel unserer Reise war der Lac de Narlay im Jura, geht es zurück. Kaum läuft die erste Ladung Wäsche, lege ich Bashung in den CD-Spieler. Chronologisch beginne ich mit *Novice* aus dem Jahr 1989, ein dunkles Album mit verstörenden Liedern über kaputte Beziehungen – und hauptsächlich über eine kaputte Beziehung zu sich selbst. Das Interessante ist: Ich kenne diese Art von Musik, es steckt der New Wave von Joy Division oder The Cure darin, der Hang zur dunklen Ballade von Nick Cave, die Erzählkunst eines Serge Gainsbourg, die industrielle Kälte einiger Avantgarde-Acts aus Westberlin. Und doch schwingt bei dieser Musik auch etwas Eigenständiges mit. Eine alles überwölbende Melancholie. Eine Wortgewalt, für die man gar nicht unbedingt gut Französisch können muss, um sie zu erleben. Eine sprachliche Eleganz, die sich schon dadurch ergibt, dass sich bei den französischen *paroles* eine Vielzahl von Reimoptionen bietet. Betont werden die Endungen – und die Endungen der allermeisten Wörter sind dehnbar und demnach flexibel.

Es wird eine lange Nacht, in der ich alle acht Alben anhöre. Ich entdecke Lieder wie »La Nuit je mens«. Es ist ein überirdisch gutes Stück, nach Auskunft des Co-Autors Jean Fauque ein Lied über den französischen Widerstand gegen die deutschen Besatzer im Zweiten Weltkrieg. Vor allem aber ist es ein Song über einen nächtlichen Träumer, einen Menschen, der einen Verlust zu verarbeiten hat, auch in den Nächten, »Où subsiste encore ton écho« – »Wo noch immer dein Echo bleibt«. An den Liedern von Alain Bashung fasziniert mich das Gefühl, es mit einer sehr vertrauten Musik zu tun zu haben. Die Melodien in Moll und die ausschweifenden Arrangements, die Worte und die Geschichten, von denen sie erzählen, die sehr laut nach vorne gemischten Vocals und der Hang, Refrains lieber dreimal zu viel als einmal zu wenig zu singen: Ich kenne die Strukturen aus dem Irish Folk und der deutschsprachigen Rockmusik, von den Britpop-Platten, die ich liebe, und meinen Lieblings-Singer-Songwritern aus den USA.

Was mich ebenfalls fasziniert, hat vor allem mit mir selbst zu tun. Seit 40 Jahren höre, kaufe und sammele ich Platten. Ich widme dem Entdecken und Beurteilen von Musik sehr viel Zeit, schließlich ist es mein Beruf. Ich bilde mir ein, viel zu kennen und das, was neu ist, schnell einordnen zu können – das eingeübte Handwerk eines Journalisten. Und ich kenne einige Acts aus Frankreich, Bands wie Les Négresses vertes und Noir Désir, die Filmmusiken aus *La Boum* und *Die fabelhafte Welt der Amélie*, Künstlerinnen wie Camille und Zaz, neuere Stimmen wie Mathieu Boogaerts und Dominique A. Durch die Vielzahl der Alben von Alain Bashung merke ich allerdings, dass ich bisher gerade mal ein paar ausgeleuchtete Ecken dieses weiten Feldes ausgekundschaftet hatte. Dass es für mich noch unglaublich viel zu erobern gibt.

Warum ich Alain Bashung nicht schon früher entdeckt habe? Zufall, wahrscheinlich. Wobei, manchmal glaube ich, dass jede Musik, die zu mir dringt, ein Gespür dafür hat, wann sie bei mir einen Nerv trifft. Dass die Musik die Gabe besitzt, genau dann bei mir anzudocken, wenn die Zeit reif dafür ist.

Nach dieser langen Nacht mit Alain Bashung war für mich klar: Die Zeit ist reif. Reif für die Entdeckung französischer Musik – und zwar eben nicht (nur) die Chansons, sondern alles, was danach kommt: Yéyé, French Pop, Filmmusik, Alternative-Rock, Nouvelle Scène, Folk, Electro, Hip-Hop, Raï – (fast) alles! Weil ich die seltsame Eigenart habe, Musik besitzen zu müssen, um sie genießen zu können, kam die Entdeckungsreise via Streaming nicht in Frage. Und weil ich darüber hinaus die Eigenart habe, in Sachen Tonträgerformat auf Konsistenz zu achten, war die CD das Medium der Wahl. Schließlich hatte in der CD-Abteilung von Fnac alles angefangen. Über Monate bestelle ich bei Second-Hand-Stores Unmengen an französischer Musik, alles günstig zu haben, denn eine gebrauchte CD kostet heute weniger als ein Stück Butter. Unzählige Abende verbringe ich damit, mir dieses Feld zu erschließen, ohne auch nur einen Gedanken daran zu verschwenden, ob ich meine Erkenntnisse in eine Story verpacken könnte. Einfach mal wieder Musik hören, wie früher, ohne journalistische Verwertung im Hinterkopf – das ist großartig! Das soll bitte bleiben!

Na ja, dieses Buch zeigt: Es ist mir nicht ganz gelungen. Warum? Weil ich meine Begeisterung über die Musik aus Frankreich nicht länger für mich behalten kann. Diese Lieder machen mich beim Hören so glücklich, dass ich dieses Glück teilen muss. Alors, nous y voilà!

PS

Voyage, Voyage stellt die französische Popmusik in den Mittelpunkt, die mit den Yéyé-Jahren Anfang der 60er beginnt. Das Buch streift die traditionelle Chanson-Szene dann, wenn es Berührungspunkte mit dem French Pop gibt. Soweit nichts anderes angegeben ist, stammen die Übersetzungen von mir. Aufgebaut ist *Voyage, Voyage* wie ein guter Plattenladen, sortiert nach Namen, eingeteilt in mehr oder weniger eindeutige Kategorien. Der Schwerpunkt liegt auf den Alben. Genres, die etwas weiter vom Pop entfernt sind, werden knapper behandelt. Und eines versteht sich ohnehin: *Voyage, Voyage* stellt keinerlei Anspruch auf Vollständigkeit. Und auch nicht auf Objektivität.

2 Sieben Thesen

Sieben Thesen über französische Popmusik, die erklären, warum den Franzosen der Folk fehlt, wie Yéyé die Szene verändert hat und warum die 68er das Alte im neuen Gewand zurück auf die Agenda holten: eine kurze Kulturgeschichte der französischen Musik.

Bei meinen Recherchen habe ich mit verschiedenen Protagonistinnen und Protagonisten der Musikszene gesprochen, bei Begegnungen in Paris und in Köln, im Videotelefonat oder per E-Mail. Meine erste Frage lautete immer gleich: Was macht Popmusik aus Frankreich besonders? Die Antworten unterschieden sich, eine Tatsache, die mich erst irritierte, denn einheitliche Antworten zu erhalten, hätte die Sache für mich einfacher gemacht. So ist es ein bisschen kompliziert, aber viel interessanter. Beim Abhören der Interviews und Lesen meiner Notizen fällt mir auf, dass sich sieben Thesen entwickeln lassen. Keine Wahrheiten, sondern kluge und mit großen Gesten kommunizierte Behauptungen. Die – kein Zweifel – zusammengenommen dann doch die Wahrheit ergeben, über das, was Popmusik aus Frankreich so besonders macht.

PS: Der Musik der Künstlerinnen und Künstler, die in diesem Kapitel zu Wort kommen, widme ich mich später noch ausführlich.

I. Das Chanson entsteht aus Mangel an Volksmusik

Eine Schuldige findet Thierry Stremler schnell, er benennt sie mit großer Geste: »Dass Frankreich über keine originäre Volksmusik verfügt, liegt an der Französischen Revolution!« Ich treffe den Sänger und Komponisten kurz vor seinem Konzert in einem Kölner Brauhaus. Später, wenn er mit seinem Auftritt beginnen will, schaukeln die Kellner mit Unmengen an mit Fleisch beladenen Tellern durch den Schankraum; kaum vorstellbar, dass hier in wenigen Augenblicken ein Franzose am Piano die Gäste in seinen Bann ziehen soll. Als Stremler beginnt, braucht er ein paar Minuten, dann gehört der Raum ihm. Vor der Show stärkt er sich mit Brot und Käse und erzählt vom »esprit socialiste«, der mit Blick auf die Kultur im Zuge der Französischen Revolution entstanden sei. »Die Monarchie war furchtbar, keine Frage«, sagt Stremler, »aber das, was auf die Französische Revolution folgte, war mindestens verrückt.« Die Kultur sei zentralisiert, die Provinz kulturell ausgehungert worden. »Eine kulturelle Gleichschaltung«, schimpft er. »Kein Wunder, dass die Russen sich bei ihrer Revolution von uns inspirieren ließen.« Doch das Volk lässt sich seine Musik nicht so einfach nehmen. In den Landschänken rund um Paris, den »Guinguettes«, in denen sich das Volk vergnügt, entsteht die Liedform des Chansons: Lieder über das Leben der Leute, die Lust, aber auch den Frust. Man spricht vom »Chanson réaliste« – einer Art gesungener Sozialreportage. »Die vornehmen Leute hatten ihre Klassik, das Volk hatte die Chansons«, sagt Thierry Stremler. Zwischen den beiden Musikformen gibt es eine Art Sicherheitsabstand: Die eine wird in Kneipen gesungen, die andere in Konzerthäusern aufgeführt. Man kommt sich nicht in die Quere. Das ändert sich zu Beginn des 20. Jahrhunderts, als die Schallplatte den Massenmarkt erreicht. Ab jetzt kann Musik in einem Tonstudio aufgenommen, in einem Presswerk kopiert und zu Hause in den Wohnzimmern und Salons abgespielt werden. Die Chansons erreichen mit Hilfe der neuen Grammophontechnik nun auch die höheren Schichten. »Spätestens ab den 30er Jahren sind die Chansons in der Theorie für alle da, für die untere, die mittlere und die obere Schicht«, sagt Stremler. So wird das Chanson zur bestimmenden französischen Musikkultur.

II. In Frankreich singt nur, wer's kann

In Paris treffe ich die Sängerin Barbara Carlotti. Treffpunkt ist ein Café in der Nähe der Rue Oberkampf. Es ist Ende August, die Pariser kommen zurück, erzählen sich von ihren Ferien und ihren Plänen. Carlotti war im Sommer auf Korsika, der Heimat ihres Vaters. Und dort ist ihr etwas aufgefallen: »Die Menschen singen auf Korsika viel freier als hier auf dem Festland.« Auch deshalb habe sie es als Kind geliebt, mit der Fähre auf die Mittelmeerinsel überzusetzen: »Die Menschen haben im Café und auf der Straße gesungen, nicht nur auf der Bühne. Das ist etwas, das ich aus Paris und anderen französischen Städten nicht kenne.« Woran das liegt? Carlotti muss kurz überlegen, sagt, über etwas so Offensichtliches denke man zu wenig nach. Dann sagt sie: »Es hat sich im französischen Chanson eine Kultur des Genies entwickelt. Und Genies sind immer auch einschüchternd.« Édith Piaf ist das offensichtliche Beispiel: »Sie singt unglaublich laut, übertönt jedes Orchester, hat dieses Vibrato in der Stimme, das zusätzliche Dominanz ausstrahlt, ihre gesamte Performance ist ein Schauspiel.« Schnell entwickelt sich eine eigene Chanson-Sprache, die nichts mehr mit den Texten der Lieder aus den Kneipen zu tun hat. »Chanson wird zur Musik für das Revuetheater, fürs Cabaret«, sagt Barbara Carlotti. Und weil die bestimmende Musikkultur des Landes auf der Bühne ihre Heimat findet, verschwindet sie von der Straße.

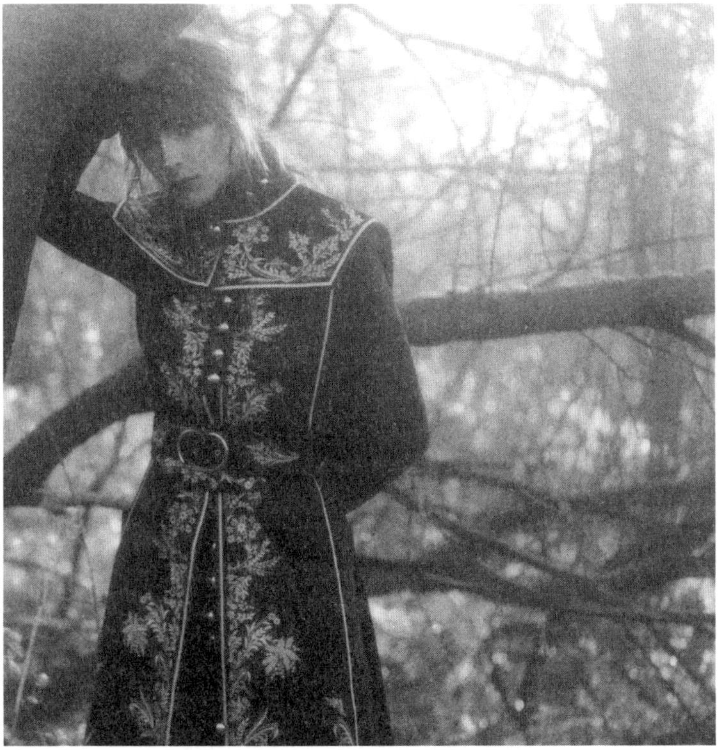

Fishbach

III. Das ganze Elend der Existenz wird in drei Minuten erzählt

Jedes Leben ist eine nicht enden wollende Folge an Problemen. Und dann stirbt man. Wie sollte man da nicht schwermütig werden? »Unsere Gefühls- und Denklandschaften werden von diesem Grundgefühl bestimmt«, erzählt mir Fishbach, eine Sängerin aus der neuen French-Pop-Szene. Vor kurzem hat sie mit Musikern aus Australien und den USA zusammengearbeitet, und immer, wenn sie eine Textidee hatte oder eine Melodie entwickelte, urteilten die anderen: »Ah, sehr französisch.« Es seien eben Akkorde in Moll und Texte voller Schwermut, die ihr vor allem in den Sinn kämen. »Die Melancholie ist ein bestimmender Teil unserer kulturellen Identität«, sagt Fishbach, das zeige sich auch im französischen Kino und in der Literatur. Während im deutschen Schlager Trost und bei den Songs des »Great American Songbook« Träume vermittelt werden, hadern die französischen Textdichterinnen und -dichter drei Minuten lang mit der Sinnlosigkeit der menschlichen Existenz – mit der Liebe als größtem Treppenwitz: Man hofft und bangt – und verliert am Ende doch alles. Weshalb für den Sex, diesen flüchtigen Moment der Erfüllung, unzählige Metaphern gefunden werden, um ihn immer wieder neu zu beschreiben. »Die französische Musik meiner Generation hat nicht mehr viel damit zu tun, wie in der Frühzeit des Chansons gedacht, gesprochen oder gesungen wurde«, sagt Fishbach, »aber die existenzielle Theatralik des Vortrags ist geblieben.« Was dazu führt, dass Lieder aus Frankreich, so harmlos sie auch beginnen mögen, spätestens mit der letzten Strophe ins Melodramatische kippen.

IV. Der Text kommt vor der Musik, das Ich vor allen anderen

Niemand würde behaupten, bei den Beatles oder Rolling Stones sei der Text wichtiger als die Musik. Bei der französischsprachigen Musik ist das anders. »Édith Piaf, Jacques Brel, Georges Brassens – sie alle benutzten die Musik, um das, was sie mit ihren Texten sagen wollten, emotional aufzuladen«, urteilt Albin de la Simone, ein Vertreter der Nouvelle-Chanson-Szene, in der alte Chanson-Traditionen mit Hilfe des French Pop neu gedeutet werden. Ich treffe ihn in Paris, in einem Café nahe der Métro-Station Gambetta, ganz in der Nähe des Grabs von Édith Piaf auf dem Friedhof Père Lachaise. Albin de la Simone spricht mit milder, leiser Stimme, doch man merkt, dass er mit diesem Werdegang der französischen Musik nicht einverstanden ist. »Wenn ich

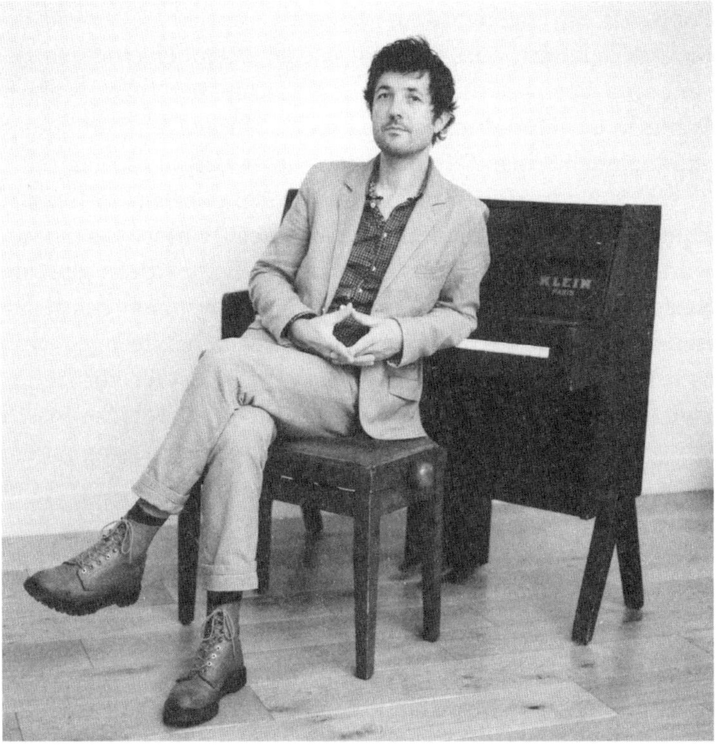

Albin de la Simone

in Frankreich Interviews zu einem neuen Album gebe, stellt man mir nur Fragen über die Texte. Niemals fragt mich jemand: ›Warum klingt das Piano so eigenwillig oder das Schlagzeug so sanft?‹ Die Texte sind alles – die Musik ist nicht so wichtig. Das ist eine Schande, darunter leide ich!« Albin de la Simone ist der Meinung, dass der Text die Musik missbraucht, um sich wichtiger zu machen, als er eigentlich ist. Nicht umsonst spricht man vom »Chanson à texte«.

Dominique A, ein Pionier der Nouvelle Scène, schreibt mir bei einem E-Mail-Austausch, dieser Hang seiner Landsleute, die Texte zu wichtig zu nehmen, sei schuld daran, dass Rock- und

Popmusik aus Frankreich nur gelegentlich außerhalb der Republik Erfolge landet. »Das Französische ist eigentlich eine sehr akzentarme Sprache, die phonetisch geschlossen ist und deren Stärke in der Monotonie sowie einem eher gedämpften, wenig expressionistischen Gesangsansatz liegt«, begründet er seine These. Singe man die Sprache mit zu viel poetischem Gestus, klinge sie gezwungen und sogar lächerlich. »Das ist der Grund, warum große Stars bei uns – Johnny Hallyday ist das perfekte Beispiel –, die sehr betont, mit vielen Effekten singen, das nicht-französischsprachige Publikum eher zum Lachen bringen, weil es sofort merkt, dass etwas nicht stimmt, dass der Vortrag erzwungen und unnatürlich ist, weil es nicht zur Sprache passt.« Umgekehrt klinge Gainsbourgs zurückhaltender Gesang für ein nicht-frankophones Publikum natürlich, »weil Gainsbourg ihn an die Sprache anpasst und nicht betont«.

V. Mit Yéyé holt sich die Jugend die Musik zurück

Singen die Franzosen den frühen Beatles-Hit »She loves you, yeah, yeah, yeah«, dann klingt das hinten wie »yé, yé, yé«. Womit bereits geklärt wäre, warum die französische Variante des 60s-Beats Yéyé genannt wird. Sie ist ab Anfang der 60er Jahre eine geschickt vermarktete Gegenbewegung zum »Chanson à texte«. »Wobei wir Franzosen den Rock'n'Roll und Rhythm'n'Blues nicht kopieren, sondern sofort unsere eigene Sauce darüber gekippt haben«, sagt Fredda. Ich treffe sie in Montreuil, einer östlichen Vorstadt von Paris. Hier gehen die Uhren offensichtlich anders, von der Pariser Hektik ist keine Spur. Der Wirt des Cafés ist so langsam, dass die Gäste das Holen und Wegräumen der Getränke selbst übernehmen. Fredda ist eine Sängerin der Nouvelle Scène, darüber hinaus betreibt sie mit Pascal Parisot, einem erfolgreichen Komponisten von Kinderliedern, die auch Erwachsenen gefallen, das Projekt Radiomatic, bei dem die beiden vergessene Hits der Yéyé-Ära aus der Versenkung holen. Eines

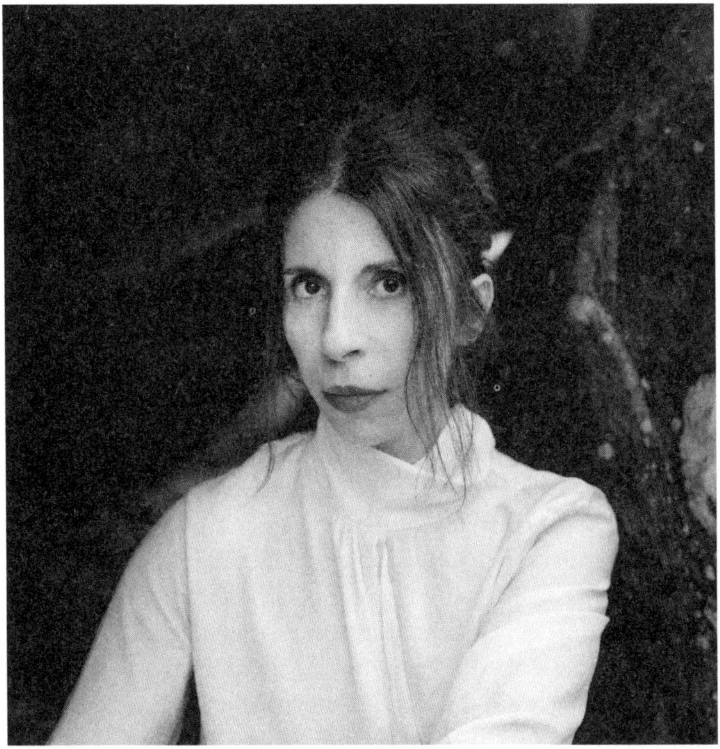

Fredda

ihrer Alben heißt *Cocktail Party*, der Titel passt perfekt zur Stimmung der Platte. »In der frühen Yéyé-Ära spielten die Texte keine große Rolle«, sagt Fredda. Junge liebt Mädchen, Mädchen liebt Jungen – die typischen Themen, Bubblegum-Pop. Daher ist es auch kein Problem, wenn die Stars der Yéyé-Szene auf Deutsch singen: Françoise Hardy singt »Ich steige dir auf's Dach« – und merkt erst viele Jahre später, was für eine unsägliche Eifersuchtslyrik sie hier singt. »Die alten Chanson-Künstler haben Vorlesungen mit musikalischer Begleitung abgehalten, durch den Yéyé-Sound klang Pop aus Frankreich plötzlich lässig«, sagt Fredda. Zu den Pionieren der Bewegung zählen Johnny Hallyday, der seine erste Platte 1960 veröffentlicht, die Band Les Chausettes noires um Sänger Eddy Mitchell, die ein Jahr später das Album *100 % Rock* veröffentlicht, das mit »Daniela« einen großartigen Track enthält, sowie Les Chats sauvages aus Nizza, die auf Hits wie »Est-ce que tu le sais (What'd I Say)« ihren Rock'n'Roll um Surf-Elemente ergänzen, als wäre das Mittelmeer ein Teil des Pazifiks.

VI. Auf den Barrikaden fließen Yéyé und Chanson zusammen

Die frühen 60er Jahre sind eine unschuldige Zeit, doch schon bald wendet sich das Blatt. Ab 1967 brodelt es in Frankreich. Aus Protesten gegen Sozialreformen entwickelt sich im Frühling 1968 eine antiautoritäre Revolte gegen den herrschenden Gaullismus und seine Idee eines zentralistischen und kulturell konservativen Staates. Es kommt zu einem Generalstreik, die Sorbonne wird besetzt, die Regierung überlegt, Panzer in Position zu bringen. Präsident Charles de Gaulle sucht Schutz in der französischen Botschaft in Deutschland. Im Nukleus der Revolte, an den Universitäten, entwickelt sich eine neue Welle von französischer Popmusik, die der Stimmung des Landes entspricht: »Düsterer und introspektiver als Yéyé, ließ Frankreichs Kulturrevolution die zuvor getrennten Welten von Chanson, Jazz, Pop und Filmmusik miteinander verschmelzen«, schreibt Bob Stanley, Mitglied der frankreichaffinen englischen Popband Saint Etienne, im Booklet zur von ihm zusammengestellten CD *Paris in the Spring* (2018). Vor 1968 ist der junge Yéyé-Sound lässig und das alte Chanson-Genre schwer. Beide Genres kommen sich nicht in die Quere. Ab 1968 fließt alles zusammen, wie Bob Stanley sagt: »Die Ernsthaftigkeit und Beobachtungsgabe des französischen Chansons sickerte fast zeitgleich mit dem Studentenaufstand und den darauffolgenden Streiks, die das Land lahmlegten, in den Pop.«

VII. Wenn alles geht, geht auch vieles schief

Es gibt auf der Welt unendlich viele Rock- und Popsongs in englischer Sprache, die musikalisch in Ordnung gehen, textlich aber eine Katastrophe sind. Kein Wunder, wenn der Musik in der Regel mehr Bedeutung zugewiesen wird als dem Text. In der französischen Musikszene ist es andersherum. Da trifft man auf musikalisch verhunzte Songs mit poetischen Texten. Auf einige davon komme ich später noch zurück. In meinem Gespräch mit Albin de la Simone wettert er nicht nur gegen die Überhöhung der Texte, sondern auch gegen die Willkür der Musik. Unvermittelt fragt er im Gespräch, ob die Zeit für eine längere Anekdote reiche, die den Charakter der französischen Popmusik verrate. Klar, sage ich. Und er erzählt: »Ich war Mitte der 2010er Jahre auf einem Festival in der Philharmonie de Paris eingeladen, zusammen mit Mina Tindle, einer britisch-französischen Sängerin. Sie ist die Frau von Bryce Dessner, dem Gitarristen der sehr bekannten amerikanischen Band The National. Er war an diesem Abend auch dabei. Das Festival stellte für den Abend eine Hausband, mit Streichern und Bläsern, eine ambitionierte Sache. Ich spielte zwei Stücke, Mina Tindle sang zwei, kurz danach folgte der Auftritt von Bernard Lavilliers, einem renommierten Sänger, seit Ende der 60er Jahre aktiv, ein wichtiger linker Denker. Ich erzählte Bryce von ihm: ›Gleich tritt eine Legende auf, ein echter französischer Star.‹ Und dann kam er, gekleidet in viel zu engen schwarzen Lederhosen, machte Ansagen auf Spanisch und sang Reggaesongs. Auf Französisch. Mit melancholischen Texten. Bryce guckte entgeistert und fragte: ›Was ist das denn für ein Scheiß?‹ Ich sagte: ›Das ist Reggaemusik, gespielt von Pariser Musikern, gesungen von einem schwermütigen Franzosen, der vorgibt, ein Südamerikaner zu sein.‹ Bryce konnte es nicht fassen, niemals würde es so etwas in den USA geben, und Mina und ich sagten ihm: ›Willkommen im Varieté Française, einem Ort, wo es alles geben kann.‹« Nur zwei Jahre später übrigens veröffentlicht Bernard Lavilliers mit 5 *minutes au paradis* ein wunderbares Album mit melancholischen Liedern, wie sie nur aus Frankreich kommen können. Was zeigt: In diesem Varieté ist immer alles möglich.

Also: Beginnen wir die Reise! Bon voyage!

3 Im Kino

Vladimir Cosma,
Yann Tiersen

Unsere Reise beginnt im Kino, wo französische Popmusik viele Filme unvergesslich macht und den Blick auf Feten, Fummeleien und Phantasien für immer verändert.

Vladimir Cosma

Unser Trip ins Herz der französischen Popmusik startet in Bukarest, wo im April 1940 Vladimir Cosma geboren wird, Sohn des berühmten rumänischen Dirigenten und Pianisten Teodor Cosma. Schon bald räumt der enorm talentierte Vladimir eine Reihe von Preisen an der staatlichen Musikuniversität ab. Mit 23 Jahren beginnt er sein Studium am Konservatorium in Paris. Sein Weg an die Seine ist nicht ungewöhnlich, zwischen Rumänien und Frankreich besteht seit vielen Jahren eine enge Verbindung. Besonders in den intellektuellen Kreisen Rumäniens ist der Einfluss der französischen Kultur und Sprache groß.

Der Umzug nach Paris ist für Vladimir Cosma kein Sprung ins kalte Wasser. Er kennt die französische Literatur, weiß um die Film- und Musikgeschichte. In der Stadt findet er schnell Kontakt zum Komponisten und Pianisten Michel Legrand; die beiden sprechen über ihre osteuropäischen Wurzeln (ein Teil von Legrands Familie stammt aus Armenien), über Jazz (Legrand spielt Klavier für Größen wie John Coltrane, Donald Byrd oder Django Reinhardt), über Filme (Legrand hat Ende der 50er Jahre Hollywood erobert), über Pop (zusammen mit Barbra Streisand hat Legrand 1966 das Album *Je m'appelle Barbra* veröffentlicht). Cosma wird Legrands Assistent, und weil sich dieser vor Aufträgen kaum retten kann, springt er ein, als der Regisseur Yves Robert 1967 jemanden für die Musik zu seinem Film *Alexander, der Lebenskünstler* sucht. Der Komödie, die von einem Bauern handelt, der sich als Müßiggänger neu erfindet, schenkt Cosma einen sehr gefühlvollen Soundtrack. Der Film wird ein Hit – und Cosma ist im Geschäft.

Schon bald arbeitet er mit vielen Größen des französischen Kinos zusammen, seine Spezialität: französischen Komödien eine Musik zu geben, die Leichtigkeit und Sentimentalität verbindet. Besonders gut gelingt ihm das bei den Motiven für die Filme *Der große Blonde mit dem schwarzen Schuh* (1972, mit Pierre Richard) und *Die Abenteuer des Rabbi Jacob* (1973, mit Louis de Funès). Hört man diese Lieder heute, fühlt man sich sofort zurückgeholt in die Kino- und Fernsehwelt der 70er und 80er Jahre; an die Tage des »Wunschfilms« im ZDF, der an Samstagen im Sommer per Telefon vom Publikum bestimmt wurde.

Als Komponist ist Vladimir Cosma auch verantwortlich für einen der größten Schmachtfetzen der deutschen Fernsehgeschichte: Für den Abenteuer-Vierteiler *Die Abenteuer des David Balfour*, den das ZDF im Advent 1978 zeigt, schreibt er das Thema »David's Song«: eine überzuckerte Dudelsackmelodie, auf ewig zu Tode verkitscht von der Kelly Family. Sagen wir so: Sein italienischer Maestrokollege Ennio Morricone hätte sich zu einer solchen Auftragsarbeit eher nicht hinreißen lassen. Cosma macht das nichts, und so gelingen ihm 1980 und 1982 zwei Arbeiten, die eine ganze Generation prägen: *La Boum*, Teil eins und zwei, alias: *Die Fete* und *Die Fete geht weiter*.

Die Jugendsprache der 70er und 80er Jahre wird von einigen

französischen Begriffen geprägt. Mehr oder weniger offene Bekanntenkreise heißen »Cliquen«, abgeleitet vom altfranzösischen Begriff dafür, Lärm zu erzeugen: clique, clique. Diese treffen sich zu einer »Fete«, das *accent circonflexe* des französischen »fête« schenkt man sich in der deutschen Adaption, weil damals niemand weiß, wo es auf der Schreibmaschine zu finden ist. Cliquen und Feten – um nichts anderes geht es bei *La Boum*. Beim so genannten Engtanz fließt alles zusammen. Im süddeutschen Sprachraum nennt man ihn den »Schieber« oder »Schleicher«, auch »Schwof« oder »Klammerblues« sind deutsche Bezeichnungen für das, was man im Französischen als »le slow« bezeichnet. Das Ziel ist klar: Die Lichter werden gedimmt, zwei Menschen finden zueinander und entrücken durch ihre Bewegungen in enger Umarmung langsam, aber sicher den Problemlagen, mit denen sich Teenager im Allgemeinen herumschlagen müssen. Man kann den Engtanz nicht lernen, es gibt keine festgelegten Figuren. Die Möglichkeiten, etwas falsch zu machen, sind jedoch unendlich. Kopf, Arme, Hände und Beine, alles kann falsch positioniert werden. Gut daher, dass uns der unangreifbare Meister dieser Kunst eine Lektion erteilt – ein Junge namens Alexandre Sterling.

In seiner Rolle als Mathieu macht er beim ersten Teil von *La Boum* Folgendes: Während die Clique wild zum 60er-Swing-Stück »Swingin' Around« tanzt (auch geschrieben von Vladimir Cosma), sieht Mathieu, dass sich Vic (gespielt von Sophie Marceau) eine kurze Auszeit am Fruchtsaftbuffet gönnt. Mit einem leichten Grinsen – als Zeichen der Gewissheit, gleich etwas Geniales zu tun – nähert er sich Vic von hinten und legt ihr seine Kopfhörer auf die Ohren. Auf seinem Walkman (Sony bringt das Gerät erst kurz zuvor auf den Markt) läuft ein anderer Song, ein Junge mit einer sanften Stimme behauptet, Träume seien seine Realität: »Dreams are my reality / The only kind of real fantasy«. Das ist inhaltlich Nonsens, passt aber zur Filmszene, denn obwohl Kopfhörer mit Lärmunterdrückungsfunktion im Jahr 1980 noch Zukunftsmusik sind, erschaffen sich Vic und Mathieu

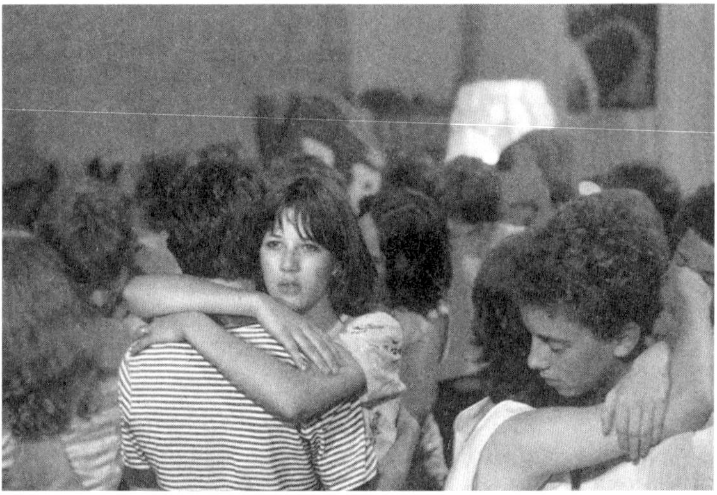

Alexandre Sterling und Sophie Marceau in *La Boum*, 1980

ein Engtanzparalleluniversum, zu einer Komposition, die erneut von Vladimir Cosma stammt.

In Frankreich wird der Film im Kino von 4,3 Millionen Menschen gesehen, im restlichen Europa von 15 Millionen. Hinzu kommen weitere Millionen, die Anfang der 80er Jahre noch zu jung fürs Kino sind und *La Boum* etwas später erst im Fernsehen oder in der Videothek für sich entdecken. Der gigantische generationenprägende Erfolg der beiden Teile hat mit Sophie Marceau zu tun, damals 14 Jahre alt und mit ihrem Pagenkopf sowie den weiten hellen Hemden und engen Jeans eine perfekte Besetzung für Vic. Der Film ist ihr Durchbruch als Schauspielerin; ein Jahr später versucht sie sich auch als Sängerin. Das Duett »Dream in Blue« mit François Valéry verschwindet aber schon beim ersten Hören konturlos im Trockeneisnebel, der im Video des Songs zu sehen ist. 1986 folgt ihr erstes und einziges Album *Certitude*, bei dem es jemand für eine gute Idee hält, ihren Augen auf dem Coverfoto eine grüne Zombie-Anmutung zu verpassen. Die Platte floppt, ist aber gar nicht so übel. Einen Weg in die digitale Welt hat sie jedoch nicht gefunden; wer sie hören möchte, muss nach ihr in Second-Hand-Vinylläden suchen – und wird sich wundern, wie viel Geld man für diese LP auf den Tisch legen muss.

Zurück zu *La Boum*: Der Erfolg des Filmes hat – doch, doch – auch mit der Story zu tun, mit dem Umzug der Familie nach Paris, mit dem zerbrochenen Idyll, weil Vics Vater ihre Mutter betrogen hat, mit den Irrungen und Wirrungen in Teenager-Cliquen und mit der Urgroßmutter Poupette, der einzigen Figur in diesem *La Boum*-Kosmos, die den Überblick behält und abgeklärt agiert. Eine französische Doku-Reihe, die sich der »Histoire de l'adolescence« widmet, identifiziert gar eine »La Boum génération«: Zu ihr gehören Teenager der 80er, die erkennen, dass ihre Eltern längst nicht so moralisch stabil sind, wie sie tun – und die daher einen eigenen Kompass entwickeln, für den der Wunsch nach Freiheit eine ähnlich große Rolle spielt wie romantische Vorstellungen über die Liebe.

Ohne die Musik von Vladimir Cosma keine »La Boum génération«, das ist wohl sicher. 27 Millionen Mal haben sich die zwei LPs mit den Liedern aus den Teilen eins und zwei verkauft, die beiden Filme sind Anfang der 80er Jahre in rund 20 Ländern erfolgreich, was kein Zufall ist: Regisseur Claude Pinoteau legt es darauf an, auch den Filmmarkt außerhalb Frankreichs zu erobern. Weshalb die Songs, die in beiden Teilen zu hören sind, nicht in Französisch, sondern in Englisch gesungen werden. Und zwar von englischen Acts.

Französische Interpreten, die im Ausland eine gewisse Bekanntheit besitzen – wie etwa Johnny Hallyday –, stehen zwar auch zur Diskussion. Cosma ist jedoch strikt dagegen. »Für mich musste der Sänger von ›Reality‹ ein Unbekannter sein, nur so konnte er zur ›Stimme‹ des Films werden«, sagt er in einem Interview mit der Wochenzeitung *Le Journal du dimanche*. Wie aber findet man einen noch unbekannten Sänger, der das Potential besitzt, einen Song zum Hit zu machen? Vladimir Cosma geht fast schon wissenschaftlich an die Sache heran, studiert die Charts, um herauszufinden, welche Sänger mit langsamen Liedern Erfolge erzielen. Danach veranstaltet er ein Casting und entdeckt Richard Sanderson, geboren in England, der Vater ist Schotte, die Mutter Französin. »Ich ließ ihn deshalb nicht auf Französisch singen, weil das den Dialog der Jugendlichen gestört hätte«, erklärt Cosma. »Auf Englisch, mit einer neutralen Stimme, ohne Vibrato, die nicht übertreibt, diente ›Reality‹ dem Film so, wie ich es mir vorstellte.«

»Reality« besitzt French-Pop-Gardemaß: Verhandelt wird eine Sehnsucht nach der großen Liebe, die Melodie ist so sanft wie der erhoffte erste Kuss: »Met you by surprise / I didn't realize / That my life would change for ever«. Weil Cosmas Strategie beim ersten Teil so gut aufging, wiederholt er sie zwei Jahre später für *La Boum 2*. Vic ist nun 15, ihre beste Freundin Pénélope hat bereits mit einem Jungen geschlafen, Vic trifft Philippe (Traumbesetzung: Pierre Cosso), aber auch Mathieu aus Teil eins taucht wieder auf, dazu der Student Félix mit seiner etwas älteren Intellektuellenclique. Am Ende siegt die innige, ehrliche, romantische Geste – dazu passt der Titelsong von Teil zwei: Vladimir Cosma lässt »Your Eyes« von der Reggae-New-Wave-Band Cook da Books aus Liverpool einspielen. Der Song kommt wieder an einer zentralen Stelle zum Einsatz: Vic und Philippe besuchen ein Konzert, die Menge jubelt und johlt, Feuerzeuge werden in die Luft gehalten. Sobald die Gruppe den Song »Your Eyes« anstimmt, verdichtet sich die Welt auf Vic und Philippe: »Something tells me this time it's real / The way that I feel«.

Übrigens erscheint 1988 noch ein dritter Teil von *La Boum*, Untertitel: »Die Studentin«. Das erneut von Vladimir Cosma komponierte Titelstück »You Call It Love« singt die Norwegerin Karoline Krüger. Kennen Sie nicht? Macht nichts. Die Clique hat sich Ende der 80er aufgelöst, die Fete ist vorbei.

Yann Tiersen

Ein Park im Kölner Norden, auf der Wiese tummeln sich die Kulturen, es wird gespielt, getrunken, gesungen. Im Café am See hat ein Dub-DJ seine Anlage aufgebaut, plötzlich bestimmen seine Bässe die Wiese. Das ist okay, es ist ein Sonntagnachmittag, das Wetter ist toll, der Sommer ist da – jede Musik ist willkommen. Als der DJ eine Pause einlegt, gerät eine Gruppe, die sich bislang unauffällig im Schatten aufgehalten hat, in Bewegung. Fünf Damen und Herren mittleren Alters setzen sich ihre Sonnenhüte auf, packen ihre Instrumente aus: zwei Akkordeons, Klarinette, Geige, allerhand seltsame Rhythmusinstrumente wie Schellenkranz, Fahrradklingel, Triangel, Glockenspiel. Die Gruppe hat Klappstühle dabei, kurz werden die Instrumente gestimmt, dann geht's los: Ein Akkordeon spielt im flotten Walzertakt eine einprägsame Melodie, die Klarinette intoniert ein Bassmotiv, die Geige und das Glockenspiel fügen dem Zauber immer neue Melodien hinzu, die sich von allein zu verdoppeln und zu verdreifachen scheinen. Die Musik erzeugt einen Wirbel, der alle auf dieser Wiese in ihren Bann zieht, Paare beginnen zu tanzen, Kinder zu hüpfen. Die Gruppe nimmt den Applaus entgegen, spielt drei weitere instrumentale Lieder dieser Art, bevor sie sich wieder in den Schatten verdrückt und der Dub-DJ übernimmt. »Das war Musik aus Frankreich, klar, aber woher kenne ich das noch gleich?«, fragt mich ein Freund. »Du kennst das aus dem Kino«, sage ich, »aus *Amélie*«.

Die fabelhafte Welt der Amélie ist *der* Konsensfilm des Jahres 2001. Nicht nur in Frankreich, wo er unter dem Titel *Le fabuleux destin d'Amélie Poulain* läuft, sondern in ganz Europa und sogar in den USA. Außerhalb Frankreichs spielt der Film mehr als 140 Millionen Dollar ein. Allein in Deutschland sehen über 3,2 Millionen Menschen *Amélie* im Kino. Der Film von Jean-Pierre Jeunet lebt von der Hauptdarstellerin Audrey Tautou, als Schauspielerin eine Projektion des scheuen, süßen, leicht verrückten Paris. Die Figur der Amélie steht für Einsamkeit und Phantasie. An die große Liebe glaubt sie nicht mehr, dafür findet sie ungehemmte Freude an den Kleinigkeiten des Lebens, zum Beispiel dem Knacken einer Crème Brûlée. Die Nachricht vom Tod von Lady Di, die im August 1997 in Paris bei einem Autounfall stirbt, bringt die Handlung in Gang: Amélie verlässt die Abgeschiedenheit ihrer Wohnung im Stadtteil Montmartre, widmet sich den Menschen sowie ihrem trauernden Vater. Erst kommt ein reisender Gartenzwerg ins Spiel, dann die Liebe.

Der Film zeigt ein Paris, wie man es nur im Kino findet: pralle Farben, wohlgesinnte Menschen, die auf Kopfsteinpflastern unterwegs und trotzdem gut gelaunt sind. Die gesamte Geschichte strebt in Richtung eines Glücks, das die Schwermut zwar kennt, dieser aber fortan aus dem Weg gehen will. Die Diversität von Paris taucht dagegen nicht auf, was dem Film böse Kritiken aus dem linken Lager einbringt. Nicht beklagt hat sich die Tourismusindustrie: *Amélie* wirkt auf die Reisenden aus aller Welt wie ein Magnet. Sie kommen nach Paris mit Bildern im Kopf, von Gartenzwergen und den großen Augen von Audrey Tautou, und mit Musik im Ohr, den Walzern aus dem Film, komponiert von Yann Tiersen. Kein Pariser, sondern Bretone. Was ein heftiger Unterschied ist.

Yann Tiersen, geboren 1970 in Brest, hat eine reichhaltige Diskographie vorzuweisen. Er studiert in Rennes Violine, Klavier und das Dirigieren, schreibt mit Anfang 20 Musik für die Bühne und für Kurzfilme. Seine besten Stücke aus dieser frühen Zeit sind auf dem Album *La Valse des monstres* aus dem Jahr 1995 versammelt. Auf dem Titelstück zeigt er seine Begabung für Kompositionen im Dreivierteltakt: Tiersen verbindet den Rhythmus der Musette, dem alten französischen Volkstanz, mit melancholischen Folk-Melodien der Bretagne. Auf seinem zweiten Album *Rue des cascades* ergänzt er die Stücke um Elemente, die an den Minimalismus von Steve Reich, an die Musik des Mittelalters oder an Ambient-Sounds von Brian Eno erinnern. Beim Titelstück singt die Künstlerin Claire Pichet mit glockenklarer Stimme, hier sind ätherische New-Wave-Gruppen wie Dead

Can Dance oder die Cocteau Twins nicht weit. Welche Vergleiche man auch immer sucht: Ohne dass Yann Tiersen selbst singt, ist seine musikalische Identität sofort herauszuhören.

Sein drittes, schwermütigeres Album *Le Phare* – »der Leuchtturm« – enthält mit dem melancholischen Lied »Monochrome« einen ersten kleinen Radiohit. Sänger des Songs ist Dominique A, ebenfalls Bretone und ein Star der neuen Chanson-Szene, mit der ich mich später noch intensiv beschäftigen werde. 2001, in dem Jahr, in dem Yann Tiersen mit dem *Amélie*-Soundtrack die ganze Welt in Verzückung versetzt, erscheint mit *L'Absente* ein lebensbejahendes Album, das selbst beim Lied über »Les Jours tristes« – »die traurigen Tage« – beschwingt daherkommt. Den englischen Text des Liedes singt der Nordire Neil Hannon von The Divine Comedy, auf dem *Amélie*-Soundtrack ist das Stück in der Instrumentalversion zu hören.

Der Soundtrack von *Amélie* verkauft sich weltweit mehr als zwei Millionen Mal. Film und Musik gehen eine Symbiose ein, schwer zu sagen, was von wem stärker profitiert hat. Yann Tiersen kann sich danach jedenfalls vor Aufträgen von Produktionsfirmen kaum retten. Die Zusage für das nächste Kinoprojekt erhält ein Film mit einer originär deutschen Geschichte: Der Bretone schreibt die Musik für *Good Bye Lenin!*, der Geschichte über einen Sohn, der seiner herzkranken und SED-treuen Mutter die Wahrheit über den Zusammenbruch der DDR verheimlichen will.

In den folgenden Jahren verfolgt Tiersen das Konzept, keinerlei Erwartungen zu erfüllen. Zuletzt veröffentlicht er ruhig dahinfließende Musik zwischen Ambient und Neoklassik, 2021 erscheint das Album *Kerber*. Der Name stammt von einem kleinen Weiler auf der Insel Ouessant, auf der Yann Tiersen seit einigen Jahren lebt. Bis Brest sind es mit der Fähre eineinhalb Stunden, die Route führt vorbei am Leuchtturm Phare de Kéréon, der ihn Ende der 90er Jahre zu seinem Album *Le Phare* inspiriert hatte. Etwas mehr als 800 Menschen leben auf Ouessant, der westlichsten Siedlung Frankreichs (lässt man die Überseegebiete weg). Paris, Montmartre, Amélie – alles das ist hier, in der keltischen See, weit weg. Nicht verwunderlich, dass Yann Tiersen seinen Beitrag zu einem der erfolgreichsten französischen Filme aller Zeiten eher als Missverständnis betrachtet. »Die Pariser Folklore und die ›Frenchness‹ des Films waren wirklich weit weg von meinen Stücken«, sagt er in einem Interview mit der britischen Tageszeitung *The Independent.* Seine Musik stehe eher in Verbindung mit der dunklen Seite, mit dem Tod, als mit den vollen Farben der künstlichen und wie aus einem Märchenbuch ausgedruckt wirkenden Welt der *Amélie.*

Cinq de plus

1. François de Roubaix

1967 gelingt dem Komponisten aus Paris ein bahnbrechender Soundtrack: *Le Samouraï* – deutsch: *Der eiskalte Engel* – erzählt vom Katz-und-Maus-Spiel eines Killers, gespielt von Alain Delon. Roubaix experimentiert für die Filmmusik mit Elektronik, erschafft einen Soundtrack, der kongenial zur mystischen Kälte und Dunkelheit des Settings passt. Roubaix' Mischung aus Elektronik und dem Bigband-Sound der späten 60er und 70er Jahre gibt seinen Arbeiten einen futuristischen Stil. Den Weg in die Popkultur findet das Hauptmotiv für den Film *Dernier domicile connu – Der Kommissar und sein Lockvogel*: Robbie Williams' Hit »Supreme« basiert auf dem Track, Missy Elliott samplet ihn für ihr Stück »All n My Grill«, bei dem auch der französische Rapper MC Solaar dabei ist.

2. Karl Heinz Schäfer

Ein Deutscher in Paris: Schäfer, Kind einer jüdischen Familie aus Frankfurt, flieht mit seinen Eltern vor den Nazis in die USA, kehrt für sein Studium in Heidelberg kurz nach Deutschland zurück, um sich schließlich in Paris niederzulassen. Er spielt in Bars, reist um die Welt, um neue Musik kennenzulernen, arbeitet in der Chanson-Szene als Arrangeur. Ab Anfang der 70er Jahre komponiert er Soundtracks, häufig für experimentelle Filme. Sein bekanntestes Werk ist die Musik für den Film *Les Gants blancs du diable*, einer Satire über eine Welt, in der die Politik und das Verbrechen abstruse Kooperationen eingehen. Schäfers Musik enthält alles, was man sich von französischen Soundtracks erhofft: Melancholie und Schönheit, Sinnlichkeit und Groove – und ein melodisches Grundmotiv, das einem nicht mehr aus dem Kopf geht.

3. Michel Colombier

Bereits mit 22 Jahren wird Colombier musikalischer Leiter für das Label Barclay, arrangiert Aufnahmen von Charles Aznavour, arbeitet mit allen großen Namen der französischen Musikszene sowie mit US-Größen wie Quincy Jones. Zusammen mit dem Klangforscher Pierre Henry nimmt er experimentelle Rockmusik auf, darunter 1967 das Stück »Psyché Rock«, das viele Jahre später zur Titelmusik der Cartoon-Serie *Futurama* (seit 1999) wird. Soundtracks schreibt Colombier seit Mitte der 60er Jahre, seinen größten Erfolg hat der Franzose in den 80er Jahren in Hollywood: Zusammen mit Prince ist er für den Soundtrack von *Purple Rain* verantwortlich.

4. Francis Lai

Kaum ein Film hat die frühen 70er Jahre so sehr geprägt wie das Melodram *Love Story*. Ich erinnere mich noch daran, dass das erste Tanzlokal in meiner Heimatstadt im Münsterland, das meine Eltern dann und wann besuchten, »Love Story« hieß. Als es 1982 schließt, sind auch in der westdeutschen Provinz die 70er Jahre vorbei. Die Story eines Paares nach einem Buch von Erich

Segal ist bemerkenswert, weil sie nicht gut ausgeht. Dazu passt das Thema von Francis Lai: Sein Instrumentalstück »Theme from Love Story« erhält bald Texte in vielen Sprachen, in Deutschland wird es als »Schicksalsmelodie« veröffentlicht, in Frankreich singt es Mireille Mathieu mit dem Titel »Une histoire d'amour«. Lai – bereits in den 50er Jahren Musiker für Édith Piaf und viele andere Granden der Szene – zeigt sein Gespür für sinnliche Klänge auch bei anderen Projekten: Er komponiert den besonders in Deutschland sehr erfolgreichen, elektronischen Soundtrack für David Hamiltons weichgezeichneten Erotikfilm *Bilitis* (1977) sowie für *Das Traumschiff* (seit 1981).

5. Michel Legrand

Legrands Vater Raymond zählt als musikalischer Leiter für Ikonen wie Édith Piaf oder Maurice Chevalier zu den großen Namen der Chanson-Szene kurz nach dem Zweiten Weltkrieg. Sein Sohn Michel tritt zunächst in seine Fußstapfen, fokussiert sich ab Ende der 50er Jahre auf die Filmmusik. Mit seinen Kompositionen für das Musical *Les Parapluies de Cherbourg – Die Regenschirme von Cherbourg* (1964) – bringt er französische Alltagskultur auf die große Leinwand, einen Oscar erhält er für seinen Song »The Windmills of Your Mind« aus dem Film *Thomas Crown ist nicht zu fassen* (1968); in der französischen Fassung des Songs wird der Ort der Windmühlen vom Kopf ins Herz verlagert: »Les Moulins de mon cœur«. Eine in Deutschland besonders beliebte Komposition von Legrand kennen Sie aus dem Kinderfernsehen: Er schreibt das Thema der edukativen Zeichentrick-Serie *Il était une fois … la Vie*, die in Deutschland unter dem Titel *Es war einmal … das Leben* läuft und in den 80er Jahren mehr Kinder aufgeklärt hat als die *Bravo* oder das Elternhaus.

4 Serge Gainsbourg

Serge Gainsbourg ist für den French Pop, was Mutterboden für die Natur ist. Er ist die Basis. Er lässt andere gedeihen. Ohne ihn wäre alles nichts – oder zumindest ganz anders verlaufen.

In diesem Buch begegnet uns Serge Gainsbourg an vielen Stellen. Er ist Liebhaber und Liedschreiber, Impulsgeber und Querulant, Provokateur und Gangsterfigur. Dieses Kapitel erlaubt sich daher ein paar Lücken, die ich später füllen werde.

Die Familie Ginsburg ist jüdisch, besitzt ukrainisch-russische Wurzeln. Ihr Sohn Lucien kommt am 2. April 1928 in Paris zur Welt. Beide Eltern sind Musiker, fliehen Anfang des 20. Jahrhunderts vor den Bolschewiken über Istanbul zunächst nach Marseille, lassen sich bald in Paris nieder. Lucien lernt Klavier spielen, ist als Teenager mit seinem Vater unterwegs, um im Sommer an Badeorten am Atlantik zu musizieren, im Süden in Arcachon, im Norden in Le Touquet. Monsieur Ginsburg will, dass sein Sohn Maler wird, so wie er selbst einer werden wollte. Als Lucien Anfang der 40er Jahre sein künstlerisches Studium beginnt, leidet er als jüdischer Student unter dem Einfluss der deutschen Besatzungsmacht. Die Familie zieht von Paris in Richtung Süden, in die Region Limoges, gelegen in der »zone libre«, wie das nicht von den Deutschen besetzte Gebiet genannt wird. Lucien besucht unter falschem Namen ein Internat, lebt in ständiger Angst, entdeckt zu werden. Nach der Befreiung zieht die Familie zurück nach Paris. 1948 wird Lucien zum Militärdienst eingezogen. Er verweigert Befehle, wird in Arrest genommen, darf keinen Heimaturlaub nehmen. Seine Kompensation: Saufgelage mit Kameraden.

Zurück in Paris arbeitet er als freier Zeichenlehrer. Zusammen mit seiner ersten Frau Élisabeth Levitsky bewohnt er eine Wohnung mit Zugang zu einem Musikstudio, in dem amerikanische Jazzbands aufnehmen. Er verfällt der verrauchten, von Alkohol geprägten Atmosphäre dieser Sessions und trifft die Entscheidung für die Musik, gegen die Malerei. Als Barmusiker kehrt er zurück nach Le Touquet, einem bei Parisern beliebten Badeort, in dem er schon mit seinem Vater gastiert hat. Dort spielt er vor Touristen. Bald gastiert er auch in den Jazzkellern von Paris, wo er verschiedene Pseudonyme ausprobiert und sich schließlich für Serge Gainsbourg entscheidet. »Weil es aggressiver und russischer klingt als sein Geburtsname«, verrät mir seine langjährige Lebensgefährtin Jane Birkin bei einem der zwei Interviews, die ich mit ihr führen durfte. Lucien? »Das war für ihn einer dieser französischen Namen, der über Frisörsalons steht.«

Beeinflusst wird der junge Gainsbourg besonders von Schriftsteller, Trompeter und Sänger Boris Vian, der deutlich giftigere Texte schreibt als die Konkurrenz. Gainsbourg erkennt die Wirkung der Provokation, ist aber schüchtern. 1957 soll er sein erstes Konzert spielen, sein Lampenfieber steigt ins Unermessliche. Serge Gainsbourg hält sich für zu hässlich, für zu wenig talentiert. Als er dann auf der Bühne singt, ist es, als übernehme ein anderes Ego. Ein selbstbewusster Zyniker, eine neue Stimme für das französische Chanson. Auf die Malerei, seine eigentliche Leidenschaft, entwickelt er einen regelrechten Hass, er zerstört die meisten seiner Bilder, auch die Ehe geht zu Bruch.

Sein erstes Album *Du chant à la une! …* erscheint im Jahr 1958. Kaum jemand kauft es, doch begeistert es die wichtigen Personen aus der Musikszene. Boris Vian vergleicht Gainsbourg mit dem amerikanischen Jazzsänger Cole Porter. Gainsbourgs Metier ist eine Form des Chansons, das perfekt in die Jazzkeller von Paris passt. Seine Lieder sind cooler, reduzierter – und: Sie haben den Blues. Das ist damals beinahe ein Alleinstellungsmerkmal. Auf dem Album befindet sich mit »Le Poinçonneur des Lilas« ein früher Klassiker. Der titelgebende Fahrkartenknipser aus der östlichen Pariser Vorstadt Les Lilas ist ein Mann, der vom Meer und Amerika träumt, der weg möchte, aber immer weiter Löcher zu knipsen hat. Übrigens, die neue Métro-Station der Linie 11 in Les Lilas wird zu Ehren des Künstlers den Namen »Serge Gainsbourg« tragen; noch zu Lebzeiten hat Jane Birkin der Idee des Bürgermeisters von Les Lilas zugestimmt. Zurück zur ersten LP: Wer darauf Spuren seiner späteren Themen sucht, findet sie beim Stück »L'Alcool«, das bereits alles enthält, was ein Gainsbourg-Stück auszeichnet: das Selbstmitleid, die Abscheu, den Suff, die Enttäuschungen, »et le sens d'ironie« – »und den Sinn für Ironie«.

Im hohen Tempo wird Ginsburg zu Gainsbourg. Der Song vom »Intoxicated Man« vom eleganten Album *No. 4*, veröffentlicht 1962, ist Cool-Jazz mit einer begnadeten Gesangsperformance, Gainsbourg singt von einem Mann, der in zu hoher Dosis trinkt, pinke Elefanten sieht, Spinnen auf seinem Smoking, Fledermäuse an der Decke. Am Ende kann ihn nicht mal die Liebe retten: »L'amour? Ne me dit plus grand chose« – »Die Liebe? Sagt mir nicht mehr viel«.

Im gleichen Jahr komponiert Gainsbourg für Juliette Gréco das Lied »Accordéon« und beweist, dass er spielend die Erwartungen des Publikums bedienen kann. Das Stück über einen Pariser Musiker und sein Instrument (»Ils sont comme cul et chemise« – »Sie sind wie Arsch und Hemd«) besitzt den Dreivierteltakt der Musette, der Text verhandelt Nostalgisches und das elendige Leben eines Musikers. In der Bundesrepublik wird das Stück von Alexandra gesungen, mit einem deutlich seichteren Text. Später wird es auch von Element of Crime gespielt, Sänger Sven Regener bezeichnet »Accordéon« im Podcast der Band als »inoffizielle Hymne Frankreichs«, was nur ein wenig übertrieben ist.

Gainsbourg hätte diesen Weg als Dienstleister fürs französische Publikum weiterverfolgen können. Stattdessen folgt 1964 ein Album, das klingt, wie kein anderes auf der Welt. *Gainsbourg Percussions* ist ein wilder Ritt durch die Welt afrikanischer Rhythmen und tropischer Gesänge – und damit eines der ersten Weltmusikalben überhaupt. Das Stück »Joanna« besteht ausschließlich aus wuchtigen Rhythmen und Gesängen, am Ende wirkt es, als habe Gainsbourg Stimmen in den Mix gesampelt – dabei ist der Hip-Hop noch gar nicht erfunden. Beim folgenden Lied »Là-bas c'est naturel« hört man Affen schreien, »New York – USA« basiert auf der Bearbeitung eines traditionellen Lieds des westafrikanischen Volkes der Yoruba. Im Original flehen Passagiere einen Zugführer an, sie an Bord gehen zu lassen. Gainsbourg macht daraus einen Song aus der Perspektive eines staunenden und etwas dümmlichen Touristen: Empire State Building, Rockefeller Center, Waldorf Astoria, wie hoch das alles ist – »oh! c'est haut!«

Mitte der 60er Jahre wird Paris vom Pop erobert. Die Musik zieht es raus aus den Jazzkellern, raus auf die Straßen der Stadt, in bunten Kostümen und mit neuem Selbstbewusstsein. Musik, Werbung, Film – alles wird Pop. Vor dieser Kulisse inszeniert Pierre Koralnik die Musikkomödie *Anna* (1967). Es geht um einen Werbetypen namens Serge (gespielt nicht von Serge Gainsbourg), der zusammen mit seinem besten Freund (gespielt von Gainsbourg) die titelgebende Anna sucht – dargestellt von der dänisch-französischen Schauspielerin Anna Karina, bekannt aus den Filmen von Jean-Luc Godard. Gainsbourg ist für den Soundtrack verantwortlich, zum ersten Mal darf er über ein Orchester verfügen. Und er liefert: Der Song »Sous le soleil exactement« besitzt eine aufregende Stop-and-Go-Struktur, »Roller Girl« hat die Wucht eines 60s-Girlgroup-Songs von Phil Spector.

Gainsbourg ist nun ein vielbeschäftigter Liedschreiber für diverse neue Stars der französischen Szene. Zeit für sein eigenes Werk findet er nur noch selten, die Arbeit für das Album *Initials B. B.*, das 1968 erscheint, streckt sich auf einige Jahre, in denen Gainsbourg und Brigitte Bardot eine Beziehung eingehen, die bald wieder endet – was dazu führt, dass Gainsbourg das Titelstück »Initials B. B.« nach der Trennung schreibt, als Abschiedsgruß. Die Musik lehnt sich an Antonín Dvořáks 9. Symphonie »Aus der neuen Welt« an, der Text verweist auf Edgar Allan Poes »Der Rabe« und Charles Baudelaires *Die Blumen des Bösen*. Serge Gainsbourg hat sich also ordentlich Mühe gegeben, seine Verflossene nachhaltig zu beeindrucken. Und das funktioniert: Viele Jahre später gesteht Bardot, das Stück sei die schönste Liebeserklärung, die ihr je ein Mann gemacht habe.

Und das Album hat noch mehr zu bieten. »Comic Strip« nimmt den Comic-Boom der späten 60er Jahre auf, Bardot ist auf der französischen Version des Stücks mit Lautmalereien zu hören: »SHEBAM! POW! BLOP! WIZZZZZ!« Bei vielen Songs der Platte ist das Tempo hoch, »Qui est ›in‹ qui est ›out‹« klingt wie Proto-Punk, »Bloody Jack« und »Torrey Canyon« überführen den Swing der Londoner Carnaby Street ins hippe Pariser Viertel Saint-Germain-des-Prés, »Ford Mustang« mit Vocals von Bardot ist die Mutter aller »Sex im Auto«-Lieder. Bevor die beiden sich trennen, schreibt Gainsbourg für Bardot zwei weitere Stücke, die 1968 ihren Platz auf dem Album *Brigitte Bardot Show* finden: »Harley Davidson«, die todesmutige Lobhudelei für das ikonische Rockermotorrad, und »Contact«, ein großartiges psychedelisches Stück, von Bardot gesungen aus der Perspektive einer Außerirdischen, die Kontakt zur Erde sucht, um eine Quecksilbertransfusion durchzuführen, und als Bezahlung ihren Sternenstaub anbietet, für dessen Bergung sie ihren Raumanzug ausziehen würde: »Contact«.

So groß Gainsbourgs Zuneigung zu Bardot gewesen sein mag: Die Liebe seines Lebens tritt erst noch in Erscheinung. Über Jane Birkin und ihr mit Gainsbourg aufgenommenes Album *Jane Birkin et Serge Gainsbourg* aus dem 1969 schreibe ich später, wenn es um Birkin selbst geht. Zwei Jahre später ist Jane Birkin dann Coverstar und Sängerin bei Gainsbourgs mystischem Meisterwerk – dem Album *Histoire de Melody Nelson*. Als sich Gainsbourg an die Arbeit zum Album macht, hat er die 40 gerissen. Das ist Anfang der 70er Jahre schon ein gewisses Al-

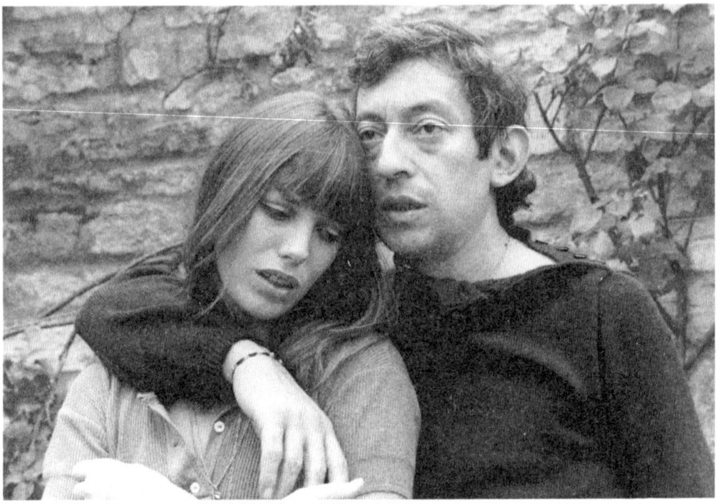

Jane Birkin und Serge Gainsbourg

ter – höchste Zeit für die Midlife-Crisis. Gainsbourg erträumt sich also die Geschichte von Melody Nelson, einem jungen, eigentlich viel zu jungen Mädchen. Der Held ist – Stichwort: Midlife-Crisis – mit seinem Rolls Royce namens »Silver Ghost«, Baujahr 1910, unterwegs. Das Radio brüllt, der Fahrer träumt, verliert die Kontrolle, es gibt einen Aufprall: »Merde« – »Scheiße«. Der Wagen hat ein Mädchen auf einem Fahrrad erwischt, es kommt zu einem der ikonischsten Dialoge in der Geschichte der Popmusik: »Tu t'appelles comment?« – »Melody« – »Melody comment?« – »Melody Nelson«. Der Fahrer stellt fest, dass das Mädchen rote Haare hat – es ist der »Lolita«-Moment, mit dem das siebeneinhalb Minuten lange Eröffnungsstück endet, ein psychedelischer Rockschleicher, näher an den Doors als am traditionellen Chanson.

Birkin und Gainsbourg singen danach gemeinsam die kurze »Ballade de Melody Nelson«, dann schwärmt Gainsbourg ein paar Stücke lang, bevor die Platte mit dem vorletzten Song »En Melody« noch einmal Fahrt aufnimmt. Das sinnliche Funkstück begleitet offenkundig sexuelle Handlungen zwischen den beiden Protagonisten, damit das auch jeder merkt, bearbeitet Gainsbourg ein paar Tape-Aufnahmen der lachenden Jane Birkin so, dass die harmlosen Kiekser wie lustvolles Stöhnen klingen. Am Ende des Songs kündigt sich dann das Drama an: Die Engländerin Melody Nelson nimmt eine Boeing 707 in die Heimat, sie will noch einmal den Himmel über Sunderland sehen. Das Flugzeug verunglückt, stürzt über Neuguinea ins Meer. Melody Nelson ist tot. Es folgt das rätselhafteste Lied des Albums, »Cargo Culte«: Der trauernde Gainsbourg schlüpft in die Rolle eines Indigenen, »armés de sarbacanes« – »bewaffnet mit Blasrohren«, der das Wrack aufsucht, um den Körper zu bergen und ihn kultisch zu verehren. So, wie die indigenen Völker in Neuguinea Güter, Waffen und sogar Industrieabfall, den Menschen aus dem Westen bei ihnen hinterlassen, als »Cargo Culte« interpretierten.

Beim Wiederhören des Albums denke ich manchmal, die nicht einmal 30 Minuten lange Altmännerphantasie *Histoire de Melody Nelson* wird schlichtweg überschätzt. Dann wieder halte ich vor allem das erste und das letzte Stück der Platte für unerreicht, wenn es darum geht, mit Hilfe der Popmusik eine Geschichte zu entwerfen, die es mit den Opern von Verdi aufnehmen kann. Wie die Gitarre, ganz dicht am Ohr, zu Gainsbourgs Komplizen wird. Wie er seine Stimme einsetzt, als Sprechgesang, gleichzeitig müde und lüstern, sich seines Alters bewusst.

Apropos Alter: Zwei Jahre später erleidet Gainsbourg einen leichten Herzinfarkt. Der Presse erzählt er, er werde nun noch mehr Zigaretten und Alkohol konsumieren. Um kurz darauf für sein Album *Vu de l'extérieur* aus dem Jahr 1973 sein schönstes Lied zu schreiben: »Je suis venu te dire que je m'en vais« – »Ich bin gekommen, um dir zu sagen, dass ich gehe«. Um die Wirkung auf die Spitze zu treiben, lässt er Jane Birkin im Lied schluchzen. Gainsbourg übertreibt es, aber versuchen Sie mal, beim Hören des Liedes nicht ergriffen zu sein …

Kurz danach heißt es: weg vom Sentiment, hin zum Rock. Aber zu einer Form von Rock, wie Gainsbourg ihn sich vorstellt.

Rock Around the Bunker, veröffentlicht 1975, ist eine schwarze Komödie über die Besatzung Frankreichs durch die Nazis, über das Vichy-Regime, das mit den Deutschen kollaboriert, über das Leben seiner jüdischen Familie in der »zone libre«, über sein Leben als Kind mit Judenstern an der Jacke, dem ständigen Versteckspiel, der ständigen Angst. Beim Stück »Tata teutonne« macht Gainsbourg die Nazis lächerlich, lässt dazu Boogie-Woogie-Rock spielen. Sogar das Lied über den »Yellow Star« an seiner Jacke klingt beschwingt, er singt, er habe den Judenstern als Kind mal als Sheriffstern betrachtet, mal für einen Preis gehalten. Gainsbourg bezeichnet die Aufnahme des Albums später als kathartische Erfahrung. Dass sie sich kaum verkauft, zumal kein Radiosender die Songs spielt, überrascht ihn nicht.

Gainsbourgs nächste Idee: ein Album mit dem Titel *L'Homme à tête de chou* – »Der Mann mit dem Kohlkopf« (1976). Der Name bezieht sich auf die Skulptur, die auch auf dem Cover zu sehen ist und sich im Besitz von Serge Gainsbourg befindet. Wie schon *Histoire de Melody Nelson* erzählt das Album eine Geschichte. Der Protagonist ist hier der Klatschkolumnist eines Käseblatts, in Frankreich sagt man dazu »feuille de chou« – »Kohlblatt«. Der Typ verliebt sich bei einem Frisörbesuch in die Shampoonierin des Salons, ein Mädchen namens Marilou. Es entwickelt sich eine »amour fou«, geprägt von Leidenschaft, Eifersucht, Gewalt, Paranoia. Sie tanzt für ihn zu Reggae-Rhythmen, er sieht sich als Cheeta, den Affen, während seine Jane mit einem Tarzan herummacht. Bald rückt er in die Nähe des Wahnsinns, glaubt, dass sich seine Ohren zu Kohlblättern verwandeln. Die Eifersucht eskaliert, es kommt zum Schlüsselstück des Albums, »Variations sur Marilou«: voyeuristische Fremdgeh- und Masturbationsphantasien, detailgenau beschrieben, mit Metaphern aus dem Bereich der Unterwasserflora und -fauna sowie mit Bezügen aus dem Rock'n'Roll und den Büchern von Lewis Carroll: Marilou im Wunderland. Das Erstaunliche ist, dass dieses entsetzlich kaputte Stück musikalisch voller Eleganz und Schönheit daherkommt.

Auch *L'Homme à tête de chou* gilt als Meisterwerk, die Sache hat nur einen Haken: Auch diese Platte floppt. Woraufhin Serge Gainsbourg den Reggae für sich entdeckt, einen Sommerhit landet und das Alter Ego des »Gainsbarre« entwickelt, einer Figur für die Öffentlichkeit, die sich dem Suff ergibt, provoziert, wo sie nur kann. Es ist dieser Gainsbarre, der mit seiner 13 Jahre alten Tochter Charlotte das Lied »Lemon Incest« singt, ein Stück, das vor sexuellen Anspielungen wimmelt. Es ist Gainsbarre, der Gainsbourg hilft, mit seiner Unsicherheit klarzukommen. Doch glücklich ist auch Gainsbarre nicht: Man erkenne ihn, singt er im Song »Ecce Homo«, an seinen Jeans, am Dreitagebart, an seinen Zigarren – und an seinem Kummer.

Am 2. März 1991 verstirbt Serge Gainsbourg. Paris hat ihn nicht vergessen, im Gegenteil: Es entsteht ein neuer Gainsbourg-Kult. Im September 2023 eröffnet in Paris in der Rue de Verneuil in Saint-Germain-des-Prés das »Maison Gainsbourg«, in der Hausnummer 14, gleich gegenüber von der 5, wo er seine Wohnung hatte. Jane Birkin plante eine solche Gedenkstätte seit Jahren. Nun, kurz nach ihrem Tod, wird sie Realität. Der Andrang an den ersten Tagen ist riesig, Paris ist um eine Attraktion reicher. Wer auf die Schnelle kein Ticket bekommt, geht trotzdem hin, schaut sich stattdessen die von Fans bunt bemalte Wand der Hausnummer 5 an. Das Durcheinander aus Zitaten, Fotos, Zeichnungen, Graffiti und Schmierereien wird Gainsbourgs Leben genauso gerecht wie die Ausstellung gegenüber. Auf einem Bild tragen Birkin und Gainsbourg Clownsnasen. Das ist eine schöne Vorstellung: Alles das, was Serge Gainsbourg getextet und gesungen hat, in erster Linie als sehr, sehr lustig wahrzunehmen.

5 Die Lieblinge der Deutschen

Desireless, France Gall, Françoise Hardy, Jane Birkin, Les Rita Mitsouko, Vanessa Paradis, Zaz

Immer wieder mal landen französische Stars große Erfolge in Deutschland. Interessant: Fast immer sind es Frauen, denen das gelingt.

Desireless

Was hat damals bei mir den größeren Eindruck hinterlassen, die Frisur oder das Lied? Es ist Sommer 1987, es läuft *Formel Eins*, die Pop-Show der ARD, die damals noch in den Dritten Programmen ausgestrahlt wird. Nur gelegentlich gibt es Clips von Leuten zu sehen, die nicht aus England, den USA oder dem deutschsprachigen Raum kommen, Italo-Pop zum Beispiel oder Musik aus Spanien. Pop aus Frankreich? Eine Seltenheit. Dann aber: Auftritt Desireless. Erste Frage, wie spricht man das aus, in reinem Englisch oder mit französischem Akzent? Die zweite Variante klingt deutlich besser: »desirlessssss«. Dazu diese Frisur, ein Undercut, wie er auch heute wieder angesagt ist, das Haupthaar mit viel Haarspray nach oben toupiert: très chic – sehr modisch, sehr New Wave, sehr französisch.

Laufen bei *Formel Eins* neue Songs, sind sie am Tag danach Thema auf dem Schulhof. Wir haben noch keine Handys, das Internet existiert nicht, also reden wir über Fußball, Popmusik und Fernsehsendungen. Am Mittwoch nach der Ausstrahlung, einem Tag kurz vor den großen Ferien, schwärmen wir alle von »Desirlessssss«. Ich bin 13 Jahre alt, lerne seit zwei Jahren Französisch, in unserem Kurs beginnen erste Planungen für den Frankreichaustausch, es ist Sommer – »Voyage, voyage« trifft bei mir einen Nerv.

Nach der Schule fahre ich zum Schallplattenhändler, hole mir für fünf D-Mark die Sieben-Zoll-Single, die ich schon deshalb super finde, weil auf dem Cover die Sängerin im Profil zu sehen ist und somit der Undercut exzellent zur Geltung kommt. Dazu trägt sie ein futuristisch wirkendes weißes Gewand mit schwarzen Handschuhen. Nein, so sah bei uns im Münsterland der 80er Jahre niemand aus – »c'est Paris!«

Der Song läuft nun ständig im Radio, erreicht die deutschen Single-Charts, klettert bis in die Top Ten und steht im Spätsommer fünf Wochen lang auf Platz eins. Keine andere Single war im Jahr 1987 länger in den deutschen Charts als »Voyage, voyage«. In Frankreich selbst ist das Stück auch ein Hit, wenn auch nicht ein solch großer wie im Nachbarland. Desireless zeigt, dass es möglich ist, mit einem französischsprachigen Lied in der Bundesrepublik einen riesigen Erfolg zu landen. Aber wer ist eigentlich diese Desireless?

Hinter dem Namen steckt die Sängerin Claudie Fritsch-Mentrop, geboren am ersten Weihnachtsfeiertag 1952 in Paris, aufgewachsen in Le Tréport, einem zwischen Meer und Felsen eingezwängten Küstenstädtchen in der Normandie. Mit 18 Jahren geht sie zurück in ihre Geburtsstadt Paris, allerdings zunächst nicht, um Popstar zu werden: Ihr Interesse gilt der Mode. Sie studiert Fashion-Design, entwirft eigene Kollektionen. Zum Pop kommt sie erst 1980, fasziniert vom androgynen Stil und futuristischen Synthie-Sound der New-Wave-Bewegung. Zusammen mit zwei befreundeten Musikern gründet sie die Gruppe

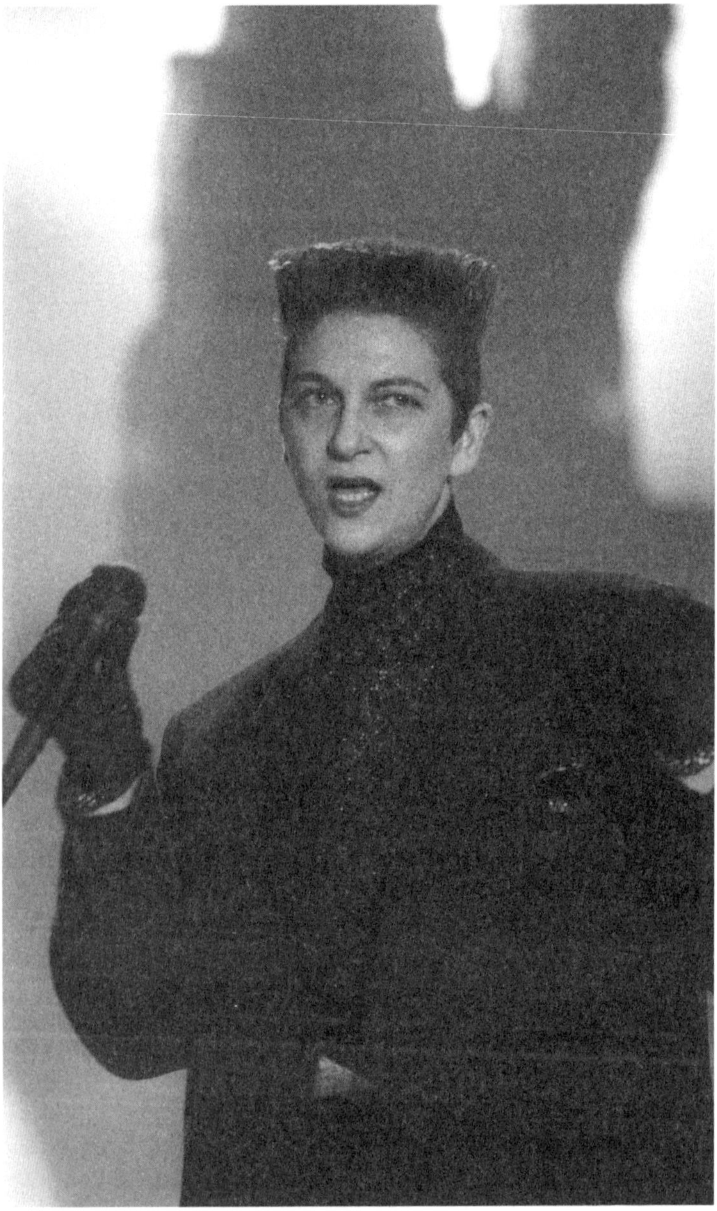

Desireless, 1987, bei einem Auftritt in der WDR-Sendung *WWF Club*

Air 89, die Single »Cherchez l'amour fou« klingt nach lupenreinem 80er Jahre-Pop, einen Hit landet sie damit genau so wenig wie mit der Nachfolgesingle »Qui peut savoir«, die 1986 unter dem Bandnamen Air erscheint. Hinter den Kulissen arbeitet Claudie Fritsch-Mentrop bereits an einem neuen Karriereplan. Unterstützt wird sie dabei vom Produzenten und Songwriter Jean-Michel Rivat, der bereits in den 60er und 70er Jahren gezeigt hat, wie man Hits konzipiert.

Aus Claudie Fritsch-Mentrop wird die Kunstfigur Desireless – entwickelt als feministisches Gegenmodell zum üblichen Look der Popstars in den 80er Jahren. Die androgyne und kühle Aura ist angelehnt an Annie Lennox von den Eurythmics, das Lied »Voyage, voyage« hat der Pop-Stratege Jean-Michel Rivat eigentlich Michel Delpech zugewiesen, einem French-Pop-Veteranen, dessen Karriere in den 80er Jahren gut einen Kick hätte gebrauchen können. Doch der mag den Song nicht und lehnt ihn ab. Selbst schuld – Desireless übernimmt.

Im Text geht es, klar, ums Reisen – aber weniger mit Koffer und im TGV, sondern um eine Traumreise, die über sündige Hauptstädte und den endlosen Ozean führt, über den Ganges und den Regenwald – bis hin zu einem Ort der Liebe, den niemand beschreiben kann. »Voyage, voyage« ist ein sehnsuchtsvolles Lied, gesungen von einer Künstlerin, die sich »sehnsuchtslos« nennt – das ist die Form von Dialektik, auf die sich Pop besonders gut versteht. Lässt man den Hit oberflächlich auf sich herabtröpfeln, wirkt er wie ein gewöhnlicher 80er-Hit – das Tempo ist moderat, auf den Song lässt sich auch von Anfängern stolperfrei Disco-Fox tanzen, was 1987 in den deutschen Tanzschulen auch passiert. Wer genauer hinhört, entdeckt die französische Seele des Songs. Das Herz von »Voyage, voyage« schlägt in Moll. Wie einfach sich aus dem Song eine typische French-Pop-Ballade machen lässt, zeigt die Coverversion der jungen Sängerin Chloé Stafler, die das Stück 2022 so interpretiert, dass es sich problemlos als Engtanz-Lied für eine Neuauflage von *La Boum* nutzen ließe.

Ihren Erfolg zu wiederholen, gelingt Desireless nicht. Die Nachfolgesingle »John« ist von Depeche Mode beeinflusst, in Frankreich erreicht sie die Top 5, in Deutschland geht sie unter. Das erste Desireless-Album *François* erscheint erst 1989, zwei Jahre nach dem Hit – und damit zu spät, um davon zu profitieren. Auf ihrem zweiten Album *I Love You* versucht sie es mit elegantem Nadelstreifenanzugpop mit Chanson-Elementen, danach erscheinen ein paar von Dance- und House-Musik beeinflusste Platten. Heute präsentiert sich Claudie Fritsch-Mentrop als Blumenliebhaberin und Sängerin, die bei Nostalgieshows mit Spaß an der Sache ihren großen Hit singt. Wobei sie den Future-Look mit Undercut gegen Sommerkleider mit Blumendekors und Kurzhaarfrisur eintauscht.

France Gall

In der Geschichte der deutschen Singlecharts gibt es lediglich drei Lieder in französischer Sprache, die es auf Platz eins schafften. Neben »Voyage, voyage« sind das »Alors en danse« von Stromae aus Brüssel (mehr über ihn später) sowie »Ella, elle l'a« von France Gall. Ich habe eben geschrieben, dass »Voyage, voyage« in meiner Klasse ein Hit ist, als unser Französischkurs den Austausch mit der Partnerschule meines Gymnasiums in Amiens plant. Als dieser Austausch im Mai 1988 schließlich stattfindet, ist »Ella, elle l'a« der Hit der Saison – France Galls Liebeserklärung an die legendäre Jazzsängerin Ella Fitzgerald, in den 40er und 50er Jahren eine überaus wichtige Künstlerin, nicht nur für die Black Community in den USA. Das Lied hat der Komponist Michel Berger für France Gall geschrieben, die damals mit ihm liiert war. Eine erste Version mit dem Titel »The First Lady of Song« (so lautet ein berühmtes Synonym für Ella Fitzgerald) entsteht schon in den 70er Jahren, doch legt Berger den Titel zunächst auf Eis. Als er Mitte der 80er Jahre mit der Arbeit zu *Babacar*, dem neuen Album France Galls, beginnt, erinnert er sich an den Song, arrangiert ihn neu – und landet damit einen Riesenhit.

Was die meisten von uns Teenagern aus Frankreich und Deutschland nicht wissen: France Gall, geboren 1947 in Paris, hat bereits eine ganze Karriere hinter sich. Zur Musik kommt sie über ihren Vater Robert Gall, der in den 60er Jahren Texte für Chansons von Édith Piaf oder Charles Aznavour schreibt. Erfolg hat sie mit ihren Aufnahmen im Yéyé-Stil, Serge Gainsbourg schreibt einige ihrer frühen Songs, darunter 1964 die Single »Laisser tomber les filles«: Gall, selbst noch Teenagerin, wendet sich an Männer, die Frauen fallenlassen, und gibt ihnen auf den Weg: Mach ruhig weiter so, aber: »Un jour c'est toi qu'on laissera« – »eines Tages wirst du es sein, den man zurücklässt«.

Kurz danach schreibt Gainsbourg für France Gall »Poupée de cire, poupée de son«, ein Lied, mit dem sie 1965 in Neapel für Luxemburg den Grand Prix gewinnt, vor geschätzt 150 Millionen Zuschauern an den Fernsehschirmen Europas. Gall und Gainsbourg treten für das Großherzogtum an, weil der dort ansässige Sender RTL Gainsbourg einen gut dotierten Auftrag für die Komposition gibt. Gainsbourgs Kompositon ist ein weiteres Lied mit sexualisiertem Subtext, in dem die Puppe aus Wachs (»cire«) aufgrund ihrer materiellen Beschaffenheit Angst vor »la chaleur des garçons« hat – »der Hitze der Jungs«. Mit »Poupée de cire, poupée de son« gewinnt zum ersten Mal ein schnelles Popstück den Grand Prix, bis dahin stehen in der Siegerliste ausschließlich Balladen.

Wie es damals üblich ist, erscheint für den deutschen Markt kurz danach eine Version des Liedes in heimischer Sprache. Von den Puppen-Metaphern hat sich der deutsche Texter Carl Ulrich Blecher dabei getrennt, stattdessen singt France Gall mit heftigem Akzent: »Das war eine schöne Party, Darling, oh, die war bon / Darling, ja, über uns beiden hing ein rosaroter Lampion«, um später im Lied dem »Darling« – einem miserablen Tänzer, der sie ungefragt küsst – schließlich doch zu verfallen. Ob France Gall weiß, was sie da auf Deutsch singt? 1966 schreibt Gains-

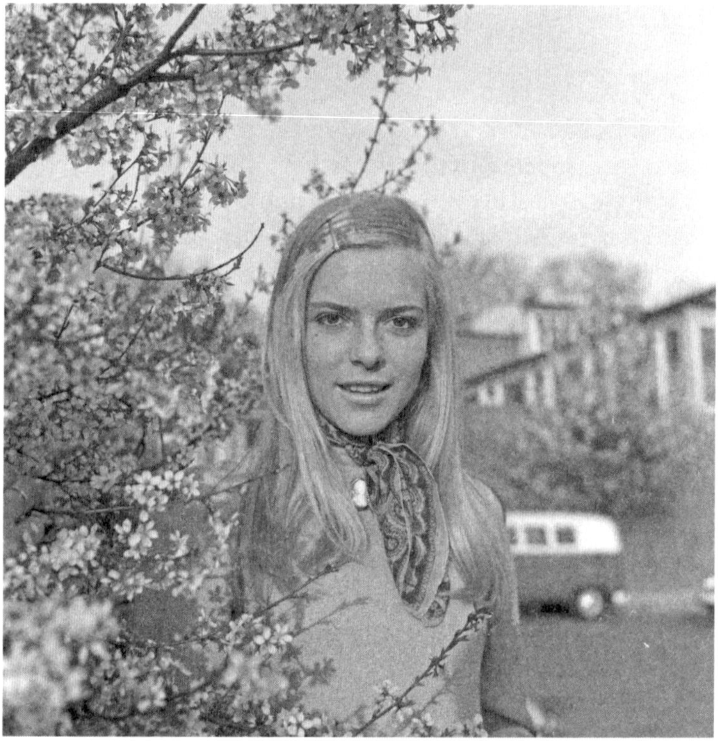

France Gall, 1967

bourg für die 17 Jahre alte Sängerin das Lied »Les Sucettes« – »Die Dauerlutscher«. Ein Textauszug: »Lorsque le sucre d'orge, parfumé à l'anis, coule dans la gorge d'Annie, elle est au paradis« – »Wenn die Zuckerstange, nach Anis duftend, durch Annies Kehle rinnt, ist sie im Paradies«. Gall sagt später, ihr seien die Doppeldeutigkeiten im Studio nicht aufgefallen. Da war sie wohl die Einzige. Was es nicht besser macht.

Françoise Hardy

Wer Françoise Hardy auf ihre frühen Yéyé-Platten anspricht, darf auf nicht viel Gegenliebe hoffen: Schon Ende der 60er Jahre distanziert sie sich von diesen ersten Erfolgen und vor allem vom Image der »Mademoiselle Hardy«, die 1962, als die halbe Republik auf das Ergebnis eines Referendums zur Wahl des Präsidenten wartet, in einem musikalischen Zwischenspiel zur allgemeinen Unterhaltung »Tous les garçons et les filles« singt. Oder die über den ganzen Erdball geschickt wird, um ein neues, junges Frankreich zu repräsentieren, mit Minirock, weißen Stiefeln und einer Frisur mit Betonung auf vermeintlich freche Fransen – und dem Auftrag, Lieder auch auf Englisch oder Deutsch zu singen. So wird in Deutschland die Single »Frag den Abendwind« ein großer Hit. 1967 kommt die Musikindustrie auf die seltsame Idee, Françoise Hardy und Udo Jürgens zusammen als Duo zu vermarkten, obwohl die beiden nie zusammen gesungen haben. Dennoch erscheinen gleich vier LPs, die das suggerieren. 1968 stehen die beiden dann immerhin für einen Fernsehfilm gemeinsam vor der Kamera, der aber nie ausgestrahlt wird: zu anzüglich.

Um sich von dem seltsamen Gebaren der Musikindustrie zu befreien, trifft sie Ende der 60er Jahre wichtige Entscheidungen. So kauft sie sich ein Haus auf Korsika, weit weg von Paris. Dort findet sie einen Rückzugsort. Zufällig hat Jacques Dutronc, der große männliche Star der Yéyé-Bewegung, die gleiche Idee, und so kommt bald das größte Paar der französischen Popszene zusammen. Es entwickelt sich eine lange, komplizierte Beziehung, über die wir später noch einiges mehr erfahren werden. Dass Hardy und Paris nicht mehr zusammenpassen, zeigt sich außerdem im Mai 1968: Auf den Straßen der Stadt steigt die Studentenrevolte, doch der Star der Nation trägt zur Eröffnung einer Messe für Diamantenhändler ein sündhaft kurzes und teures, aus Gold gefertigtes Kleid.

Ganz zu sich findet Françoise Hardy als Künstlerin zu Beginn der 70er Jahre, einer Dekade, in der sie eine Reihe majestätisch schöner Alben zwischen Chanson, Jazz und Folk aufnimmt. Das Album aus dem Jahr 1971 gelingt ihr besonders gut, es trägt, wie alle ihrer Werke in dieser Zeit, ihren Namen als Titel, bekannt wird es später unter dem Namen *La Question*, benannt nach dem zweiten Stück des Albums. Die Musik stammt größtenteils vom brasilianischen Sänger und Gitarristen Valeniza Zagni da Silva, genannt Tuca, den Hardy 1970 kennenlernt, als er Abend für Abend in Paris in einem brasilianischen Restaurant spielt. Hardy ist zu dieser Zeit weiterhin mit Jacques Dutronc zusammen, die Texte auf *La Question* handeln von der Liebe als einem permanenten Problemfeld. Zusammen mit Tuca entwickelt sie einige spirituelle Antworten, kombiniert diese mit astrologischen Erkenntnissen: Hardy legt großen Wert darauf, die Sternenkonstellationen zu bedenken; sie entwickelt in diesem Bereich eine große Expertise, schreibt später darüber für Zeitschriften, moderiert astrologische Sendungen im Radio.

La Question gilt heute als Klassiker, auf den sich immer wieder neue Generationen beziehen, damals bleibt der kommerzielle Erfolg jedoch aus. Françoise Hardy wechselt kurz danach die Plattenfirma und arbeitet nun mit Michel Berger zusammen, den wir schon als Liedschreiber für France Gall kennengelernt haben. Gemeinsam mit Hardy schreibt er 1973 das Lied »Message personnel«, Titelstück ihres Albums aus dem Jahr 1973 und meiner Meinung nach eines der Kernstücke des French Pop. Weil sich hier alles findet, was die französische Musik auszeichnet. Das Klavier spielt eine Melodie, die einen an einem tristen Tag noch tiefer in den Keller schickt. Hört man sie aber beim Sonnenuntergang am Strand des Atlantiks, klingt sie wie der perfekte Soundtrack zum schönsten Naturschauspiel der Welt. Zunächst spricht Hardy zu uns, begleitet von einem sinnlichen Frauenchor und einem langsamen Schlagzeug. In der Mitte bricht der Drummer ab, ertönen Streicher, übernimmt die Sängerin die Melodie, bevor sie am Ende wieder verstummt, so dass Chor und Schlagzeug das Lied zu seinem Ende führen können.

Im gesprochenen Teil widmet Hardy eine vieldeutige Botschaft an eine Person am anderen Ende des Telefons. Am Ende des Stücks geht es um alles, um die zersetzende Kraft der Worte, um das Sterben, um den Selbsthass, um die Erwartungen an die Liebe – aber auch um das Angebot, immer für den anderen da zu sein: »Si le dégoût de la vie vient en toi / Si la paresse de la vie s'installe en toi / Pense à moi« – »Wenn dich der Ekel des Lebens überkommt, / wenn sich die Trägheit des Lebens in dir festsetzt / denk an mich«.

Auf die Idee zu diesem Intro kommt Michel Berger, weil er sich ertappt fühlt: Das Lied ist ursprünglich seiner Ex-Partnerin Véronique Sanson gewidmet, von der er sich vor einem Jahr getrennt hat. Nun will Berger allerdings nicht, dass Hardy ein Lied singt, das an seine Ex gerichtet ist. Weshalb er die Sängerin bittet, einen persönlichen Prolog zu schreiben – eine »Message personnel«. Hardy sagt später, sie habe das Lied gar nicht als Botschaft an einen Liebhaber, sondern an ihren vor wenigen Monaten geborenen Sohn verstanden. Mit dieser Sichtweise kann auch Michel Berger gut leben.

»Message personnel« bringt Françoise Hardy wieder in die Charts, in den späten 70er und 80er Jahren versucht es die Sängerin mit Platten, die von Disco, Funk und Pop beeinflusst werden. 1988 veröffentlicht sie ihr 21. Album *Décalages*, mit dem sie ihre Karriere für beendet erklärt. Vor allem die von ihr verlangten Werbeaktivitäten fielen ihr auf die Nerven, sagt sie damals in einem Interview für den Fernsehsender Antenne 2. Für die Songs von *Décalages* schreibt sie alle Texte selbst. Die Musik klingt eindeutig nach den 80ern, also ziemlich kühl und technisch, doch besitzt das schwermütige Stück »Partir quand même« genau die Stimmung, für die Hardy steht. Die Melodie des Trennungsliedes stammt von Noch-immer-Ehemann Jacques Dutronc. Die beiden haben mittlerweile einen gemeinsamen Sohn namens Thomas. Die Beziehung steht auf wackeligen Beinen, hält dann noch bis in die 90er Jahre, wobei sich die beiden auch dann nicht scheiden lassen. Komponiert hat Dutronc das Lied ursprünglich für ein eigenes Album. Als er merkt, dass seiner Frau das Stück gefällt, bittet er sie, einen Text zu schreiben – wobei ihre Zeilen den häuslichen Frieden nicht unbedingt stärken. Im Lied geht es darum, die richtigen Momente zum Weggehen nicht zu verpassen. Zum Beispiel, wenn er schläft und träumt. Oder, wenn die Ketten, die sie an ihn binden, zu schwer werden: »Vont faire de moi un poids mort, un objet du décor« – »Werden mich zu einer trägen Masse machen, einem Dekorationsobjekt«.

Françoise Hardy landet mit »Partir quand même« einen Hit. Sie selbst sagt, es sei ihr letzter. Doch so einfach lässt die French-Pop-Szene sie nicht von der Bühne. Die jüngere Generation drängt auf eine »Retour«. Mitte der 90er Jahre wird sie schwach und bringt zur Hochzeit des Alternative-Rocks 1996 mit *Le Danger* ihre lauteste Platte heraus; 2004 kehrt sie mit dem Album *Tant de belles choses* zur Melancholie zurück.

Für ihre drei Alben in den 2010er Jahren sucht Françoise Hardy Kontakt zu jüngeren Liedschreibern, einer von ihnen: Thierry Stremler. Für Hardys Album *L'Amour fou* hat er das Titelstück sowie die Lieder »Mal au cœur« und »Soie et fourrures« komponiert, jeweils mit Texten von Hardy. Auch an den Alben *La Pluie sans parapluie* (2010) und *Personne d'autre* (2018) ist er beteiligt, das von ihm komponierte Stück »Un mal qui fait du bien« ist das finale Lied dieser Platte – und damit vielleicht sogar das finale Lied der großen Karriere von Françoise Hardy. Sie leidet unter einem bösartigen Tumor im Kehlkopf. Eine Bühne betreten will und kann sie nicht mehr, ob die Kraft noch für ein weiteres Album reicht, ist offen.

Wie aber schreibt man Musik für diese Ikone? »Mal schreibe ich Musik, die nur für sie bestimmt ist. Mal spiele ich ihr Lieder vor, die bereits existieren – und die ich ihr übergebe, wenn sie diese mag«, erklärt er. Wobei: »Wenn sie sich dann eines dieser Lieder aussucht, dann bittet sie mich, bestimmte Stellen zu ändern, eine Bridge oder einen C-Teil.« Als Künstlerin sei Hardy »ein bisschen gefährlich«, sagt Thierry Stremler und zeigt ein sehr pariserisches Grinsen, halb konspirativ, halb von sich selbst belustigt. Das sei die Herausforderung, wenn man mit einer Ikone zusammenarbeitet: »Wenn du dich zu lange in ihrer Nähe befindest, dann wird sie dich irgendwann absorbieren, wie ein schwarzes Loch.« Deshalb, so sein Rat, sei es klug, ein wenig Abstand zu halten. Wobei dieser Rat eigentlich von Jacques Dutronc komme, ihrem Ex-Lebensgefährten und – auf dem Papier – Immer-noch-und-trotzdem-Ehemann, denn der habe mal gesagt: »Il faut garder les distances pour éviter des accrochages« – »Man muss Abstand halten, um Zusammenstöße zu vermeiden«.

Jane Birkin

Es ist ein Sommertag im Jahr 2008, und ich habe ein Date mit Jane Birkin. Wir sind in einem Hotel in Köln für ein ausführliches Gespräch für die Interviewzeitschrift *Galore* verabredet. Eine Stunde Zeit werde ich haben, und ich habe vor, etwas zu machen, was ich sonst niemals mache: Ich möchte mir von Jane Birkin etwas signieren lassen. Keine Autogrammkarte, sondern meine Originalsingle von »Je t'aime … moi non plus«, ihrem legendären Duett mit Serge Gainsbourg aus dem Jahr 1969. Ich habe die Platte für wenig Geld auf einem Flohmarkt gekauft, entsprechend zerfetzt sieht das Exemplar aus. Das Interview läuft gut, sie erzählt von ihrer Zeit mit Gainsbourg, ihrer Karriere in Frankreich, ihrer Kindheit und Jugend in Großbritannien – davon handelt ihr damals aktuelles Album *Enfants d'hiver*. Am Ende des Gesprächs denke ich kurz daran, die Single in der Tasche zu lassen. Erst eine Stunde lang kluge Fragen stellen – und dann eine Unterschrift auf dem Stöhnhit haben wollen … Dann traue ich mich doch. Und Jane Birkin ist eine viel zu coole Person, um sich Zickereien zu erlauben. Sie lächelt, zeigt ihre unbeschreibliche Zahnlücke und unterschreibt die abgewetzte Single mit einer persönlichen Widmung: »To my fiddler on the roof«. Ich habe sie mit Käppi, Cordsakko und Zehntagebart an Tevja erinnert, die Hauptfigur von *Anatevka*, im Englischen: *Fiddler on the Roof*. Ich nehme das unbedingt als Kompliment an.

In diesem Interview 2008 sowie bei einem zweiten Gespräch, das ich 2019 ebenfalls für das Magazin *Galore* führe, redet sie über Serge Gainsbourg, von dem sie sich 1980 getrennt hat, mit großer Zärtlichkeit. Birkin gelingt der Durchbruch als Schauspielerin bereits 1967 mit dem Film *Blow Up* unter der Regie von Michelangelo Antonioni, da ist sie noch in London. Als sie 1969 nach Paris geht, fühlt sie sich dort wie eine Fremde. Und dieses Gefühl teilt Jane Birkin mit Serge Gainsbourg, wie sie mir 2019 erzählt: »Serge war in Frankreich ebenfalls ein Fremder, er stammte aus einer jüdischen Familie aus Russland. Er faszinierte mich, weil er anders redete, andere Dinge aß, andere Kleidung trug.« Ihr Verhältnis zu Gainsbourg ist nicht immer einfach, von außen entsteht der Anschein, er versuche die Beziehung zu dominieren. »Er mochte es, mich für die Öffentlichkeit zu einer Art Kunstfigur zu gestalten, die seinen Vorstellungen entsprach«, sagt Birkin. »Aber: Ich habe, wenn nötig, gut gekontert. Ich habe gut dagegengehalten, ich war kein Püppchen, ich war diejenige, die Serge und die anderen zum Lachen gebracht hat.«

Birkin und Gainsbourg sind für einige Jahre das große Glamourpaar der französischen Bohème. 1969 nehmen sie das legendäre Stöhn-Lied auf, das Gainsbourg eigentlich für seine verflossene Liebe Brigitte Bardot geschrieben hat. Es kommt damals sogar zu einer Aufnahme mit Bardot als Sängerin. Doch kurz vor der geplanten Veröffentlichung bittet Bardot Gainsbourg, die Platte zurückzuziehen – sie befürchtet Stress mit ihrem neuen Ehemann Gunther Sachs, bekannt als der große (und vielleicht einzige) BRD-Playboy. Gainsbourg tut ihr den Gefallen, singt das Stück mit Jane Birkin neu ein und landet damit einen Hit, der perfekt in die Zeit passt: Pille, Feminismus, Aufklärungsfilme, mal mit ernsthaftem Hintergrund, mal als verkappte Softpornos – die Nummer von Gainsbourg und Birkin wirkt wie ein Soundtrack für eine sexualisierte Gesellschaft. Dass konservative Stellen vom Vatikan bis zur BBC die Vertonung eines Liebesakts auf den Index setzen, gibt dem Song eine zusätzliche Bedeutung. Und da die lautmalerische Sprache beim Sex universell ist, weiß jeder, worum es geht. In Großbritannien, Österreich und der Schweiz erreicht der Song Platz eins, in Deutschland kommt er auf Platz drei.

Schon bald wird Jane Birkin zur Modeikone und Erfinderin der Birkin-Bag, bald eine Marke des Luxus-Labels Hermès. Die Tasche gilt heute als eines der begehrtesten Accessoires der Welt, die Preise dafür gehen bis in den sechsstelligen Bereich. Bei meinen zwei Begegnungen hat sie eine ihrer Taschen dabei, aber nicht als edles Stück, sondern als Casual-Bag, die sie nach dem Interview umhängt, als handele es sich um eine Birkin-Bag-Attrappe von Woolworth – très cool!

Jane Birkin ist Fashion-Ikone und großartige Schauspielerin – aber unterschätze niemand ihre Platten. 1969 nimmt sie mit Gainsbourg den betörend-barocken »Chanson de ›Slogan‹« sowie ein Lied über Birkins Lieblingskuscheltier »Orang Outan« auf. 1971 folgt »La décadanse«, bei dem sinnlichen Stück sind Birkins Vocals ein einziger Hauch. Als Albumkünstlerin findet sie 1978 mit *Ex fan des sixties* eine eigene Stimme. Die Songs stammen von Gainsbourg, das nostalgisch gestimmte Titelstück ist ein melancholischer Blick zurück auf die 60er Jahre – und kommt fast ohne Anzüglichkeiten aus. Das lässt sich von »Exercice en forme de Z« nicht sagen, der Song ist Übung in Wörtern, die mit Z beginnen. Nicht alle sind jugendfrei.

Nach solchen Gags steht Gainsbourg fünf Jahre später nicht mehr der Sinn: Jane Birkin und er sind getrennt, trotzdem bewirbt er sich bei ihr, um erneut mit ihr zusammenzuarbeiten. Für *Baby Alone in Babylone* schreibt und textet er Lieder, die zwar nicht konkret die Trennung behandeln, wohl aber Themen wie Einsamkeit und Verzweiflung streifen. Das schwelgerische Titelstück basiert auf einer Komposition von Brahms. »Fuir le bonheur de peur qu'il ne se sauve« ist hingegen eine Ballade im 80s-Sound mit komplexem Takt. Es entstehen zwei weitere Birkin-Alben mit Gainsbourg. Nach seinem Tod spielt sie die

Hommage *Versions Jane* ein, mit Birkin-Versionen von Gainsbourg-Liedern.

Wie hoch Jane Birkins Stellenwert in der französischen Popszene ist, zeigt sich ab Ende der 90er Jahre: Egal, wen sie fragt – die Kolleginnen und Kollegen unterstützen sie, schreiben für sie, singen mit ihr. Und doch ist ein Album besonders bewegend, deren Lieder Jane Birkin beinahe im Alleingang geschrieben hat: *Enfants d'hiver* aus dem Jahr 2008 ist ihre erste Platte mit eigenen Texten in französischer Sprache, eine intime und warm klingende Erinnerung an Kindheitstage in Großbritannien, an die »Periode Bleue«: »Mon souvenir s'fait le tri / Mettant autant de bleu que de gris / Si je cherche des souvenirs roses« – »Meine Erinnerung sortiert sich / Es gibt so viel Blau wie Grau / Wenn ich nach rosa Erinnerungen suche«.

Les Rita Mitsouko

Mitte der 70er Jahre wird Deutschland von einer seichten Welle aus Frankreich heimgesucht. Joe Dassins Chansons über »Les Champs-Élysées« weckt 1970 die Sehnsucht der Deutschen nach Paris und seiner Prachtstraße: »Au soleil, sous la pluie, à midi ou à minuit / Il y a tout ce que vous voulez aux Champs-Élysées« – »Ob in der Sonne, im Regen, am Mittag oder um Mitternacht / Auf den Champs-Élysées gibt es alles, was Sie wollen«. Es wirkt, als finde französische Musik in Deutschland nur dann ein Publikum, wenn sie mit dem Kitsch eines Postkartenmotivs daherkommt, so wie die blütenweißen Pianoschmonzetten des Parisers Richard Clayderman oder die Trompetenkomposition »Dolannes mélodie« von Jean-Claude Borelly. Sollten Sie auf die Idee kommen, kurz nachzuhören, wie diese Melodie noch gleich geht: Sie werden sie tagelang nicht mehr aus dem Hirn bekommen.

Gut, dass der Punk kurz danach die Karten neu mischt. 1977 gelingt dem Belgier Plastic Bertrand mit dem manischen New-

Wave-Stück »Ça plane pour moi« weltweit ein Hit, auch in Deutschland erreicht die Single die Top Ten. Ab Beginn der 80er Jahre wird französischer Pop von einer neuen Generation entdeckt. Das Land wird zum beliebten Urlaubsziel, günstige Busreisen führen auf Campingplätze am Atlantik oder ans Mittelmeer. Dort gibt es tagsüber Sonnengarantie, am Abend geht's auf die Campingplatzdisco. Die Songs, die dort gespielt werden, nehmen die jungen Deutschen mit nach Hause – es entsteht *Pop à la plage*, sommerlicher französischer Pop, entdeckt und gehört direkt am Strand: »C'est la ouate« von Caroline Loeb oder »L'Amour à la plage« von Niagara – eine so lässige Musik gibt es in Deutschland nicht, und kaum ist man zurück, laufen im Hitradio Sandra und Modern Talking. Gut, dass es Mixtapes gibt!

Ein Song, der auf diesen Kassetten nicht fehlen darf: »Marcia Baïla« von Les Rita Mitsouko. Das Stück ist weit entfernt von der normalen Chartmusik Mitte der 80er Jahre. Am Anfang wirkt es, als bewege sich das Lied auf rohen Eiern, so wabbelig klingen die Keyboards. Nach 20 Sekunden kommt es zum ersten Aha-Moment: Eine Kuhglocke setzt ein. Wenige Sekunden später drängt die Stimme von Catherine Ringer in den Song, die »Marcia Baïla« nicht bloß singt, sondern mit großer Geste vorträgt, rollende R's und gespieltes Lachen inklusive. Endgültig ein Hit wird der Song nach einer Minute und 40 Sekunden, denn da erreicht die Intensität der Kuhglocke ein neues Level – und damit auch der große Hit von Les Rita Mitsouko, dem Duo, das die Sängerin, Tänzerin und Multiinstrumentalistin und ihr Bandpartner Fred Chichin bilden, der hauptsächlich Gitarre spielt.

»Marcia Baïla« entsteht im Studio des deutschen Produzenten Conny Plank, und das steht in Wolperath, einer Gemeinde südöstlich von Köln. Plank ist Hausproduzent von Kraftwerk, hat mit Ideal und Ultravox gearbeitet, kurz: Er weiß, wie man Hits produziert, die sich vom Hitparadendurchschnitt abheben. Dass »Marcia Baïla« das Potential zum Welthit hat, ist den beiden Gästen aus Paris nicht so klar. Was auch am Text liegt: Das Stück handelt von der Tänzerin und Choreographin Marcia Moretto, einer Argentinierin, die in den 70er Jahren vor der Militärjunta nach Frankreich flieht, wo sie in Sartrouville, einer nordwestlichen Vorstadt von Paris, Tanz unterrichtet. Catherine Ringer zählt zu ihren Schülerinnen, sie ist fasziniert von der Ausstrahlung ihrer Lehrerin: graziös, lang, dünn, dunkle kurz geschnittene Haare – wie Olivia Oyl aus den Popeye-Comics. Anfang der 80er Jahre erhält Marcia Moretto die Diagnose Brustkrebs, schon wenige Wochen später verstirbt sie. »Marcia Baïla« ist Ringers Erinnerung an diese Bewegungskünstlerin – eine Hommage, aber auch ein Gedenken an die Zeit, als sich der Tod anschleicht, schnell und unerbittlich: »Quel est donc ce froid que l'on sent en toi? // Mais c'est la mort qui t'a assassinée, Marcia / C'est la mort qui t'a consumée, Marcia / C'est le cancer que tu as pris sous ton bras« – »Was ist das für eine Kälte, die man in dir spürt? // Aber es ist der Tod, der dich ermordet hat, Marcia / Es ist der Tod, der dich verzehrt hat, Marcia / Es ist der Krebs, den du unter deinen Arm genommen hast«.

Ganz schön düster. Größere Hitchancen geben Les Rita Mitsouko daher dem Song »Restez avec moi«, einem schnellen, melodiösen Synthie-Pop-Stück über die Erfahrung, zusammen mit dem Partner so viel Zeit im Bett zu verbringen, dass man irgendwann nicht mehr weiß, welcher Tag überhaupt ist. In die Charts kommt diese erste Single-Auskopplung nicht. Ganz anders als »Marcia Baïla«: Platz zwei in Frankreich, Achtungserfolge weltweit, sogar in den US-Dance-Charts. 1984 spielen Ringer und Chichin mit ihrer Musik zwischen New Wave, Chanson und Synthie-Funk den Sound der Stunde.

Dass es einmal so weit kommen wird, ist im Gründungsjahr des Duos noch nicht abzusehen. Catherine Ringer singt damals in Musicals, Fred Chichin kommt wegen einer Drogengeschichte frisch aus dem Knast. Weil das Musicaltheater, bei dem Ringer engagiert ist, die Gagen nicht zuverlässig zahlt, verlassen viele Musiker das Ensemble. Ersatz wird gesucht, Chichin sagt zu. Nur wenige Wochen später fragt er Catherine Ringer, ob sie nicht eher Lust habe, eine eigene Band zu gründen. Hat sie. Fehlt noch ein Name: Der Sängerin schwebt etwas vor, das nach globaler Eleganz klingt. So kommt sie auf die Idee, international gebräuchliche weibliche Vornamen mit Parfums des Pariser Traditionshauses Guerlain zu kombinieren. Sofia Vega wäre eine Möglichkeit gewesen. Emilia Chamade oder Valentina Excellence. Am Ende trifft Fred Chichin die Wahl: Rita Mitsouko, ein Duft aus dem Jahr 1919. Um der Gefahr zu entgehen, dass alle Catherine Ringer für Rita Mitsouko halten, gibt es zunächst den Plan, dass Fred als Rita auftritt und Catherine als Mitsouko. Am Ende entscheiden sie sich dafür, einen Pluralartikel vor den generierten Namen zu setzen: et voilà, Les Rita Mitsouko.

Durch ihr Debütalbum und den Hit entwickeln sich Ringer und Chichin Mitte der 80er Jahre zu Stars der Pariser Kunstszene zwischen Punk und Haute Couture. Jean-Paul Gaultier entwirft für die Sängerin ein Korsettkleid, das sie im Musikvideo zu »Marcia Baïla« trägt – ein Vorläufer des legendären »Kegel-BHs«, den 1990 Madonna trägt.

Das Duo ist überall zu sehen, dennoch gelingt den beiden mit *The No Comprendo* ein furioses zweites Album, produziert von Tony Visconti, bekannt durch seine Arbeit mit David Bowie. Das Design der LP erweckt den Eindruck einer rotzigen Punkplatte, die ersten drei Songs sind alle für sich genommen perfekt: »Les Histoires d'A.« klingt wie ein Hit aus den Yéyé-Jahren, der sich beim Punk die Hände schmutzig gemacht hat. Beim 80er-Funk-Stück »Andy« zieht es Catherine Ringer in die hohen Register. Inspiriert ist das Stück von der britischen Comicfigur Andy Capp, der in Deutschland als Willi Wacker auftritt und in Österreich als Charlie Kappl. »C'est comme ça« erweckt den Eindruck, als habe sich die englische Gothic-Queen Siouxsie Sioux den Spaß erlaubt, ein hüpfendes Synthie-Wave-Stück aufzunehmen.

Niemand sonst klingt wie Les Rita Mitsouko. Gut, fast niemand. Mit dem Duo Sparks finden die Franzosen in L. A. ein Duo mit gleicher Wellenlänge. Die Brüder Russel und Ron Mael spielen bereits seit den frühen 70er Jahren einen ähnlich exal-

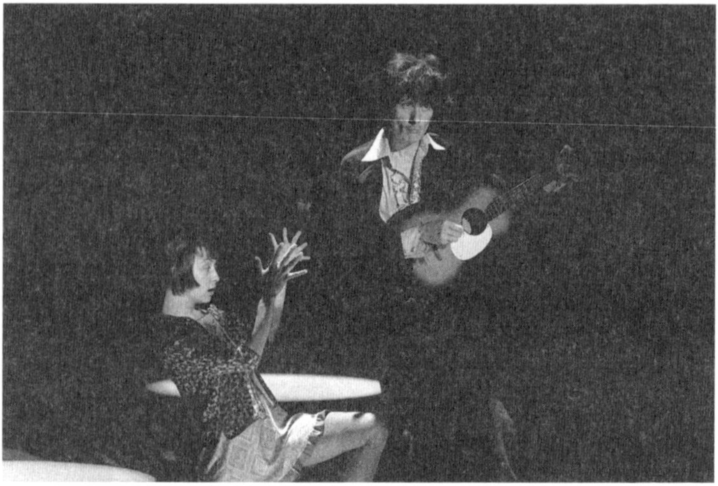

Les Rita Mitsouko, 1985

tierten und kompromisslosen Pop. 1988 kommt es zu einer Zusammenarbeit, zwei der gemeinsamen Stücke befinden sich auf dem Album *Marc & Robert*, darunter ein perfekter Popsong über die schönste Sache der Welt: »Singing in the Shower«. Das bemerkenswerteste Stück auf der Platte ist »Le petit train«: Zu einem irren Beat singt Catherine Ringer über die Geschichte eines kleinen Zuges, der durch sonnendurchflutete Landschaften fährt und die Kinder, die ihn vorbeifahren sehen, zum Träumen bringt – wohin er wohl fährt, dieser »petit train«? Catherine Ringer verrät es uns: »Le petit train conduis-les aux flammes« – »Der kleine Zug führt sie zu den Flammen«. Der »train de la mort« bringt seine jüdischen Insassen ins KZ, in den Tod. Mit dem Text behandelt Catherine Ringer ihre Familiengeschichte: Ihr Vater Sam, ein polnischer Jude, geboren bei Auschwitz, wird von den Nazis gezwungen, mit 19 sein Studium an der Kunsthochschule zu beenden und mitzuhelfen, das KZ Auschwitz zu errichten. Im Laufe der Jahre wird er in neun verschiedene Lager gebracht, bis die Sowjets ihn befreien. Er geht über Krakau nach Frankreich, wo er sein Studium wieder aufnimmt, schließlich ein bedeutender Künstler wird und eine Familie gründet. Sam Ringer verstirbt 1986, erlebt also noch, dass seine Tochter Catherine zum Popstar wird. 14 Jahre nach seinem Tod erzählt sie die Geschichte ihres Vaters im Lied »C'était un homme«, zu finden auf dem Album *Cool frénésie*: »Il a réussi à tenir et à venir à Paris / Peindre et donner la vie oh // Oh-oh-oh, c'est pour vous dire / Oh se souvenir / et pour vous raconter« – »Er hat es geschafft, durchzuhalten und nach Paris zu kommen / Zu malen und Leben zu geben // Es geht darum, euch zu sagen, sich daran zu erinnern und davon zu erzählen«. Ein Popsong als Beitrag zur Erinnerungskultur.

Vanessa Paradis

Die Erfolge von Les Rita Misouko in Deutschland bereiten in den 80er Jahren den Weg für weitere französische Bestseller, darunter »Joe le taxi«, gesungen von Vanessa Paradis, zur Zeit der Aufnahme 14 Jahre alt. Sie ist 16, als sie ihren ersten Film dreht, mit 18 arbeitet sie mit Serge Gainsbourg zusammen. Mit 19 wird sie zum Model für Chanel. Mit 26 kommt sie mit Johnny Depp zusammen, die beiden sind 14 Jahre ein Paar, haben zwei Kinder.

»Joe le taxi« ist damals bereits ihre zweite Single, die allererste ist der Kinderdiscohit »La Magie des surprises parties« über den Spaß, für die beste Freundin eine Überraschungsparty zu organisieren. »Joe le taxi« hat dann mit Kindermusik nichts mehr zu tun. Der Text stammt vom Autor Étienne Roda-Gil, der »Joe« als einen aus Portugal nach Paris übergesiedelten Taxifahrer beschreibt, geflüchtet vor der Estada-Novo-Diktatur von António de Oliveira Salazar, die erst 1974 ihr Ende findet. Der Taxifahrer kennt »sein« Paris, kennt die Bars und hell beleuchteten Brücken über die Seine, aber auch die dunklen Ecken der Stadt. Die Musik der Nacht ist in sein Blut übergangen: Rumba, Mambo-Rock, Mariachi-Trompeten, die Aufnahmen der peruanischen Sängerin Yma Sumac, genannt die »Nachtigall der Anden«, und Xavier Cugat, katalonischer Orchesterleiter, bekannt als der »Rumba-König«. Mit der Welt eines 14 Jahre alten Mädchens hat die Geschichte von »Joe le taxi« offensichtlich gar nichts zu tun, aber wen kümmert's, wenn der Song mit seinem Cha-cha-cha-Rhythmus funktioniert?

Elf Wochen lang belagert die Single Platz eins der französischen Charts, auch in Deutschland erreicht sie die Top Ten. Die eigentliche Sensation ist aber der Erfolg in Großbritannien: Auf der Insel haben es französischsprachige Lieder so schwer wie Fußballspieler ohne gutes Zweikampfverhalten. »Joe le taxi« klettert bis auf Platz drei. Nach »Je t'aime … moi non plus« von Gainsbourg und Birkin hat es kein französischsprachiger Song mehr so hoch geschafft, aber erstens besitzt Jane Birkin als Britin einen Heimvorteil und zweitens besteht ihr Stück mit Gainsbourg ja hauptsächlich aus universalem Stöhnen.

Zusammen mit dem Autorenteam der Single »Joe le taxi« entsteht 1987 Vanessa Paradis' (übrigens tatsächlich auch ihr bürgerlicher Name) erstes Album *M&J*, das weitere heruntergedimmte Nachtlieder über problembeladene Figuren wie das Paar »Marilyn & John« oder den von der Liebe enttäuschten »Maxou« bietet. »L'amour plus fort que la mort«, singt Vanessa Paradis, »die Liebe ist stärker als der Tod«, als wenn sie das mit ihren 15 Jahren bereits wüsste. 1990 passiert das, was in Frankreich beinahe zwangsläufig passiert, wenn ein neues Talent auf der Bildfläche erscheint: Serge Gainsbourg bringt sich ins Spiel. Die Arbeit an ihrem zweiten Album läuft schon, da bittet Gainsbourg sie, die Texte schreiben zu dürfen. Wobei er sich erkennbar zügelt: *Variations sur le même t'aime* bietet einige kitschige Träumereien, die Ballade »Dis-lui toi que je t'aime« hat ihren Platz auf jeder von *La Boum* inspirierten Playlist verdient. Gainsbourgs bester Text ist der von »Tandem«. Es geht um die Positionierung bestimmter Buchstaben in Begriffen, die die französische Musik prägen, wie »amour et haine« – »Liebe und Hass«. Die Musik zu Gainsbourgs Wort- und Buchstabenverdrehungen ist bluesig. Es ist 1990, das neue Jahrzehnt verlangt wieder nach handgemachter Musik. Für Vanessa Paradis ist das eine gute Nachricht, denn ihre Stimme blüht auf, wenn die Musik nicht in Synthesizern ertrinkt. Das Album erscheint im Mai 1990. Gainsbourg zieht sich kurz darauf wegen gesundheitlicher Probleme zurück, im März 1991 verstirbt er. *Variations sur le même t'aime* ist damit das letzte Album, für das er die Texte schreibt.

»Paradis, c'est l'enfer«, sagt Gainsbourg bei einem der wenigen Interviews nach Veröffentlichung der Platte. »Paradis, das ist die Hölle!« Wohl eher ein Wortspiel als eine ernst gemeinte Beschimpfung. Wobei, einmal traut sich die Sängerin, einen Text an ihn zurückzugeben, weil sie ihn als schwach empfindet: »Wenn ich mich dafür entschieden habe, mit ihm zusammenzuarbeiten, dann doch wohl, um einen großen Gainsbourg zu bekommen«, sagt sie in einem Interview mit der Wochenzeitung *Le Journal du Dimanche*. Punktsieg: Paradis.

Der nächste Schritt soll die internationale Karriere sein. Es hilft ihr Lebensgefährte Lenny Kravitz, Anfang der 90er Jahre ein Superstar, der diverse Genres bedient: Classic- und Alternative-Rock, Funk und Soul. Im Spätsommer 1992 erscheint ihr drittes Album, das ihren Namen trägt – dahinter steckt immer eine Botschaft: »Dieses Album, das bin ich.« Das an US-Girlgroups der 60er Jahre erinnernde »Be My Baby« erhält ein Musikvideo im Retro-Spielhaus-Design, das perfekt ins MTV-Zeitalter passt. Das Album erreicht in Deutschland und erstmals auch in Großbritannien die Charts, in den USA, der Heimat von Lenny Kravitz, verkauft es sich 55 000-mal – nicht übel, ein großer Hit ist *Vanessa Paradis* aber nur in Frankreich.

Einige Jahre lang fokussiert sich die Sängerin auf ihre Filmkarriere. Chanel engagiert sie als Model sowie als Testimonial für Kampagnen für Düfte, Lippenstifte, Taschen. Die Arbeit im Musikstudio und das Leben auf Tour ist weit weg, als sie nach der Beziehung mit Kravitz mit Johnny Depp zusammenkommt. Beim Album *Bliss* aus dem Jahr 2000 ist auch der Hollywoodstar beteiligt, geprägt wird es von der Geburt der gemeinsamen

Tochter: Es gibt »La Ballade de Lily Rose« sowie das Lied »Que fait la vie?«, das der Frage nachgeht, was das Leben noch mit einem vorhat. Depp und Paradis bleiben bis 2012 ein Paar, 14 Jahre lang, die Trennung verläuft geräuschlos – beachtlich, bei allem, was seit Mitte der 2010er Jahre über Johnny Depp zu erfahren war.

Das für mich beste Album von Vanessa Paradis ist keine Studio-, sondern eine Live-Platte: *Une nuit à Versailles* – eine Zusammenstellung ihrer bekanntesten Songs in neuen Arrangements, erarbeitet von Albin de la Simone. Bei meiner Begegnung mit ihm in einem Café im Viertel rund um die Pariser Metro-Station Gambetta erzählt er mir, wie er Ende der 00er Jahre auf die Idee kommt: Er sieht eine Show von Vanessa Paradis, bei der sie gegen laute Instrumente ansingen muss, und es gefällt ihm nicht sonderlich. »Sie verfügte nicht über den Raum, um ihre Stimme zur Geltung zu bringen, es gab zu viel Musik um sie herum, ein zu lautes Schlagzeug, zu viele E-Gitarren, zu viele hohe Frequenzen.« Die Musik bei dieser Show habe viel Energie besessen, das schon. »Aber Vanessas Energie stand damit nicht in Harmonie.« Das will Albin de la Simone ändern, als er sie für die Idee gewinnt, eine Tour mit reduzierter Instrumentierung zu spielen. »Ich habe ihre Lieder so arrangiert, wie ich sie gerne hören würde. Mit großem Respekt vor ihrer Stimme – und in der Erwartung, dass sie dadurch als Sängerin neue Räume findet.« Er geht die Sache mit heiligem Ernst an. Im Gespräch erinnert er sich an einen Moment, als der Schlagzeuger eine Streichholzschachtel mit vier Streichhölzern als Percussion-Instrument spielt. »Das war ein wenig zu laut. Was aber nicht zur Folge haben durfte, dass nun alle anderen auch lauter werden, sondern dass der Schlagzeuger ein Streichholz aus der Schachtel entfernt.«

Seit der gemeinsamen Tour widerspricht Albin de la Simone jedem, der sagt, bei Vanessa Paradis handle es sich um eine zerbrechliche Sängerin. Und wer es nicht glaubt, dem spielt er *Une nuit à Versailles* vor.

Zaz

Im Januar 2019 geschieht etwas sehr Ungewöhnliches: Zaz erobert mit ihren französischsprachigen Liedern Platz drei der deutschen Albumcharts. Das allein ist schon den Eintrag in diesem Kapitel wert. Noch erstaunlicher: In Frankreich erreicht *Effet miroir*, ihr viertes Album, lediglich Platz fünf. Ein Album mit französischen Texten, das in Deutschland erfolgreicher ist als in Frankreich, ist eine Anomalie. Was also macht Zaz zur Lieblingsfranzösin des deutschen Publikums?

Im Sommer 2019 spielt Zaz ein Konzert im Kölner Tanzbrunnen, ein Open-Air-Gelände direkt am Rhein. Ich selbst bin nicht da, wohl aber ein paar Freundinnen und Freunde, und die finden nach dem Konzert viele lobende Worte: Lebendig, leidenschaftlich und authentisch sei sie gewesen. Der Hit des Abends ist »Je veux«, das Lied, mit dem ihr 2010 der Durchbruch gelingt. Das Stück besitzt einen lebensfrohen Rhythmus, beeinflusst vom Jazz-Manouche, der Musik der Sinti und Roma. Zaz spielt dazu zunächst eine Art Mundtrompete, um in der ersten Strophe die Dinge zu benennen, die sie nicht braucht: ein Zimmer im Ritz, Schmuck von Chanel, Personal und eine Limousine. »Offrez-moi la Tour Eiffel, j'en ferais quoi?« – »Schenkt mir den Eiffelturm, was soll ich damit?« Später im Song schimpft Zaz auf die guten Manieren, bekennt, laut und ungehobelt zu reden, schmückt sich damit, mit den Händen zu essen. Der Refrain: »Je veux de l'amour, de la joie, de la bonne humeur / C'n'est pas votre argent qui f'ra mon bonheur / Moi j'veux crever la main sur le cœur« – »Ich will Liebe, Freude und gute Laune / Euer Geld wird mich nicht glücklich machen / Ich will mit der Hand auf dem Herzen sterben«. Dass sie auf dem Cover der Platte mit einer Hose im Schottentweet und Kopftuch vor der Garagentür hockt, auf die jemand ZAZ gesprüht hat, unterstreicht ihr Lebensmotto: »Ich bin ich – und nicht besser als ihr.« Die Deutschen mögen eine solche Haltung.

Zaz stammt aus Tours, einer Stadt im Herzen Frankreichs.

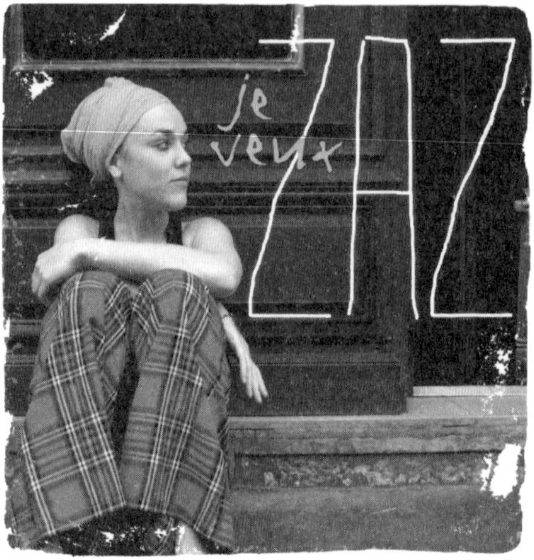

Cover von Zaz' Debütsingle »Je veux«, 2010

Mit fünf Jahren belegt sie erste Kurse am Konservatorium, lernt dort Geige, Klavier, Gitarre und Gesang. 1994, da ist sie 14 Jahre alt, trennen sich die Eltern, und Zaz zieht zusammen mit ihrer Mutter und ihren Geschwistern 350 Kilometer nach Südwesten, nach Bordeaux. Einen Namen macht sie sich zunächst als Ensemblemitglied von Bands und Varieté-Truppen verschiedenster Couleur: Blues, Jazz, Latin-Pop, Afrobeat, Hip-Hop – Zaz probiert alle Stile. In Paris etabliert sie sich als Solokünstlerin, sie singt in Bars und auf der Straße, meldet sich 2007 auf eine Kleinanzeige des Produzenten Kerredine Soltani, der eine Sängerin für sein Lied »Je veux« sucht. Die leicht gebrochene Stimme von Zaz passt. Seitdem hat sie das Stück im Programm, als Aufnahme erscheint es erst drei Jahre später – und wird nicht nur in Frankreich zu einem der Hits des Jahres 2010, sondern auch in Deutschland und Russland, Argentinien und Mexiko geliebt.

Ihr Erfolg hat viel damit zu tun, dass sich Zaz geschickt als Prototyp einer selbstbestimmten Französin vermarktet. Ihr Album *Paris* aus dem Jahr 2014 ist eine Hommage an die Metropole. Zaz interpretiert die vertonte Postkarte »Les Champs-

Élysées« von Joe Dassin in einer lässigen Swing-Version, singt mit Thomas Dutronc, dem Sohn des großen Jacques, »La Romance de Paris« im flotten Django-Reinhardt-Stil, gibt den Jazzstandard »I Love Paris« in der französischsprachigen Version »J'aime Paris«, mit einem neuen Text von Mathieu Boogaerts, einem der Pioniere der Nouvelle Scène des Chansons. Das Album macht Spaß, doch bekommt man ab und zu den Eindruck, das Produkt einer Marketingagentur zu hören, die mit dieser Platte Paris in einem jüngeren, frecheren Licht zeigen möchte.

Quatre de plus

1. Guesch Patti

Eine Zeitschrift schreibt 1987, Guesch Patti sei eine »moderne Piaf«, was übertrieben ist, aber einen wahren Kern besitzt: Die Künstlerin – bürgerlicher Name Patricia Porrasse – singt mit rauer Stimme und großer Geste, der Sound nutzt alle technischen Effekte, die Mitte der 80er Jahre die Tonstudios bieten. Gleich ihre erste Single wird ein Hit in Frankreich und halb Europa: »Étienne« ist Pop mit Blues-Elementen, im Video gibt Guesch Patti eine erotische Performance: Durchsichtiger Stoff, Shorts, Stöckelschuhe und zwei Aufkleber, mehr hat sie zum Schluss nicht mehr an. Die laszive Stimmung des Hits führt dazu, dass die Leute in deutschen Discos versuchen, sich besonders sinnlich zum Song zu bewegen, was nur selten gelingt. Guesch Pattis Album *Labyrinthe* wird dank der Single ein Erfolg, danach verschwindet sie unter dem Radar, was nicht heißt, dass ihre weiteren Platten nicht gut wären. *Dernières nouvelles* aus dem Jahr 2000 zum Beispiel ist ein stimmungsvolles und experimentelles Album mit dunklen Balladen.

2. Patricia Kaas

Das Städtchen Forbach liegt direkt an der deutsch-französischen Grenze, nur einen Steinwurf von Saarbrücken entfernt. Hier lebt Familie Kaas, der Vater ein Bergarbeiter mit französischem Pass, die Mutter ist Deutsche. Ihre ersten Bühnenerfahrungen sammelt die Tochter Patricia in der »Rumpelkammer«, einem Tanzlokal in Saarbrücken, wo sie schon als Teenagerin zusammen mit der Hausband Dob's Lady Killers auftritt. Zu ihren frühen Förderern zählt Schauspieler Gérard Depardieu, nach einigen Startschwierigkeiten gelingt ihr mit »Mademoiselle chante le blues« der Durchbruch in Frankreich: Patricia Kaas ist erst Anfang 20, singt aber mit rauchiger Stimme und einem solchen Selbstverständnis, als stehe sie seit Dekaden auf der Bühne. Das erste Album *Mademoiselle chante ...* enthält das Stück »D'Allemagne«, eine Hommage an das Land in ihrer Nachbarschaft: »Je sais où dorment les fusils / Je sais où s'arrête l'indulgence« – »Ich weiß, wo die Gewehre schlafen / Ich weiß, wo die Nachsicht endet«. Zu einem großen Namen in Deutschland wird sie 1993 mit ihrem dritten Album *Je te dis vous*, das mit Gästen wie Chris Rea und der sehr glatten Produktion auf internationalen Erfolg gepolt ist. Ein Lied singt Patricia Kaas auf Deutsch: eine Coverversion von Westernhagens »Ganz und gar«.

3. Nouvelle Vague

Marc Collin und Olivier Libaux sind Teil der Dance-Szene von Paris und kommen Anfang der 00er Jahre auf die Idee, zwei Retrotrends zu kombinieren. Zum einen sind die alten Hits der New-Wave-Zeit nicht totzukriegen, zum anderen sind Lounge-, Bossa-Nova und Easy-Listening-Klänge sehr beliebt. Zusammen mit Gastsängerinnen konzipieren Collin und Libaux das Projekt Nouvelle Vague: Sie arrangieren 80er Jahre-Klassiker im Lounge-Stil neu, lassen sie singen von französischen Künstlerinnen mit Stimmen wie aus der Yéyé-Zeit. Es stecken einige

Klischees in diesem Sound, doch sind die Platten nicht ohne Charme. Vor allem das erste Album *Nouvelle Vague* aus dem Jahr 2004 kommt sehr gut an. Unter den Sängerinnen findet man Namen wie Camille (zu ihr später mehr im Kapitel über die Nouvelle Scène) oder Mélanie Pain, die mit »Bye Bye Manchester« 2012 eine sehr schöne Brückenplatte zwischen englischer und französischer Musik veröffentlicht.

4. Françoise Cactus / Lolitas / Stereo Total

Über Stereo Total, die Lolitas und Françoise Cactus ließe sich ein eigenes Buch schreiben, eine wunderbare Sammlung mit Comics zu den Songs gibt es bereits: *Stereo Total's Party Anticonformiste*. In diesem Buch ist das Duo aus Berlin nur eine Randnotiz. 1988 entdecke ich über das Album *Séries Américaines* die Lolitas, Cactus' erste Band nach ihrem Umzug nach Berlin. Der Punk mit französischen Texten über allerhand Schweinereien (so vermute ich es als 14-Jähriger zumindest) ist für mich beides: sehr Berlin und sehr Paris. Was haben wir 1990 über den Song »Bouche-baiser«, ähm, nachgedacht … Als die Lolitas 1992 alles gesagt haben, gründet Cactus mit ihrem Lebensgefährten Brezel Göring Stereo Total und singt Electro-Chansons wie »Schön von hinten« oder »L'amour à 3«. Was hätte Serge Gainsbourg gelacht! Im Februar 2021 verstirbt Françoise Cactus an Brustkrebs. Ihr langjähriger Lebens- und Kreativpartner singt ihr 2022 zum Abschied ein schwermütiges »Au revoir«-Album. Das schönste Lied darauf heißt »Défoncé« – »bekifft«. Nützt ja nix.

6 Hier kommt der Sommer

Les Négresses vertes, Nino Ferrer, Lio

So klingt der Sommer: Paris ist leer und doch verdreckt, die Menschen sind ausgeflogen in die Urlaubsorte am Meer und in den Bergen – aber die Musik bleibt.

Les Négresses vertes

Frankreich und der Sommer – das ist eine besondere Sache. Die Kinder haben acht Wochen Ferien, in der Regel sind der Juli und der August vollständig frei. In Paris finden sich in diesen Monaten kaum Einheimische, bis Ende August auf einen Schlag alle zurückkommen: *le grand retour.* Der Süden bietet Dauersonne, ob am Atlantik oder an der Côte d'Azur, in den Alpenregionen oder den Pyrenäen, in der Camargue oder der Auvergne. Die Sommer im Norden, in der Bretagne oder der Normandie, sind wechselhafter, aber charmant – und vor allem nicht so heiß. Und das Meer ist überall gleich schön und inspirierend. In seinem legendären Chanson »La Mer« singt Charles Trenet ihm ein Liebeslied für die Ewigkeit: »La mer a bercé mon cœur pour la vie« – »Das Meer hat mein Herz ein Leben lang gewiegt«.

Unabhängig von Ort und Wetter: Jeder Sommer braucht einen Hit. Die Erfolgsformel: simpel, lässig, mit klarer Botschaft – »Voilà l'été«! Der Song mit diesem Titel verhilft der Band Les Négresses vertes 1989 zum internationalen Durchbruch. Die Gruppe mit bis zu neun Mitgliedern gründet sich in Paris, ist mit ihrem Klang aber in vielen Regionen der Welt verwurzelt. Auf ihren frühen Aufnahmen verbinden sie den beschwingten und mitunter derben Sound der »Guinguettes«, wie die traditionellen Musikkneipen in den Vororten von Paris genannt werden, mit mediterranen Einflüssen aus dem algerischen Raï, der Musik der Roma bei ihren Wallfahrten nach Saintes-Maries-de-la-Mer in die Camargue sowie spanisch-maurischen Einflüssen. Aufgrund der Partytauglichkeit ihrer Platten bezeichnet man Les Négresses vertes auch als die »französischen Pogues«, in Anlehnung an die irischstämmigen Sauf-und-Folk-Punks aus London. Der Sänger der Négresses vertes, der sich Helno nennt, hat jedoch weniger Glück als die unerschütterliche Pogues-Stimme Shane MacGowan: Während dieser alle seiner unzähligen Exzesse überlebte, bis er im November 2023 schließlich einer Lungenentzündung zum Opfer fällt, verstirbt Helno schon 1993 an einer Überdosis Heroin.

Zu Helnos Lebzeiten veröffentlichen Les Négresses vertes zwei Alben, *Mlah* (1989) und *Famille nombreuse* (1991). Nach seinem Tod bleibt die Band bestehen und entwickelt ihren Sound in Richtung Lounge und Electronica weiter. So angenehm diese Platten zu hören sind – die Essenz der Les Négresses vertes steckt in den ersten beiden Alben. »Zobi la mouche« zum Beispiel ist einer der ganz wenigen Popsongs aus der Perspektive einer Fliege – selbstverständlich erhält das Lied darüber hinaus eine sexuell konnotierte Wendung. »C'est pas la mer à boire« bezieht sich auf die französische Redewendung, nach der eine bestimmte Aufgabe wie Rasenmähen oder den Müll rausbringen kein Grund zur Klage sei. Schließlich verlange niemand, das gesamte Meer auszutrinken. »Face à la mer« ist der perfekte Soundtrack für Strandstunden in der Abendsonne, bevor es mit dem Lied

»Sous le soleil de Bodega« mit viel Wein in die lange und warme Nacht geht.

Der Trick dieser Band: Ihre Lieder beginnen harmlos, dann kommen die Wendungen. Da landet zum Beispiel Zobi, die Fliege, auf dem Hintern einer Frau. Auch »Voilà l'été« startet wie ein Sommerlied aus dem Französischbuch: endlich Sommer! Die Wolken ziehen vorbei, der Himmel wird heller, die Bienen kommen zurück, »les filles sont belles et les dieux sont ravis« – »die Mädchen sind schön und die Götter entzückt«. »Enfin l'été« – »endlich Sommer!« Doch ab der zweiten Strophe geht's bergab: Ruckzuck ist die Kohle weg, in Paris schwitzt sogar die Métro, die Passagiere parken ihre fleischigen Zehen in offenen Schuhen. Noch dazu sind alle Freunde verreist, in einen Urlaub, den man sich selbst nicht leisten kann. Und dann diese Hitze! Überall »cons« – »Arschlöcher«! »Vivement l'automne« – »ich kann den Herbst kaum erwarten«, jedoch: »Toujours l'été« – »immer noch Sommer«.

Als ich mir diese Single im Frühsommer 1989 beim Plattenhändler in meiner Heimatstadt kaufe, reicht mein Schulfranzösisch nicht aus, um die zweite Dimension des Songs zu erfassen. Für mich als gerade mal 15-Jährigen steckt in »Voilà l'été« die Sehnsucht nach einem ersten eigenen Frankreichurlaub. Erst zwei Jahre später, 1991, ist es so weit. Der Song, mit dem das vorab erstellte Mixtape für den Trip auf Campingplätze an der Dune du Pilat am Atlantik, an der Ardèche und in der Camargue beginnt? Selbstverständlich »Voilà l'été«.

Nino Ferrer

Radiah Frye ist eine Amerikanerin, die seit den frühen 70er Jahren in Frankreich lebt und ihr Geld als Sängerin, Model und Schauspielerin verdient – hauptsächlich in Filmen, die in den Videotheken in den hinteren, von einem Vorhang geschützten Ecken zu finden sind und Titel tragen wie *Spermula ou: Amour est un fleuve en Russie* – »Spermula oder: Liebe ist ein Fluss in Russland« (männliche Hauptrolle: Udo Kier). Doch Radiah Frye ist mehr als eine Darstellerin in schlüpfrigen B-Movies: Im Jahr 1974 ist sie an einem der bedeutsamsten Sommersongs der französischen Musikgeschichte beteiligt – als Duettpartnerin von Nino Ferrer beim Stück »South«, das in der französischen Version den Titel »Le Sud« trägt. Wobei Radiah Frye eben nicht nur singt, sondern auch auf dem Cover der Single sowie des gemeinsamen Albums *Nino and Radiah* zu sehen ist. Und zwar so, wie auf den Videokassetten, die es nur hinter dem Vorhang gibt.

Nino Ferrers Weg zum Hit »Le Sud« ist lang und mit unübersichtlichen Gabelungen versehen. Geboren wird er 1934 in Genua. Sein bürgerlicher Name klingt, als sei er die Erfindung eines Autors mit sehr großer Italienaffinität: Nino Agostino Arturo Maria Ferrari. Von Genua aus geht die Familie nach Neukaledonien, einem zu Frankreich gehörenden Archipel im pazifischen Ozean, östlich von Australien. Der Junge verbringt dort seine frühe Kindheit. Als die Familie 1939 für einen längeren Urlaubsaufenthalt nach Italien reist, verhindert der Ausbruch des Zweiten Weltkriegs die Rückreise. Kaum ist der Krieg vorbei, zieht die Familie nach Paris, wo der Vater bessere Chancen auf eine eigene Zukunft sieht.

Der junge Nino tut sich in der Schule mit dem Französisch schwer, findet schließlich in der Musik einen sicheren Hafen. Er spielt in Jazzbands, versucht sich als Sänger von französischen Blues- und Beat-Stücken – jedoch erfolglos. Der Karriere droht ein schnelles Ende, da gelingt ihm durch Zufall ein Hit. Zusammen mit einer kleinen Band tourt er in den Sommermonaten durch die Bars und Restaurants der Badeorte entlang der Côte d'Azur. Als die Truppe Station in Saint-Raphaël macht, beobachtet Ferrer, wie der Besitzer des Ladens aufgeregt nach seinem Hund sucht. Der Musiker improvisiert zu der Suche ein Lied: »Mirza« entwickelt sich 1965 zu einem Überraschungshit – das Stück ist bis heute ein Geheimtipp auf Partys, die sich Beat- und Soulmusik aus den 60ern widmen.

Weil es mit »Mirza« so gut funktioniert, nimmt Ferrer eine Reihe weitere Singles im Yéyé-Stil auf, teilweise mit abstrusen Inhalten: »Les Cornichons« ist eine kulinarische Ode an die Gewürzgurke (wobei ein »cornichon« auch ein Trottel ist), »Le Téléfon« handelt von den Wirren, die ein Telefonapparat anstiften kann. Der Song mit seinem stampfenden Rhythmus hat das Potential, auch bei den Freunden des deutschen Schlagers gefallen zu finden, weshalb Nino Ferrer im Jahr 1968 mit »Das Telefon« auch eine Version in deutscher Sprache aufnimmt. Es gibt dazu sogar ein Werbefilmchen im Stil der Filme von den *Lümmeln von der ersten Bank*, mit Nino Ferrer in der Rolle des lustigen Franzosen. Dass der Sänger keine Lust auf diesen Mummenschanz hat, sieht man seinem Blick an, in dem recht deutlich zu erkennen ist: Ich will hier raus!

Zu Beginn der 70er Jahre schafft Nino Ferrer Tatsachen: Sein Album *Métronomie* hat nichts mehr mit Gewürzgurkenschlagern zu tun. Bei einer seiner vielen Reisen nach Italien lernt er Musiker kennen, die mit ihren Gruppen experimentelle und psychedelische Musik spielen, beeinflusst von englischen Progrockbands wie King Crimson oder Genesis. Es entsteht ein Album, das aber in Italien niemand veröffentlichen will. Also führt ihn der Weg zurück nach Frankreich, wo er das Album schließlich mit neuem Titel herausbringt. *Métronomie* ist ein ziemlicher Brocken: Komplizierte Stücke wechseln sich mit benebelten Songs übers Kiffen ab. Um ein Haar geht die Platte unter, doch befindet sich als zweites Lied auf der B-Seite die Komposition »La Maison près de la fontaine«, die zunächst gar nicht als Single vorgesehen ist, bald jedoch den Bekanntheitsgrad des Albums bei weitem toppt.

Das lässig-melancholische Stück ist die nostalgische Erinnerung an ein Haus neben einem Brunnen, das längst einer Fabrik und einem Supermarkt gewichen ist. Im Text heißt es, wo es früher nach Marmelade und Unordnung roch, stinke es heute nach Schwefelwasserstoff und Benzin. Doch: »C'n'est pas si mal, et c'est normal / C'est le progrès« – »Das ist nicht schlimm, und das ist normal / Das ist der Fortschritt«.

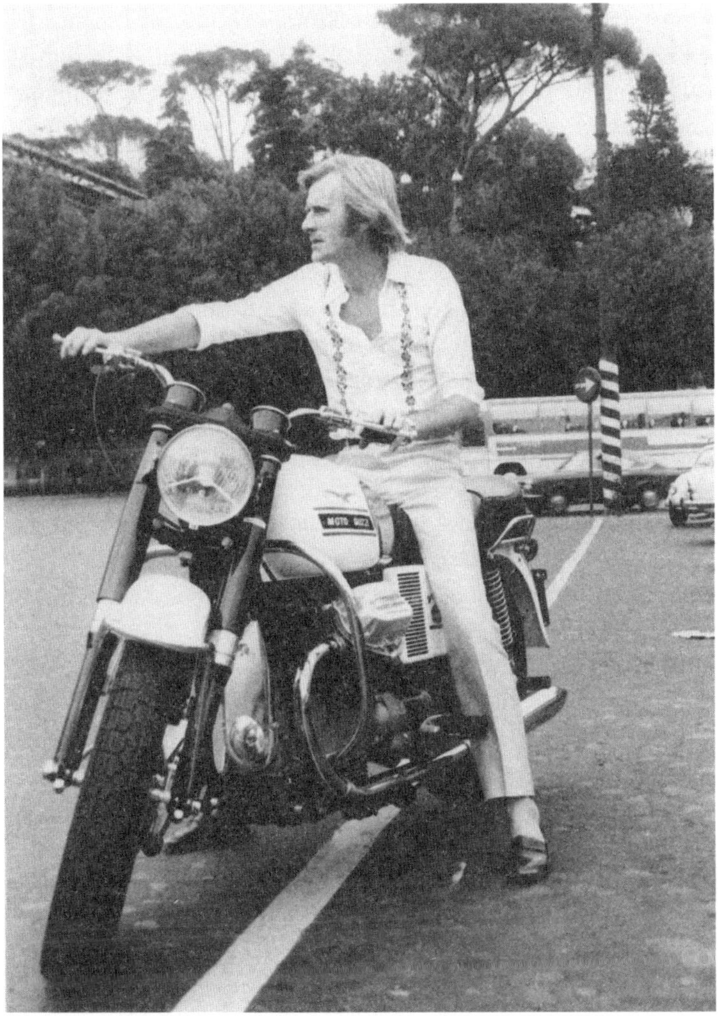

Nino Ferrer in den 70er Jahren

Nino Ferrer richtet sich in einem Vorort von Paris ein eigenes Studio ein. Es befindet sich in einem Haus im Kolonialstil, das ihn sowohl an die Häuser in den Südstaaten der USA als auch an die Architektur in seiner Kindheitsheimat in Neukaledonien erinnert. Dieses kreative Heim weckt in ihm eine Sehnsucht nach dem Süden, die er in das sehnsüchtige Lied »South« ummünzt. Zusammen mit Radiah Frye singt er es zunächst auf Englisch ein, es wird das Eröffnungsstück für das gemeinsame Album, das ansonsten sehr lasziven, amerikanisch geprägten Soul- und Funk-Rock bietet. Nino Ferrer hat gerade einen neuen Plattenvertrag beim Label CBS unterschrieben, und dort ahnt man, dass es diese Platte mit ihrem nicht jugendfreien Cover in den Läden schwer haben wird. Es kommt zu einem Deal: Die Plattenfirma CBS bringt das Album ganz nach Ferrers Vorstellungen heraus, dieser bereitet als Gegenleistung eine französische Version von »South« vor. CBS glaubt, das Stück könnte bei den Franzosen gut ankommen. Und die Kalkulation der Musikmanager geht auf: »Le Sud« erscheint an einem Frühlingstag im Jahr 1975 und entwickelt sich über die folgenden Wochen zum Sommerhit des Jahres. Die Single verkauft sich mehr als eine Million Mal und stellt kommerziell alles in den Schatten, was Nino Ferrer zuvor veröffentlicht hat.

»Le Sud« handelt von einer Idylle des Südens als Sehnsuchtsort, von einem unbeschwerten Leben für Menschen und Tiere. Doch wie bei französischen Liedern üblich, kippt die Stimmung gegen Ende: »Un jour ou l'autre il faudra qu'il y ait la guerre, on le sait bien / On n'aime pas ça, mais on ne sait pas quoi faire / On dit, ›c'est le destin‹ / Tant pis pour le Sud / C'était pourtant bien« – »Irgendwann muss es Krieg geben, wir wissen das / Wir mögen ihn nicht, aber wir wissen nicht, was wir dagegen tun sollen / Wir sagen: ›Das ist Schicksal‹ / Pech für den Süden, es war so schön«.

Nino Ferrer – man ahnt es – ist trotz oder gerade wegen des Hits kreuzunglücklich, denn wieder kommt es ihm so vor, als sei sein kommerzieller Erfolg fremddiktiert. Mal ist's der Besitzer einer Strandbar, der seinen Hund sucht, mal der Deal von klugen Leuten vom Plattenlabel. So etwas soll ihm nie wieder passieren: Mit den Einnahmen von »Le Sud« kauft er sich ein Landhaus in der Provinz Quercy Blanc, einem hügeligen, von Wasserläufen durchzogenen Kalkplateau auf halber Strecke zwischen Toulouse im Süden und Bordeaux im Westen. Endlich von allen Zwängen befreit (»Le Sud« spült weiterhin einiges an Tantiemen in die Kasse), nimmt Nino Ferrer dort ab Ende der 70er Jahre eine Reihe Alben zwischen Progrock, Blues, Soul, Funk und Chansons auf. In einigen Texten wettert er gegen die Musikindustrie, obwohl deren Deals ihm den Betrieb und die Ausstattung seines eigenen Studios überhaupt erst ermöglicht haben. Schon bald interessiert er sich mehr für die Malerei als für die Musik, bis Mitte der 90er Jahre eine neue Generation von Künstlern seine Songs neu entdeckt. Kurz vor seinem Tod 1998 spürt er noch einmal, wie groß sein Einfluss auf die französische Musikszene ist. Und zwar weit über Gurkenlieder oder diesen einen Sommerhit hinaus.

Lio

Erinnern Sie sich noch an die Comicreihe *Barbarella* des französischen Comiczeichners Jean-Claude Forest? Die Heldin ist eine Weltraumabenteurerin, die auf ihren interplanetarischen Trips sexuell konnotierte Missionen erfüllt. Der große Widersacher von Barbarella, der die Heldin mit einer Exzessmaschine erledigen will, die tödliche sexuelle Impulse überträgt, heißt Durand Durand, nach ihm hat sich die englische Popband benannt. Im Band »Les Colères du mange-minutes« taucht zudem eine Figur namens Lio auf, ein braunhaariges Mädchen, das den Auftrag hat, eine früher von ihrem Vater regierte Stadt zu retten. Dabei trägt sie immer eine Sammlung selbst gemalter Bilder mit sich, die sie davor bewahren, in einen depressiven Zustand zu verfallen.

Lio – für diesen Künstlernamen entscheidet sich 1979 die 17 Jahre alte Vanda Maria Ribeiro Furtado Tavares de Vasconcelos, geboren in Portugal, seit 1968 mit ihrer Mutter in Belgien zu Hause. Eine optische Ähnlichkeit zur Comicfigur ist nicht von der Hand zu weisen. Sie benötigt das Pseudonym, weil sie über ihre Mutter den Musikproduzenten und Texter Jaques Duvall kennengelernt hat, der wiederum eine Interpretin für ein sommerliches Lied sucht, das er geschrieben hat. Nur wenige Wochen später ist das Stück aufgenommen, »Le Banana split« – ein Lied im Yéyé-Stil der 60er, aber mit dem Synthie-Sound der 80er. Der Song duftet nach Sonnenmilch und Bubblegum, sein Text jedoch ist ausgestattet mit einer Reihe sexueller Anspielungen aus der Welt der »Cafés des Glaces«: Schlagsahne, kandierte Kirschen, »un amour de dessert«.

Frankreich verfällt diesem Lied dennoch – oder gerade deshalb. Es erscheint im November 1979, wird zum Sommerhit 1980, ist bis heute Teil fast aller Sommerplaylists. Das Problem an der Sache liegt auf der Hand: Ein 27 Jahre alter Mann schreibt für eine 17 Jahre alte Sängerin einen Liedtext voller Doppeldeutigkeiten. In einem Interview mit der Zeitung *Le Parisienne* zu ihrem 60. Geburtstag sagt Lio im Oktober 2022, sie habe gedacht, zu wissen, was hinter der Metapher des »Banana split« stehe – »aber heute verstehe ich, dass ich es eben nicht so genau wusste«. Die Aufnahme bereut sie: »Ich weiß, dass ich Pädokriminellen Tür und Tor geöffnet und Wasser auf ihre Mühlen gegossen habe. Das ist mir heute klar.«

Wie also umgehen mit diesem Song? Der Tech-Konzern Apple hat eine Antwort gefunden: Er bewirbt seit Anfang 2023 eine bananengelbe Edition des iPhones weltweit mit »Le Banana split«. In Windeseile entwickelt sich der französische Sommerhit von früher zum globalen Hit von heute, was nicht verwundert, denn der 80er-Elektro-Twist des Originals klingt auch heute noch phantastisch. Für alle, die diesen Sound ohne die sexuellen Konnotationen genießen möchten: Es gibt eine Möglichkeit! 1983 nimmt Lio zusammen mit den Brüdern Ron und Russell Mael, die sich Sparks nennen (ich habe schon im Teil über Les Rita Mitsouko über sie geschrieben), ein englischsprachiges Album für den nordamerikanischen Markt auf. Die Platte heißt *Suite sixtine*, darauf befindet sich das Stück »Marie Antoinette«, eine Version von »Le Banana split« mit komplett anderem Text.

Auch hier gibt es eine Doppeldeutigkeit, jedoch eine kopflose, keine sexualisierte.

Auch abseits des Hits hat Lio einiges zu bieten. Das stärkste Stück ihres ersten Albums trägt den Namen »Amoureux solitaires«. Ursprünglich ist der Song unter dem Titel »Lonely Lovers« ein Szenehit für die Pariser Punkband Stinky Toys. Lio macht aus dem Gerumpel einen lupenreinen French-Pop-Song. Ihr zweites Album *Amour toujours* verzichtet fast ganz auf die Bubblegum-Pop-Elemente der frühen Songs, die zweite Hälfte der Platte besteht aus herbstlichen Balladen zwischen Pop, Chanson und Barjazz. Und so ist der Sommer schon wieder vorbei.

Douze de plus

1. Les Parisiennes: »Il fait trop beau pour travailler« (1964)

Komponist Claude Bolling formt diese Gruppe mit sehr häufig wechselnden Sängerinnen. Das Lied über die vielen Freuden eines Sommertages – angelehnt an den US-Hit »The Loco-Motion« von Little Eva – wird einer ihrer größten Hits. Zum Arbeiten ist es viel zu schön: »Partons dans la nature et vive la liberté« – »Lasst uns in die Natur gehen, es lebe die Freiheit!«

2. Hervé Vilard: »Capri c'est fini« (1965)

Wie die Deutschen haben auch die Franzosen einen Hang zu Capri, der Insel im Golf von Neapel. Wobei Hervé Vilard diesen Ort, nachdem er dort verlassen wird, nie wieder sehen will und entsprechend melodramatisch singt: »Je ne crois pas que j'y retournerai un jour« – »Ich glaube nicht, dass ich jemals dorthin zurückkehren werde«.

3. François Deguelt: »Le ciel, le soleil et la mer« (1965)

Mit der dunklen Stimme eines sehr entspannten Genießers entwirft der Sänger zu gemütlicher Musik das Szenario eines perfekten Sommertages: »Allongés sur la plage, / Les cheveux dans les yeux / Et le nez dans le sable« – »Am Strand liegend, die Haare in den Augen und die Nase im Sand«.

4. Sheila: »Les Roi mages« (1971)

Ein Sommerhit des Jahres 1971, obwohl es zunächst um die Heiligen Drei Könige geht, die vertrauensvoll dem Stern folgten, so wie Sheila ihrer großen Liebe. Die Musik dagegen klingt nicht weihnachtlich, sondern wie ein französischer Vorbote der schwedischen Band ABBA, die sich erst ein Jahr später gründet.

5. Dave: »Dansez maintenant« (1975)

Disco française: Anders als die Nachbarn in Italien, ist Frankreich in den 70er Jahren keine Hochburg der Discomania, Daves »Dansez maintenant« ist jedoch eine luftige Symbiose aus Disco und French Pop.

6. Claude François: »Alexandrie Alexandra« (1978)

Claude François beginnt als Schnulzensänger, hier gelingt ihm der perfekte französische Discosong: erst ein Nonsens-Text über Alexandra aus Alexandria, dann ein Refrain, dem man die französische Herkunft anhört.

7. Serge Gainsbourg: »Sea, Sex and Sun« (1978)

Natürlich ist es Serge Gainsbourg, der mit seinem Sommerhit aus dem Jahr 1978 alles, worum es geht, auf den Punkt bringt: »Sea, Sex and Sun«. Der Text kommt gewohnt zweideutig daher:

»Toi petite, c'est sûr tu es un hit« – »Du Kleine, du bist sicher ein Hit«. Gemeint sein könnte das sich in der Sonne rekelnde Mädchen, vielleicht aber die Single selbst. Wobei das Stöhnen nach Minute zwei einen Hinweis gibt.

8. Dalida: »Monday Tuesday … Laissez moi danser« (1982)

Disco ist längst vorbei, da haut Weltstar Dalida, in Ägypten geborene Französin mit italienischen Wurzeln, noch einen Genreklassiker raus: elegant produziert, grandios gesungen.

9. Zouk Machine: »Maldòn (La musique dans la peau)« (1990)

Der Gruppe aus Guadeloupe gelingt mit einer Mischung aus traditioneller Zouk-Musik und Europop der erste Sommerhit der 90er Jahre, der Text richtet sich an Männer, die die Zeichen der Zeit nicht verstehen und sich weiterhin vor häuslichen und familiären Pflichten drücken.

10. Yannik Noah: »Saga Africa (Ambiance Secousse)« (1991)

Der Tennisstar startet Anfang der 90er Jahre eine Sängerkarriere zwischen Reggae, Pop und Afrobeat. Gut bei Stimme ist er nicht, trotzdem wird »Saga Africa (Ambiance Secousse)« ein Nummer-eins-Hit und Partyklassiker, nicht weit entfernt von den Hits des nigerianisch-schwedischen Stars Dr. Alban.

11. Les G. O. Culture: »Darla Dirladada« (1993)

Im Original ist »Darla Dirladada« ein unverschämt eingängiger Ohrwurm von Dalida aus dem Jahr 1970, der bei uns auch in einer deutschen Version ein Erfolg wird. Das Dance-Projekt Les G. O. Culture macht daraus einen Gaga-Sommerhit, der im Ohr kleben bleibt wie geschmolzenes Eis an den Fingern.

12. Lilicub: »Voyage en Italie« (1996)

Lieblich-sommerliche Pariser Italiensehnsucht: im Wohnmobil in Richtung Süden, das Leben in Blau sehen, in der Sonne Campari trinken, »quand Paris est à l'eau« – »während Paris im Wasser liegt«.

7 Les individualistes

Jacques Dutronc, Léo Ferré, Michel Polnareff, Gérard Manset, Hubert-Félix Thiéfaine, Jean-Louis Murat, Brigitte Fontaine, Jacques Higelin, Bernard Lavilliers, Alain Bashung, Arno

Im französischen Pop wimmelt es vor Typen, die sehr eigenwillige Karrierewege gehen. Immer mit im Gepäck: Narzissmus und Schwermut.

Jacques Dutronc

»Sept cent millions de chinois
Et moi, et moi, et moi«

Jacques Dutronc, geboren 1943, ist ein Pariser durch und durch. Die Familie lebt in der Rue de Provence im 9. Arrondissement, nur einen Block nördlich vom Boulevard Haussmann und Les Galeries Lafayette, dem prachtvollen Luxuskaufhaus. Beide Eltern sind musikalisch begabt, machen ihren Sohn früh mit Klavier und Geige vertraut. Als Teenager leidet Dutronc unter einer Autoimmunkrankheit, die ihn zwingt, monatelang zu Hause zu bleiben. Da ist es gut, einen Bruder zu haben, der eine Gitarre besitzt. Jacques nimmt sich das Instrument und beginnt, Lieder aus dem Radio nachzuspielen.

Gerade wieder gesund, entdeckt Dutronc Anfang der 60er Jahre »Golf-Drouot«, den legendären, von Henri Leproux betriebenen Nachtclub in der Rue Drouot, gerade mal knapp zehn Fußminuten vom Wohnhaus der Familie Dutronc entfernt. Wer in Paris ein Café eröffnet, muss sich schon etwas Besonderes einfallen lassen, um auf sich aufmerksam zu machen. Der Besitzer des Lokals unweit vom Montmartre installiert in seinem Haus einen Minigolf-Parcours mit neun Löchern, der dem »Golf-Drouot« 1955 den Namen gibt. Richtig Schwung kommt in den Club aber erst, als Anfang der 60er Jahre die Rocker kommen. Leute wie Johnny Hallyday und Eddy Mitchell – und eben der junge Jacques Dutronc.

Er gründet die Gruppe El Toro et les Cyclones, in der er selbst singt. Das Label Vogue – die wichtigste Plattenfirma der Yéyé-Jahre – nimmt die Band unter Vertrag und bittet den talentierten Dutronc, Lieder für andere Acts zu schreiben. Eines von ihnen, die Instrumentalnummer »Fort Chabrol« im Stil der englischen Shadows, wird zunächst ein Hit für die Gruppe Les Fantômes; später, versehen mit einem Text, wird das Stück ein Hit für Françoise Hardy, Dutroncs spätere Frau – wir sprachen schon über dieses Paar.

Als alle Zeichen auf Erfolg stehen, lösen sich El Toro et les Cyclones auf. Der profane Grund: Alle Mitglieder müssen zum Militär. Dutronc wird in Trier stationiert. Als er nach Paris zurückkehrt, gibt das Label Vogue ihm einen Arbeitsvertrag, um weitere Lieder zu schreiben und für die Platten der Firma zu werben. Ein Bürojob!

Mitte der 60er Jahre herrscht in der französischen Musikindustrie Goldgräberstimmung. Jeder ist auf der Suche nach Komponisten und Textern. Wer nicht bei drei auf den Bäumen ist und einen Stift halten kann, wird gebeten, Songs zu schreiben. Einer dieser Quereinsteiger ist Jacques Lanzmann, eigentlich Drehbuchautor für Filme und Journalist, nun auch Verfasser von Texten für Rocksongs. Einer seiner ersten Versuche: »Et moi, et moi, et moi«. Der Text bezieht das eigene kleine Leben auf die Masse der großen Bevölkerung, auf die Chinesen, Indonesier, Sowjets – und am Ende sogar die Marsmännchen: »Cinq cent milliards de petits martiens / Et moi, et moi, et moi / Comme un con de parisien / J'attends mon chèque de fin de mois« – »Fünfhundert Milliarden kleine Marsmännchen / Und ich, und ich, und ich / Wie ein blöder Pariser / Ich warte auf meinen Scheck am Monatsende«. Ein kleinbürgerlicher Pariser blickt auf sein Dasein, mit Auto, Hund, Kopfschmerzen, Leberflecken, dem abendlichen Fernsehprogramm mit Catherine Langeais, damals als Schauspielerin und Moderatorin eine Spezialistin für die leichte Muse. Und er kann es nicht verstehen, dass es da draußen Abermillionen gibt, die ähnliche oder größere oder gar keine Probleme haben.

Für einen Individualisten mit Hang zum Narzissmus ist das die größte Kränkung: Egal, wie mies es mir geht: Es gibt Leute, denen es mieser als mir geht. Ist doch wunderbar! Und zugleich schlimm! »Et moi, et moi, et moi« wird damit zu einem Hilferuf: Ich, ich, ich! In einer Strophe singt Dutronc: »Neuf cent millions de crève-la-faim / Et moi, et moi, et moi / Avec mon régime végétarien / Et tout le whisky que je m'envoie« – »Neunhundert Millionen, die hungrig sind / Und ich, und ich, und ich / Mit meiner vegetarischen Diät / Und all dem Whiskey, den ich mir einschenke«. Die Musik dazu klingt lässig und beschwingt, rau und mit Kanten: Dieser Song der Yéyé-Ära steckt die angloamerikanische Beat-Konkurrenz locker in die Tasche. Bis heute hat »Et moi, et moi, et moi« nichts von seiner Frische verloren. Die Single erscheint 1966 und ist der Startschuss für drei unfassbar produktive Jahre. Dutronc veröffentlicht alleine drei LPs. Wer die Dynamik dieser Jahre aber wirklich einfangen möchte, hört die »Disques maxis«, die EPs, die auf einer Sieben-Zoll-Single vier Lieder bieten. 13 solcher EPs bringt Vogue in diesen drei Jahren heraus. Keine gleicht der anderen, Ductroncs Vielfalt ist unerreicht.

Die Highlights unter den 13 »Disques maxis«: Das extrem lässige »Les Playboys«, ein Abgesang auf die reichen Lebemänner, selbstverständlich verbunden mit Anspielungen auf die eigene sexuelle Leistungsfähigkeit. Das wuchtige, an amerikanische Garagenbands erinnernde »Les Cactus«, das eine Welt voller Dornen und Stacheln beschreibt. Das von Django Reinhardts Jazz-Manouche beeinflusste »J'aime les filles«. Die schunkelnde Stewardessphantasie »L'Hôtesse de l'air«, inklusive einer Jodeleinlage. Die unerreichte Paris-Hymne »Il est cinq heures, Paris s'éveille«, in der Dutronc beschreibt, wie die Metropole um fünf Uhr morgens langsam erwacht: Der Kaffee füllt die ersten Tassen, der Eiffelturm hat noch kalte Füße, die Leute aus den Banlieues strömen zu den Bahnhöfen, im Schlachthof »La Villette« – heute ein Kulturpark – wird der Speck geschnitten.

Dass sich Dutronc und sein Texter Lanzmann auch auf die politische Beobachtung verstehen, zeigt »L'Opportuniste«, eine Art Gegensong zu den Politliedern der wachsamen US-Songwriter Joan Baez, Phil Ochs oder Bob Dylan, die mit ihren Botschaften das politisch hochbrisante Jahr 1968 prägen – auch in Paris, wo die Studenten Unruhen anzetteln. »L'Opportuniste« ist ein Lied über einen, der für alles und nichts steht, der es vermag, in einem Atemzug zu schreien: »vive la révolution«, »vive les institutions«, »vive les manifestations«, »vive la collaboration«. »L'Opportuniste« dreht immer wieder seine Jacke um, und wenn die Jacke nach den vielen Wendungen eines Tages in sich zusammenfällt, dann ist er bereit, das gleiche mit seiner Hose zu machen: »À la prochaine révolution / Je retourne mon pantalon«.

Man kann das Lied als eine Kritik an der Sorte Politiker verstehen, die ihre Meinung je nach Umfrage und öffentlicher sowie medialer Stimmung flexibel halten. Es geht aber auch um die hochpolitisierten Dampfplauderer, die an den »tables des habitués«, den französischen Stammtischen, aber auch in den Salons der Bourgeoisie ihre Haltungen je nach Richtung des Luftzugs verändern. Kurz sei erwähnt, dass Jacques Dutronc 2007 bei der

Präsidentschaftswahl den Konservativen Nicolas Sarkozy wählt, um seine Stimme 2022 dem Kandidaten der Kommunistischen Partei zu geben. Wie heißt es im Lied? »Je suis pour le communisme / Je suis pour le socialisme / Et pour le capitalisme« – »Ich bin für den Kommunismus / Ich bin für den Sozialismus / Und für den Kapitalismus«.

1969 endet die Serie von Dutroncs »Disques maxis«. Er entwickelt sich für einige Jahre zu einer französischen Variante von Ray Davies. Ähnlich wie der Sänger der Kinks singt Dutronc über Alltagsbeobachtungen, verpackt die sarkastischen Texte in eine Musik zwischen Revuetheater und Chanson. Auf dem Album *L'Aventurier* von 1969 findet sich das Lied »Laquelle des deux est la plus snob«, in dem der Sänger zwei Frauen, die ihm nachstellen, nach dem Grad ihrer Snob-Appeals beurteilt: Die eine isst mit Stäbchen, die andere fährt Moped. Die eine mag die Flöte, die andere das Akkordeon. Die eine möchte höchstens einen Monat mit ihm zusammenleben, die andere will gleich heiraten. »Laquelle est la plus snob?« – »Welche ist am snobistischsten?« Im weiteren Verlauf der 70er Jahre richtet Jacques Dutronc seine Karriere abermals neu aus. Er macht nun vermehrt Filme. In *L'important c'est d'aimer* spielt er 1974 an der Seite von Romy Schneider, mit der er auch eine Affäre gehabt haben soll.

Dutronc verdient gut beim Film, der Job fällt ihm leicht, selbst dann, wenn er mit Größen des französischen Kinos wie Jean-Luc Godard dreht. Zurück zur Musik kommt er nur noch, wenn ihn die Laune packt. Dies ist 1980 der Fall, als endlich zwei Männer intensiver zueinander finden, deren Zusammenkommen schon längst in der Luft liegt: Dutronc und Gainsbourg. Das Album *Guerre et pets* (»Krieg und Fürze«) ist das erste, auf dem nicht Jacques Lanzmann einen Großteil der Texte schreibt. Den Löwenanteil übernimmt Serge Gainsbourg. Dieser steckt 1980 in einer persönlichen Krise, die Trennung von Jane Birkin steht kurz bevor, der Mann leidet, säuft, klagt – da hilft es, jemanden wie Jacques Dutronc an seiner Seite zu haben, der für jegliche Provokation zu haben ist. Der Titel des Albums legt schon nahe,

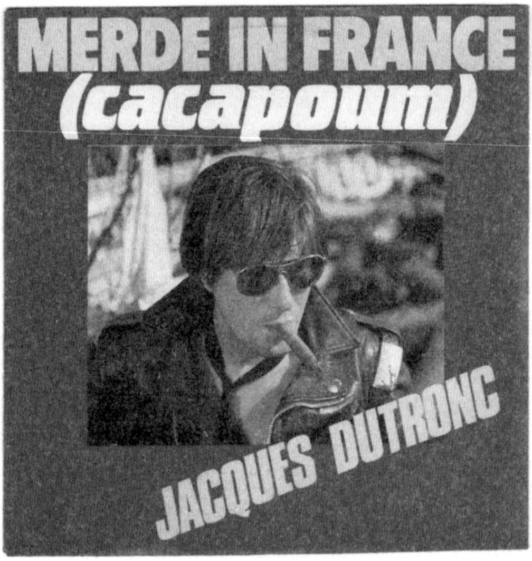

Cover der Single
»Merde in France
(Cacapoum)«, 1984

dass man beim Hören nicht zartbesaitet sein sollte. Gleich der erste Song gibt das Niveau vor: »L'Hymne à l'amour (moi l'nœud)« ist nur im entfernten Sinn eine Hymne an die Liebe. Im Text lässt Gainsbourg Dutronc eine endlose Reihe stereotyper und rassistischer Beschreibungen aufzählen, unterbrochen von der interessanten Behauptung, es handele sich um eine Hymne an die Liebe. Die Deutschen kriegen im Text als »Kartoffeln« natürlich auch was ab. Gainsbourg und Dutronc bewerten das Lied als unbedingt antirassistisch, schließlich koppelten sie abwertende Begriffe mit der Liebe für alle Menschen. Im Radio wird der Song dennoch nicht gespielt. Dass das Album ein Erfolg wird, liegt am großen Interesse für das Gespann Gainsbourg/ Dutronc sowie an einigen Songs, die Dutroncs alten Stil mit dem Sound der 80er Jahre kombinieren. Ein gutes Beispiel ist das Stück »Le Temps de l'amour«, das Dutronc schon viele Jahre zuvor für Françoise Hardy geschrieben hat. Hier verpackt er es als Electro-Punk-Song neu.

Auf Fotos zeigt sich Dutronc nun häufig mit einer dicken und langen Zigarre im Mund. So auch auf dem Cover der Single »Merde in France (Cacapoum)« aus dem Jahr 1984: Gainsbourg erhält den Auftrag, für Dutronc einen Text für diese Rock'n'Roll-Nummer zu schreiben. Mal wieder übel gelaunt ist er aber weder interessiert noch diszipliniert genug, einen solchen zu verfassen. Statt mit Worten taucht Gainsbourg mit Drinks im Studio auf. Es wird gepichelt, und irgendwann beginnt Dutronc, irgendein Kauderwelsch zu singen. »Chanter en yaourt« sagt man in Frankreich zu solchen Vorträgen in Nonsenssprache. Auf der Hülle der Platte wird Gainsbourg später bei den Credits konsequenterweise als »Barkeeper« benannt. Ein Hit wird der Song dennoch – die Franzosen lieben ihre Ikonen zu sehr, um ihnen nicht auch solchen Quatsch zu verzeihen. Wobei, vielleicht ist der Gag, irgendeinen »Scheiß« zu singen und das Lied dann folgerichtig »Merde in France (Cacapoum)« zu nennen, im Jahr 1984 auch sehr gut: Es ist die Zeit, in der sich Pop- und Rockmusiker sehr wichtig nehmen. Einige gehen ganz selbstverständlich davon aus, dass sie es sind, die Afrika vor dem Hunger erretten. Da ist Dutroncs »yaourt« zu Gainsbourgs Drinks genau der richtige Gegenpol: »Merde in France, cacapoum cacapoum / Eh watching you t'a fraoute les roubloutes / Watch you me again« – eine deutsche Übersetzung müssen Sie sich in diesem Fall selbst basteln.

Ab Mitte der 80er Jahre dosiert Dutronc seine öffentlichen Auftritte. Er verbringt seine Zeit seit vielen Jahren auf Korsika, hoch oben in Monticello, auf der bergigen Nordküste der Mittelmeerinsel, auf halber Strecke zwischen Bastia und Calvi. Als Dutronc noch mit Françoise Hardy zusammen ist, zieht das Paar dort den gemeinsamen Sohn Thomas, Jahrgang 1973, groß. Auch nach der Trennung von Hardy lebt Jacques Dutronc weiter auf seinem korsischen Anwesen, nun mit seiner neuen Lebensgefährtin und sehr vielen Katzen – sein Sohn hat einmal mehr als 50 dieser Tiere gezählt. Der Insel widmet Dutronc auf dem Album *CQFD … utronc* von 1987 ein Lied in korsischer Sprache. Wenn er sich, was selten genug vorkommt, aus seinem Domizil zurückmeldet, ein Album veröffentlicht oder einen Film dreht,

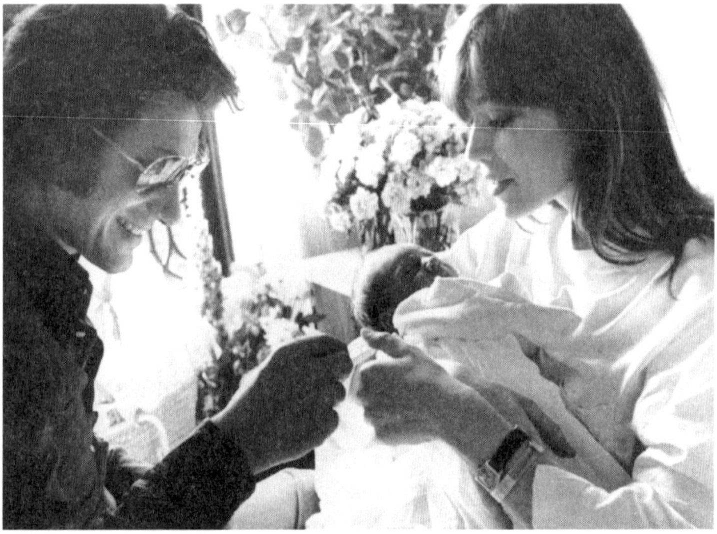

Jacques Dutronc und Françoise Hardy mit ihrem Sohn Thomas in Paris, 1973

ist ihm die Aufmerksamkeit der Franzosen sicher. Das gilt für das Kinoereignis *Van Gogh*, in dem er 1992 den alternden Maler in seinem letzten Lebensjahr spielt, eine Rolle, für die er einen César erhielt, die höchste Auszeichnung des französischen Films. Das gilt aber auch für seine Alben, wobei es schade ist, dass Jacques Dutronc auf vielen Aufnahmen die Lässigkeit von früher abgelegt hat und stattdessen seine Gitarristen sehr konventionelle Rockriffs spielen lässt. Doch gibt es auch auf den späten Alben wunderbare Lieder zu entdecken. Auf *Brèves rencontres* von 1995 zum Beispiel das melancholische Titelstück oder den Barjazz von »La Pianiste dans une boîte à Gand«; auf dem schwelgerischen von Streichern geprägten Album *Madame l'existence* von 2003 die melancholische Ballade »Un jour, tu verras« oder den elektronisch arrangierten Sprechgesang von »La Vie en live«. Auf dieser Platte kommt Jacques Dutronc auch auf sein Lieblingsthema zurück – die Scheiße. »Face à la merde« heißt das bekannteste Stück des Albums: »Face à la merde, on liquide la planète« – »Im Angesicht der Scheiße liquidieren wir den Planeten«. Die Lage ist beschissen. Die Musik von Jacques Dutronc macht sie ein gutes Stück erträglicher.

Léo Ferré

»Je suis d'un autre pays que le vôtre, d'un autre quartier, d'une autre solitude.«

»Ich komme aus einem anderen Land als ihr, aus einer anderen Gegend, aus einer anderen Einsamkeit.«

Léo Ferrés Eingangsworte aus seinem Chanson »La Solitude« aus dem Jahr 1971 schenken der französischen Musik das zentrale Leitmotiv: Einsam mögen wir alle sein – aber ich, der Poet, komme aus einer anderen Einsamkeit als du. Als Sänger und Texter besitzt Ferré das Talent, die französische Seele zu beschreiben. Nicht mit einfachen Worten, sondern auf hohem literarischen Niveau.

Ferré, geboren 1916, wächst in Monaco auf. Sein streng katholischer Vater arbeitet dort als Personaldirektor des Casinos. Religion und Reichtum, Kirche und Kommerz – in diesem Umfeld voller Widersprüche verbringt Ferré seine Kindheit. Als junger Künstler beginnt er damit, sich an diesen Widersprüchen abzuarbeiten – und wählt als politische Haltung den Anarchismus. Ferré entwickelt sich zum strikten Gegner von Massenproduktion und Kapitalismus. Den Kulturbetrieb verachtet er dafür, Verzweiflung als Produkt zu vermarkten. Die »wahre Verzweiflung« hingegen entstehe nur dann, wenn der Poet diese in sich findet und zu Papier bringt – mit Hilfe von Worten, geschöpft aus einem anderen Land, einer anderen Gegend, einer anderen Einsamkeit.

In der ersten Phase seiner Karriere ist Léo Ferré der Prototyp eines Künstlers, der zur verarmten Bohème von Paris gehört; er entspricht damit dem Stereotyp des mittellosen Dichters, der für die Kunst leidet und aus dem Leid heraus die Kunst findet – eine Existenz im Teufelskreis. Aus dieser Position heraus wird Ferré zu einem Phänomen der Szene, heute würde man sagen: zur Kultfigur. Seine frühen Erfolge beim traditionellen Chanson-Publikum sind ihm selbst nicht geheuer, weshalb er ab 1968 – angestachelt von den studentischen Revolten in Paris – seine Musik öffnet. Er nimmt Alben zusammen mit der experimentellen Progrockband Zoo auf, komplexe und wuchtige Werke wie *La Solitude* (1971) mit dem oben zitierten Titelstück oder *Il n'y a plus rien* (1973). Wer diese Platten aufmerksam hört und die Texte studiert, findet sich in einer Welt wieder, in der allein die Poesie Macht besitzt. Sie ist die Herrscherin, sie ist in der Lage, die Welt zu verändern: die Liebe, die Ordnung, die Natur. Das Stück »Il n'y a plus rien« ist ein fast 16 Minuten langer Abgesang auf die Existenz des Menschen in Gemeinschaft und Gesellschaft, der zentrale Satz liest sich wie das Wahlplakat einer anarchistischen Partei: »Le désordre, c'est l'ordre moins le pouvoir!« – »Unordnung ist Ordnung minus Macht!«

In der zweiten Hälfte der 70er Jahre legt Ferré seine Chansons als Symphonien an. Sein Anspruch an sich und sein Publikum steigt immer weiter, Orchester und Chöre begleiten seine Worte, in jeder Sekunde dieser Musik geht es um alles. Eines seiner letzten Alben schließt den Kreis: Für *Les vieux copains* nimmt er alte Chansons neu auf, die anarchistischen Gedanken des jungen, verarmten Léo Ferré, gespielt mit dem Aufwand einer Operninszenierung. Nennen wir es: Dialektik.

Michel Polnareff

Hätten sich die Franzosen einen Rockstar erträumen dürfen, sie hätten sich auf Michel Polnareff geeinigt. Ein Star, der wie ein Alien wirkt. Und manchmal auch so handelt. Was spätestens dann zum Problem wird, wenn es um Steuerfragen geht. Die

Franzosen lieben solche Figuren. Jacques Tati und Louis de Funès haben sie in ihren Filmen perfektioniert. Houellebecq spielt diese Rolle als Literat, zuletzt mit wechselhaftem Erfolg. Polnareff gibt sie in der Popmusik.

Um Michel Polnareffs Werdegang besser zu verstehen, kurz ein paar Worte zu seinem Vater. Leib Polnareff, geboren 1899 in Odessa, siedelt als jüdischer Musiker 1923 nach Frankreich um. Er gibt sich den Namen Léo Poll, gründet eine Jazz- und Swingband, kommt in Paris gut ins Geschäft, arbeitet für Édith Piaf, Yves Montand, Charles Trenet. Die deutsche Besatzung überlebt er, weil französische Widerstandskämpfer ihn mit gefälschten Papieren ausstatten. In zweiter Ehe heiratet er die Bretonin Simone Lane, eine Jazz- und Akrobatiktänzerin. 1944 wird ihr Sohn Michel geboren, die Familie ist damals in der Rue Oberkampf zu Hause, gelegen im 11. Arrondissement im Nordosten von Paris. Musik nimmt in dem Haushalt zwangsläufig eine große Rolle ein. Michel Polnareff lernt schon als Kind das Klavierspiel, der Vater pflegt ein strenges musikpädagogisches Regime: Musiziert wird nur Klassik, freies Spiel ist nicht erlaubt, eine Ausbildung am Conservatoire de Paris ist gewünscht. Doch wie das nun einmal so ist, wenn ein Vater seinen Sohn zu etwas drängen will: Dieser entwickelt schnell einen eigenen Kopf – und rebelliert.

Michels Traum ist nicht die Klassik, sondern der Rock'n'Roll. Mit 20 verlässt er sein Elternhaus, schlägt sich mit Aushilfsjobs durch, spart auf eine Gitarre. Inspiriert von den Beatniks in Amerika verweigert er sich dem Erfolgsdenken, setzt auf maximale Freiheit und gibt sich unverfroren. Sein Talent als Komponist, Musiker und Sänger ist offensichtlich, er nimmt an Wettbewerben teil, gewinnt einmal einen Plattenvertrag, den er aber nicht annimmt – bloß nicht das Spiel des Business mitspielen! 1966 wird das junge, aufstrebende Label Disc'Az auf ihn aufmerksam: Ob Polnareff nicht eine Single für die Firma aufnehmen wolle? Dieses Mal sagt er zu, aber nur, wenn er dafür nach London gehen darf. Dort spielt Polnareff mit den damals noch blutjungen Musikern Jimmy Page und John Paul Jones – zwei Jahre, bevor sie Led Zeppelin gründen – die Single »La Poupée qui fait non« ein, komponiert von Polnareff und mit einem Text von Frank Gérald. Die Musik bietet eine eingängige, angloamerikanisch geprägte Mischung aus Beat und Folkrock, der Text ist bemerkenswert, weil der Protagonist von einer Puppe singt, die »nein« sagt. Mit etwas gutem Willen handelt es sich hier um einen frühen Popsong über die sexuelle Selbstbestimmtheit von Frauen. Die Single wird ein Hit, nicht nur in Frankreich, sondern weltweit. Jimi Hendrix spielt später eine Instrumentalversion des Stückes ein – mit ihm am Bass. Polnareff singt Versionen in Deutsch, Spanisch, Italienisch: »Meine Puppe sagt non«, »Muñeca que hace no«, »Una bambolina che fa no, no, no« – das ganz große Puppentheater.

In den Jahren 1966 und 1967 veröffentlicht Polnareff eine großartige Single nach der anderen. Wie Dutronc, mit dem Unterschied: Dutronc ist der offensichtliche Dandy, Polnareff ist optisch kaum zu durchschauen, er wechselt den Stil, entspricht nicht dem gängigen Männlichkeitsideal, wirkt androgyn. Bei seinen Texten verzichtet Polnareff auf Doppeldeutigkeiten, lieber kommt er direkt zu Sache, wie beim Song »L'Amour avec toi«. »Il est des mots qu'on peut penser, / Mais à pas dire en société / Moi je me fous de la société / Et de sa prétendue moralité // J'aimerais simplement faire l'amour avec toi« – »Es gibt Worte, die man denken, aber nicht in der Öffentlichkeit sagen kann / Ich pfeife auf die Gesellschaft und ihre angebliche Moral // Ich möchte einfach nur Liebe mit dir machen«. Die Folge seiner Direktheit: Vor 22 Uhr darf das Lied nicht im Radio laufen. Deutlich schnulziger ist der Text des Klageliedes »Love Me, Please Love Me«, ein Song im Elvis-Stil mit geheulten Gesangspassagen, hiervon gibt es ebenfalls eine Version mit deutschem Text. Auch an anderer Stelle etabliert Polnareff das Heulen als gesangliches Ausdrucksmittel: »Âme câline« ist beeinflusst von den seufzenden Steel-Guitars in der Countrymusik und den perfekten Satzgesängen der Beach Boys. Dazu lässt Polnareff ein Orchester auffahren, spielt Piano und setzt im Text eine Art Kontaktanzeige auf: »Offre nid tout près du soleil, près des étoiles« – »Biete ein Nest ganz nah an der Sonne, in Sternennähe«.

1968 liefert Michel Polnareff dann das ganz große Drama: »Le Bal des Laze« könnte auch die Vorlage für ein Shakespeare-Drama oder einen Edgar-Wallace-Film sein: Polnareff singt aus der Perspektive eines Mörders, der auf einem Ball der Londoner Adelsfamilie Laze einen Mord aus Eifersucht begeht und nun kurz davor steht, erhängt zu werden. Bei einem TV-Auftritt singt er das Stück im Büßergewand und mit Strick in der Hand. Kein Wunder, dass die französischen Radio- und TV-Sender auch dieses Lied auf den Index setzen.

Polnareff zeigt sich nun nur noch mit Sonnenbrille, erst trägt er ein normales Modell, bald ein für ihn designtes mit weißem Rahmen – es wird sein Erkennungszeichen, genauso wie kurz danach die hell blondierten und gekrausten langen Haare. Seine Art, zu leben und sich zu offenbaren, sich zu verkleiden und sich zu verstecken, führt zu verbaler und körperlicher Gewalt gegen ihn. Es gibt einen Vorfall bei einem Konzert, als eine Person auf die Bühne springt und ihn schlägt, seine Gegner beschimpfen ihn auf homofeindliche Weise. Polnareff reagiert mit dem Lied »Je suis un homme«, der Versuch einer Gegendarstellung zum Beweis seiner heterosexuellen Männlichkeit – und damit nicht weniger homofeindlich als die Aussagen, die er anklagt. Wobei Polnareff im Text den nächsten Skandal bereits ankündigt: »Et de là-haut, / Sur mon podium / J'éblouirai le tout Paris / De mon anatomie« – »Von dort oben, / Auf meinem Podest / Blende ich ganz Paris / Mit meiner Anatomie«.

Alles, was man ihm vorwerfe, treibe Polnareff anschließend auf die Spitze, schreibt ein Kulturjournalist über ihn. Und da ist was dran: 1972 lässt er 6000 Plakate in der Métro aufhängen, die sein Konzert im Pariser Olympia bewerben, darauf zu sehen: Polnareff in Frauenkleidern und mit nacktem Hinterteil. Wegen Verletzung des öffentlichen Schamgefühls muss er 60 000 Francs Strafe zahlen. Die Show im Olympia wird ein

Erfolg, was weniger am Po als an der Klasse seines dritten Albums *Polnareff's* liegt: Die enorm vielfältige Platte gehört in den Kanon der besten Rockalben der 70er Jahre. Das instrumentale erste Stück »Voyages« bietet symphonische Klänge, ein melancholisches Klavier und psychedelische Rockmusik. Im Song »Le Désert n'est plus en Afrique« stellt er fest, dass sich die wahren Wüsten in unseren Herzen befinden. »Né dans un ice-cream« handelt von jemandem, der in Speiseeis geboren wurde, was für Polnareff bedeutet: süchtig nach Musik und Verkleidung, ausgestattet mit einer liquiden Identität. »Et je ne sais plus qui être / Qui vous cachez derrière mes lunettes / Ce n'est pas un crime« – »Und ich weiß nicht mehr, wer ich bin / Wer versteckt sich hinter meinen Brillengläsern? / Das ist kein Verbrechen«.

Schon ein Jahr später veröffentlicht Michel Polnareff mit der Single »Holidays« einen weiteren Hochkaräter, inspiriert von Flugreisen, inklusive der Warnung, nicht zu hoch zu fliegen, schließlich sei die Erde niedrig – Polnareff selbst soll unter großer Flugangst leiden. Die Musik ist zuckersüß und psychedelisch, beeinflusst vom kalifornischen Sound der frühen 70er Jahre. Kennt dieser Künstler überhaupt Grenzen? Doch, doch. Auftritt der französischen Steuerbehörde. Was die Kunst betrifft, ist Polnareff ein Kontrollfreak. Seine Finanzen lagert er jedoch aus, an einen Unternehmer, der als Accountant und Privatinvestor fungiert, vermeintlich im Sinne Polnareffs. Doch der Finanzberater nutzt das Desinteresse und die ständige Abwesenheit seines Mandanten aus und veruntreut das gesamte Vermögen. Als Polnareff Verdacht schöpft, macht er sich aus dem Staub. Mit der Folge, dass der Popstar nun nicht nur mittelos ist, sondern dem französischen Staat Steuern schuldet, eine siebenstellige Francs-Summe. Polnareff inszeniert sich als Betrogener. Als er erkennt, dass viele Franzosen und auch die Steuerbehörden ihm diese Story nicht glauben, mietet er sich eine Schiffskabine und schippert ins amerikanische Exil, zunächst nach New York, später nach Los Angeles.

Er singt nun auf Englisch, spielt Konzerte in den USA und Japan, komponiert Soundtracks – und vermisst Frankreich. Soll er es wagen, zurückzukehren? Mit dem Lied »Lettre à France« lotet er die Stimmung aus, Polnareff singt hier zum melancholischen Klavier einen Text von Jean-Loup Dabadie, im Kern ein kitschiges Heimatlied, wenn da nicht der psychedelische Refrain wäre, in dem Polnareff wie ein Engel zu lauten Gitarren singt: »Il était une fois, / Toi et moi / N'oublie jamais ça, / Toi et moi« – »Es war einmal, / Du und ich / Vergiss das nie, / Du und ich«. Michel Polnareff und Frankreich: Beziehungsstatus? Kompliziert – aber voller Leidenschaft. Die Single wird ein Hit, Polnareff regelt seine Angelegenheiten, verhindert damit die Strafverfolgung.

Alles gut? Na ja, nun stellt Polnareff die Fans mit seiner neuen Musik auf die Probe. 1981 erscheint das Album *Bulles*, am Keyboard sitzt Hans Zimmer, damals noch talentierter Studiomusiker, heute einer der weltweit größten Hollywood-Komponisten. Und Zimmer hat gut zu tun: Polnareff hat vor der Produktion die technischen Entwicklungen im Pop genau studiert, was zu einer sehr zeitgeistigen Platte führt, die 1981 modern klingt, heute wie eine Geschmacksverirrung – wie auch *Incognito*, die ähnlich schlecht gealterte Platte aus dem Jahr 1985. Ende der 80er Jahre lebt er wieder in Frankreich, meistens in Hotels. In einem, dem Royal Monceau, unmittelbar am Arc de Triomphe, verbringt er mehr als zwei Jahre. Er versucht sich, gesundheitlich angeschlagen und halb erblindet, der Hotelbar zugeneigt und mit Unterstützung von Mike Oldfield, an einem weiteren Großwerk: *Kāma-Sūtra*. Das Vorhaben gelingt. Die Single »Goodbye Marylou« ragt heraus, ein Lied fast wie aus alten Tagen, getragen von Polnareffs Stimme und einer schwebend-schwermütigen Melodie. Der Text bietet die Liebesstory von einem Mann, der von einer Frau fasziniert ist, jedoch mit allerhand Hinweisen auf elektrisch verschickte Nachrichten und Nicknames, Displays und Tastaturen. Wir schreiben das Jahr 1990, fast scheint es, als habe Polnareff, verschanzt im Hotel, die Social-Media-Zukunft vorhergesehen. Schon ein bisschen unheimlich, vor allem, wenn man bedenkt, dass dieser eigenwillige Kerl bereits 1971 ein Lied mit dem Titel »Computer's Dream« aufnimmt. Ist dieser Michel Polnareff vielleicht doch ein Alien? Seine französischen Hardcorefans sind bereit, ihm alles zu glauben.

2018 veröffentlicht er mit *Enfin!* sein, wie er sagt, letztes Album mit neuen Songs. Vier Jahre später erscheint eine Platte, auf der er alte Lieder neu einspielt, eine Tour führt ihn durch die großen Arenen, dabei probiert er weiter neue Bühnenaufbauten aus, stellt eine neue Band zusammen – und zeigt: Die Lust auf Abenteuer ist ihm noch nicht vergangen.

Gérard Manset

Ein Sänger, der noch nie ein Konzert gegeben hat, weil er, O-Ton, es »schamlos und lächerlich« finde, »vor einem Publikum zu singen«. Einer, der zuletzt vor 40 Jahren im Fernsehen aufgetreten ist. Der nur ausgewählten Zeitungen Interviews gibt. Der sich selbst als ein »Wesen der Verweigerung und des Scheiterns« beschreibt. Der sich nur äußerst ungern fotografieren lässt. Existiert ein solcher Sänger überhaupt? Mais, oui! Willkommen in der sonderbaren, wunderbaren Welt des Gérard Manset.

Was man über das Phantom der französischen Musikszene weiß: Zur Welt kam er kurz nach Ende des Zweiten Weltkriegs im August 1945 in Saint-Cloud, einer Vorstadt im Westen von Paris. Durchs Abitur rasselt er, weil seine Noten in Französisch so schlecht sind. Erstaunlich genug für jemanden, der später Lieder mit großartigen Texten schreibt. Seine erste Single produziert er 1968, und zwar allein, weil sich kein Label dafür interessiert. Das Stück »Animal, on est mal« projiziert das Elend des menschlichen Daseins auf die Welt der Tiere, es kommt mit wenigen Akkorden aus, erinnert an britische und amerikanische Psych-Pop-Gruppen wie die frühen Pink Floyd oder Zombies – und wird 1968, dem Jahr der Revolte, ein Hit in der Pariser Untergrundbewegung. In diesen Kreisen wird auch sein erstes Album heiß gehandelt. Im Stück »La Femme fusée« spielt er mit den orchestralen Elementen des Chansons-Pop der späten 60er Jahre, stellt diese aber in ganz andere Zusammenhänge: Mansets »Raketenfrau« ist stark, selbstbestimmt – und hat wenig mit den Mädchen gemein, über die der französische Pop in dieser Zeit sonst singt.

Von Beginn an kümmert sich Gérard Manset nicht um Konventionen. Sein zweites Album *La Mort d'Orion* ist eine anspruchsvolle orchestrale Pop-Symphonie, das Thema ist heute noch aktueller als damals: Manset singt über einen Planeten, der immer weiter zerstört wird. Selbst hält er sich nicht für einen guten Sänger, weshalb er sich zu Beginn seiner Karriere gar nicht als Interpret, sondern als Autor betrachtet. Nun macht er aus der Not eine Tugend und findet einen Gesangsstil, bei dem auf seltsame Art und Weise Stolz und Leid zusammenfließen.

Der nächste Schritt seines Karrierewegs: Manset macht sich zur Marke. Auf dem Cover des dritten Albums gibt es ein Bild von ihm an der Gitarre, dazu die Aufschrift »Manset«. Die acht Lieder wirken, als würden sie durch einen zeitlosen Raum geistern, problemlos streckt Gérard Manset ein Stück wie »Jeanne« auf fast elf Minuten, gewidmet Jeanne d'Arc, einem Nationalmythos der Franzosen, der bis heute von vielen politischen und religiösen Lagern vereinnahmt wird, selbst von der Katholischen Kirche, deren Inquisition sie zum Tode verurteilt. Was Manset davon hält, zeigt sein Song: Jeanne kehrt als »démon toute nue« zurück, als »nackter Teufel« und damit Vorbotin für das jüngste Gericht.

Schwer vorstellbar, dass Gérard Manset mit seinem Hang zu ausufernden Songlängen und anspruchsvollen Arrangements jemals eine Hitsingle landet – und doch gelingt ihm 1975 genau das: »Il voyage en solitaire« ist ein mit vier Minuten vergleichsweise kurzes, sentimentales Lied über einen Solo-Reisenden, der ein Leben ohne Geheimnisse führt und sich von niemandem etwas sagen lassen muss. Ein Hohelied auf die Einsamkeit! 300 000 Franzosen sehen das ähnlich und kaufen die Single. Der

Erfolg macht Manset zu einem Star, gesteigertes Interesse an seiner Person und seinem Privatleben inklusive. Dem Künstler wiederum gefällt das gar nicht, seine Reaktion auf die »Mansetmania« ist ein Album mit dem Titel »Rien à raconter« – »nichts zu erzählen«. Um den Erwartungen zu entkommen, schweigt Manset nicht nur, sondern nimmt nun wieder komplexe Progplatten auf. Das Cover des Albums *2870* wird vom Design-Team Hipgnosis gestaltet, das diesen Job auch für Pink Floyd übernimmt. Um die Hülle der Manset-LP zu öffnen, muss der Hörer eine Karton-schatulle öffnen, was mindestens so kniffelig ist wie die Gitarrenstrukturen des 14 Minuten langen Titelstücks.

Das musikalische Hin und Her findet Mitte der 80er Jahre ein Ende: Auf den Alben *Lumières* (1984, das Cover zeigt Manset bei seiner Erstkommunion) und *Prisonnier de l'inutile* (1985) findet er zur Ruhe und zu einem nachhaltigen Stil. Die Lieder sind weiterhin so lang, wie sie nach Meinung des Künstlers sein müssen, doch vertraut Manset nun seinem Gespür für Melodien und melancholische Stimmungen. Die Stücke »Entrez dans le rêve« – »Tritt in den Traum ein« – oder »Matrice« vom gleichnamigen Album aus dem Jahr 1989 zeigen, wie einflussreich sein Sound bis heute ist: Aktuelle Indierockgruppen wie die US-Band The War on Drugs bemühen sich, Schwermut ähnlich verträumt klingen zu lassen.

Hubert-Félix Thiéfaine

Hubert-Félix Thiéfaine, geboren 1948, stammt aus der Kleinstadt Dole, gelegen im Départment Jura, auf halber Strecke zwischen Dijon und Besançon. Die Gegend ist sehr katholisch geprägt, auch Thiéfaine hat gläubige Eltern – und immer Ärger in der Schule. Sein erstes Berufsziel: Priester. Sein zweites: Rocksänger. Er besucht ein Jesuiteninternat, versucht sich mit einem Studium der Rechtswissenschaften. Dann aber geht er nach Paris, um sich in den Clubs auf der südlichen Seite der Seine – Rive

Gauche wird dieser Teil der Stadt mit dem Bohème-Quartier Saint-Germain-des-Prés genannt – mit selbst geschriebenen Liedern zwischen Surrealismus und Existentialismus über Wasser zu halten. Das gelingt ihm mehr schlecht als recht. Thiéfaine ist Anfang der 70er Jahre einer der verarmten Bohémiens von Paris, wie Léo Ferré einige Jahre zuvor. Das Blatt wendet sich, als Thiéfaine Mitte der 70er Jahre Bekanntschaft mit der Folk-Blues-Band Machin macht – eine Gruppe, die auch gut in die Hamburger Skiffle- und Folk-Szene rund ums Onkel Pö gepasst hätte. Zusammen mit dem Bassisten von Machin, Tony Carbonare, konzipiert Thiéfaine sein erstes Album.

Wer denkt, von Musik nicht mehr überrascht werden zu können, der muss diese Platte mit dem irren Titel *... tout corps vivant branché sur le secteur étant appelé à s'émouvoir ...* kennen – »... jeder lebende Körper, der an den Strom angeschlossen ist, soll sich bewegen ...«. »Attention, attention«, ruft Thiéfaine auf dem ersten Lied »L'Ascenseur de 22 h 43 (1ère partie)«, »la concierge se trouve / Actuellement dans l'escalier / Mais comme elle ne le sait pas, / Vous êtes priés de ne pas la déranger« – »Achtung, Achtung, die Hausmeisterin befindet sich / Gegenwärtig auf der Treppe / Doch da sie es nicht weiß, / Werden Sie gebeten, sie nicht zu stören«. Die Musik dazu klingt, als nehme ein Clown Johnny Cashs Country-Gesang auf den Arm, nur die flächigen und leicht kitschigen Keyboards klingen nach French Pop. Wer denkt, abstruser werde es nicht mehr, hört danach Thiéfaines historische Abhandlung über »La Fin du Saint-Empire romain germanique« – »Das Ende des Heiligen Römischen Reiches Deutscher Nation« oder das Progrockstück mit mittelalterlicher Anmutung über einen Motorradunfall am 22. Mai 1968, am Rande der studentischen Unruhen in Paris. Das Meisterstück des Albums aber ist das Lied über »La Fille du coupeur de joints« – »die Tochter des Joint-Schneiders«. Der Titel verweist auf das Kinderlied über die »Tochter des Strohschneiders«. Der Song erzählt die Geschichte jedoch zeitgemäß, mit Cannabis statt Stroh. Zweieinhalb Minuten lang hüpft das Stück wie ein Flummi umher, dann verfällt es kurz in den Kuschel-Modus, um quicklebendig sein Ende zu finden. Es ist immer wieder ein Vergnügen, dieses Lied Leuten vorzuspielen, die sich mit alternativer Popmusik beschäftigen, Hubert-Félix Thiéfaine aber noch nicht kennen: Bislang will jeder das Stück direkt noch einmal hören – und entwickelt sofort Interesse für diesen ungewöhnlichen Star der French-Pop-Szene.

Thiéfaines Debütalbum aus dem Jahr 1978 ist der Startpunkt einer langen und abwechslungsreichen Diskographie. Auf dem zweiten Album *Autorisation de délirer* finden sich zwei weitere Klassiker, einer dauert gerade einmal 40 Sekunden: »Dernière station avant l'autoroute« handelt vom »letzten Halt vor der Autobahn«, erst kommt es zur Liebe im Maisfeld, dann gibt's Kaugummi. Deutlich länger läuft das letzte Stück des Albums, »Alligators 427«. Thiéfaine schreibt dieses Lied bereits 1975, zu einer Zeit also, als seine Erfolglosigkeit in Paris dazu führt, dass er abmagert und an akutem Nährstoffmangel leidet, in dessen Folge sich an seinen Gelenken Knoten bilden. Bei einer Reise zurück in den Jura zu seinen Eltern kommt der Verdacht auf, es handele sich um eine Krebserkrankung. Thiéfaine schreibt daraufhin das Lied und verknüpft seine Geschwüre mit dem Atomkraftwerk in Fessenheim im Elsass, einer Anlage nahe seiner Heimat, gegen die er Anfang der 70er Jahre als junger Aktivist demonstriert. Wer hier ein Protestlied im Deutschrock-Stil erwartet, liegt falsch: Thiéfaine entfacht aus seiner Todesangst heraus einen existentialistischen Wirbel. Es geht um Sex und den Tod, um Monster und Menschen, immer wieder jubiliert der Sänger: »Le monde est aux fantômes, aux hyènes et aux vautours / Moi, je vous dis: ›Bravo‹ et ›vive la mort!‹« – »Die Welt gehört den Geistern, den Hyänen und den Geiern / Ich sage: ›Bravo‹ und ›es lebe der Tod!‹«

Hubert-Felix Thiéfaine verzichtet auf Kampagnen und Interviews, will sich so wenig wie möglich vermarkten lassen. Immer beliebter wird er auch so. Anfang der 80er Jahre erscheinen drei sehr starke Alben in Serie, auf denen er Chanson mit New Wave und Post-Punk verbindet. Ein besonders großartiges Lied auf dem Album *Dernières balises (avant mutation)* handelt von den »Mathématiques souterraines«; Thiéfaine nennt generell gerne Zahlen in seinen Songtiteln. In diesem Lied geht es um eine spezielle Form von Mathematik, die sich unterhalb der Gürtellinie abspielt. Das Kernstück des Albums *Soleil cherche futur* trägt den Titel »Les Dingues et les paumés« – »die Verrückten und die Verwirrten«. Die Schriftstellerin Virginie Despentes zitiert in ihrer Roman-Trilogie *Das Leben des Vernon Subutex* aus dieser New-Wave-Ballade: »La solitude n'est plus une maladie honteuse« – »die Einsamkeit ist keine schändliche Krankheit mehr«. In Despentes' Geschichte über den Abstieg des ehemals erfolgreichen Pariser Schallplattenhändlers Vernon Subutex ist Thiéfaines Botschaft von zentraler Bedeutung: Nimmt man der Einsamkeit erst einmal die Schande, lassen sich aus ihr heraus neue Bande schließen.

Jean-Louis Murat

Jean-Louis Murats Tod am 25. Mai 2023 fällt in die Zeit, in der ich an diesem Buch arbeite. Die Nachricht trifft mich, doch mit Blick auf seinen Lebensweg lässt sich sagen, dass er seine 71 Jahre auf dieser Erde gut genutzt hat. Murat ist gerade mal 25 Jahre alt, da hat seine Biographie bereits so viele Wendungen genommen, dass man einen Roman darüber schreiben könnte. Er wächst auf dem einsamen Bauernhof der Familie in einem Örtchen bei Clermont-Ferrand in der Auvergne auf, spielt als Trommler in der Dorfkapelle, soll aber später, so der Wunsch des Vaters, ein Handwerk erlernen. Dann jedoch entdeckt ein Lehrer das kreative Talent seines Schülers. Er zeigt ihm die Oper, nimmt ihn auf Konzerte mit, überredet ihn, in Clermont-Ferrand das Gymnasium zu besuchen, statt eine Lehre zu beginnen. Als seine Eltern sich scheiden lassen, reagiert Murat auf eigene Art, indem er mit 17 Jahren heiratet, zwei Jahre später wird er Vater. Kurz danach reicht er die Scheidung ein, reist durch Frankreich, nimmt Gelegenheitsjobs an. Wo Schnee liegt, bringt er Touristen das Skifahren bei. Wo am Meer die Sonne scheint, verkauft er am Strand Eis und kühle Getränke oder achtet darauf, dass niemand ertrinkt. Glücklich wird er damit nicht. Am Ende seiner chaotischen Tour de France unternimmt er einen Suizidversuch, kehrt danach in die Auvergne zurück, wo er in Clermont-Ferrand seine erste Band gründet.

Dort wird William Sheller auf ihn aufmerksam, ein Komponist und Sänger, dem ich mich später in diesem Kapitel widme. Murat ist 28 Jahre alt, als er mit Shellers Unterstützung seine erste Platte aufnimmt, eine EP mit drei Liedern. Das erste heißt »Suicidez-vous le peuple est mort« – »Bringen Sie sich um, das Volk ist tot« – und ist eine minimalistisch-dramatische Komposition im Stil britischer New-Wave-Bands wie Japan, wird aber wegen der vermeintlichen Aufforderung zum Suizid von vielen Radiosendern boykottiert.

Zwei Alben und ein paar Singles später ist Jean-Louis Murat bereits Mitte 30 – und immer noch erfolglos. 1987 folgt die Wende: Die Musikwelt steht auf elegante Popmusik, Murats warme Stimme bedient diesen Trend. Seine Single »Si je devais manquer de toi« führt ihn erstmals in die Charts. Das Album *Cheyenne Autumn* entsteht in London, verkauft sich ordentlich – und bringt ihn auf den Radar der französischen Filmindustrie, die immer auf der Suche nach Gesichtern aus dem Pop ist, um mit ihrer Hilfe die Attraktivität von Filmen zu erhöhen. Ohne ein begnadeter Darsteller zu sein, tritt der Sänger und Songwriter 1990 im Melodram *La Vengeance d'une femme* auf, an der Seite von Isabelle Huppert und Béatrice Dalle. Der Film lässt kaum ein Klischee des französischen Autorenkinos aus: Handlung gibt es kaum, dafür Dialoge und Stillleben, eingefangen durch unzählige Nah- und Halbnah-Aufnahmen. Egal, Murat ist nun Sänger und Schauspieler – und bereit für den nächsten Karriereschritt, nämlich ein Duett mit Mylème Farmer, der Grande Dame des French-Electro-Pop.

Die gemeinsame Single »Regrets« führt Murat auf Platz drei der französischen Hitparade, kurz danach erscheint 1991 ein eigenes neues Album: *Le Manteau de pluie* – »der Regenmantel«. Darauf befindet sich sein schönstes Lied, »Col de la Croix-Morand«, benannt nach dem berühmten Gebirgspass unweit seines Heimatdorfes. Murats Komposition über den »Col de la Croix-Morand« beginnt mit Tierlauten von der Bergwiese, bedient sich zu einem cool-schleichenden Dreivierteltakt bei den unheilvollen Synthie-Flächen, die der italienische Filmkomponist Angelo Badalementi für den Soundtrack zu David Lynchs revolutionärer Serie *Twin Peaks* entwickelt hat. Zwei Strophen und zwei Refrains lang traut man der Schönheit dieser Komposition nicht. Es wirkt so, als lauere hinter jeder Ecke eine mögliche Gefahr, sei es der heftige Wind, der oben auf dem baumlosen Pass weht, oder eine mysteriöse Kreatur hinter dem Hügel. Nach dem zweiten Refrain öffnet sich das Lied kurz, zu einer 16 Sekunden langen traumhaften Sequenz. Dann kehrt das Stück zu seinem Ursprungsmotiv zurück und verlangt danach, noch einmal gehört zu werden.

So sanft Jean-Louis Murat singt, so grob teilt er gegen Kollegen aus. Fast alle sind sie ihm zu brav, zu eintönig, zu vorhersehbar. Äußerst unangenehm werden seine Beschimpfungen, wenn sie ins Sexistische abdriften. Murat weiß das selbst, bezeichnet sich als einen »unbeständigen, widersprüchlichen, unberechenbaren« Charakter, geprägt von der Scheidung seiner Eltern sowie den vielen Beziehungen, die in seinem Leben bereits zu Bruch gegangen sind. Auch in politischer Hinsicht handelt Murat erratisch: Auf der einen Seite unterstützt er viele Jahre lang den tibetanischen Freiheitskampf, auf der anderen Seite die Gelbwestenbewegung, indem er ihr im Frühling 2019 Samstag für Samstag ein Lied widmet und bei Facebook veröffentlicht. Ob die empörten Aktivisten bei ihren Protesten für billigeres Benzin Murats Lieder gehört haben? Wohl eher nicht.

Im Laufe der Jahre veröffentlicht Jean-Louis Murat mehr als zwei Dutzend Studioalben. Man muss sie nicht alle kennen, aber einige schon. *Dolorès* aus dem Jahr 1996 bringt mit Liedern wie »Fort Alamo« oder »Brûle-moi« Chanson und Trip-Hop zusammen. *Mustango* von 1999 entsteht mit Kollegen aus den USA wie dem Tom-Waits-Freund Marc Ribot oder Joey Burns und John Convertino, deren Band Calexico er einen Song widmet. »Polly Jean« wiederum ist ein Tribut an die englische Indierockkünstlerin PJ Harvey, das Stück »Bang bang« erinnert an die Duette von Nancy Sinatra mit Lee Hazelwood, der mehr als zehn Minuten lange Song »Nu dans la crevasse« zeigt, wie gut French Pop und Wüstenrock zusammenpassen. Die beste seiner späteren Aufnahmen ist *Babel*, ein Doppelalbum in der Länge eines Fußballspiels (inklusive Nachspielzeit), aufgenommen zusammen mit der wenig bekannten Folkrockband The Delano Orchestra. Darauf zu finden ist ein Lied über »Camping à la ferme«, also Campingurlaube auf dem Bauernhof, in der Gegend, in der Murat aufgewachsen ist. »Cool, super cool, c'est le camping à la ferme« singt Murat, begleitet von einem Kinderchor – und plötzlich wirkt der sonderbare und mürrische Onkel sehr begeisterungsfähig.

Brigitte Fontaine

Das Department Finistère liegt im äußersten Nordwesten Frankreichs; die Römer gaben diesem Teil der Bretagne den Namen Finis Terrae, das Ende der Welt – danach kommt nichts mehr. In dieser Gegend ist das Bretonische als Sprache noch sehr lebendig. Die Bevölkerungsdichte ist gering, die Wirtschaft wird von der Landwirtschaft und Fischerei bestimmt, dazu vom Militär, das hier, wegen der strategischen Lage, einige Basen unterhält. Der Landstrich ist wunderschön. An den vielen Tagen, an denen es heftig regnet und der kalte Wind weht, kann es aber dort auch sehr langweilig sein. Besonders dann, wenn man als junge Frau von 17 Jahren endlich die Schule hinter sich hat, mit der anstehenden Berufswahl aber nicht zurechtkommt. So ergeht es Brigitte Fontaine, Jahrgang 1939. Sie begeistert sich für Poesie, Literatur und Schauspielerei, was im ruppigen Brest, der größten Stadt des Departments, Ende der 50er Jahre jedoch auf wenig Widerhall trifft. Daher zieht es sie nach Paris, wo sie es zunächst in Theatern als Schauspielerin versucht, bevor sie ab 1963 in den Kabaretts und Bars südlich der Seine als Sängerin eigener Chansons auftritt.

In diesen Lokalen singt Brigitte Fontaine ihre eigenwilligen Texte auf eine ebenso eigenwillige Art: nie auf Nummer sicher, immer am Rand des Zumutbaren, sowohl was den Vortrag als auch die Inhalte der Texte betrifft. Schon das erste Lied auf ihrem ersten Album, »Je suis décadente (La Concierge Gamberge)« ist die radikale Beschreibung eines Frauenlebens im Paris der 60er Jahre. Zu einer Musik zwischen einer Brecht / Weill-Komposition und Piaf'scher Wucht besingt Brigitte Fontaine die alte Hausmeisterin eines Gebäudes, in dem ausschließlich Intellektuelle hausen. Ihr Dasein ist trist, sie bezeichnet es als dekadent und sieht sich als Wiedergängerin von Sisyphus, bevor sie feststellt: »Mais le suicide quotidien, ce n'est vraiment pas une vie / Le désespoir ce n'est pas sain« – »Aber der tägliche Suizid ist wirklich kein Leben / Verzweiflung ist nicht gesund«. Das Album mit dem Titel *13 Chansons décadentes et fantasmagoriques* wird ein Achtungserfolg, übertroffen noch vom Nachfolger aus dem Jahr 1968, dessen Titel das Geheimnis hinter dieser Künstlerin noch befeuert, weil er fragt: *Brigitte Fontaine est ...?* – »Brigitte Fontaine ist ...?« Ein Mysterium. Wobei Fontaine mit dem Stück »Il pleut« beweist, dass sie auch einfach »nur« schöne Musik machen kann.

Brigitte Fontaine hätte mit dieser Form von Pop-Chansons weitermachen könnten, doch ihre Abenteuerlust kennt keine Grenzen. Sie lernt ihren späteren Ehemann und langjährigen Kreativpartner Areski Belkacem sowie dessen Kollegen Jacques Higelin kennen, zwei genauso risikofreudige Künstler, mit denen sie experimentiert und ein Abendprogramm entwickelt, das Theater und Chanson zusammenbringt – und damit weitere Grenzen sprengt. Als Texterin interessiert sie sich nicht für die

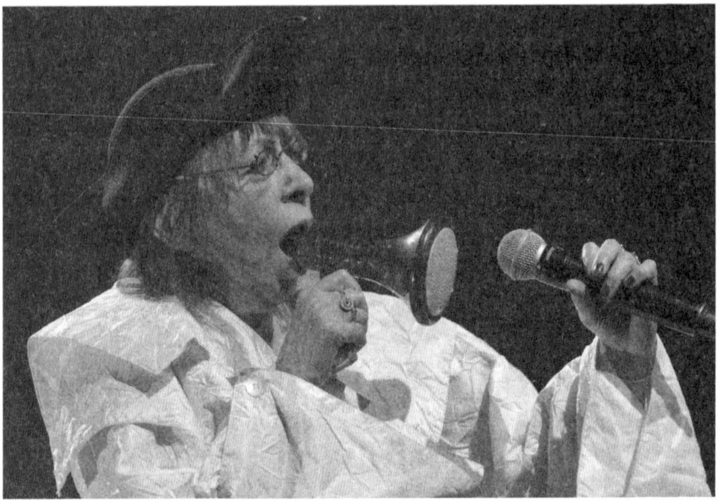

Brigitte Fontaine, 2012

üblichen Versmaße des Chansons, sie schreibt frei – und will auch frei singen. So entsteht 1969 eine Zusammenarbeit mit dem Art Ensemble of Chicago, einem amerikanischen Avantgarde-Jazzkollektiv. Die Idee ist simpel: Fontaine rezitiert ihre Texte, die Musiker improvisieren dazu. Das Experiment findet zunächst auf Bühnen statt, später entsteht das Album zur Performance: *Comme à la radio*. Die Band spielt eine Art Weltmusik-Jazz mit arabischen Einflüssen. Fontaine singt zur Musik, über die Musik hinweg, neben der Musik her, ganz so, wie sie es möchte. In den besten Momenten entsteht eine Stimmung, die man in der Popmusik nur selten erlebt: Der Klang beginnt, ein Eigenleben zu entwickeln. Text und Musik finden sich, distanzieren sich voneinander, gestalten einen eigenen Raum. Wer es nicht glaubt, sollte das Titelstück »Comme à la radio« oder »Lettre à monsieur le chef de gare de la Tour de Carol« hören. Letzteres ist ein Brief an den Vorsteher eines kleinen Bergbahnhofs in den Pyrenäen. Fontaine hat ihn anlässlich der Wahl Georges Pompidous zum neuen Präsidenten der Fünften Republik, als

Nachfolger Charles de Gaulles, geschrieben. Pompidou ist bekannter Verfechter einer zubetonierten und für das Auto optimierten Landschaft. Brigitte Fontaine legt dem »Monsieur le chef de gare« nahe, beim Überqueren der Straße in naher Zukunft vorsichtig zu sein: »Je veux vous dire de faire bien attention en traversant la voie« – »Ich möchte Ihnen sagen, dass Sie beim Überqueren der Fahrbahn gut aufpassen sollen«.

In den 80er Jahren verliert Brigitte Fontaine aufgrund ihrer ständigen Abenteuerlust ihr Publikum in Frankreich, Erfolge feiert sie weiterhin in Kanada und Japan. Ein Jahrzehnt später gelingt ihr das Comeback in ihrem Heimatland, die Alben *Genre humain* (1995) und *Les palaces* (1997) klingen warm und elektronisch. Wer Acts wie Björk oder Everything But the Girl mag, wird Spaß an diesen Aufnahmen haben. Mit den Jahren lernt die französische Musikszene die Bedeutung dieser Künstlerin schließlich richtig einzuschätzen. Brigitte Fontaine tritt häufiger im Fernsehen auf. Sie wird auf der Bühne oder im Studio von großen Namen unterstützt, spielt selbstbewusst mit ihrem Image als »geniale Verrückte«, mischt sich dabei in politische Debatten ein, indem sie sich für Einwanderer, feministische Belange oder Gefängnisinsassen engagiert. Ihr neuestes Album *Terre neuve* erscheint 2020 und ist eine sperrige Mischung aus Lärm, Intensität, Poesie und Schönheit. Der Höhepunkt ist der Song »Vendetta«, ein dröhnendes Rockstück sowie eine unerschrockene Kampfansage an die Männlichkeit: »Vive la lutte armée / Qu'on empale tous les mâles / Et qu'ont châtre les psychiatres« – »Es lebe der bewaffnete Kampf / Alle Männer sollen gepfählt werden / Und die Psychiater sollen kastriert werden«. Wer Brigitte Fontaine im Finale dieses Liedes röcheln hört, denkt sich: Diese Drohung ist kein Scherz. Und was macht Fontaine? Hängt ihrem Pamphlet einen Appendix an, sie klatscht und singt: »Quand une chanteuse a bien chanté / Tous les hommes ont le droit de l'embrasser« – »Wenn eine Sängerin gut gesungen hat / Dürfen alle Männer sie küssen«. Es folgen: ein galliges Lachen und alberne Knutschgeräusche.

Zwei Jahre später, im Alter von 83 Jahren, kündigt Brigitte Fontaine an, ihr letztes Konzert in Paris zu spielen. Der Chef des Festivals, in dessen Rahmen die Show stattfindet, findet passende Worte: »Sie ist eine Choreographin ihrer selbst, ein Gesamtwerk, eine Oper. Ihre Virtuosität, ihre Unberechenbarkeit, all das macht sie einschüchternd. Man hat das Gefühl, dass sie einen Schatz mit sich herumträgt, um den sie alle Künstler beneiden.« Der letzte Live-Abend soll eigentlich den Titel »Closing Night« tragen, kurz vor Beginn der Show entscheidet sich Brigitte Fontaine um, der Name des Abends lautet nun: »Fucking Night«. Man kann sich ihr galliges Lachen vorstellen.

Jacques Higelin

Eine »fucking night« anderer Art erlebt Brigitte Fontaines abenteuerfreudiger Wegbegleiter aus den 60er Jahren, Jacques Higelin. Der Karrierestart gelingt ihm als ausdrucksstarker und experimenteller Sänger, seine Shows gestaltet er als Revuen zwischen Zirkusvorstellung, Dichterlesung und Chansonabend. Als er im Jahr 1973 die Chance erhält, im Pariser Olympia im Vorprogramm der amerikanischen Band Sly & The Family Stone zu spielen, kleidet er sich ganz in Weiß, schultert ein Akkordeon und präsentiert sich als musizierender Artist. Die Fans des Hauptacts haben jedoch Lust auf Funk und Soul, auf »Dance to the Music«, »Everyday People« oder »Hot Fun in the Summertime«, weshalb Higelin mit seinem Zirkusprogramm durchfällt. Seine letzten Worte beim Abgang: »Ich werde wiederkommen, aber nicht allein.«

Higelin lässt Taten folgen: Er sucht sich zwei Musiker mit Rockerfahrung und ändert auf seinem vierten Soloalbum die musikalische Richtung: Nach drei Platten zwischen Chanson und Folk, der an Bob Dylan erinnert, spielt Jacques Higelin auf dem Album *bbh75* nun Rockmusik und findet einen Stil, der sein Werk bis zu seinem Tod im Jahr 2018 prägt: Jacques Higelin spielt wilden und bunten Rock. In seinen Songs gibt es Blues und Boogie-Woogie zu entdecken, Hardrock und Pop, Reggae und Country. Bei einer Show im Jahr 1985 lädt Higelin die Künstler Mory Kanté aus Guinea und Youssou N'Dour aus dem Senegal dazu ein, jeweils einen eigenen Song in seinem Set zu singen; das Konzert erscheint ein Jahr später als Dreifach-Live-LP mit dem Titel *Higelin à Bercy* und trägt mit dazu bei, dass Kanté und N'Dour kurz danach von Frankreich aus ihre Weltkarrieren starten. Die zwei Songs mit den beiden gelten als Pionierstücke der Weltmusik, sie erscheinen noch vor Paul Simons *Graceland*-Album, das gemeinhin als Geburtsstunde des kommerziell erfolgreichen Ethno-Pop genannt wird.

Ganz bei sich ist Jacques Higelin bei den Balladen. Sie handeln, natürlich, von Zigaretten (»La Cigarette«) und der Liebe – oder vielmehr davon, keine Ahnung von ihr zu haben: »L'Amour sans savoir ce que c'est« – »Liebe, ohne zu wissen, was das ist« ist eine zehn Minuten lange Annäherung an das ewige Geheimnis der Liebe. Jacques Higelin schreibt eine Reihe von umwerfenden Liedern, darunter seltsam-grandiose Pophits wie »Champagne« (1980), »Pars« (1986) oder »Tombé du ciel« (1988), dazu French-Funk-Songs wie »Mona Lisa Klaxon« mit Wah-Wah-Gitarren, einem grandiosen Schlagzeug und Higelin, der den inneren James Brown entdeckt. Tief in seinem Herzen ist der trotzige und rebellische Jacques Higelin bei aller Abenteuerlust aber vor allem erstens ein Familienmensch, zweitens ein Nostalgiker und drittens ein Romantiker.

Als Familienmensch schreibt er 1990 die bewegende »Ballade pour Izia«, gewidmet seiner gerade geborenen Tochter Izia. Als Nostalgiker beschwört er 1998 »L'Accordéon désaccordé«, das verstimmte Akkordeon des schönen Léon, dessen Klänge durch die Straßen von Paris ziehen und dabei eine »schmachtende Spur der Melancholie«, »Teppiche von Sehnsucht« und »Wellen der Gänsehaut« hinterlassen, bis irgendwann die Abrissbirnen kommen und die Schönheit von Paris unwiederbringlich zerstören: »T'as l'air d'un nouveau riche qu'a honte de son passé / Et qui jette la photo / […] Je t'abandonne aux touristes, aux branleurs de Tour Eiffel« – »Du siehst aus wie ein Neureicher, der sich seiner Vergangenheit schämt / Und das Foto wegwirft. […] Ich überlasse dich den Touristen, den Eiffelturm-Wichsern«. Als Romantiker wiederum verbringt Jacques Higelin viel Zeit auf Korsika, der Insel der Rebellen im Mittelmeer, gelegen oberhalb von Sardinien, Heimat von Napoleon Bonaparte, verewigt in einem der besten Asterix-Bände, *Astérix en Corse*, – übrigens eine Geschichte mit einigen musikalischen Anspielungen. So heißt der Anführer der Korsen Ocaterinetabelatchitchix, der Name nimmt Bezug auf das Lied »Ô Catarinetta Bella, Tchi-tchi« des in Korsika geborenen französischen Schauspielers und Sängers Toni Rossi, bekannt geworden durch seine Interpretation des neapolitanischen Schlagers »'O sole mio«.

Wegen ihrer Unzugänglichkeit und ihrem Herz für alle Formen des Widerstands übt die Insel seit jeher eine magnetische Kraft auf Freigeister aus aller Welt aus. Einer von ihnen trägt den Namen Tao Khan Kerefoff, ein gebürtiger Tscherkesse aus dem Kaukasus, geboren im Jahr 1901. Im Alter von 27 Jahren kauft er einen Teil der Zitadelle der Stadt Calvi, gelegen im Nordwesten der Insel. Die im 13. Jahrhundert errichtete Festung bietet einen großartigen Blick auf den Hafen von Calvi und das Meer, der neue Inhaber macht sich das zunutze und eröffnet 1936 im Turm eine Bar, die den Namen »Chez Tao« trägt und den Besuchern ein anspruchsvolles Musikprogramm bietet. Charles Aznavour ist ein früher Stammgast des Etablissements, schnell spricht sich in Paris herum, dass, wer auf Korsika weilt, unbedingt diesen Ort aufzusuchen hat. Auch Jacques Higelin steuert die Mittelmeerinsel häufig an. Hier fühle er sich als ein Weltenbürger, sagt er 1985 in einem Interview für den Fernsehsender France 3. Higelins Geschenk an die Insel, an die Stadt Calvi und ihre Zitadelle sowie an die Familie Kerefoff, die das Erbe der Bar in der Zitadelle auch nach dem Tod von Tao Khan weiterführt, ist »La Ballade de Chez Tao«, eine Hommage an diesen Ort und an die Momente, die Higelin dort erlebt.

Herzstück der Ballade ist eine gesummte melancholische Melodie, dazu singt Higelin einen herzergreifenden Text über eine letzte Nacht hoch oben auf der Zitadelle, unter den Freunden bei »Chez Tao«: »Le jour va bientôt se lever sur la baie de Calvi / Je lève mon verre, le cœur gros / Aux frères, aux amis de Tao vivez heureux aujourd'hui / Demain il sera trop tard!« – »Über der Bucht von Calvi bricht bald der Tag an / Ich erhebe mein Glas mit schwerem Herzen / Auf die Brüder, auf die Freunde von Tao / Lebt heute glücklich / Morgen wird es zu spät sein!« Wer mag, kann »La Ballade de Chez Tao« als französisches Pendant zu Reinhard Meys »Gute Nacht, Freunde« hören, übrigens ein Lied, das – wie ich im Sommer 2023 bei einer Fete auf einem Campingplatz am Lac d'Annecy in den Savoyen feststelle – auch die Franzosen gerne hören, wenn lange und gesellige Nächte ihr Ende finden. Schließlich ist der deutsche Liedermacher unter dem Namen Fréderik Mey auch in Frankreich erfolgreich gewesen.

Bernard Lavilliers

Als Kind ist Bernard Lavilliers, geboren 1946 in Saint-Étienne unter dem Namen Bernard Ouillon, häufig krank. Um mehr körperliche Widerstandskraft aufzubauen, beginnt er mit dem Boxen. Er gibt sich auch außerhalb des Rings kämpferisch, ist sich lange nicht klar darüber, was er mal werden will: Boxer, Dichter – oder doch Gangster? Er entscheidet sich für die Poesie, verbringt ein Jahr in Brasilien, soll, zurück in Frankreich, zum Militär, verweigert sich, wird als Deserteur inhaftiert. Nach der Entlassung ist er mittelos, spielt Lieder auf der Straße, später für wenig Geld in den Etablissements unterhalb der Seine. Schon früh entwickelt er eine linke politische Haltung. Mitbekommen hat er diese von seinem Vater, Mitglied der französischen Résistance und später Gewerkschafter. Seinen Künstler-Nachnamen Lavilliers sucht er sich in Anlehnung an die Arbeiterstadt Aubervilliers aus, die an Paris angrenzt.

Die erste Platte erscheint 1968. Es ist das Jahr der Revolte – und Bernard Lavilliers ist mittendrin, wenn auch nicht erfolgreich. Nach vier Jahren, in denen er durch die Welt vagabundiert, erscheint 1972 eine zweite LP, *Les Poètes*, beeinflusst von der Wortgewalt seines Vorbilds Léo Ferré. Wieder hört kaum jemand zu. Bis zur nächsten Platte vergehen erneut mehrere Jahre, dann gelingt ihm 1975 mit *Le Stéphanois* ein wichtiger Schritt: Lavilliers findet eine neue Form des Polit-Chansons, singt Lieder mit kapitalismuskritischen Texten, einer behandelt »Les Aventures extraordinaire d'un billet de banque« – »die außergewöhnlichen Abenteuer einer Banknote«. Dazu komponiert er Songs über die Situation in »San Salvador« oder die sozialen Probleme seiner Heimatstadt »Saint-Étienne«. Das Album *Les Barbares* von 1976 öffnet sich musikalisch noch weiter. Das französische Chanson ist die Grundlage dieser Musik, in der zudem Einflüsse aus Funk und Soul, Rock und Latin mitschwingen.

In seinen Texten und Aussagen reflektiert Lavilliers die historischen Sünden der Kolonialmacht Frankreich. Er bereist die Welt, schaut genau hin, legt den Finger in Wunden, verbindet die Klänge dieser Regionen mit den musikalischen Traditionen seiner Heimat. Sein stärkstes Album veröffentlicht er 1979: *Pouvoirs* entsteht in der bretonischen Hafenstadt Saint-Malo, gelegen an der Côte d'Émeraude, der Smaragdküste, so benannt vom Historiker und Schriftsteller Eugène Herpin, der damit das Farbenspiel von Wasser und Küste beschreibt. Mit seinem historischen Kern und den alten Festungsanlagen inspiriert der Ort Lavilliers zu einem komplexen Liederzyklus über Macht und ihre Ausübung, es stecken Jazz und Chanson in seiner Musik, dazu Ethno-Pop und ein wenig Rock. Die erste Seite der LP ist eine 18 Minuten lange Suite ineinander übergehender Stücke, die zweite Seite der Platte klingt milder, besitzt mit »Fortaleza« ein poetisches Lied über seine Zeit in Brasilien.

In den 80er Jahren erweitert Lavilliers seinen Sound um Pop und Reggae-Einflüsse – zu was das führt, darüber habe ich im ersten Kapitel dieses Buches geschrieben. Seine Stimme wird dunkler, die Haltung kompromissloser. Zunächst zeigt er sich Ende 2018 als Befürworter der Gelbwestenbewegung, schon bald distanziert er sich aber von dieser, weil er Tendenzen hin zum »Poujadismus« sieht. Namensgeber für diese Form eines kleinbürgerlichen Populismus ist Pierre Poujade, ein Schreibwarenhändler, der mit dem simplen Programm »Wir kleinen Leute gegen die da oben« und polemischen Kampfansagen gegen den Staat (für ihn eine »Fiskal-Gestapo«) ab den 50er Jahren in Frankreich eine bemerkenswerte politische Karriere hinlegt. Poujade gründet eine Partei, zieht in die Nationalversammlung ein, einer seiner Leute: Jean-Marie le Pen, der spätere Gründungsvater und langjährige Vorsitzende des Front National. Poujade distanziert sich zwar bald von ihm, aber Le Pen hat seine politische Rampe gefunden. Anfang 2019 sagt Lavilliers, die Geschichte der Republik habe gezeigt, wohin der Poujadismus führe: zu Nationalismus und Rechtspopulismus.

Alain Bashung

Wer von Paris aus nach Westen fährt, nicht über die Autobahn, sondern über die Landstraße, der passiert zunächst die Banlieues, Wälder und Golfplätze und erreicht irgendwann Crèspieres, ein Dorf mit weniger als 2000 Einwohnern. Echte Provinz: Kirche, Grundschule, Apotheke, Bäckerei, Gemischtwarenladen, Bar und Restaurant – mehr gibt es hier nicht.

Und mehr braucht es auch gar nicht. Dieser Überzeugung ist Alain Bashung, Frankreichs großer Rockstar, als er sich Mitte der 90er Jahre in Crèspieres niederlässt. Er lebt hier mit seiner Frau und seinem 13 Jahre alten Sohn, alles könnte gut sein. Bashung, Ende 40, hat es geschafft. Er hat als Sänger eine große Karriere hingelegt, hat Kritikerlob und kommerziellen Erfolg vereint. Das gelingt längst nicht jedem.

Dabei ist der Start holprig, seine ersten Platten, noch als Baschung, dem Namen seines Stiefvaters aus dem Elsass, will kaum jemand hören. Später tritt er unter Pseudonymen wie David Bergen oder Hendrick Darmen auf – auch das bringt nicht viel. Ende der 70er Jahre versucht er es mit einer Mischung aus Punk, New Wave und Chanson – eine interessante Musik, aber keine, die ein Publikum findet. Das ändert sich erst Anfang der 80er Jahre: »Gaby oh Gaby« wird sein erster Hit. Man könnte sich das Stück auch gut als Teil der Neuen Deutschen Welle vorstellen, ein Rocksong, der sich selbst nicht wichtig nimmt, mit Saxophon und einfachen Keyboards. Kurz danach gelingt Alain Bashung mit »Vertige de l'amour« ein zweiter Hit, Bashung ist mit Jeans, offenem Hemd, Lederjacke genau der lässige Rockstar, nach dem die frühen 80er Jahre verlangen.

Doch Bashung hat nicht vor, nur Erwartungen zu erfüllen. 1982 bildet er ein Team mit Serge Gainsbourg, beide sind zu dieser Zeit nicht besonders gut drauf. Das Duo entwickelt *Play blessures*: Auf dem Cover posiert Bashung hinter zwei Congas, vor ihm Flammen.

Und tatsächlich ist die Musik der Platte nicht weit von exotischer Höllenmusik entfernt: Bashung und Gainsbourg lassen ihren Launen und Süchten freien Lauf, das Album klingt düster, kalt und distanziert. Das deutsch betitelte »Junge Männer« ist von dem Duo Deutsch Amerikanische Freundschaft (DAF) beeinflusst, der Text stellt die Frage »Junge Männer wollt ihr ewig leben?« Bashung spielt häufiger mit deutschen Sprachelementen. Viele Jahre seiner Kindheit verbringt er im elsässischen Wingersheim, nördlich von Straßburg, bei seinem Großvater und seiner Großmutter, einer gebürtigen Düsseldorferin. Heute ist das Album *Play blessures* eine Kultplatte im Bereich unterkühlter elektronischer Musik, damals geht sie kommerziell unter – was Bashung, trotz aller Verweigerungshaltung, auch nicht gefällt.

Er wechselt danach mehrfach den Stil, um 1989 mit *Novice* wieder zur Dunkelheit zurückzukehren. Die Platte entsteht zusammen mit einer Armada internationaler Größen der Wave-, Rock- und Avantgardeszene: Blixa Bargeld von den Einstürzen-

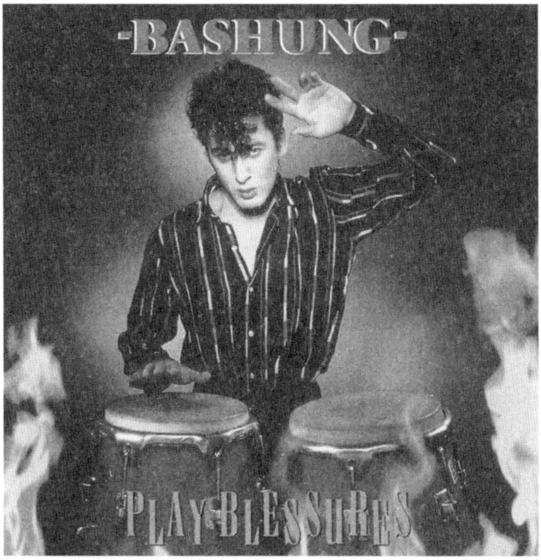

Cover des Albums
Play Blessures, 1982

den Neubauten, Colin Newman von Wire, Dave Ball von Soft Cell, Phil Manzarena von Roxy Music. Songs wie das hypnotische »Alcaline« oder die englische Ballade »By Proxy« führen in eine Welt der zerrütteten Beziehungen. Die Musik besitzt unter der kalten, schwarzen Oberfläche einen sehnsüchtigen Kern. »Novice« ist eine Platte, auf der Chanson und Dark Wave Hand in Hand in die Dunkelheit ziehen. Heute gilt auch dieses Album als Meisterwerk, 1989 floppt die Platte. Also sattelt Bashung erneut um, er nutzt seine Kontakte in die internationale Szene, dieses Mal jedoch, um nach Amerika zu gehen und in Memphis, Tennessee, der Stadt von Elvis Presley, den Rock'n'Roll-Spirit einzufangen. Das Resultat ist das Album *Osez Joséphine*, die titelgebende Single wird ein Hit: Bashung adaptiert den amerikanischen Twang von Country und Blues. Im Video steht er in Elvis-Kostüm in einer Zirkusmanege, ein weißes Pferd dreht seine Kreise, eine Gitarristin spielt in seinem Rücken – vorbei die dunklen Jahre, »c'est Bashung, le rockstar«! Dabei ist »Odez Joséphine« nicht einmal der beste Song der Platte, diese Auszeichnung geht an »Madame rêve«, eine majestätische Komposition, inspiriert von den dunklen Orchesterstücken des australischen Gothic-Duos Dead Can Dance. Der Text stammt von Pierre Grillet. Die Vermutung, Bashung singe bei »Madame rêve« über die Masturbationsträume einer Frau, hat er zwar nicht bestätigt, aber die Zeilen sprechen für sich, denn Madame träumt von »De vagues perpétuelles, sismiques et sensuelles / D'un amour qui la flingue / D'une fusée qui l'épingle / Au ciel« – »von immerwährenden Wellen, seismisch und sinnlich / Von einer Liebe, die sie erschlägt / Von einer Rakete, die sie festnagelt / In den Himmel«.

Nun muss Bashung seinen Stil nicht mehr wechseln: Auch das Album *Chatterton* klingt 1994 wie ein gelungener Versuch, den amerikanischen Geist in ein französisches Herz zu überführen, Lieder wie »Ma petite enterprise« oder die Ballade vom Tod des »L'Apiculteur« – »des Imkers« – werden zu Klassikern und spielen das Spiel mit sexuell konnotierten Doppeldeutigkeiten. Die folgende Tour wird zu einem Siegeszug. Auf der Bühne bringt Alain Bashung die verschiedenen Stile zusammen, das kostet Kraft, führt zu Begegnungen mit alten Dämonen. Als die Gastspielreise vorbei ist, braucht er eine Auszeit. Es ist der Moment, in dem er sich mit seiner Familie im Dörfchen Crèspieres zurückzieht.

Schon bald wird ihm sogar das zu viel. Bashung leidet unter einer schweren depressiven Episode. Seine Frau Chantal verzweifelt daran, bittet seinen Freund und Songtexter Jean Fauque, ihren Mann in eine Klinik zu bringen. Bashung stimmt zu, verbringt dort einige Monate, macht sich mit Jean Fauque erste Gedanken über ein neues Album. Die Ehe zerbricht nach 15 Jahren, Bashung, halbwegs bei Kräften, zieht wieder nach Paris, in die Rue Piat, gleich oberhalb vom Parc de Belleville. Weil er schnell eine Bleibe finden muss, geht er bei der Suche Kompromisse ein. Die Wohnung ist dunkel und klein, in seinem Straßenzug sind Dealer tätig. In dieser Atmosphäre treffen sich Alain Bashung und Jean Fauque, um Texte für neue Lieder zu schreiben. Fauque bringt Entwürfe mit, Bashung setzt sie neu zusammen. Ein Puzzlespiel mit Wörtern. Bevor zum Text eine

Musik entsteht, liest Bashung die Wörter immer wieder und wieder. Wie ein Poet. Oder ein Rapper.

Als das Label Wind von den Sessions bekommt, schlägt es vor, dass eine Produzentin den kreativen Fluss begleitet: Anne Lamy, 30 Jahre alt, beliebt in der Hip-Hop-Szene. Als sie Bashung begegnet, wird ihr klar, was dieser Mann benötigt: menschliche Wärme und eine größere Wohnung. Bald zieht Bashung in das Wohnstudio Antenna um, im 18. Arrondissement von Paris, nahe des Place de Clichy, berühmt geworden durch Henry Millers Roman über – der Titel ist ironisch zu deuten – »Stille Tage in Clichy«. Bashung gibt der Produzentin einen Auftrag: Sie solle nach »des bidouilleurs« Ausschau halten, nach Tüftlern, die neue Sounds und ungewöhnliche Rhythmen entwickeln, auf Basis von Loops, Sampling-Techniken und einer damals neuen Software namens Pro-Tools, die in der Lage ist, Klänge immer wieder neu zu modellieren. So entsteht um Bashung herum ein Kosmos von Innovatoren aus der Electroszene, aus dem Trip-Hop oder der Rockavantgarde. Gefragt sind auch IT-Fachleute, denn die digitale Technik steht Ende der 90er Jahre auf wackeligen Beinen, es kommt zu Abstürzen und Bugs, die Bashung schrecklich auf die Nerven gehen. All diese Leute tummeln sich im Studio Antenna, Bashung überwacht den Prozess von seinem Hauptquartier aus, der Küche. Wie jede gute Küche ist auch diese so angelegt, dass man von hier aus mitbekommt, was in den anderen Räumen passiert. Bashung sitzt dort, redet nicht viel, trinkt, denkt sich seinen Teil. In seinem Kopf setzt sich Stück für Stück das Werk zusammen.

Als genügend Material zusammengekommen ist, siedelt der Tross von Paris in Richtung Provence um, in ein Aufnahmestudio im malerischen Château de Miraval, eine Autostunde östlich von Aix-en-Provence. Berühmt wird der Ort Ende der 2000er Jahre, als Angelina Jolie und Brad Pitt das Anwesen zunächst für ihren Frankreichurlaub mieten, um es 2014 zu kaufen und dort zu heiraten. Das Paar schließt das Studio zwischenzeitlich, das Weingut wird weiter betrieben. 2021 eröffnet Pitt das Studio neu, es ist heute Domizil des Produzenten Damien Quintard. 1997 quartiert sich Bashung wieder in der zentral gelegenen Küche ein, wieder arbeiten diverse »bidouilleurs« an Sounds und Spuren, darunter Adrian Utley, Gitarrist der von Bashung bewunderten Trip-Hop-Band Portishead. Dem Album mit zwölf Songs gibt Alain Bashung schließlich den Namen eines der Stücke: *Fantaisie militaire* – ein offener Begriff, so offen wie die Lieder und ihre Texte.

Beim ersten Hören wirkt das Album gleichförmig. So hat Bashung es gewollt. Bald jedoch tauchen aus diesem Fluss der Klänge einzelne Lieder auf. »Samuel Hall« zum Beispiel, ein grimmiges Drum'n'Bass-Stück auf Basis des Folksongs »Sam Hall«, der von England aus im 19. Jahrhundert in den Wilden Westen wandert und später von Johnny Cash gesungen wird. Oder »Malaxe« und »Aucun express«, geheimnisvolle Liebeslieder über die Körperlichkeit. Und dann ist da »La Nuit je mens«, ein Lied, das eine Welt für sich erschafft – und für mich wie kein anderes dafür steht, dass Popmusik aus Frankreich etwas leisten kann, was andere Popkulturen nicht hinbekommen. In »La Nuit je mens« sind alle Fragen und alle Antworten des Lebens angelegt, allerdings furchtbar unkonkret. Das Stück wirkt, als träume man von einem Schlüssel, der beim Versuch, die Tür aufzuschließen, in den Fingern zerbricht.

»La Nuit je mens« – »Nachts lüge ich«, geschrieben von Bashung und Jean Fauque, verfügt über mehrere Ebenen. Da es sich um ein Lied über die Lüge handelt, muss man davon ausgehen, dass auch der Song selbst lügt. Was die Interpretation nicht einfacher macht. Zum einen handelt das Stück wohl von der Résistance, dem Widerstand der Franzosen gegen die deutschen Besatzer während des Zweiten Weltkriegs, genauer gesagt von »les résistants de la dernière heure« – »den Widerständler der letzten Stunde«, wie Jean Fauque sie in einem Interview für das Hörfunkprogramm France Bleu benennt: Leute, die erst dann in den Widerstand gehen, als das Ende des Nazi-Regimes bereits absehbar ist. Bashung besingt im Text das Massif du Vercors, einen

Gebirgszug im Westen des französischen Teils der Alpen, gelegen wenige Kilometer südlich von Grenoble. Zur Zeit der deutschen Besatzung steht Vercors im Mittelpunkt des Widerstands, von hier aus werden die Überfälle und Sabotagen der Widerstandskämpfer – den »maquis« – organisiert, hier ist die Logistik und die Krankenversorgung angesiedelt. 1944 wird sogar eine eigenständige Partisanenrepublik ausgerufen, in der Hoffnung, dadurch mehr Unterstützung von den Alliierten zu erhalten. Was nicht gelingt.

»On m'a vu dans le Vercors«, beginnt der Text – »man hat mich in Vercors gesehen«, an einem Bungeeseil in die Tiefe springend – eine echte Heldentat! Aber: ein Schwindel, denn: »La nuit je mens / Je prends des trains à travers la plaine / La nuit je mens / Je m'en lave les mains« – »Nachts lüge ich / Ich fahre mit Zügen durch die Ebene / Nachts lüge ich / Ich wasche meine Hände in Unschuld«. Wer nachts seine Hände in Unschuld wäscht, der macht sich über Tag die Finger schmutzig. Kurz zum gesellschaftspolitischen Hintergrund der Zeit, als das Stück entsteht: 1993 wird René Bousquet ermordet, im Vichy-Regime war er als Generalsekretär der Polizei von April 1942 bis Dezember 1943 mitverantwortlich für die Deportation und den Massenmord an Juden aus Frankreich. 1997 beginnt nach vielen Jahren des Wartens endlich der Prozess gegen den Nazi-Kollaborateur Maurice Papon. Die Rolle der Franzosen im Zweiten Weltkrieg, lange verdrängt, wird Ende der 90er Jahre ein Teil der politischen Debatte. In den Familien werden Fragen an die ältere Generation gestellt, die Masken fallen, die Lügen werden entlarvt. Das ist die eine Ebene des Lieds. Die andere ergibt sich, wenn wir uns daran erinnern, wie es Alain Bashung geht, als er zusammen mit Jean Fauque an diesem Lied arbeitet. Seine Ehe geht in die Brüche, die Familie ist zerstört, der Mann leidet: »Où subsiste encore ton écho« – »wo noch immer dein Echo bleibt«. Die Liebe ist eben auch: eine Lüge. Widerstand? Zwecklos. Wie bei allen großen Individualisten des französischen Pop steht eine Figur fast immer im Zentrum des Geschehens: das Ich. Überlebensgroß, schwermütig, leidend. Funfact, beim Dreh zum Musikvideo des Songs lernt Bashung seine spätere Frau Chloé kennen.

Es gibt auf französischsprachigen Internetseiten lange Abhandlungen über die Bedeutung des Liedes. Sie führen ins antike Rom und in die tiefenpsychologische Bedeutung des Wassers, das sich als Element durch den Text zieht. Vieles davon klingt logisch, aber Vorsicht bei der Logik, denn damit kommt man bei Alain Bashung häufig nicht weiter. Jederzeit zieht er den Klang eines Wortes seiner Bedeutung vor. Weshalb »La Nuit je mens« auch weiterhin ein Lied voller Geheimnisse ist. Wobei wir über die Musik noch gar nicht gesprochen haben: Stellen Sie sich vor, Nick Cave erträumt ein Chanson und nimmt ihn mit Blick aufs nächtliche Paris auf – so klingt »La Nuit je mens«.

Das Album *Fantaisie militaire* wird zu einem französischen Nationalheiligtum. Bashung, eben noch ein gebrochener Mann in einer zu kleinen Zweizimmerwohnung in Belleville, zur Ikone. Seinen Stil hat er nun gefunden, auch die kommenden Alben bieten poetische Betrachtungen über das Leben, die Liebe und den Tod, vorgetragen mit dieser unverwechselbaren Stimme, die mal an einen müden Dichter erinnert, mal an den lässigen Prediger in der Ecke im Park. *L'Imprudence* von 2002 entsteht mit Hilfe internationaler Gäste. In seinen Texten kritisiert Bashung die Konformisten, konkret im Lied »Dans la foulée«, das von Marie-José Pérec handelt, einer Weltklasseläuferin aus Frankreich. Bei den Olympischen Spielen 2000 in Sydney soll es im 400-Meter-Finale zum Duell der Gigantinnen gegen die Australierin Cathy Freeman kommen. Pérec jedoch sagt kurz vor der Eröffnungsfeier ihre Teilnahme ab, da sie sich von der australischen Presse verfolgt und sabotiert fühlt. Woraufhin sie auch von den französischen Medien angegangen wird, und Bashung, gerade Vater einer Tochter geworden, für sie das Lied »Dans la foulée« schreibt mit der Textzeile »de la douche au bûcher« – »von der Dusche bis zum Scheiterhaufen«.

2008 veröffentlicht Bashung mit *Bleu pétrole* sein drittes Nummer-Eins-Album in Folge. Die meisten Lieder stammen

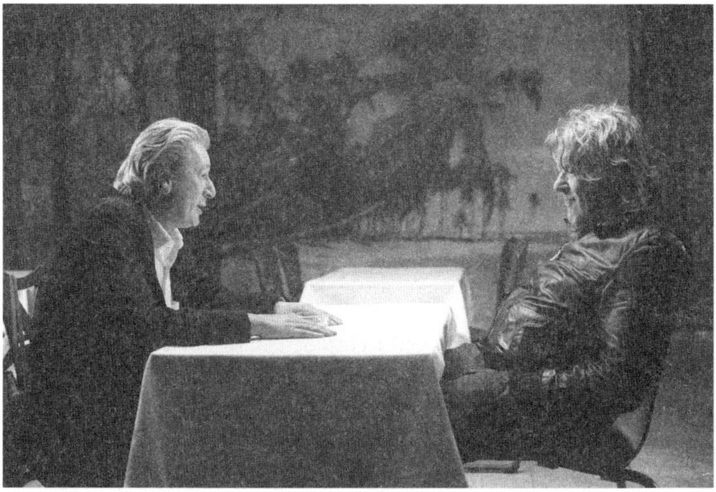

Alain Bashung und Arno in Samuel Benchetrits Spielfilm *J'ai toujours rêvé d'être un gangster*, 2007

von Gérard Manset sowie von Gaëtan Roussel, Sänger der Band Louise Attaque. Besonders bemerkenswert ist das Lied »Comme un lego« von Manset: Ein Legostein ist ein sehr einfaches Teil, für sich genommen bedeutungslos – es sei denn, man tritt barfuß darauf. Wenn aber so ein Stein Teil eines Sets ist, gewinnt er an Bedeutung. Wohlwissend, dass er austauschbar ist. Für die Individualisten Gérard Manset und Alain Bashung ist die Projektion der Wesenszüge eines Legosteins auf das menschliche Leben keine attraktive Aussicht, weshalb das neun Minuten lange Lied sehr schwermütig ist. Am Ende ist die Erde sinnlos und leer, der einzige Trost: Am Ende gibt's noch »une portion de frites« – »eine Portion Pommes«. Guten Appetit.

2008 wird Bashungs Lungenkrebserkrankung öffentlich. Er unterzieht sich einer Chemotherapie, spielt weiter Konzerte, mit Hut, Sonnenbrille, engem Anzug – die Bilder des todkranken Sängers berühren die Franzosen. Im März 2009 erliegt er der Krankheit. 2018 erscheinen einige der Lieder, die aus den Sessions zu *Bleu pétrole* zurückgehalten wurden, auf dem posthum veröffentlichten Album *En amont*, das letzte Lied trägt den Titel »Nos âmes à l'abri« – »Unsere Seelen in Sicherheit«. Was man vom Leben erwarten dürfe, fragt er. Wie so oft, gibt Alain Bashung die Antwort selbst: Pulverschnee und Heißluftballons, Regen und schönes Wetter, die Liebe und einen Schutz vor den Stürmen, die sie verursacht: »Pour mettre nos âmes à l'abri« – »um unsere Seelen in Sicherheit zu bringen«.

Arno

Tom Waits hat nie auf Französisch gesungen. Wenn Ihnen daher ein Lied begegnet, das klingt, als habe der Sänger mit der rauen Stimme seine Sprache gewechselt: Gehen Sie davon aus, dass sie Arno hören. Der Mann ist ein Flame, geboren 1949 in Ostende. Als solcher fühlt er sich zwar zur französischen Musik hingezogen, ist aber so frei, sie ganz und gar individuell zu interpretieren. Kurz: Arno macht, was er will. Was seine Aufnahmen nicht leicht zugänglich, aber immer interessant macht.

Arno ist 19 Jahre alt, als die Gegenkultur der Hippies die Popkultur prägt. Für Politik interessiert er sich nicht, statt 1968 an den Unis zu protestieren, verbringt er seine Zeit in Saint-Tropez, Amsterdam, Kathmandu. Zurück in Belgien, gründet er die Blues-Rock-Band Tjens Couter, die sich nach zwei Alben in TC Matic umbenennt. Arno und seine Musiker modernisieren ihren Blues, spielen eine irre, nihilistische Musik mit Post-Punk-Einflüssen, die sich auf alles und nichts bezieht. Das erste Album aus dem Jahr 1981 enthält den Hit »Oh La La La«. Den zu einem großartigen Bass häufig genug wiederholten Schlachtruf des Songs kennen alle, die Anfang der 80er Jahre innovative Rockmusik hören: »Oh, la la la / C'est magnifique«.

1983 spielen TC Matic mit »Putain Putain« eine Art von Punk-Rap, bevor andere Gruppen aus New York oder London auf diese Idee kommen. Die Stimme von Sänger Arno überschlägt sich, wenn sie im Text auf die absolute Freiheit verweist, im politischen wie im sexuellen Sinne. Am Ende verwandelt sich der Song in eine dreckige Pro-Europa-Hymne: »Nous sommes quand même tous des européens« – »Wir sind doch alle Europäer«, was – »Putain, Putain« (mit »verdammt, verdammt« sehr vornehm übersetzt) – doch sehr gut sei. 1985 findet das Abenteuer TC Matic ein Ende, auf dem letzten Album *Yé Yé* zeigt Arno eine Facette, die seine Solokarriere prägen wird: »Elle adore le noir (Pour sortir le soir)« ist eine tieftraurige Ballade zum Akkordeon.

In Frankreich ist Arno bis dahin noch kaum bekannt, das ändert sich erst, als Anfang der 90er Jahre seine Solokarriere Schwung aufnimmt – dank seiner Version eines Chansons von Adamo. Auf dem Album *Idiots savants* aus dem Jahr 1993 singt er das Lied über »Les Filles du bord de mer«, für Adamo ein Hit im Jahr 1964. Die Originalversion schunkelt beständig im Musette-Stil. Arno drosselt das Tempo in den Strophen, um den Refrain hervorzuheben. Das Lied ist eine Erinnerung an die Mädchen auf der Strandpromenade, die schön sind und den »Java« tanzen können, einen Volkstanz, angesagt auf den »bals musettes« in den 10er und 20er Jahren. Das Lied, geprägt vom Akkordeon und vom Dreivierteltakt, bedient eine Reihe französischer Klischees – stammt aber von einem in Italien geborenen Belgier, und wird hier gesungen von einem Flamen. Auf YouTube findet sich eine Version des Stücks von Adamo und Arno gemeinsam interpretiert: Die sollten Sie sich unbedingt anschauen – wobei niemand auf die Idee kommen würde, dass der elegante Adamo sechs Jahre älter als der vom Leben gezeichnete Arno ist.

Um sein neu gewonnenes französisches Publikum zu behalten, veröffentlicht Arno 1995 das Album *À la française*, seine erste Platte mit ausschließlich französischen Texten, ohne Ausflüge ins Flämische, Englische oder ins Kauderwelsch. Zum Erfolg wird die Platte dank der Single »Les Yeux de ma mère«, einem Song im Schrottplatz-Orchester-Stil, den Tom Waits 1983 für sein Album *Swordfishtrombones* entwickelt hat. Das Stück ist eine sentimentale Hommage an die Mutter, die »Königin der

Zäpfchen«, die auch dann noch zu ihrem Jungen hält, wenn er den größten Mist gebaut hat oder seine Füße stinken: »Dans les yeux de ma mère / Il y a toujours une lumière« – »In den Augen meiner Mutter / Gibt es immer ein Licht«. Arno verfügt nun über ein treues Stammpublikum, für den großen Erfolg fehlt ihm ohnehin das Interesse. Mit dem Album *Charles Ernest* gelingt ihm 2002 eine Platte, die alle seine Stärken zusammenbringt: Bei »Lola, etc.« klingt er wie der lässige Gast auf seiner eigenen Beerdigung, »Elisa« ist ein Duett mit Jane Birkin, ihre und seine Stimme stellen die ganze Spannweite dessen dar, was menschliche Wesen mit ihren Kehlköpfen produzieren können. Der Höhepunkt des Albums ist Arnos Version von »Mother's Little Helper«, im Original von den Rolling Stones. Arno hat eine Reihe von bemerkenswerten Coversongs aufgenommen, hier klingt das Stones-Stück wie eine mittelalterliche Moritat.

Kurz vor seinem Tod an Bauchspeicheldrüsenkrebs im April 2022 nimmt Arno 2021 zusammen mit dem Pariser Pianisten Sofiane Pamart das Album *Vivre* auf, ein letztes Aufbäumen des Sängers, begleitet vom Klavier. Im Zeitlupenwalzer »La Vie est une partouze« – »Das Leben ist eine Sexorgie« – fasst Arno noch einmal alles zusammen: »Je bois quand je veux / Je paye quand je peux / J'accepte l'hiver / J'aime bien l'été / J' suis le roi du monde« – »Ich trinke, wann ich will / Ich zahle, wenn ich kann / Ich akzeptiere den Winter / Ich mag den Sommer / Ich bin der König der Welt«.

Dix de plus

1. Grand corps malade

Heute ist Fabien Marsaud Frankreichs berühmtester Slam-Poet, dabei sieht es zunächst danach aus, als stehe ihm eine Karriere als Basketballer bevor. Dann jedoch hat er 1997 einen Badeunfall, als er einen Kopfsprung in einen zu flachen Pool hinlegt. Erst zwei Jahre später kehrt seine Motorik zurück, 2003 entdeckt er die Kunstform des Poetry-Slam, die zu seiner Art des Schreibens passt. Sein erstes Album unter dem Namen Grand corps malade (Marsaud ist 1,94 Meter groß, sein Körper weiter von der Verletzung beeinträchtigt) erscheint 2006, die Texte werden von sparsamer Musik begleitet, im Vordergrund steht aber das Wort. Das Titelstück projiziert sein bisheriges Leben auf den Verlauf eines Tages, dabei thematisiert er den Badeunfall als Wendepunkt. Das Stück endet um 12:20 Uhr am Mittag: Grand corps malade ist 29 Jahre alt, er hat noch was vor. Sein bestes Album ist die dritte Platte *3ème Temps*, das Stück »Tu es donc j'apprends« singt er zusammen mit Charles Aznavour, der ihn früh fördert. Bei »Roméo kiffe Juliette« verlegt er Shakespeares Erzählung in eine Banlieue.

2. Michel Berger

Wir haben über den Komponisten, Ehemann und Liebhaber Michel Berger schon einiges erfahren, nun geht es um seinen größten kommerziellen Wurf: die Rockoper *Starmania*, die seit 1978 in Frankreich immer wieder in neuen Besetzungen aufgeführt wird. Dass Berger so sehr den Nerv des Publikums trifft, verwundert nicht: Ende der 60er Jahre schließt er die Uni mit einer Arbeit zum Thema »Ästhetik der Popmusik« ab. Als Sänger prägt er die Yéyé-Ära mit, als Komponist arbeitet er für Véronique Sanson, Françoise Hardy, France Gall – Liebesaffären und Ehen inklusive. Weil seine eigenen Alben deutlich weniger erfolgreich sind, plant er Mitte der 70er Jahre die Realisierung einer Rockoper. Der erste Versuch scheitert an den hohen Ambitionen, dann setzt er zusammen mit Texter Luc Plamondon *Starmania* um. Das Stück handelt vom Leben in Monopolis, der Hauptstadt eines in einem Staat zusammengefassten Westens der Zukunft, in der sich das Schicksal der Moderne zeigt: Turbokapitalismus und Autoritäten, politische Intrigen und Terrorismus, der Glaube an die Kraft des Rock'n'Roll und das Bedürfnis der Menschen, ein Star zu werden. Die Originalaufnahme von *Starmania* hat sich bis heute rund fünf Millionen Mal verkauft, damit rangiert das Album unter den zehn meistverkauften Platten der französischen Popgeschichte. Michel Bergers Soloalbum direkt nach dem *Starmania*-Erfolg ist seine beste und erfolgreichste Platte: Auf *Beauséjour* aus dem Jahr 1980 verbindet er Chansons mit US-Piano-Pop im Stil von Billy Joel, im Stück »La Groupie du pianiste« singt er nicht ohne Selbstironie: »Amoureuse d'un égoïste, la groupie du pianiste« – »Verliebt in einen Egoisten, das Groupie des Pianisten«.

3. Georges Moustaki

Moustaki ist von Geburt an ein Weltenbürger. Seine Familie besitzt griechisch-jüdische und italienische Wurzeln, lebt in Ägypten. Die Eltern geben ihm den Namen Giuseppe, das Standesamt in Alexandria führt ihn unter dem Namen Youssef, in der Schule nennt man ihn Joseph. 1951 geht er nach Paris, wo er von der Atmosphäre des Künstlerviertels Saint-Germain-des-Prés angezogen wird. Als Zuschauer erlebt er ein Konzert von Georges Brassens, danach steht sein Entschluss fest: Er will selbst auf die Bühne und poetische Lieder singen. Der Vorname, den er für die Bühne wählt, ist auch eine Hommage an sein großes Idol. In den 50er Jahren bilden Édith Piaf und er (18 Jahre jünger) ein Paar, Moustaki schreibt den Text ihres berühmten Chansons »Milord«, er ist seine Eintrittskarte in die erste Liga der Komponisten. Unter eigenem Namen veröffentlicht er 1961 ein wenig erfolgreiches erstes Album sowie einige EPs und Duette, 1968 schreibt er »La Métèque«, ein Lied über einen nachdenklichen Vagabunden. Das Arrangement verbindet Chanson-Elemente mit griechischen Einflüssen, das Stück strahlt eine Wärme und Geborgenheit aus, die bald zu seinem Wahrzeichen wird.

4. Mickey 3D

Die zentrale Figur der Band ist Mickaël Furnon, geboren in Saint-Étienne, Spitzname: Mickey. 1996 gründet er das Trio Mickey 3D, das erste Album *Mistigri Torture* klingt nach einem Proberaumabenteuer: sehr charmant, noch sehr unfertig. Mit der zweiten Platte *La Trêve* professionalisiert sich die Band, Furnons Gesang ist nun sehr laut nach vorne gemischt, typisch für den French Pop. Die laute Gitarre beim Stück »Là« ist es eher nicht – es ist erkennbar, dass Furnon nebenbei in einer Hardcoregruppe spielt. Zu Klassikern werden das beschwingte Stück »Jeudi pop pop« sowie »2–3 jours à Paris«, ein Cha-cha-cha über das Bedürfnis, nach zwei, drei Tagen in Paris die Stadt wieder verlassen zu wollen. Zunächst sind Mickey 3D Szenelieblinge, das ändert sich Anfang der 00er Jahre. Mickaël Furnons Komposition »J'ai demandé à la lune« ist fast zehn Jahre alt, wird nun aber in der stadiontauglichen Interpretation der Popband Indochine zum Superhit – mehr dazu im Kapitel »Le pop«. Mickey 3D nehmen den Song nur ein einziges Mal selbst auf: als Teil des Livealbums »Live à Saint-Étienne«, in einer Punkversion. Das Lied macht auch Furnon bekannt, das dritte Mickey-3D-Album *Tu vas pas mourir de rire* wird 2003 mit großer Neugier rezipiert. Der Hit des Albums heißt »Respire«, bis heute eine Hymne der französischen Umweltbewegung. Im Text wendet sich ein Erwachsener an ein Kind, um ihm zu beichten, was der Mensch der Erde angetan hat. Die fatalistische Schlussfolgerung: »Il faut que tu respires, / C'est demain que tout empire« – »Du musst atmen, / Denn morgen wird alles schlimmer«.

5. Pierre Barouh

Barouh, geboren 1934 in Paris, startet seine Karriere mit vom Bossa-Nova beeinflussten Platten. Daneben arbeitet er als Schauspieler und betreibt ein Tonstudio sowie das Label Saravah, auf dem er Brigitte Fontaine und Jacques Higelin fördert und Musik aus allen Ecken der Erde veröffentlicht. Anfang der 80er Jahre verliebt er sich in eine aus Japan stammende Antiquitätenhändlerin. Das Paar verbringt die Hälfte der Zeit in Tokyo, wo Barouh Anschluss an die Musikszene findet. Es entsteht das Album *Le Pollen*, die Platte eines Franzosen in Japan. Pierre Barouh singt Chansons, die Musik der ihn begleitenden Künstler aus Tokyo verweist auf Reggae und Hollywood-Soundtracks, Synthie-Pop und asiatische Musik. Das magische Titelstück »Le Pollen« bringt alles dies auf den Punkt. Das Album wird zu einem Erfolg in Japan, in Frankreich nimmt kaum jemand Notiz – bis die Platte 2021 durch eine Wiederveröffentlichung neu entdeckt wird.

6. William Sheller

Unter den französischen Musikern ist William Sheller derjenige mit den größten Kenntnissen in klassischer Musik. Auf die Unterscheidung zwischen E und U, also zwischen ernster und unterhaltsamer Musik, verzichtet er, in seiner Diskographie stehen Singles mit Titeln wie »Rock'n'Dollars« oder »Dans un vieux Rock'n'Roll«, »Hey! Docteur Disco« oder »Rosanna Banana« neben symphonischen Werken wie dem Album *Univers* aus dem Jahr 1987. Geboren wird er kurz nach dem Zweiten Weltkrieg als William Desbœuf, Sohn eines US-Soldaten, den er nie kennenlernt. Als Sheller drei Jahre alt ist, zieht seine Mutter mit ihm in die USA, wo er mit Jazz und Blues in Kontakt kommt. Zurück in Paris, lebt er bei seinen Großeltern, die im Théâtre des Champs-Élysées und an der Opéra Garnier arbeiten und ihrem Enkel Zugang zu Vorstellungen gewähren. Schon mit zehn hat er nur einen Berufswunsch: Komponist, im besten Fall einer wie Beethoven. Er spielt wie ein Besessener Klavier. Als das Instrument eines Tages repariert werden muss, leiht er sich einen Stapel mit Rock'n'Roll-Platten aus, seitdem ist er der Klassik und dem Rock verfallen. Sein Künstler-Nachname Sheller setzt sich aus seinen Lieblingsautoren zusammen, der englischen Romantikerin Percy Bysshe Shelley und dem Deutschen Friedrich Schiller. Ende der 60er Jahre erscheinen seine ersten Singles mit psychedelisch-symphonischem Pop, Songs wie »Couleurs« oder »Leslie Simone« aus dem Jahr 1968 stehen in der Tradition britischer Acts wie Procol Harum oder The Moody Blues. Sein erstes Album *Lux aeterna* aus dem Jahr 1972 bietet Progrock und ist in der LP-Originalfassung mittlerweile ein kleines Vermögen wert, mit der zweiten Platte »Rock'n'Dollars« rückt er in den Mainstream. Fünf Jahre lang spielt er das Spiel mit, dann geht er in die USA, um dort das Album *Nicolas* aufzunehmen, eine gut gelaunte, verspielte Pop-Platte mit eingängigen Songs wie »Fier et fou de vous« sowie dem von Klassik beeinflussten Instrumentalstück »Le petit Schubert est malade«. Zurück in Paris, entdeckt er eine neue Form der Performance: William Sheller spielt nun Klavierkonzerte, häufig ohne weitere Musiker. Als Anfang der 90er Jahre die Musikwelt von lautem Gitarrenrock und Techno dominiert wird, veröffentlicht er *Sheller en solitaire*. Das Album wird ein riesiger Erfolg, das letzte Stück »Un homme heureux« zu seinem berühmtesten Lied: Sheller schaut sehnsüchtig auf Menschen, die eine Liebe leben, auch er sei bereit dazu, »Je veux être un homme heureux« – »Ich will ein glücklicher Mensch sein«.

7. Stephan Eicher

Zusammen mit seinen Bruder Martin ist Stephan Eicher, geboren in einer Gemeinde nördlich von Bern, für einen der größten Hits der Neuen Deutschen Welle mitverantwortlich: »Eisbär« von Grauzone. Nur eine LP veröffentlicht die Gruppe, dann startet Stephan Eicher 1983 mit dem Album *Les Chansons bleues* seine Solokarriere. Mit dem Titelsong findet der Schweizer direkt einen Weg, seine Vorliebe für Synthie-Pop mit französischer Chansonkultur zusammenzubringen. Er perfektioniert das auf dem zweiten Album *I Tell This Night*, mit Liedern in Englisch, Französisch und Deutsch, wobei ihm das französische »Le Matin« besonders gut gelingt. Das dritte Album *Silence* enthält Eichers größten Hit »Combien de temps«, einen Synthie-Pop-Ohrwurm im Stil von Erasure und den Pet Shop Boys. Ab Ende der 80er Jahre packt Stephan Eicher die Keyboards in die Ecke und spielt handgemachte Musik zwischen Rock und Pop-Ballade. Songs wie »Rien à voir« vom 1989er-Album *My Place* oder »Pas d'ami (Comme toi) und »Déjeneur en paix«, beide vom Album *Engelberg* aus dem Jahr 1991, bieten Mainstream-Rock im besten Sinne: ambitioniert arrangiert, perfekt produziert. Für *Carcassonne* gewinnt der Schweizer eine hochdekorierte Riege an internationalen Studiomusikern, trotzdem wirken Stücke wie »Rivière« nicht überladen, was auch an Eichers Gesang liegt: Die heisere Sehnsucht in seiner Stimme erdet die Songs. Einige der Texte in dieser Phase schreibt der Schriftsteller Philippe Djian, ein enger Freund von Eicher. Das Doppelalbum *Non ci badar, guarda e passa* ist ein Beleg für Eichers Klasse Anfang der 90er Jahre. Die Platte kombiniert sein Live-Programm vor begeistertem Publikum mit intimen Aufnahmen aus Hotelzimmern und Backstageräumen. Stephan Eicher fühlt sich hörbar in beiden Welten zu Hause.

8. Saez

Damien Saez, geboren in den Savoyen, ist ein »enfant terrible« der französischen Musikszene: ein nach eigener Aussage extrem linker Rebell, der sich beständig in Widersprüche verstrickt. Der provoziert – und sich darüber aufregt, wenn seine Provokationen Folgen haben. Der sexistische Poster drucken lässt, um gegen Sexismus zu demonstrieren. Der gegen den Kapitalismus und die Medien wettert, aber die Tickets für seine Tour verteuert, als er in finanziellen Schwierigkeiten steckt. Der über seinen unbändigen Freiheitswillen singt, während er sein Wohlergehen mit Alkohol und Zigaretten gefährdet. Man könnte Saez links liegen lassen, aber dann würde man einige sehr gute Lieder verpassen. Das erste Album *Jours étranges* erscheint 1999 und bietet wütend-leidenschaftlichen Alternative-Rock. Mit dem Stück

»Jeune et con« macht er sich gleich ein paar Feinde, indem er mit seiner Generation abrechnet. Mit dem Album *Debbie* erweitert Saez 2004 seinen Stil um dramatische Chansons mit Lärmausbrüchen wie »Comme une ombre«, vier Jahre später ist der Krach verklungen: *Varsovie – L'Alhambra – Paris* ist ein Dreifachalbum mit Liedern zur akustischen Gitarre, textlich eine Anklage der gesellschaftlichen Zustände, musikalisch voller intimer Momente. Es bleibt nicht sein einziges Dreifachalbum: Auch *Messina* besitzt 2012 Überlänge, auf den fast 140 Minuten bietet Saez alles, was ihn auszeichnet: die Wut und den Lärm, die Verzweiflung und die Intimität. Zehn Jahre später erleidet er Schiffbruch: »La Chanson du vieux réac« ist erneut ein Hasslied auf den Zeitgeist, nur, dass Saez hier gegen Masken und Impfstoffe in der Pandemie oder gegen die #metoo-Bewegung wettert. Ende 40 ist er, wirkt aber deutlich älter.

9. Barbara

Barbara, geboren 1930 in Paris, gehört zu den ganz großen Namen der Chanson-Kultur. Ihr Lied »Göttingen« aus dem Jahr 1964, entstanden im Zuge eines Engagements am dortigen Theater, ist ein großer kultureller Beitrag für die Aussöhnung und Freundschaft Frankreichs und Deutschlands: »Ô faites que jamais ne revienne le temps du sang et de la haine / Car il y a des gens que j'aime à Göttingen« – »Oh, mach, dass die Zeit des Blutes und des Hasses niemals wiederkommt / Denn es gibt Menschen, die ich liebe, in Göttingen«. Bemerkenswert sind Barbaras Alben der frühen 70er Jahre. Michel Colombier, eigentlich als Filmkomponist erfolgreich, überführt als Arrangeur die Chansons des Albums *L'Aigle noir* aus dem Jahr 1970 in den Rock und Pop. Das Titelstück über einen bedrohlich wirkenden schwarzen Adler ist ein Klassiker des gehobenen French Pop. Die orchestralen Arrangements für das Album *La Louve* übernimmt 1973 William Sheller, das Stück »L'enfant laboureur« klingt nach Progrock und frühem Metal – den Mut, sich so weit weg vom klassischen Chanson zu bewegen, hat sonst nur Léo Ferré.

10. Marie Laforêt

Mitte der 60er Jahre ist Marie Laforêt eine furchtlose Sängerin der Yéyé-Jahre, so spielt sie 1966 mit »Marie Douceur, Marie Colère« eine sehr selbstbewusste französische Adaption des Rolling Stones-Klassikers »Paint it Black« ein. Und auch »Mon amour, mon ami« ist ein zu Unrecht in Vergessenheit geratener Hit der Yéyé-Zeit. In den frühen 70er Jahren zeigt Marie Laforêt eine große stilistische Offenheit. »Manchester et Liverpool« von 1970 und »Il a neigé sur Yesterday« sind Tribute an den englischen Pop, besonders an die Beatles. Mit »Viens, viens« gelingt ihr 1973 ein Lied, das die Sehnsucht des French Pop mit der Eingängigkeit von ABBA kombiniert. Die Diskographie dieser Sängerin enthält aber auch einen der gruseligsten Songs der French-Pop-Geschichte: In »Cadeau« aus dem Jahr 1975 wird zunächst ein Kind genötigt, seiner »Mutter« einige Aufgaben, die es übernommen hat, in Rechnung zu stellen, bevor die Sängerin in der Rolle der Mama hochrechnet, was sie unentgeltlich für das Kind geleistet hat, als »Cadeau« – »Geschenk«. Man hätte ein lustiges Lied daraus machen sollen, doch leider klingt es nur unfreiwillig komisch.

8 Le pop

Étienne Daho, Indochine, Mylène Farmer, Alain Chamfort, Jeanne Mas, Taxi Girl & Daniel Darc, -M-, Stromae, Christine & The Queens

Vom Paten des French Pop über Abenteurer, Verführerinnen und Dandys bis zu gefallenen Engeln in der Hölle: French Pop lebt von seinen außergewöhnlichen Figuren.

Étienne Daho

Fragt man Franzosen um die 50 nach ihrem popmusikalischen Erweckungserlebnis, kommt zuverlässig die Antwort: »Als ich zum ersten Mal *La Notte, la notte …* gehört habe.« Étienne Dahos zweites Album aus dem Jahr 1984 ist ein Meilenstein des French Pop. Es zeigt, dass es möglich ist, typisch französische Elemente mit Synthie-Pop zu verbinden. Für die Nation ist *La Notte, la notte …* damit so wichtig wie für die Briten *Revolver* oder die Amerikaner *Nevermind* – es ist ein Album, das Türen öffnet.

Geboren wird Étienne Daho 1956 in Oran, einer Küstenstadt im Westen Algeriens, Schauplatz von Albert Camus' Roman *Die Pest.* Sein Vater ist wohlhabend, Berufssoldat und Unterhaltungskünstler, seinen Sohn sieht er zunächst nur selten und nach dessen viertem Geburtstag nicht mehr wieder.

Die Abwesenheit des Vaters führt zu Problemen, als 1961 der Algerienkrieg beginnt: Dahos Mutter benötigt für die Ausreise die Erlaubnis ihres Mannes, der ist aber nicht auffindbar. Schließlich geht Étienne Daho zusammen mit seiner Tante nach Frankreich, in den Norden, zunächst nach Reims, später nach Rennes in der Bretagne. Dort studiert er unter anderem Englisch, auch, weil er ein großes Faible für die angloamerikanische Popkultur hat, für The Velvet Underground, die Beach Boys oder Pink Floyd. Studien- und Privatreisen führen Daho Ende der 70er Jahre häufig nach England, wo er in die Punkszene hineinschnuppert und bald eigene Songs schreiben will.

Seine erste LP *Mythomane* klingt noch kühl, die Single danach zeigt, wie schnell Daho dazulernt: »Le grand sommeil« erinnert an eine verschlankte Version der frühen Depeche Mode. Was den Song besonders macht, ist die Gesangsmelodie: Étienne Daho weiß um die Magie melancholischer Harmonien, seine dunkle Stimme erinnert an die eines leicht verkaterten frisch Verliebten. Die Single wird ein Achtungserfolg, zwei Jahre später ist sie auch auf seinem zweiten Album *La Notte, la notte . . .* zu finden, dem Erweckungsalbum des French Pop. Auf dem Cover schaut Daho mit Ringelpullover und kussbereiten Lippen in die Kamera, auf seiner Schulter sitzt ein Sittich in frischem Grün. Das ikonische Foto stammt vom schwulen Künstlerpaar Pierre et Gilles, einer Art französischer Variante der Londoner Gilbert and George. Neben »Le grand sommeil« bietet das Album mit »Week-end à Rome« noch einen zweiten Hit, den verführerischen Italo-Part singt Lio. Daho bezeichnet das Lied als eine seiner wenigen Kompositionen, die von einer gewissen Leichtigkeit geprägt sind. Einige Jahre später wird das Stück in einer anderen Version zum Hit in England: Die Electro-Pop-Band Saint Etienne veröffentlicht zusammen mit Daho im Jahr 1995 »He's on the Phone«, eine modernisierte englische Fassung von »Week-end à Rome«.

Dahos drittes Album *Pop Satori* entsteht 1986 unter schwierigen Bedingungen, er will die Platte in London aufnehmen, mit William Orbit als Produzenten, der später für Madonna tätig ist. Doch der interessiert sich wenig für den Gast aus Frankreich, weshalb Daho und seine Leute zurück nach Paris gehen und das Album dort fertigstellen. »Épaule tattoo«, »Tombé pour la France«, »Duel au soleil« – das Album bietet Hits, die in Frankreich die »Dahomania« aufkommen lassen. Ab jetzt nimmt die Kreischlautstärke bei seinen Konzerten bedrohliche Ausmaße an, was dazu führt, dass die schwermütige Grundstimmung seiner Lieder in den Hintergrund tritt. In dem Stück »Tombé pour la France« zum Beispiel erzählt Daho aus der Perspektive eines einsamen Menschen, der verzweifelt darauf wartet, dass seine große Liebe zurückkommt – aber bitte noch bevor er für Frankreich gefallen ist. Seine Hoffnung ist es, seiner Liebe in »Sables-d'Or bei den Dünen« alles zu erzählen. Sables-d'Or-les-Pins ist ein Seebad knapp 100 Kilometer nordwestlich von Rennes, geprägt von einem der größten Sandstrände der Bretagne und einer Kurstadtarchitektur aus den 20er Jahren. Die Atmosphäre, die der Ort ausstrahlt, passt perfekt zu Étienne Dahos Popsong, der klingt, als arbeite sich eine Surf-Band auf Keyboards an der eigenen Schwermut ab.

Wie in Frankreich üblich, geht der neue Star nun auch zum Film, lässt sich aber nicht von der Musik ablenken, wie sein viertes und für mich bestes Album beweist: *Pour nos vies martiennes* – »Für unser Leben auf dem Mars«. Das Cover stammt vom belgischen Illustrator Guy Peellaert, dessen Arbeiten zwischen Pop-Art und Rock'n'Roll-Romantik auch Künstler wie David Bowie (*Diamond Dogs*) oder die Rolling Stones (*It's Only Rock'n'Roll*) für LP-Cover sowie Filmemacher wie Martin Scorsese (*Taxi Driver*), Wim Wenders (*Paris, Texas*) oder Robert Altman (*Short Cuts*) für Filmplakate nutzen. Für *Pour nos vies martiennes* gestaltet Peellaert eine kongeniale Rummelplatzszenerie, und die Musik der Platte passt ausgezeichnet zur Halbstarken-Romantik des Rummelpatzmotivs. Die Ballade »Des heures hindoues« ist bis heute ein Höhepunkt auf seinen Konzerten, »Bleu comme toi« sehr nah dran am perfekten Popsong. Das Stück beginnt gemütlich: Zu einem Midtempo-Rhythmus und Jingle-Jangle-Gitarren singt Daho über Fluchten unter die Dächer, von dunklen Winterhimmeln und verrückten Blicken. Der Refrain lässt auf sich warten, erst folgt eine zweite Strophe: Fingerspitzen berühren sich, Arme bieten Schutz. Es folgt ein Instrumentalteil, dann der Teil, von dem man zunächst glaubt, es handele sich um den Refrain: »Le monde est comme toi / Le monde est bleu comme toi« – »Die Welt ist wie du / Die Welt ist blau wie du«. Doch der eigentliche Chorus folgt erst noch: In der Nacht zeigt sich das Böse, zeigt sich der Schaden, »Et mon humeur est down down down / Down down down« – »Und mein Gemüt ist unten, unten, unten / Unten, unten, unten«. Daho singt diese »downs« im Stile der Beach Boys: »Down down, down« statt »Help Me Rhonda«.

Wer denkt, nach diesen drei perfekten Popalben würde ihn auf dem Weg in die 90er Jahre die Puste ausgehen, täuscht sich. Dahos Diskographie ist makellos. Kein Album misslingt. Alle besitzen sie ihre Eigenarten und Stärken. »Parrain de la pop française« wird Étienne Daho genannt, Pate des französischen Pop. Und er nimmt die Rolle ernst. Daho hilft Brigitte Fontaine dabei, ihre Karriere wieder in Gang zu bringen, veröffentlicht 2010 zusammen mit Jeanne Moreau das Album *Le Condamné à mort* zwischen Poesie und Chanson, mit Texten des einflussreichen Dramatikers und Dichters Jean Genet, dessen von seiner Homosexualität geprägte Schriften auch in Deutschland wegen Unzüchtigkeit zeitweise verboten sind.

Im Laufe der Jahre singt er Dutzende Duette, mit allen Größen der französischen Musikszene und vielen Stars der globalen Popwelt. Besonders legendär ist seine Performance der Serge-Gainsbourg-Komposition »Comme un boomerang« aus dem Jahr 2001, an der Seite von Dani, in den 60ern ein Star der Yéyé-Szene. Das Stück hat eine Geschichte, wie sie nur ein Gainsbourg-Song besitzen kann. Im Jahr 1974 soll Dani Frankreich

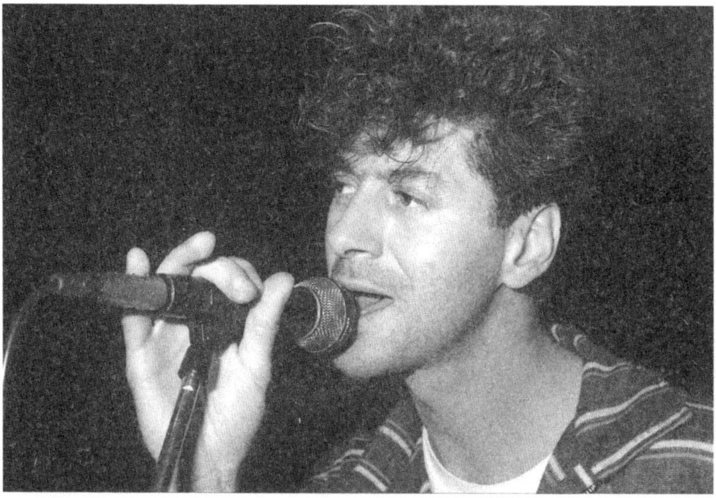

Étienne Daho, 1986

beim Grand Prix d'Eurovision vertreten, doch sagen die Verantwortlichen die Teilnahme kurzfristig ab, weil sich Frankreich nach dem Tod von Präsident Georges Pompidou in Staatstrauer befindet. Um Dani zu trösten, garantiert man ihr, im folgenden Jahr antreten zu dürfen. Sie ist einverstanden, macht aber zur Bedingung, ein Lied von Gainsbourg singen zu dürfen. Davon gibt es bereits ein Demo: Gainsbourg hat »Comme un boomerang« selbst aufgenommen, im Text geht es um allerhand Grausamkeiten, Folterungen und Schläge: »Et si un jour je me flingue / C'est à toi que je le devrai« – »Und wenn ich mich eines Tages erschieße / Werde ich das dir zu verdanken haben«.

Die französischen Grand-Prix-Verantwortlichen schauen dumm aus der Wäsche, als sie diese Zeilen hören. Zumal das Lied im Grunde nur aus einer Strophe besteht, die immer wiederkehrt, wie ein Boomerang. Man drängt auf Änderungen, doch Dani und Gainsbourg bleiben kompromisslos: so oder gar nicht. Also wird die Abmachung gebrochen, Frankreich schickt Nicole Rieu mit dem harmlosen Lied »Et bonjour à toi l'artiste« nach

Stockholm, wo der Nachfolger von ABBAs Gewinnersong »Waterloo« gesucht wird. Für Deutschland nimmt Joy Fleming mit »Ein Lied kann eine Brücke sein« teil, die Niederlande treten mit der Gruppe Teach-In und ihrem Beitrag »Ding-a-Dong« an, das vorschlägt, bei schlechter Laune eine Blume zu pflücken und »Ding-a-Dong« zu singen. Das Lied gewinnt den Wettbewerb.

Wie »Comme un boomerang« in diesem Feld abgeschnitten hätte? Schwer zu sagen. Zu hören bekommt die Öffentlichkeit den Song zunächst nicht, da er in seinen drei Formen (gesungen jeweils von Gainsbourg und Dani allein, dazu im Duett) im Giftschrank liegt, da man sich nicht einigen kann, in welcher Form und ob es überhaupt veröffentlicht werden soll. Auftritt Étienne Daho: Bei einem Treffen erinnert er Dani an diesen Schatz im Archiv und singt es mit ihr 2001 neu ein. Das Daho-Duett mit Dani wird ein großer Erfolg, zehn Jahre später erscheint endlich auch die von Gainsbourg gesungene Version, zu dessen 20. Todestag.

Indochine

Wenn Étienne Daho der »parrain de la pop française« ist, dann sind Indochine die »les scouts«, die Pfadfinder, immer auf der Suche nach Abenteuern. Wenn Sie bislang noch nie einen Song von Indochine gehört haben, beginnen Sie am besten bei der zweiten Single der Band, »L'Aventurier« aus dem Jahr 1982. Das Stück klingt, als habe jemand einer Surf-Band in einer Strandbar an der Atlantikküste Aufputschmittel ins Kronenbourg gekippt, worauf sich diese an einer komplett überdrehten Version von The Cure versucht. Der Song hüpft und springt, man weiß gar nicht, ob Sänger Nicola Sirkis die Band antreibt oder umgekehrt. Passend zur rasanten Musik erzählt der Text die irre Story des Helden Bob Morane, einer Figur aus den Abenteuerbüchern des belgischen Autors Henri Vernes. Bob Morane macht sich auf die Suche nach dem Banditen Kali Jones und dessen Freund Bill Balentine, zwischendrin gilt es, das Herz von Miss Clark zu gewinnen, Krokodile zu besiegen, das Höllental zu durchschreiten, dem Gelben Schatten zu entkommen, dem Sultan von Jawarak sowie dem mysteriösen Doc Xhatan zu trotzen. Ganz schön viel los in diesem Popsong! Das Action-Abenteuer passt gut zum Zeitgeist der frühen 80er Jahre, in denen die ersten Teile von Indiana Jones (*Jäger des verlorenen Schatzes*) und Rambo in den Kinos laufen. Übrigens ist die Bücherserie über Bob Morane zu dieser Zeit alles andere als angesagt gewesen, nun machen Indochine die Reihe wieder cool.

So comichaft die Musik von Indochine klingt, so politisch konnotiert ist der Name der Band. Eine Gruppe aus Frankreich, die sich Indochine nennt – das ist, als würde eine US-Gruppe den Namen Vietnam tragen. Für die Kolonialmacht Frankreich steht das südostasiatische Festlandgebiet für ein militärisches und politisches Debakel. Das frühere Indochina umfasst die heutigen Staaten Vietnam, Laos und Kambodscha; 1887 gründet Frankreich als Kolonialmacht die Union Indochinoise, regiert von einem Generalgouverneur, der seinen Sitz in Hanoi hat. Die Franzosen begründen ihr Engagement mit dem Ziel, das Gebiet vor dem Einfluss Chinas zu beschützen, freilich aus geopolitischen Motiven heraus. Der französische Autor Éric Vuillard entlarvt in seinem dünnen, aber gehaltvollen Buch *Ein ehrenwerter Abgang* (2023), was wirklich dahintersteckt: die Ausbeutung. Als sich nach dem Zweiten Weltkrieg das Engagement der Franzosen in Indochina nicht mehr rechnet, der Ärger mit den kommunistischen Widerständlern aus Vietnam immer größer wird und bei der legendären Schlacht bei Cao Bang mehr als 5000 französische Soldaten fallen, plant die Republik den für Vuillard titelgebenden »ehrenwerten Abgang«, wobei dieser gründlich schiefläuft: Die Franzosen hinterlassen ein Trümmerfeld und ziehen die USA in den Konflikt hinein, mit der Folge, dass der Indochinakrieg, geführt von 1945 bis 1954, in den Vietnamkrieg übergeht, der 30 Jahre währt und Millionen Menschen das Leben kostet.

Wie 26 Jahre nach Ende des Kriegs eine junge Band aus Paris auf die Idee kommt, sich den Namen Indochine zu geben? Es ist Ende 1980, der Post-Punk ist das bestimmende Element der Popkultur. Benennen sich Bands zu Beginn der Pop-Ära zunächst harmlos (Beatles, Beach Boys), später seltsam (Procol Harum, Pink Floyd) und zur Punkbewegung betont dreckig (Sex Pistols, The Stranglers), wird der Bandname im Post-Punk zum politisch-provozierenden Branding. In Manchester benennen sich Joy Division nach dem Namen der Bordelle in Konzentrationslagern, in Leeds beziehen sich Gang of Four auf die streng kommunistische »Viererbande«, die in China vor und nach Maos Tod nach der Macht strebt. Auch Literatur- und Kunstbezüge in Bandnamen sind Ende der 70er und Anfang der 80er Jahre angesagt, The Fall aus England benennen sich nach einem Roman von Albert Camus, Bauhaus nach der deutschen Kunstschule, Cabaret Voltaire nach einem Nachtclub in Zürich, in dem der Dadaismus seinen Anfang nimmt.

Die beiden Bandgründer Nicola Sirkis und Dominique Nicolas bedienen sich bei ihrer Namensfindung bei einigen dieser Strömungen. Indochine ist eine politische Provokation, dahinter steckt aber auch eine Hommage an die Schriftstellerin Marguerite Duras, geboren 1914 in Hanoi, aufgewachsen in dem Gebiet Indochinas, aber nicht in wohlhabenden Kolonialherrenverhältnissen, sondern in einer ähnlichen Armut wie viele der einheimischen Familien. Ihr Vater geht kurz nach ihrer Geburt schwerkrank nach Frankreich zurück, verstirbt 1921, die Mutter investiert ihre Witwenrente in nicht brauchbares Land und ist ruiniert. Marguerite ignoriert schon als Kind die gesellschaftlich verordnete Klassen- und Rassentrennung, sie lernt und spricht vietnamesisch, findet Freunde. 1931 geht sie nach Frankreich, beteiligt sich am Widerstand gegen die Nazi-Besetzung, schließt sich Ende des Zweiten Weltkriegs der Kommunistischen Partei an, wird dort später ausgeschlossen, weil sie die Behandlung von nicht linientreuen Schriftstellern in der Sowjetunion kritisiert. Viele der autobiographisch geprägten Bücher von Marguerite

Duras erzählen von Erinnerungen an ihre Kindheit, darunter *Un barrage contre le Pacifique* (1950, dt.: *Heiße Küste*) oder *Moderato cantabile* (1958). Indochine-Sänger Nicola Sirkis ist ein großer Bewunderer dieser Bücher, in einem Interview mit dem Radiosender Europe 1 sagt er, erst Marguerite Duras habe ihn zum Literaturfan gemacht. »Als ich einen Namen für die Gruppe finden wollte, fand ich Indochine gut.« Er meint dabei vor allem: den Klang. »Ich finde, dass jeder Satz, jedes Wort eine Art kleine Melodie darstellt. Marguerite Duras schreibt sehr musikalisch. Ihr Schreibstil, ihr Verhältnis zur Sinnlichkeit, zum Sex – es ist wie eine Siesta, bei der man nicht schläft: Man ist gelassen und liest«, sagt er im Gespräch mit Europe 1. Dazu habe ihn die »Dekadenz des Französischen« interessiert, führt Sirkis aus: »Sich diese alten Kolonialisten vorzustellen, wie sie Alkohol tranken, während alles um sie herum zusammenbrach, wie auf der Titanic – das ist ziemlich faszinierend.«

In ihrer ersten Karrierephase spielen Indochine mit asiatischen Einflüssen. Auf dem ersten Album befindet sich das Stück »Indochine (Les 7 jours de Pékin)«, das über ein irres Aufeinandertreffen von Hô Chi Minh und Rock'n'Rollern wie Eddy Cochran oder Buddy Holly an der Place d'Italie im Pariser Quartier asiatique erzählt. Das Cover des zweiten Albums *Le Péril jaune* (»Die gelbe Gefahr«) zeigt eine Geisha im Comic-Stil, die Songs handeln von »La Sécheresse du Mékong« – »Der Dürre des Mékong« oder »Kao-Bang«, dem Ort der schlimmsten Kriegsniederlage der Franzosen. Politisch sind die Songs jedoch nicht, Sirkis gibt weiter den Erzähler abstruser Abenteuergeschichten, die Texte wirken wie Drehbücher für durchgeknallte Comic- oder Martial-Arts-Filme.

Die Band weiß selbst, dass die frühe Cartoon-Phase irgendwann ein Ende finden muss, mit dem dritten Album ändern Indochine ihren Stil. Die Aufnahme heißt schlicht *3*, kommt größtenteils ohne fernöstliche Gimmicks aus, fokussiert sich stattdessen auf ein Thema, das im French Pop immer geht, Sex. Aber: Die Band reitet nicht nur auf »Typ-liebt-Mädchen-undbekommt-sie-rum«-Storys herum, Nicola Sirkis schreibt Mitte der 80er Jahre einige Texte, die man eher in den 2020er Jahren verorten würde. Der Song »3^e sexe« ist das Plädoyer für ein drittes Geschlecht, für eines, das zwischen den Normen »Junge« und »Mädchen« liegt. Sirkis malt sich in seinem Text bereits aus, dass seine Utopie eines friedlichen Hand-in-Hands der drei Geschlechter zu dem Backlash führen wird, den wir aktuell bei der Transgenderfeindlichkeit erleben: »Le grand choc pour les plus vicieux / C'est bientôt la chasse aux sorcières« – »Der große Schock für die Bösartigsten / Bald gibt es eine Hexenjagd«. 2020 nehmen Indochine den Song zusammen mit dem Transgender-Artist Christine & The Queens neu auf.

Ein weiterer Song auf 3 zeigt sich sexuell offen: »Canary Bay« handelt von lesbischer Liebe – wobei sich Texter Nicola Sirkis heute dafür grämt, seine Illusion einer Phantasieinsel der lesbischen Liebe aus voyeuristischer Perspektive verfasst zu haben. Das Lied »Trois nuits par semaine« führt noch einmal zur Schriftstellerin Marguerite Duras und bezieht sich auf ihr Buch *L'Amant* (dt.: *Der Liebhaber*) aus dem Jahr 1984. Kaum liest Sirkis die Geschichte, adaptiert er die Idee einer ersten Liebe zwischen einem Jungen und einem Mädchen für einen Song: das körperliche sich Näherkommen, die Vorspiele, schließlich der erste Sex – alles dies spielt vor der Kulisse des Flusses Saigon. Der vierte Volltreffer auf 3 ist »Tes yeux noirs«, es wirkt, als hauche Nicola Sirkis, der einst hyperventilierende Abenteurer, diesen sinnlichen Song ins Mikro, ergriffen von seinen Gefühlen, denn hier wird der Protagonist verlassen, wider seine Hoffnung und sein Flehen: »Ne pars plus sans moi!« – »geh nicht ohne mich!« Das Video zur Single inszeniert Serge Gainsbourg, zum Saxophonsolo nach dreieinhalb Minuten rückt er sich selbst kurz ins Bild, tanzend, hastig rauchend – vielleicht denkend: Einen so eingängigen und demütigen Song über die Liebe würde ich auch gerne mal schreiben.

1987 veröffentlichen Indochine als Band mit *7000 danses* ein letztes klassisches New-Wave-Album. Auf dem Weg in die 90er Jahre gerät die Band jedoch ins Taumeln: Wirkt die Musik von

Indochine bis dahin auf naive Art futuristisch, klingt sie in der von Techno und Grunge geprägten Dekade wie von gestern. Über Wasser gehalten wird die Band von ihren Fans: Die Tourneen laufen blendend, die Energie der Live-Shows ist hoch, die Live-Platte *Indo Live* aus dem Jahr 1997 verkauft sich fünfmal besser als das Studioalbum davor. Als 1999 Stéphane Sirkis, Zwillingsbruder von Nicola und seit 1982 Teil der Band, verstirbt, steht die Band vor dem Aus – bis Nicola Sirkis entscheidet, ein Album folgen zu lassen, das klingt, wie sich sein Bruder die Band auf dem Sprung ins neue Jahrtausend vorgestellt hätte. *Dancetaria* funkelt in dunklen Farben, das Album ist das düstere Vorspiel für das gigantische Comeback: *Paradize*.

»Endlich hat Frankreich eine Rockband mit Format!«, jubeln die Kritiker im Jahr 2002, als *Paradize* erscheint. Nicola Sirkis spürt schon bei der Aufnahme, dass das Pendel des Zeitgeistes wieder in Richtung seiner Band schlägt. Für zusätzliche Inspirationen arbeitet er mit anderen Songwritern zusammen, zum Beispiel mit Jean-Louis Murat und Gérard Manset, die wir schon im Kapitel »Les individualistes« kennengelernt haben. Und dann gibt es da noch dieses Lied in der Schublade, »J'ai demandé à la lune«. Komponist des Songs ist Mickaël Furnon, Sänger und Songwriter der Indie-Band Mickey 3D. Indochine sichern sich das Lied schon in den 90er Jahren, finden aber keinen Weg, es so aufzunehmen, dass sie zufrieden sind. Ein Manager des Labels Sony drängt die Band, es weiter zu versuchen – für *Paradize* glückt ihnen endlich die Aufnahme.

»J'ai demandé à la lune« ist einer dieser Songs, die man, einmal gehört, nicht wieder aus dem Ohr bekommt. Weil schon die Strophen mehr erinnerungswürdige Stellen besitzen als ein Dutzend Refrains herkömmlicher Pop-Balladen. Und mehr Witz sowieso. Das Lied beschreibt einen rastlosenden Liebenden, der sich an die Himmelskörper wendet, um nach Rat zu fragen. An der Sonne verbrennt er sich die Finger, nun ist der Mond an der Reihe. Dieser lacht den Ratlosen zunächst einmal aus (denn wer kommt schon auf die Idee, sich ungeschützt an die

Sonne zu wenden), um ihm schließlich zu gestehen: »J'ai pas l'habitude de m'occuper des cas comme ça« – »Ich bin nicht daran gewöhnt, mich mit solchen Fällen zu befassen«.

Im Jahr 2010 gelingt es Indochine als erster Popband, das Stade de France in Paris auszuverkaufen; das Live-Album *Putain de Stade* dokumentiert die gigantische Show. Wer eher die ruhige Seite der Band mag: Zu ihrem 25. Geburtstag nimmt die Band das Live-Album *Hanoi* auf, in der Oper der vietnamesischen Hauptstadt, zusammen mit dem Orchester des Hauses. Der erste Teil des Albums versammelt die ruhigeren Songs von Indochine, eingespielt mit aufwendigen und opulenten Arrangements. Wer's böse meint, spricht von kultureller Aneignung einer Band aus der alten Kolonialmacht. Ich denke: Ein besseres Live-Album als dieses ist schwer zu finden.

Mylène Farmer

French Pop ohne Sex? Schwer vorstellbar. Und ohne Melancholie? Auch nicht. Zeit, uns der Großmeisterin zu widmen, die beides zusammenbringt, den Sex und die Melancholie, den Körper und das Herz, das Leben und den Tod, die Tränen und das Blut. Pardon, das mag alles etwas martialisch klingen, aber so geht's nun einmal zu bei Mylène Farmer.

Bevor wir uns den mysteriösen und angsteinflößenden Elementen ihrer Musik widmen, eine kurze Einordnung, die englische Tageszeitung *The Guardian* beschreibt die Stellung von Mylène Farmer so: »Sie wird häufig als die französische Madonna bezeichnet, aber wenn man sich die phänomenalen Leistungen von Mylène Farmer ansieht, fragt man sich, ob Madonna nicht vielmehr die amerikanische Mylène Farmer ist.«

Ihre erste Single, »Maman a tort« erscheint 1984, die späten 80er und frühen 90er Jahre sind ihre erste große Zeit, eine Ära mit funkelnden Europophits, die man auch in Deutschland kennt, wie »Libertine« von 1986 oder »Désenchantée« von 1991.

Aber Mylène Farmer ist kein Nostalgie-Act. Seit 2000 sind ihr in Frankreich 16 Nummer-eins-Hits in den Singlecharts geglückt, ihre Alben haben eine Garantie auf den Spot ganz oben. Ihre Live-Konzerte sind seit jeher intensive und aufwändige Happenings, die größten Säle und Arenen sind voll. Sieben Konzertmitschnitte veröffentlicht sie im Lauf der Jahre, jedes dieser Alben wird ebenfalls ein Hit, rund drei Millionen Live-Platten hat sie verkauft, zuzüglich zu den mehr als zehn Millionen verkauften Studioalben.

Was also ist dran an Mylène Farmer? Fragen wir Flora Fischbach, bekannt unter dem Namen Fishbach, ein Star des French Pop der neuen Generation, Jahrgang 1991. »Ich war schon als Teenagerin von ihr fasziniert«, sagt sie im Interview, »aber sie hat mir auch ein wenig Angst eingejagt. Was wiederum meine Faszination noch steigerte. Sie zu hören, zu sehen, war eine wirklich intensive Erfahrung.« Diese Intensität habe sich vor allem dann ergeben, wenn Mylène Farmer in ihren Songs über ihre zwei großen Themen sang: Tod und Sex. »Meine Eltern haben mich vor solchen Inhalten schützen wollen, so, wie es alle Eltern tun«, erzählt mir Fishbach. »Dann aber sah ich im Fernsehen ein Video, in dem sie stirbt, und ein anderes, in dem sie andere Leute um die Ecke bringt. Überall war Blut zu sehen, es war auch offensichtlich, dass sie in diesem Umfeld Sex hat. Auf ein junges Mädchen, das unvorbereitet mit dieser Musik und diesen Clips konfrontiert wird, wirkt das zunächst verstörend – und dann unglaublich anziehend.«

Ein Beispiel für diese sehr spezielle Melange ist »Libertine«, einer der großen Hits von Mylène Farmer aus dem Jahr 1986. Ungezählte Male läuft der Song im Radio: »Je, je suis libertine / Je suis une catin« – wobei der Text offenlässt, welche Bedeutungen stimmen, »Libertine«, die »Freiheitliche« oder die »Sittenlose«? Und »catin«, die »Hure« oder die »Puppe«? Der Text zum Stück stammt von Laurent Boutonnat, der in Sachen Doppeldeutigkeit die alte Gainsbourg-Schule weiterführt. Auf ihrem ersten Album *Cendres de lune* zeigt sich Boutonnat für die meisten Texte verantwortlich, seit der zweiten Platte *Ainsi soit je …* aus dem Jahr 1988 schreibt die Sängerin die Texte in der Regel selbst.

Immer mal wieder gilt Mylène Farmer als »démodée« – als aus der Mode gekommen. Doch dann kommt eine neue Generation, entdeckt sie für sich, covert ihre Songs, lässt sich von ihrer Kunst inspirieren. Was auch daran liegt, dass ihre Inhalte zeitlos sind. »Désenchantée« zum Beispiel, ihr großer Hit aus dem Jahr 1991, findet eindringliche Worte für das Gefühl der Desillusionierung, die jegliche Vorfreude auf den kommenden Tag nimmt und zu einem Gefühl von Gleichgültigkeit führt: »Mais rien n'a de sens, et rien ne va. / […] Je suis / D'une génération désenchantée« – »Aber nichts ergibt einen Sinn, und nichts geht. […] / Ich gehöre / Zu einer desillusionierten Generation«.

Die »génération désenchantée« ist die Generation X, die 1991 jung ist. Es verwundert aber nicht, dass das Lied im Laufe der Lockdowns der Coronapandemie ab 2020 noch einmal neu entdeckt wird. Die Sängerin Pomme, eine der erfolgreichsten jungen Stimmen des Nouvelle Chanson, nimmt den Song während der Coronakrise in ihr Programm auf, veröffentlicht es in einer reduzierten Version, eingespielt nur zur Gitarre.

Von Beginn an findet Mylène Farmer einen selbstbestimmten Weg, mit ihrer Prominenz umzugehen: Sie hält sich zurück. Interviews gibt sie nur sehr selten, über ihre Kindheit, die sie mit ihren französischen Eltern in Kanada verbringt, spricht sie fast nie, ihre Ausrede: Sie könne sich daran nicht erinnern. Öffentliche Auftritte abseits der Bühne sind die Ausnahme, in den Sozialen Medien ist sie nicht aktiv. YouTube, Twitter bzw. X, Instagram, TikTok: Präsent ist sie dort nur, wenn Fans aus aller Welt auf sie verweisen, sie selbst bespielt diese Plattformen nicht.

In einem ihrer seltenen Interviews spricht Mylène Farmer 2022 mit *Le Journal du Dimanche* über ihre Musik, im Gespräch findet sie eine interessante Erklärung für den dauerhaften Erfolg: »Es ist schwer, nicht über diese Zeit verblüfft zu sei, in der wir das Ende der Welt, wie wir sie kannten, erleben«, sagt sie. Es entstehe eine neue Welt, deren Umrisse noch niemand kenne. »Das schafft eine große Leere und ein geistiges Chaos«. Sicher sei für sie nur, dass der »Übergang von einer Welt in die andere wahrscheinlich mit Gewalt verbunden sein wird. Das ist sehr beängstigend.« In ihrer Musik gelingt es Mylène Farmer, diese Angst zu benennen, sie in Popsongs zu verpacken, die zwar eingängig sind, die Befürchtungen aber nicht banalisieren.

Wer neu in die musikalische Welt dieser Sängerin eintaucht: Das Debüt *Cendres de lune* ist ein guter Ausgangspunkt. Okay, die Platte klingt, wie Platten aus dem Jahr 1986 meistens klingen – nach einer Mischung aus Zauberwürfel, Aerobic-Stirnband und Stephen-King-Roman. Aber im Kern der Musik gibt es hier bereits die Zeilen über Obsessionen, Geister und Abgründe, die Mylène Farmer so besonders machen. »Chloé« zum Beispiel ist ein gespenstisches Lied über ein ertrunkenes Mädchen, beinahe so gruselig wie der Film *Wenn die Gondeln Trauer tragen* von Nicolas Roeg (1974). Farmer singt davon, sie habe das Haar eines ertrunkenen Mädchens im Bach schwimmen gesehen, »là-bas sous les chênes, on aurait dit une fontaine« – »dort unter den Eichen, es sah aus wie ein Brunnen«. Dazu intoniert ein jenseitig klingender Mädchenchor unheimliche La-la-la's – es ist der reine Horror!

Der Künstlernachname Farmer ist für die 1961 als Mylène Jeanne Gautier geborene Musikerin eine Hommage an die US-Schauspielerin Frances Farmer, die in den 40er Jahren nach einigen Auffälligkeiten in die psychiatrische Anstalt Western State Hospital eingeliefert wird. Es gibt den Verdacht, sie sei dort misshandelt und sexuell missbraucht worden, endgültig klären lassen sich die Vorwürfe nicht. Bei den Büchern über ihr Leben (auch in ihrer posthum von einer Zweitautorin finalisierten Biographie) fehlt die klare Trennlinie zwischen bewiesenen Fakten und Fiktionen. Wer die Texte der Songs von Mylène Farmer analysiert, merkt, dass die Geschichte von Frances Farmer eine nachhaltige Wirkung auf Mylène Farmer hat – was zum Beispiel der Song »Psychiatric« zeigt, eine verstörende Klangcollage mit Sprachsamples von John Hurt aus dem Film *Der Elefantenmensch* von David Lynch (1980).

Als Mylène Farmer der Durchbruch gelingt, beginnen männliche Kritiker damit, sie abschätzig »vilaine fermière« zu nennen, die »hässliche Bäuerin«. Ihre Reaktion darauf ist »The Farmer's Conclusion«, eine Klanginstallation bestehend aus gesampelten Tiergeräuschen und Soundeffekten aus der Klanghölle der 80er Jahre. Logisch, dass am Ende nur noch das Stöhnen der Protagonistin zu hören ist. Dieses groteske Finale ist ein guter Gag am Ende ihres zweiten Albums *Ainsi soit je ...* aus dem Jahr 1988, das davor Hit auf Hit folgen lässt, darunter »Sans contrefaçon«, ein Song mit einem peitschenden Beat wie von der deutschen Dance-Punk-Gruppe Deutsch Amerikanische Freundschaft (DAF), ausgestattet mit einem aufwändigen Musikvideo von Laurent Boutonnat, das eigentlich ein Kurzfilm ist. Die Hauptrolle spielt die Gruselpuppe, die auch auf dem Cover des Albums zu sehen ist und wirkt, als habe jemand versucht, David Bowie und Mylène Farmer in einer Marionette zu vereinigen. Es ist oft versucht worden, den Plot des acht Minuten langen Clips zu deuten, fest steht: Er ist verstörend und geht nicht gut aus. Das Stück selbst handelt von unerfüllten Bedürfnissen, projiziert auf die Genderfluidität: »Sans contrefaçon je suis un garçon« – »Ohne Fälschung bin ich ein Junge«.

Mylène Farmer setzt ihren Siegeszug 1991 mit dem dritten Album *L'Autre* fort, es ist die Platte mit dem Hit »Désenchantée«, zu einem Erfolg wird auch die Single »Regrets«, ein Duett mit dem damals noch unbekannten Jean-Louis Murat. Der Song ist eine französische Variante von »Don't Give Up« von Kate Bush und Peter Gabriel, wobei sich Farmer und Murat nicht gegenseitig aufmuntern, sondern über die Gefühle singen, die sie haben werden, wenn der andere verstirbt. Wie Farmer auf die Männer blickt, zeigt auch das Stück »Pas de doute«: Wie Gainsbourg verwendet sie Begriffe im doppelten Sinn, es geht um Typen, die entweder Fehlstarts hinlegen, zu schnell kommen oder immer nur das Gewohnte liefern: »Tes va et vient sont toujours les mêmes« – »Dein Kommen und Gehen ist immer gleich«.

Das Album *L'Autre* ist seit einem halben Jahr in den Läden, da

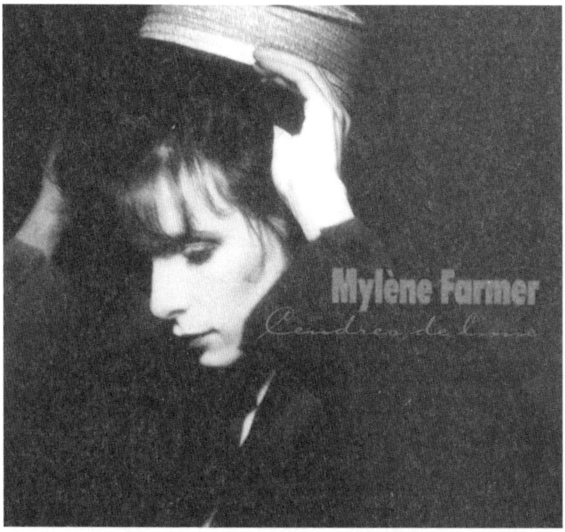

Cover des Albums *Cendres de lune*, 1986

kommt es bei der Plattenfirma Polydor zu einem dramatischen Zwischenfall: Ein psychisch erkrankter Fan der Sängerin geht bewaffnet in die Büros des Labels, tötet den Rezeptionisten, zieht weiter in die oberen Stockwerke, mit dem Willen, ein Blutbad anzurichten. Verhindert wird dies nur, weil die Waffe versagt. Die Künstlerin zeigt sich geschockt, zieht sich nun noch mehr aus der Öffentlichkeit und den Medien zurück.

Woran andere Musiker verzweifeln, gelingt Mylène Farmer spielerisch: Der Star der 80er Jahre schafft den Sprung in das neue Jahrzehnt. *Anamorphosée* entspricht 1995 dem Zeitgeist. Die Aufnahmen finden in Los Angeles statt, das Album klingt mal nach druckvollem Alternative-Rock, mal nach melancholischem Trip-Hop. Die Künstlerin zeigt sich nun musikalisch offener, direkter, glamouröser – erzählt weniger Schauermärchen, dafür verstärkt Geschichten aus dem selbstbestimmten Leben einer Frau. Auch die Cover verweisen auf den Wechsel: Bislang ist auf ihren Platten ihr Gesicht zu sehen, das Titelbild von *Anamorphosée* zeigt nur ihren Körper. Der Singlehit »California« verbindet gehauchten Gesang und ihre Vorliebe für melancholische Melodien mit Polizeisirenen und zwischengeworfenen englischen Vokabeln.

Dass Mylène Farmer nach all den Jahren noch Kraft hat, zeigt 2022 ihr zwölftes Studioalbum *L'Emprise*. Die Musik ist symphonisch, melancholisch, geheimnisvoll. Der französische Musiker und Arrangeur Woodkid, der *L'Emprise* auch produziert und die Songs mitschreibt, gestaltet für das Cover einen Avatar von Mylène Farmer und setzt diesen in Fötushaltung in Szene. Das Motiv ist im Herbst 2022 in der Pariser Metro zu sehen, ohne Beschriftung oder Hinweise. Der Avatar, sagt Woodkid, »musste realistisch sein, aber gleichzeitig eine Verwirrung erzeugen. Man weiß nicht, ob es wahr oder falsch ist – und das definiert Mylène sehr gut.« Wahr, falsch. Hass, Liebe, Himmel, Hölle. Seele, Körper. Rein, raus. An, aus. Mylène Farmer verwirrt und hat Spaß dabei. Ein Lied heißt »Do You Know Who I Am« – eine rhetorische Frage, niemand weiß das: »Nul ne sait qui je suis / Nul n'a vraiment compris« – »Niemand weiß, wer ich bin / Niemand hat es wirklich verstanden«. Die größte Popkünstlerin Frankreichs klingt bei diesen Worten nicht traurig, sondern eher: erleichtert.

Alain Chamfort

Claude François, genannt »Cloclo«, ist in den 60er Jahren ein Experte für Schnulzen. Zusammen mit Jacques Revaux schreibt er 1967 das melodramatische Trennungslied »Comme d'habitude«, ein Jahr später schreibt der Kanadier Paul Anka einen englischen Text für das Stück und lässt es seinen Buddy Frank Sinatra singen – unter dem Titel »My Way«. Claude François ist stets auf der Suche nach Sängern, die seine Lieder veredeln können. Einer, der ihm auffällt, heißt Alain Le Govic und ist Pianist in der Band von Jacques Dutronc.

Als erstes verpasst Claude François ihm einen neuen Nachnamen, der weniger bretonisch klingt: Alain Chamfort, in Erinnerung an einen Moralisten aus der Zeit der Französischen Revolution. Für das Cover von Chamforts zweitem Album *Mariage à l'essai* lässt Claude François ein Klavier auf eine Wildwiese stellen, damit sich der Sänger im weißen Anzug und in absolut unnatürlicher Pose dagegen lehnen kann, wobei aus unerfindlichen Gründen auch noch ein Hase auf dem Piano sitzt. Chamfort merkt, dass hier etwas nicht passt. Er wechselt das Label, heuert bei CBS an, wo er, wen wundert's, auf Serge Gainsbourg trifft, der für diese Firma als Texter tätig ist.

Mit dem zweiten gemeinsamen Album gelingt dem Gespann der Durchbruch: Auf *Poses* aus dem Jahr 1979 kombinieren Gainsbourg und Chamfort Chanson-Traditionen mit Synthie-Pop, Disco und New Wave. Auf dem Schwarz-Weiß-Cover zeigt sich der Sänger lässig mit loser Krawatte, zum Erfolg trägt vor allem das Auftaktstück bei, Chamforts erster Hit: »Manureva«. So sollte der Song nicht immer heißen. Eine erste Version trägt den Titel »Adieu California«, im Text hantiert Gainsbourg ein wenig denkfaul mit kalifornischer Nostalgie herum. Trotzdem sind alle, die das Stück in dieser ersten Version hören, begeistert: Ein Gainsbourg eben, was soll da schiefgehen?

Chamfort spürt jedoch, dass dieser Text nicht dem modernen Anspruch seiner neuen Platte entspricht. Er bittet Gainsbourg, einen neuen Ansatz vorzuschlagen. Diesen findet er beim Schauen der Nachrichten: »Manureva« ist der Name des Bootes, mit dem im November 1978 der französische Weltumsegler Alain Colas bei einem Rennen in den Azoren unterwegs ist, bis er mutmaßlich bei einem Orkan kentert und mit 35 Jahren ums Leben kommt. Colas ist in Frankreich eine Berühmtheit, sein Schicksal berührt die Nation. Gainsbourg trauert nur kurz mit, dann entdeckt er die lyrische Qualität des Bootsnamens: »Manureva«. Einen Anruf später sind sich Gainsbourg und Chamfort einig, dass ein Lied über das vermisste Boot mit dem poetischen Namen als Refrain ein Hit werden würde: »Manu Manureva / Où es-tu Manu Manureva? / Bateau fantôme, toi qui rêvas / Des îles et qui jamais n'arrivas« – »Manu Manureva / Wo bist du,

Manu Manureva? / Geisterschiff, das du von den Inseln träumtest / Aber kamst niemals an«.

Unter den French-Pop-Stars der frühen 80er Jahre ist Alain Chamfort der Vertreter der »New Romantics«-Bewegung, zu der in Großbritannien Gruppen wie Spandau Ballet, Duran Duran oder Visage gehören. Seine Musik klingt elektronisch und romantisch, »Palais Royal«, ebenfalls auf dem Album *Poses* zu finden, ist eine elegante Ballade mit schwebenden Synthesizern und einem sehr romantischen Text: Auf dem Palais Royal, dem Stadtpalast, wenige Meter vom Louvre entfernt, liegt der Schnee, der Winter zeigt sich von seiner schönsten Seite, und Chamfort findet, es sei für sein Gegenüber, in das er frisch verliebt ist, Zeit, die Maske fallen zu lassen: »Tu hésites encore / Regarde le décor / Le soir descend et nos regards s'éclairent / L'hiver très tôt allume ses lumières« – »Du zögerst noch / Schau dir die Szenerie an / Der Abend sinkt und unsere Blicke erhellen sich / Der Winter zündet sehr früh seine Lichter an«. Genauso schön: »Géant«, ein edel arrangiertes Lied mit Barjazztrompete, gewidmet seiner ersten Tochter Clémentine, die ihm – da ist er sehr ehrlich – das Leben zur Hölle macht, wenn sie ihn nachts um drei Uhr weckt, um ihn dann als vorlesenden Papa in unbekannte Welten mit verlorenen Seen, Geisterzügen und dunklen Wäldern eintauchen zu lassen. Und wenn er sie auf den Schultern trägt, dann macht sie ihn zu einem Riesen, zu einem »Géant«.

Einer der Hits des folgenden Albums *Amour année zéro* aus dem Jahr 1981 ist der Song »Paradis«: Erneut lehnt Chamfort im Vorfeld einen Textvorschlag von Serge Gainsbourg ab, wieder denkt er, der Inhalt passe nicht zu seiner Komposition. Über seine damalige Freundin Lio lernt er deren Kreativpartner Jacques Duvall kennen, Komponist von Lios Sommerhit »Le Banana split«. Duvalls Text für »Paradis« stellt Chamfort zufrieden, der eigentlich für Chamfort gedachte Gainsbourg-Text mit dem Titel »Souviens-toi de m'oublier« wird wenig später von Catherine Deneuve auf eine andere Melodie gesungen: Pop trifft Pragmatismus.

Alain Chamfort etabliert sich im Lauf der Jahre als Dandy der Musikszene: Pop sophistiqué! Nach einem kreativen Loch in den 90er und 00er Jahren entdecken ihn die Franzosen 2010 neu. Sein Album *Une vie Saint Laurent* erzählt das Leben des Modeschöpfers Yves Saint Laurent, der Ikone der Pariser Haute Couture, die 2008 den Folgen eines Hirntumors erlag, stilprägend und revolutionär anhand von Liedern. Weil Chamfort zur Zeit der Veröffentlichung wenig angesagt ist, findet sich kein Label, das die Aufnahme zu seinen Bedingungen veröffentlichen will. Also bringt er die Platte auf eigene Faust über seine Website heraus. Das Album wird ein Überraschungserfolg und bringt ihn zurück auf die Agenda. 2018 erscheint mit *Le Désordre des choses* ein melancholisches Meisterwerk, 2021 veröffentlicht Chamfort *Symphonique Dandy*, eine Neueinspielung seiner bekanntesten Songs, in Begleitung eines großen Orchesters. 2024 folgt schließlich die Single »La Grâce«. Sie handelt von Chamforts Zweifel, ob es ihm gelungen ist, sein Publikum zu berühren. Im Video wimmelt es von Stars aus diesem Buch. Sie alle stellen sich dieselbe Frage.

Jeanne Mas

Wer in den Grabbelfächern der Plattenläden oder auf einem Flohmarkt altes Vinyl von Jeanne Mas entdeckt, denkt beim Blick auf die Cover: So sahen sie aus, die 80er. Schrilles Make-up und Stirnband, dazu eine Frisur, nur möglich gemacht von vielen, vielen Dosen Haarspray. *Femmes d'aujourd'hui* – »Frauen von heute« – heißt das zweite Album der Sängerin, benannt nach einer belgischen Frauenzeitschrift aus den 30er Jahren. Jeanne Mas sitzt auf dem Titelbild in ihrem 80er-Jahre-Outfit wie eine böse Gräfin auf dem Fußboden, neben ihr ein Kerzenleuchter, ihr Blick: keck und kampfbereit. Im Text des Titelliedes heißt es: »Une femme d'aujourd'hui / Détruisant des montagnes de tradition« – »Eine Frau von heute / Zerstört Berge von Traditionen«.

Jeanne Mas' moderne Interpretation der Frauenrolle kommt beim Publikum sehr gut an. Wie Mylène Farmer verpasst sie sich ein leichtes Gothic-Image, singt aber lupenreine Pophits. Der größte Erfolg ist die Single ihres ersten Albums *Jeanne Mas* aus dem Jahr 1985: »Toute première fois«, ein Lied über die allerersten Male. Dass man beim Hören eher an die Pophits aus der Italo-Disco denkt als an klassischen French Pop, ist kein Zufall: Komponist aller Stücke des Albums ist der italienische Produzent Romano Musumarra, die Texte stammen von Jeanne Mas. Die Single wird ein riesiger Erfolg, ist bis heute ein Dauerbrenner im Radio und auf Nostalgiepartys. Der Komponist Romano Musumarra ist seitdem bei französischen Acts äußerst beliebt, schreibt für Alain Delon und Prinzessin Stéphanie von Monaco. Dass die Tochter der Grimaldis in die Charts kommt, hat sie Jeanne Mas zu verdanken: Diese lehnt das für sie vorgesehene Stück »Ouragan« ab, es gelangt auf die Resterampe, wo Stéphanie Grimaldi zugreift. Der Song wird nicht nur in Frankreich ein Hit, sondern – in der englischen Fassung »Irresistible« – auch in Deutschland und vielen weiteren europäischen Ländern.

Dass Jeanne Mas zum One-Hit-Wonder wird, verhindert »Johnny Johnny«, ihre zweite Single, für die sie und Musumarra die musikalische Erfolgsformel von »Toute première fois« einfach noch einmal anwenden. Auch das zweite Album *Femmes d'aujourd'hui* setzt auf die Erfolgsformel, bei der Single »En rouge et noir« gibt Jeanne Mas zunächst einen coolen Sprechgesang, bevor der Refrain klingt, als müsse man dazu unbedingt im Trockeneisnebel stehend die Faust nach oben recken.

Wie schwer es Jeanne Mas zunächst fällt, ihren Sound wandelbar zu gestalten, zeigen ihre Platten bis in die frühen 90er Jahre hinein, die mehr vom Bekannten geben. Das ändert sich in den 00er Jahren: Auf jedem Album wechselt die Sängerin die Haarfarbe und den Sound. Techno, Rock, Mittelaltermusik, spanische Folklore (Mas wird 1958 in Alicante geboren) – alles geht. Es ist interessant, dieser Künstlerin bei ihren Scharaden zuzuschauen und zuzuhören, aber wenn es darauf ankommt, dann liegt das Debüt auf dem Plattenspieler, mit diesem einen Hit, den in Frankreich jeder kennt: »Toute première fois / Toute, toute première fois.«

Taxi Girl & Daniel Darc

Falls Sie in einem Second-Hand-Plattenladen eine LP oder Single der Band Taxi Girl zu einem günstigen Preis finden, greifen Sie zu! Sie profitieren doppelt, denn erstens ist die Aufnahme super und zweitens eine gute Geldanlage. Die Platten von Taxi Girl sind fast allesamt Raritäten, sogar die CDs der Originalalben sind selten. Womit wir bereits beim großen Taxi-Girl-Dilemma sind: Die Band hätte groß werden können. Für eine kurze Zeit ist sie es sogar. Dann jedoch kommt immer mal wieder was dazwischen, Drogen, Konflikte oder Plattenfirmen, die plötzlich bankrottgehen. Am Ende ist sowohl die Karriere von Taxi Girl als auch die ihres Sängers Daniel Darc eine Story mit hohem Hätte-wenn-und-aber-Faktor.

Taxi Girl gründen sich 1978, haben aber mit dem lauten Punkrock wenig zu tun, sondern spielen von Beginn an eine Musik, die klingt, als habe jemand die Energie des Punk in die Zukunft gebeamt. Die Band um Daniel Darc veröffentlicht zwei perfekte Maxi-Singles: »Mannequin« (1979) und »Cherchez le garçon« (1980). Die Musik erinnert an die vielen Gruppen dieser Zeit, die nach Wegen suchen, Punk mit anderen Mitteln weiterzuerzählen: Ideal aus Berlin, Grauzone aus Bern, Wire aus London. Was Taxi Girl aus Paris wiederum besonders macht, ist die Eleganz, mit der sie ihre Einflüsse zusammenbringen – und ihr Gespür für Hits: Wer den instrumentalen Zwischenteil von »Mannequin« (mit deutlichem Kraftwerk-Einfluss) einmal gehört hat, wird ihn erstens nie wieder vergessen und will zweitens sofort lostanzen. Discotauglich ist auch »Cherchez le garçon«, vor allem der kurze Reggae-Teil in der Mitte wird zum Höhepunkt auf Partys. Der Text besitzt Raffinesse, weil bis zum Schluss nicht klar wird, wer in diesem Lied zu uns spricht, ein Detektiv, der einen Jungen sucht, oder der Mörder des Jungen – oder beides in einer Figur? Ein simpler Text, mit großer lyrischer Unschärfe – so funktioniert großer Pop.

Mit diesen ersten beiden Singles entwickeln sich Taxi Girl zu Lieblingen einer neuen Kolumne, die der Musikjournalist Jean-Éric Perrin ab 1979 für das renommierte Musikmagazin *Rock & Folk* schreibt. Die Zeitschrift wirkt Ende der 70er Jahre ein wenig aus der Zeit gefallen, da fällt die Idee des jungen Redakteurs, sich um die neuen Namen der jungen französischen Szene zu kümmern, auf fruchtbaren Boden. Perrin gibt seiner Kolumne den selbstironischen Namen »Frenchy but Chic« und schreibt gut drei Jahre lang über die frischen Bands einer jungen Szene, der er das Etikett »Des jeunes gens modernes« verleiht – »junge moderne Leute«. Zu seinen absoluten Lieblingsgruppen zählen Taxi Girl, die Band nimmt schnell die Vorreiterrolle in dieser Szene ein und verkauft viele Platten: 150 000-mal geht die Maxi-Single von »Cherchez le garçon« weg, nicht übel für eine Band aus dem Pariser Underground.

Taxi Girl beginnen mit der Arbeit für ein erstes Album, dann folgt der erste Schlag: Drummer Pierre Wolfsohn stirbt an einer Überdosis Kokain. Für ihn springt Jet Black ein, Drummer der englischen Punk-Heroen The Stranglers, vermittelt vom französischen Stranglers-Bassisten Jean-Jacques Burnel, der das Taxi-Girl-Album produziert. Die Platte trägt den Namen *Seppuku*, benannt nach einer ritualisierten japanischen Selbstmordprozedur. Wer die Platte als LP kauft, findet ein vollständig versiegeltes Produkt vor; die Idee von Daniel Darc, der Platte eine Rasierklinge beizulegen, um sie damit zu öffnen, scheitert an Geld- und Sicherheitsbedenken. So destruktiv, wie es der Titel vermuten lässt, klingt das Album nicht: Bei der Single »Les Armée de la nuit« hüpfen zwei Drittel der zum Trio geschrumpften Band wie Flummis zur Musik, nur Sänger Daniel Darc interpretiert sein eigenes Stück mit offensichtlicher Verachtung im Blick. Beim dreckigeren Song »La Femme écarlate« wird der Einfluss der Stranglers besonders deutlich, die beiden Gruppen gehen dann sogar gemeinsam auf Tour. Der Plan, Taxi Girl auch in Großbritannien zu vermarkten, geht jedoch schief.

Das Scheitern führt zu Spannungen, bald sind Taxi Girl nur noch zu zweit, neben Daniel Darc bleibt Mirwais dabei, Gitarrist der Band und viele Jahre später ein Star der French-House-Szene, protegiert von Madonna; wir werden ihm im Kapitel über die elektronische Musik wiederbegegnen. Als Duo nehmen Taxi Girl ihre reifste Platte auf, *Quelqu'un comme toi*, ein Mini-Album mit fünf Stücken. Das Titellied verbindet den typischen Wave-Pop von Taxi Girl mit Akkordeonklängen und Anleihen an Chanson und French Pop der 70er Jahre. In seinen Texten legt Daniel Darc seine zerstörerische Ader offen, thematisiert seine Drogensucht und die Abgründe, vor denen er steht. »La nuit approche, l'enfer est à nous. [...] / N'oublies jamais, l'enfer est à nous« – »Die Nacht naht, die Hölle gehört uns [...] / Vergiss nie, die Hölle gehört uns«. Darcs Sucht bremst Taxi Girl aus, zwischen 1984 und 1986 erscheinen keine Alben, sondern nur drei Singles. Als Darc und Mirwais schließlich getrennte Wege gehen, kümmert sich niemand um den Nachlass der Band. So sind die Aufnahmen von Taxi Girl heute schwer zu bekommen und stehen teilweise auch nicht bei den Streamingdiensten zur Verfügung.

Erst nach dem Ende der Band beginnt Daniel Darc von der Geschichte seiner Familie zu erzählen. Sein Geburtsname lautet Daniel Razoum, abgeleitet vom Nachnamen seiner jüdischen Großeltern, Razoumoff, die beiden haben Wurzeln in der Ukraine und Litauen. 1917 flüchten sie vor der Russischen Revolution nach Frankreich. Im Zweiten Weltkrieg versteckt sich ihr Sohn, also Darcs späterer Vater Abraham Razoum, in der Normandie, wo er erfährt, dass seine Mutter nach Auschwitz deportiert wurde. Darcs spätere Mutter wiederum liebt im Zweiten Weltkrieg zunächst einen Deutschen, wird nach der Befreiung zum Tode verurteilt, später begnadigt und heiratet schließlich Abraham Razoum. Das gemeinsame Kind Daniel kommt 1959 zur Welt.

Mit seinen Soloalben nutzt Daniel Darc die Gelegenheit, sich mit seiner Herkunft auseinanderzusetzen. Das milde klingende Album *Parce que*, aufgenommen mit dem in Frankreich beliebten englischen Indie-Popmusiker Bill Pritchard, analysiert die Abgründe menschlichen Handelns, *Nijinsky* erzählt vom polnisch-russischstämmigen Ballettvirtuosen Vaslav Nijinsky, geboren in Kiew, zum Star geworden in Paris. Das beste Album seiner Karriere gelingt Darc 2004: *Crèvecœur* ist eine melancholische Betrachtung der Sterblichkeit. Das Herz dient als Symbol, erst schlägt es, dann bricht es, dann quittiert es seinen Dienst. Die Musik zu den schwermütigen Gedanken stammt vom französischen Songwriter Frédéric Lo, zu den Höhepunkten zählt die berührende »Élegie«: »Moi pauvre qui n'ai rien que rêves« – »Ich Armer, der nichts als Träume hat«. Das letzte Lied zitiert »Psaume 23«, den 23. Psalm, einer der bekanntesten Texte der Bibel: »Der HERR ist mein Hirte; mir wird nichts mangeln. Er weidet mich auf grüner Aue und führet mich zum frischen Wasser.«

Crèvecœur beschert Daniel Darc noch einmal die Rückkehr ins Rampenlicht, die Kritik feiert ihn, die Platte verzeichnet gute Verkäufe. Zwei weitere Werke folgen noch, dann stirbt Daniel Darc im Februar 2013 an den Folgen eines Lungenödems. Posthum erscheint das Album *Chapelle Sixteen*, darauf zu finden ist das Lied »Une place au paradis«, der Refrain klingt beinahe euphorisch: »Pour nous il reste un peu de place au paradis« – »Für uns bleibt noch ein wenig Platz im Himmel«. Hoffen wir das Beste.

-M-

Die 100 000-Euro-Frage bei der »soirée quiz«, der abendlichen Raterunde: Welcher französische Musiker hat zusammen mit dem großen Alain Bashung die meisten »Victoires de la musique« gewonnen, den französischen Grammy? Ein Mann, der sich -M- nennt. 13 dieser Preise hat Matthieu Chedid, so sein bürgerlicher

Name, abgeräumt. Und das, obwohl er mit seinem Alter Ego gegen viele Konventionen des French Pop verstößt. Seine Bühnenfigur ist artifiziell und schrill, seine Musik beeinflusst vom Chanson, das schon, stärker jedoch vom Glamrock und Funk. Es stecken mehr Bowie und Prince in ihm als Brassens und Ferré.

Matthieus Vater Louis Chedid ist ein in den 70er und 80er Jahren erfolgreicher Pop-Sänger, sein Lied »Ainsi soit-il« aus dem Jahr 1981 ist sein größter Hit, ein Synthie-Stück mit lässig-lakonischem Sprechgesang. Louis Chedid wird in Ägypten geboren, als Sohn einer französisch-ägyptischen Dichterin. Auch ihren Enkel Matthieu hat sie inspiriert und gefördert, ihn zur Poesie und Musik geführt. Als Sohn eines bekannten Sängers findet Matthieu Chedid leicht den Weg in die Szene, er gründet Bands mit anderen Kindern bekannter Sängerinnen und Sänger, zusammen mit seinem Freund Mathieu Boogaerts, einem Pionier der Nouvelle Scène, entwickelt er eine Form von französischer Popmusik, die sich von den üblichen Veröffentlichungen abhebt.

Das Resultat der Überlegungen erblickt 1998 die Welt: -M-, eine Kunstfigur mit Kunstfrisur, an den Seiten spitz, vorne eine zentrale Strähne auf der Stirn. Halb Ziggy, halb Clown. Die erste Aufnahme heißt konsequenterweise »Le Baptème« – »die Taufe«. -M- macht gleich ein paar Feststellungen: »L'amour ma thématique«. Außerdem: »Je suis une cigarette«. Und: »Nostalgie du cool«. -M-'s French Pop klingt äußerst lässig und groovy, die Machoparodie »Machistador« wird ein erster Hit, verbindet Funk, Rap und Soul.

-M- etabliert sich als selbstbewusste Bühnenfigur, Matthieu Chedid genießt es, sich hinter der Frisur verstecken zu können, spielt begeisternde Shows zu Bühnenbildern, die den Eindruck erwecken, -M- habe den Partykeller seiner Eltern leergeräumt. Sein zweites Album »Je dis aime« ist 1999 ein Bestseller, die Musik ist vielschichtig und rockig. Das Titelstück wird zu seinem Motto-Lied: Das -M- steht hier für »aime«, für »ich liebe«; seine Identität wird durch die Herkunft seiner Familie und seine Heimatstadt geprägt: »Paris au fil du cœur / Du Nil dans mes veines / Dans mes artères coule la Seine« – »Paris am Puls des Herzens / Vom Nil in meinen Adern / In meinen Arterien fließt die Seine«. Ein weiterer Höhepunkt dieses Debüts ist seine französische Version des The-Cure-Hits »Close to Me«, die so lässig klingt, als handele es sich hier um das Original.

Danach drosselt Chedid das Tempo. Er nimmt Filmmusik auf, veröffentlicht mit *Labo -M-* eine Platte zwischen Funk- und Akustikrock nahezu ohne Gesang, was im Sänger-zentrierten Frankreich ein ungewöhnliches Statement ist. Als Vokalist kehrt -M- mit dem Album *Qui de nous deux?* zurück, berühmt durch das Cover, auf dem sich Chedid in pinkem Anzug und mit pinker Gitarre zeigt, die speziell für ihn angefertigt wird, zur Geburt seiner Tochter. Dass er nun Vater ist, hört man der Musik an, denn jetzt wird es persönlich, »Je me démasque« heißt eines der Lieder, die Demaskierung beginnt. -M- singt besinnliche Chansons wie »La Bonne Étoile« (gewidmet seinem Weggefährten Mathieu Boogaerts) oder »Ma mélodie«, die Melancholie ersetzt den Funk. *Qui de nous deux?* klingt beim ersten Hören wie ein Liebeslied mit sexueller Konnotation, Bauch an Bauch, Hüfte an Hüfte: »Je t'appréhende / Je te garde / Je te pose à mon cou« – »Ich fürchte dich / Ich behalte dich / Ich lege dich an meinen Hals«. Weil das Gegenüber aber auch gekratzt, geritzt, an den Seilen aufgehängt und schließlich bei den Fundsachen vergessen wird, wird irgendwann klar, dass das Lied seiner Gitarre gewidmet ist: »Qui de nous deux inspire l'autre« – »wer von uns beiden inspiriert den anderen?«

Matthieu Chedid gelingt der Spagat, er ist eine authentische Kunstfigur. Zusammen mit Vanessa Paradis arbeitet er an ihrem Erfolgsalbum *Divinidylle* (2007), singt mit ihr im Duett den France-Gall-Song »La Déclaration d'amour«, ist Arrangeur ihrer Tour. Kurz legt er seine Markenzeichenfrisur ab, für das Cover des Albums *Îl* aus dem Jahr lässt er die Kunstfigur -M- von seiner Tochter zeichnen. 2015 nimmt er zusammen mit seinem Vater Louis Chedid und seinen beiden Geschwistern Joseph und Anna ein Familienalbum auf, das Cover zeigt ihn in Jeansjacke und demaskiert. Die vier Chedids nehmen alte und neue Lieder auf, eingespielt mit maximaler Entspanntheit, mit viel familiärer Harmonie – »la musique de la maison« im besten Sinne.

Le grand petit concert heißt ein Live-Album aus dem Jahr 2019. Es zeigt -M- als Alien vor einer Menschenmasse und beginnt mit seiner Stimme und einer Gitarre, die hörbar schon ein paar Jahre auf dem Buckel hat. Matthieu Chedid hat sie vor vielen Jahren gefunden, auf dem Dachboden von Alain Souchon, dem großen Sänger, zwischen alten Koffern und Spinnweben. Das alte Ding hat nur noch eine Saite, Matthieu Chedid muss sie reparieren, zähmen. Solange, bis ein einziger Akkord ausreicht, um in diesem »grauen Ozean voller Elend und Ärger« – »dans cet océan gris de misère et d'ennuis« – eines zu erreichen: »effacer ton cafard« – »deinen Kummer auslöschen«.

Stromae

Es ist der 9. Januar 2022, es läuft das *Journal de 20 heures* auf dem Sender TF1, keine Nachrichtensendung in Europa hat mehr Zuschauer. Die Moderatorin Anne-Claire Coudray spricht zum Abschluss der Sendung mit Paul van Haver aus Brüssel, es geht nicht um die EU und auch nicht um irgendeine Coronaverordnung, es geht um Musik. Paul van Haver nennt sich als Musiker Stromae, 2009, da ist er Mitte 20, landet er mit »Alors on danse« einen europaweiten Hit, auf dem House, Hip-Hop und arabische Einflüsse zu einer sehr frischen Art von French Pop de Bruxelles zusammenfließen. Das Album *Cheese* ist okay, deutlich stärker ist die zweite Platte *Racine Carrée* aus dem Jahr 2013: Stromae verbindet nun House, Electro, Pop und Chanson, die Stücke verhandeln Themen, für die im Pop sonst wenig Platz ist. »Papaoutai« zum Beispiel: Der Titel ist die Kurzform für »Papa où t'es?«, Stromaes Vater kommt 1994 beim Völkermord in Ruanda ums Leben, Stromae singt: »Un jour où l'autre on sera tous papa / Et d'un jour à l'autre, on aura disparu« – »Irgendwann werden wir alle ein Papa sein / Und von einem Tag auf den anderen werden wir verschwunden sein«. Zu einem Hit wird auch das Stück »Formidable«, mit dem Stromae auf seine Art eine Tradition des Chansons weiterverfolgt: Er singt aus der Perspektive eines Typen, der von seiner Frau verlassen wird – und entsprechend selbstmitleidig und betrunken durch die Szenerie wankt: »Formidable / Tu étais formidable, j'étais fort minable, / Nous étions formidables« – »Großartig / Du warst großartig, ich war sehr armselig, wir waren großartig«.

Als viele schon darauf wetten, dass Stromae bald ein Weltstar wird, legt er eine Vollbremsung hin, ausgelöst von Angstzuständen und Panikattacken. Dann kommt es am 9. Januar 2022 zu »le grand retour«: Stromae gibt in der Nachrichtensendung von Anne-Claire Coudray ein paar gewöhnliche Antworten auf harmlose Fragen, dann will die Moderatorin wissen: »In Ihren Liedern sprechen Sie auch viel über Einsamkeit, hat die Musik Ihnen dabei geholfen, sich davon zu befreien?« Ein Piano ist zu hören, dann singt der Gast die Antwort. Sie lautet »L'Enfer«, die Hölle. Stromae sitzt da, in einem viel zu groß wirkenden Anzug, schaut zunächst Coudray weiter in die Augen, interpretiert sein Lied mit großer Sachlichkeit. Dabei verhandelt der Comeback-Song seine Leidensgeschichte: Die vielen Stimmen in seinem Kopf, die Einsamkeit, die Suizidgedanken – »On croit parfois que c'est la seule / Manière de les faire taire / Ces pensées qui nous font vivre un enfer« – »Manchmal denkt man, dass man sie nur so zum Schweigen bringen kann / Diese Gedanken, die uns das Leben zur Hölle machen«.

Nach einigen Sekunden schaut Stromae in die Kamera, das Stück baut sich auf, mit Beats, Streichern und Chören, die Kulisse von Paris im Hintergrund, zunächst noch illuminiert, wandelt sich in Richtung Traurigkeit, ins Aschgraue. Am Ende der Performance wirkt Stromae ergriffen und erleichtert, er lächelt, die Moderatorin bedankt sich für das große Geschenk, das der Sänger ihrer Sendung gemacht habe.

Am Tag danach wird darüber debattiert, ob Stromae mit diesem Auftritt Grenzen überschritten hat, weil Pop-Marketing in der Welt der Politik nichts zu suchen habe. Im Grunde macht Stromae mit dieser Perfomance das, was das französischsprachige Chanson seit jeher versucht: Das Werk gibt die Antwort. Alles steckt im Lied.

Christine & The Queens

Ein kurzer Abstecher über den Ärmelkanal nach London, Soho, Chinatown. Es ist das Jahr 2010, in der Brewers Street öffnen nachts die Türen von »Madame Jojo's«, einem schillernden Nightclub, Heimat der Travestieszene der Stadt. Die bei der Geburt als Mädchen zugeordnete, sich zunehmend als pansexuell verstehende Héloïse Letissier ist aus Nantes hierhin gereist, sie ist Anfang 20, reichlich desillusioniert, hat eine heftige Trennung hinter sich, steckt in einer Identitätskrise. Die Drag-Queens von »Madame Jojo's« nehmen die junge Französin auf, erzählen ihr ihre Geschichten, hören ihrer Story zu. Am Ende finden sie gemeinsam einen Weg aus der Krise, wie Chris, wie sich die Person heute nennt, in einem Interview mit der französischen *Elle* im Jahr 2017 sagt: »Sie haben mich auf die Idee gebracht, mir eine Figur zu schaffen, eine andere Silhouette zu erfinden, eine andere Art, sich im Raum zu bewegen. Christine war, bevor sie ein Musikprojekt war, meine Lösung, um richtig zu existieren. Und die Queens aus Christine & The Queens sind eine Hommage, die ich ihnen erweise. Ohne sie wäre ich heute nicht hier.«

Heute ist Chris – trans-binär, Pronomen: er – Frankreichs größter Popstar auf internationaler Ebene, mit riesigen Erfolgen auch dort, wo andere große Namen der French-Pop-Szene gescheitert sind, allen voran in Großbritannien und den USA. Christine & The Queens gelingt dies mit einer Musik, die eindeutig von angloamerikanischen Künstlern beeinflusst ist, von

Michael Jackson und David Bowie, Kate Bush und Madonna, in der aber auch das Erbe des French Pop zu erkennen ist, mit Spuren zu Mylène Farmer, Christophe oder Indochine.

Besonders deutlich wird das auf seinem ersten Album *Chaleur Humaine* aus dem Jahr 2014. Die Texte sind hier größtenteils auf Französisch, die Musik ist von großer Melancholie geprägt, von Erinnerungen, Sinnfragen, Beobachtungen. Das Stück »Saint Claude« spielt in Paris, nahe der Rue Saint-Claude, unweit des Clubs Bataclan. Chris beschreibt die Szenerie in einem Bus, er sieht eine Person, die von anderen Fahrgästen belästigt wird – und solidarisiert sich mit ihr. »Christine« ist ein Song über die eigene liquide Identität. Anders als die Texte vieler anderer Autoren des französischen Pop bilden seine Wörter keine Metaphern. Sie entstehen aus dem Prozess heraus, beim Singen, bei Bewegungen zur Musik: »Le ciel coule sur mes mains / Je ne tiens pas debout« – »Der Himmel tropft auf meine Hände / Ich kann nicht mehr stehen«.

Auf dem zweiten Album *Chris* aus dem Jahr 2018 klingt die Stimme von Chris extrem rhythmisch, der Vergleich zu Michael Jackson liegt auf der Hand, auf dem Mini-Album *La Vita nuova* sehr melancholisch, auf der französischsprachigen Platte *Redcar: Les adorables étoiles* überaus wandelbar. Zuletzt veröffentlicht Chris das opulente Doppelalbum *Paranoïa, Angels, True Love* mit Madonna als Gast in der Rolle als schlechtgelaunte Künstliche Intelligenz und einem elf Minuten langen Lied, das auf einem Basslauf der Progrockband Emerson, Lake & Palmer basiert. Erstaunlich: In Großbritannien platziert sich das Album auf Platz sieben, in Frankreich auf Platz 19 der Charts.

Chris bietet auf *Paranoïa, Angels, True Love* eine Vielzahl von Stimmen, was es damit auf sich hat, erklärt er mir bei einem Interview, das ich im Frühsommer 2023 mit ihm führe: »Als Kind dachte ich, dass es darum geht, möglichst gut zu singen, so hatte man es mir vermittelt.« Schon mit vier beginnt Chris mit dem Piano, mit fünf geht er zum Ballett. Er wird gefördert, lernt, was Kunst wirklich ist. »Mittlerweile weiß ich, dass es nicht um Vir-

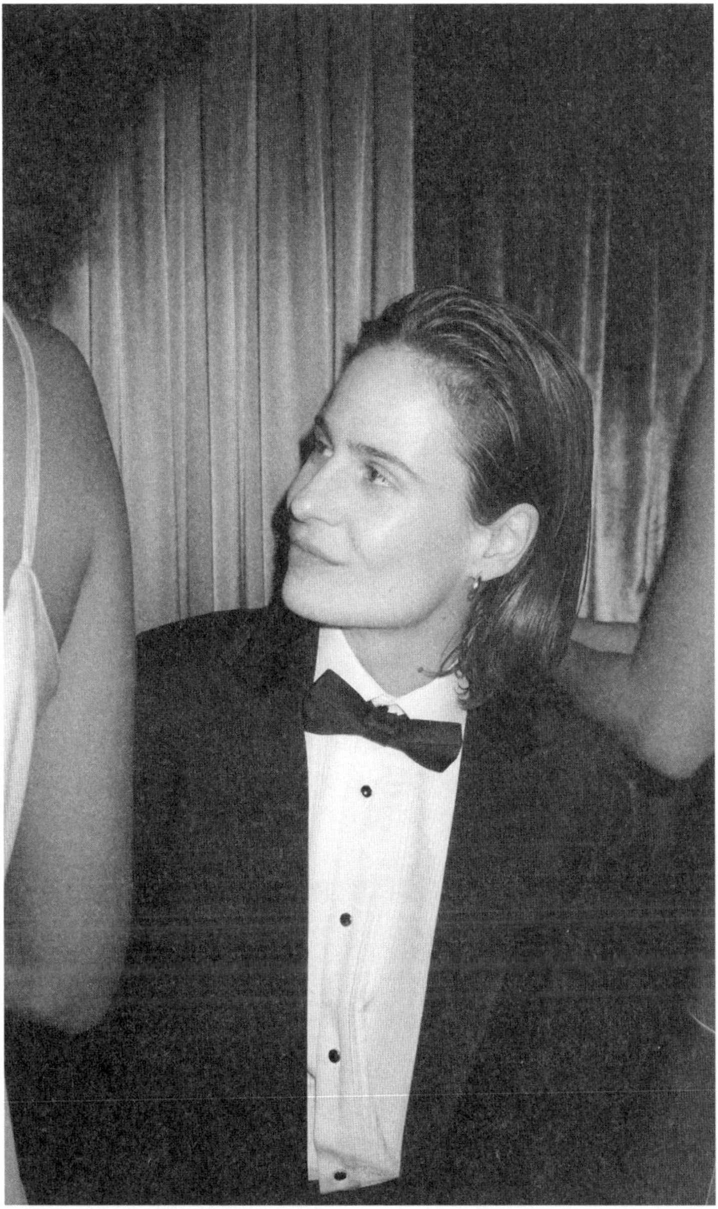

Christine & The Queens, 2022

tuosität geht, sondern darum, mit Hilfe der Vielfalt seiner Stimmen eine möglichst starke Verbindung zur Seele zu finden.« Nur, wie gelingt das, diese Verbindung zur Seele? »Ich glaube, es tut jeder Stimme gut, wenn sie mit den Jahren einige Erfahrungen gesammelt hat«, erzählt mir Chris. Das sei wie bei einem Bäcker, der schon tausende Brioches gebacken hat: »Irgendwann weiß er, wie die Chemie beim Backen funktioniert, und dann kann er sich dem Geheimnis eines besonderen Rezepts widmen. Beim Singen ist das ganz ähnlich.«

Die Texte auf *Paranoïa, Angels, True Love* sind auf Englisch, die Ausnahme ist »Aimer, puis vivre« – »Lieben, dann leben«, ein Lied über den Tod von Chris' Mutter: »Je l'ai prise à bras le corps quand elle est tombée« – »Ich nahm sie in die Arme, als sie fiel«. Es entsteht das schmerzhafte Gefühl des Verlassenwerdens: »Tu me l'as promis que je n'serai jamais seul / Et pourtant, je suis seul et je me ressens seul« – »Du hast es mir versprochen, dass ich nie allein sein werde / Und doch bin ich allein, und doch fühle ich mich einsam«. Chris ist ein Weltstar. Er ist aber auch noch die Person im Bus, die kurz vor der Station »Saint-Claude« sieht, wie jemand anderes gemobbt wird, und dieser Person zuraunt: Du denkst, *du* bist allein – aber du bist es nicht, denn: *Wir* sind allein.

Dix de plus

1. Autour De Lucie

Die Musik der Band aus Paris klingt ein wenig scheu und sehr verträumt, doch die Gruppe besitzt Selbstbewusstsein: Das erste Stück ihres ersten Albums *L'Échapée belle* aus dem Jahr 1994 trägt den Titel »L'Accord parfait«, und Autour De Lucie sind sich – zurecht! – sicher, diesen perfekten Akkord gefunden zu haben. Valérie Leulliots sanfte Stimme prägt den mild-eleganten

Gitarrenpop der Band, ihr größter Moment ist das Stück »Je reviens« auf dem dritten Album *Faux mouvement*: Erst schleicht der Song sanft dahin, dann kommen die Streicher und liefern sich mit den Gitarren ein Duell um die größte Wirkung.

2. Phoenix

Die Band aus Versailles ist einer der zentralen Acts, die für die Neuentdeckung französischer Rock- und Popmusik in Europa und den USA sorgten. Weil in diesem Zuge seit Anfang der 00er Jahre viel über sie berichtet wird und sie mit ihren englischen Texten einen niedrigschwelligen Zugang ermöglichen, habe ich mich entschieden, Phoenix in diesem Buch nur kurz zu behandeln. Genauer betrachtet sind der Band zwei Durchbrüche gelungen. Ihr erstes Album *United* etabliert sie 2000 direkt auf dem europäischen Markt, vor allem dank eleganter Songs wie »Too Young« oder »If I Ever Feel Better«. Das Stück »Summer Days« steht für einen sehr französischen Blick auf den Sommer: sinnlich, lässig – aber auch der Faulenzerei zugeneigt. Mit zwei weiteren Alben bestätigen Phoenix ihren Ruf, bis ihnen 2009 mit dem Album *Wolfgang Amadeus Phoenix* der zweite Durchbruch gelingt, dieses Mal auch in den USA. Der Titel deutet schon an: Phoenix behandeln auf dieser Platte die Querverbindungen zwischen den Popstars aus Vergangenheit und Gegenwart, der Hit »Lisztomania« ist eine Erinnerung an den Hype, den der österreichisch-ungarische Komponist Franz Liszt im 19. Jahrhundert befeuert. 2017 nähern sich Phoenix auf dem Album *Ti Amo* dem Italo-Pop an, die Songs ihrer Platte *Alpha Zulu* nehmen sie in einem Teil des Louvre auf, als dieser mitten in den Lockdowns der Coronapandemie verwaist ist. Noch zwei Gossip-Fakten über den Sänger Thomas Mars: Seit 2011 ist er mit der Filmemacherin Sofia Coppola verheiratet, seine Mutter stammt aus Deutschland und hatte einen Bruder, den man hierzulande aus einem ganz anderen Kontext kennt: Hellmuth Karasek.

3. Niagara

Muriel Moreno und Daniel Chenevez aus Rennes treffen Mitte der 80er Jahre mit ihrem Album *Encore un dernier baiser* und der Sommersingle »L'Amour à la plage« einen Nerv: Niagara kreuzen Bubblegum-Pop mit New Wave und exotischem Touch, wecken damit Urlaubssehnsüchte – nicht nur bei den Franzosen, sondern auch bei Deutschen, die diesen Song in den Frankreichferien aufschnappen – und sei es nur den Zwischenruf im Refrain: »Ah-ouh-cha-cha-cha«. Schon auf der zweiten Platte dreht sich der Wind, Niagara klingen ruppiger und kühler, die Single »Soleil d'hiver« versetzt das Geschehen vom Strand in eine Winterlandschaft, in der die Sonne Mühe hat, ein bisschen Wärme zu vermitteln. In den 90ern nimmt der Härtegrad weiter zu, Niagara spielen nun Hard- und Alternative-Rock, vom alten Charme ist nicht mehr viel übrig, die »L'amour à la plage« bleibt ein kurzes Vergnügen. Beide starten danach eine Solokarriere. Muriel Moreno glückt mit ihrem Song »Petite bête« der Versuch, tropische Akustikinstrumente, sinnlichen Gesang und Elektronik zu verbinden.

4. Clara Luciani

French Pop goes Disco: Die Ex-Sängerin der Band La Femme aus der Metropolregion Marseille versteht zurecht nicht, warum Frankreich beim Disco-Boom und Disco-Revival eine vergleichsweise kleine Rolle gespielt hat. Ihr erstes Soloalbum *Sainte-Victoire* beginnt 2018 mit der Wahnsinnsbasslinie von »La Grande« – und der Refrain ist noch besser! Die zweite Platte *Cœur* bietet in einer erweiterten Auflage Lucianis französischsprachige Coverversion von Kool & The Gangs »Celebration«: »Dansons tant qu'on est vivant« – »Tanzen wir, solange wir noch leben«.

5. Fishbach

Fishbach, aufgewachsen in den Ardennen, haben wir schon als Interviewpartnerin kennengelernt. Dass ihr erstes Album *À ta merci* von 2017 in der French-Pop-Tradition der 80er Jahre steht, zeigen schon die mit viel Hall eingespielten Drums des Songs »Mortel«, wobei Fishbachs rauchige Vocals den Songs eine weitere Ebene geben. Das zweite Album *Avec les yeux* ist etwas verspielter, die unterkühlte Surf-Atmosphäre auf »De l'instinct« erinnert an Les Rita Mitsouko, die Keyboardmelodie an alle schwermütigen Pianisten, die der French Pop hervorgebracht hat.

6. Caroline Loeb

Die Sängerin aus Neuilly-sur-Seine veröffentlicht 1986 eine Single, die beim ersten Hören nicht besonders hitverdächtig wirkt. »C'est la ouate« klingt minimalistisch, hat mit den Synthie-Feuerwerken vieler Pop-Produktionen Mitte der 80er Jahre wenig gemein. In der Tat dauert es ein wenig, bis die Single schließlich 1987 in den Charts nach oben klettert, was auch daran liegt, dass ein berühmter französischer Wetteransager das Lied spielt, wenn er die Hochs und Tiefs vorhersagt. Der Text ist, sagt Loeb selbst, eine Ansammlung schön klingender Wörter, mit »ouate« – »Watte« als wiederkehrender Hookline. Das Stück befindet sich auf Loebs zweiten Album *Loeb C. D.* aus dem Jahr 1987, das ansonsten wenig Höhepunkte bietet. Die bessere Platte ist ihr Debüt *Piranha* von 1983, eine charmante und vielfältige Pop-Platte zwischen 80s-Pop und Do-it-Yourself. Wer mehr Musik in dieser Richtung entdecken möchte: Die Band Mathématiques modernes zeigt auf ihrem einzigen Album *Les Visiteurs du soir* 1981 einen ähnlichen Ansatz.

7. La Femme

Die 2010 in Biarritz an der südlichen Atlantikküste gegründeten La Femme stehen für eine neue französische Indie-Pop-Szene, deren Bands deutlich offener zu Werke gehen als die älteren Generationen. Das erste Album von La Femme trägt den Titel *Psycho Tropical Berlin* und klingt nach Musik, die für einen Dancefloor in der Geisterbahn gespielt wird. Auf ihren insgesamt fünf Alben nehmen La Femme auch Elemente aus der Yéyé-Ära in ihre Musik auf, das Album *Teatro Lúcido* aus dem Jahr 2022 verbindet French Pop mit psychedelischem Latino und Modern Pop, wobei La Femme gerne so spielen, dass die Wurzeln ihrer Musik verschleiert bleiben.

8. Juliette Armanet

Wie Clara Luciani kombiniert Juliette Armanet French Pop mit Disco. Auf dem Stück »Le dernier jour du disco« von ihrem zweiten Album *Brûler le feu* aus dem Jahr 2021 gelingt ihr das ebenso perfekt wie auf der Single »Flamme« von 2022. Eher für den Engtanz geeignet ist ihre erste Single »L'amour en solitaire« sowie die Ballade von »Alexandre«, beide zu finden auf ihrem Debütalbum *Petite Amie.*

9. Ellie & Jacno

Nach dem Ende der Pariser Punkband Stinky Toys bringt deren Gitarrist Jacno eine minimalistische Synthie-Platte heraus, die mit *Rectangle* einen sehr eingängigen Instrumentalhit enthält. Beim zweiten Album ist die in Uruguay geborene Ex-Stinky-Toys-Sängerin Ellie Medeiros dann mit dabei. Die beiden nennen sich Elli & Jacno, wobei er bei »Main dans la main« die »Rectangle«-Formel nur wenig variiert und Elli einen simplen Text übers Händchenhalten und Knutschen beisteuert. Das Duo trennt sich 1984, Jacno arbeitet nun zunächst als Produzent (er übernimmt diesen Job bereits 1980 für Lio), bevor er ab Ende der 80er Jahre wieder eigene Platten aufnimmt. Eine seiner stärksten erscheint 2006 mit *Tant de temps*, bei drei Stücken ist Françoise Cactus von Stereo Total beteiligt. 2009 verstirbt Jacno in Paris. Elli Medeiros startet bereits in den 80er Jahren solo durch und landet mit den beiden von Latin beeinflussten Singles »Toi mon toit« und »A bailar Calypso« Hits.

10. L'Affaire Louis' Trio

Die Band aus Lyon startet 1987 mit Fake-Funk für Yuppies und Liedern übers Kaffeetrinken und den »Chic planète«. 1990 dann die Wende: L'Affaire Louis' Trio packen die 80s-Effekte in die Kiste, entdecken sich als glänzende Popband neu, beeinflusst von britischen Bands wie XTC, Tears for Fears, World Party – und natürlich den Beatles. Das Album *Sans légende* ist 1990 ein erstes Versprechen, *Mobilis in mobile* 1993 das Meisterwerk: Melodien im Überfluss, großartige Arrangements, das erst feingliedrige, dann wuchtige Titelstück ist ein Klassiker des Sophisticated Pop, »La mer est encore là« kammermusikalischer Pop, die Texte sind inspiriert von Capitaine Nemo aus den Romanen von Jules Verne. Nach zwei weiteren ähnlich guten, aber wenig erfolgreichen Alben löst sich die Band Ende der 90er Jahre auf. Sänger Hubert Mounier veröffentlicht bis zu seinem Tod 2016 sehr gute Soloplatten, besondere Erwähnung verdient: sein melancholisches Solodebüt *Le grand huit* aus dem Jahr 2001.

9 Les chanteurs

Daniel Balavoine, Renaud, Véronique Sanson, Francis Cabrel, Alain Souchon & Laurent Voulzy, Christophe

Hits landen, beliebt sein, die Welt retten, Haltung bewahren, modern bleiben – und das alles, ohne sich zu verstellen: Den großen französischen Sängerinnen und Sängern gelingt der Spagat.

Daniel Balavoine

»J'suis chanteur, je chante pour mes copains
J'veux faire des tubes et que ça tourne bien«

»Ich bin Sänger, ich singe für meine Freunde / Ich will Hits machen und will, dass sie gut laufen«

Es ist Anfang 1978, und die Karriere von Daniel Balavoine steht auf der Kippe. Zwei Alben hat er aufgenommen, für Barclay Records, das Label von Eddie Barclay, Manager, Produzent, Möglichmacher, Erfolgsgarant. Doch an Daniel Balavoine verzweifelt er. Zu sanft erscheint er ihm, der Gesang zu hoch und feminin, auch modisch quer. Oder auch: queer. Homofeindliche Sprüche sind Teil von Eddie Barclays Welt. Die beiden LPs auf seinem Label laufen nicht gut, das Radio spielt die Singles kaum, mit Ausnahme von »Lady Marlène«, einem kleinen Hit von der zweiten Platte *Les Aventures de Simon et Gunther* ... aus dem Jahr 1977, einem Album mit Deutschlandbezug: Die Lieder erzählen von den Brüdern Simon und Gunther, die 1961 beim Bau der Berliner Mauer an der Bernauer Straße getrennt werden. Sie schreiben sich Briefe, planen die Flucht, bei der Simon ums Leben kommt.

Eddie Barclay mag Balavoine, zweifelt aber daran, dass sich dessen Musik gut verkaufen lässt. Und dann kommt der Sänger Anfang 1975 auch noch mit einem Lied um die Ecke, das von einem erfolglosen Sänger handelt, der phantasiert, von allen geliebt zu werden. Das französische Chanson kennt solche Geschichten. Charles Aznavour singt 1961 in »Je m'voyais déjà« davon, wie er mit 18 die Provinz verlässt, nach Paris geht, mit »leichtem Herzen und schmalem Gepäck«. »Je m'voyais déjà« – »Ich sah mich schon«: wie er seinen Namen auf Plakaten liest, zehnmal größer als die der anderen. wie er Fotos signiert, für Leute, die in langen Schlangen dafür anstehen. Um dann aber verbittert festzustellen, dass der Erfolg ausbleibt. Wobei die Schuld dafür natürlich nicht ihn trifft: »Si tout a raté pour moi, si je suis dans l'ombre / Ce n'est pas ma faute mais celle du public qui n'a rien compris // On ne m'a jamais accordé ma chance / D'autres ont réussi avec peu de voix et beaucoup d'argent« – »Wenn bei mir alles schiefgegangen ist, wenn ich im Schatten stehe / Es ist nicht meine Schuld, sondern die des Publikums, das nichts verstanden hat // Man hat mir nie eine Chance gegeben / Andere haben es mit wenig Stimme und viel Geld geschafft«.

Balavoines Konzept lautet, ein weniger zynisches Lied zu diesem Thema zu schreiben. Ein paar Stunden nur, dann steht der Text zu »Le Chanteur«. Seinen Protagonisten nennt er Henri, dieser phantasiert vom Ruhm und von seiner kommenden Existenz als Star, denkt aber auch schon an den Herbst der Karriere, daran, wie es ist, nicht aufhören zu können, immer wieder auf »die letzte Tour« zu gehen, die Vergangenheit in ein anderes

Licht zu rücken, bis es ganz am Ende nur dem Tod gelingt, den »Chanteur« von der Bühne zu holen. Wobei der Sänger kurz vor dem Ende noch etwas zu erledigen hat: »Je me chercherai un Dieu, / Pour tout me pardonner« – »Ich werde mir einen Gott suchen, / Der mir alles verzeiht«.

Dass Eddie Barclay auch für dieses Lied keine guten Erfolgsaussichten sieht, mag an seinem Anfang liegen. Es ertönt eine wackelige, schiefe Trompete, die eine Fanfare spielt, die völlig im Sand verläuft. Balavoine hat sich diesen Gag als Reminiszenz an Georges Brassens und sein Lied »Les Trompettes de la renommée« erlaubt. Brassens reagiert mit diesem Chanson auf die Aufforderung seiner Plattenfirma, mehr persönliche Geschichten zu bieten und sich in der Öffentlichkeit zu zeigen – was Brassens dazu veranlasst, dieses sarkastische Lied darüber zu verfassen, warum er gar nicht daran denke, sich zu Werbezwecken dem breiten Publikum gegenüber zu entblößen: »Je ne fais voir mes organes procréateurs / À personne, excepté mes femmes et mes docteurs.« – »Ich lasse meine Zeugungsorgane nicht sehen / Für niemanden außer meinen Frauen und Ärzten.« Brassens' Credo: »Refusant d'acquitter la rançon de la gloire. / […] // Trompettes de la renommée / Vous êtes bien mal embouchées!« – »Ich weigere mich, das Lösegeld für den Ruhm zu zahlen / […] // Trompeten des Ruhms, ihr seid schlecht geblasen!« Es ist also durchaus eine originelle Idee von Balavoine, sein Lied von »Le Chanteur«, der so sehr nach dem Erfolg strebt und alles für diesen geben würde, mit einer verhunzten Trompete zu beginnen.

Obwohl »Le Chanteur« zunächst nur die B-Seite einer Single ist, spielt das Radio den Song in Dauerrotation. Barclay ist endlich überzeugt und lässt das Stück in der zweiten Auflage der Single auf die A-Seite wechseln. Die Platte führt Balavoine zum ersten Mal in die Hitparade, und das zugehörige Album gleich mit: *Le Chanteur*, die LP, wird zum Bestseller des Sommers 1978 und Balavoine ein Star.

Als solcher tut er Anfang der 80er Jahre das, was Stars zu Beginn dieser Dekade eben tun: Er beginnt, gegen die Ungerechtigkeiten der Welt anzusingen. »Mon fils ma bataille«, zu finden auf dem Album *Un autre monde* aus dem Jahr 1980, handelt von einem Vater, der nach der Scheidung um das Sorgerecht seines Kindes kämpft. Balavoines Weg ist es, dieses komplexe Thema in einem Liedtext zu verdichten – und es so sentimental rüberzubringen, dass der Song zum Hit wird. Von seinem Anti-Helden-Lied »Je ne suis pas un héros« ist Balavoine so überzeugt, dass er es der französischen Rock'n'Roll-Ikone Johnny Hallyday überlässt, mit dem Auftrag, es zum Nummer-eins-Hit zu machen. Hallyday nimmt es auf, koppelt es aber nicht als Single aus, weshalb Balavoine das Stück selbst noch einmal einsingt. Weder gelingt ihm ein Nummer-eins-Hit, noch beendet das Stück auch nur einen Krieg – ein Höhepunkt seiner Konzerte ist »Je ne suis pas un héros« dennoch. Bemerkenswert ist auch das Lied »Lipstick Polychrome«, eine Komposition über die Vielfalt der Farben und Nationen und den Lippenstift als Accessoire für Männer und Frauen, Jungs und Mädchen. Es ist das Jahr 1980, und Daniel Balavoine beschreibt »Un autre monde« – »eine andere Welt«.

Auf dem Album *Loin des yeux de l'Occident* von 1983 nimmt Balavoine die Krisen der Welt in den Fokus, von der Folter in den Militärdiktaturen Lateinamerikas bis zur Situation der Frauen in den Ländern Afrikas und in China. Das Cover der Platte wirkt lächerlich: Balavoine setzt sich barfuß zwischen einer Frau aus Afrika und einer aus China – beide stereotyp gekleidet – in Szene. Der beste Song ist dann auch eine Komposition, die von einer Krise aus seinem persönlichen Umfeld erzählt: »Poisson dans la cage« behandelt das Thema Drogensucht. Balavoine entwickelt die Metapher, dass der Süchtige unter den Meeresspiegel flüchten möchte, sich dort aber in einem Käfig wiederfindet – bis es am Ende die eine Reise zu viel ist und eine Überdosis ihn umhaut: »Un voyage de trop / C'est la dose qui l'a mis KO«.

Auf dem Album *Loin des yeux de l'Occident* nutzt Balavoine erstmals eine neue technische Wunderkiste namens Fairlight CMI, den ersten digitalen Synthesizer mit Sample-Technik. Das Gerät generiert den typischen 80er Jahre-Klang, der damals mindestens so modern wirkt wie Menschen, die in Jetpacks durch die Luft fliegen. Zunächst experimentiert er vorsichtig mit dem Apparat, sein erfolgreichstes Album *Sauver l'amour* von 1985 steht dann ganz im Zeichen des Fairlight CMI. Mehr als 1,2 Millionen Mal verkauft sich die Platte, nicht wenige kaufen sich die LP schon deshalb, weil sie mit ihr die Leistungsfähigkeit der heimischen Stereoanlage im Wohnzimmer ausreizen können. Inhaltlich lautet Balavoines Mission dieses Mal, die Liebe zu retten: »Sauver l'amour«. Das Stück »Tous les cris les S.O.S.« handelt von der Einsamkeit der Menschen in westlichen Gesellschaften und von dem Gefühl, so sehr von Lärm umgeben zu sein, dass man die eigenen Hilfeschreie nicht hört. »L'Aziza« wird zu seinem größten Hit und ist auch heute noch ein Standard in französischen Radioprogrammen. Komponiert hat es Balavoine für seine Frau Corinne, der Hintergrund ist ernst. Mitte der 80er Jahre kommen in der französischen Politik zwei Dinge zusammen, zum einen gewinnt die von Jean-Marie Le Pen geführte rechtsextreme Partei Front National an Einfluss, bei der Europawahl 1984 erhält sie gut zehn Prozent. Zum zweiten beschließt die Regierung Mitterrand, für die nächste Parlamentswahl das Verhältniswahlrecht mit Parteilisten anzuwenden; ein Vorhaben, das dem Front National zu weiterer Stärke verhelfen würde, weil er entsprechend seiner Prozente Abgeordnete stellen dürfte.

Balavoine fühlt sich persönlich bedroht, da seine Frau Corinne jüdisch-marokkanischer Abstammung ist. »L'Aziza« steht im Arabischen für eine besonders wertvolle Sache, einen Schatz. Balavoine scheibt bewusst keinen Protestsong gegen Le Pen, sondern thematisiert die Liebe für seine Frau und die Menschen aus dem arabischen Raum generell.

Anfang 1986 verfolgt Daniel Balavoine dann eine Reihe unterschiedlicher Pläne: Eine drei Wochen lange Residenz im Pariser Palais du Sport, wo er seit vielen Jahren am liebsten Konzerte spielt, eine internationale Karriere, mit englischen Musikern, gefördert von Peter Gabriel, das Schreiben eines Romans sowie weitere Aktionen für mehr Gerechtigkeit in der Welt. Dies ist die

Motivation für eine Reise zur umstrittenen Rallye Paris-Dakar im Januar 1986, nicht als Teilnehmer, sondern als Beobachter und Überbringer von Wasserpumpen im Namen der Wohltätigkeitsorganisation »Paris du cœur«. Am 14. Januar kommt es in Mali, wo der Tross Station macht, zu einem Sandsturm, der alle logistischen Pläne durcheinanderwirbelt. Noch am Abend macht sich Balavoine trotz des Sturms zusammen mit dem Paris-Dakar-Gründer Thierry Sabine mit einem Helikopter auf den Weg zum nächsten Etappenort. Kurz vor der Landung am Zielort stürzt der Helikopter ab. Daniel Balavoine verstirbt noch am Unfallort im Alter von 33 Jahren.

Renaud

Über die Rallye Paris-Dakar, die sein Sänger-Kollege Daniel Balavoine sehr mag, schreibt Renaud ein bitterböses Lied mit dem Titel »500 connards sur la ligne de départ« – »500 Arschlöcher an der Startlinie«. Im Text bezeichnet er die Rennfahrer als Idioten und Kasper, als Rommels aus Leder und Stahl, gesponsorte Ochsen und Möchtegern-Mad-Max-Verschnitte, die einen ganzen Kontinent zu ihrem Spielplatz für abscheuliche Wettkämpfe machen. Nein, eine Karriere als Diplomat käme für Renaud aus Paris nicht in Frage.

Renauds Markenzeichen ist ein rotes Bandana; seine Sprache entspricht einem sehr speziellen Pariser Jargon, vergleichbar mit der Wiener Schmäh', dem Cockney in London oder der Berliner Schnauze. Sich selbst beschreibt er als »chanteur énervant«, als enervierender Sänger, der bewusst das Ziel verfolgt, den Leuten mit Provokationen und Polemiken auf die Nerven zu fallen.

Renaud Séchan kommt 1952 zur Welt, als eines von neun Kindern der Familie. Einer seiner Großväter ist Professor für nachklassisches Griechentum, der andere Bergmann und Kommunist. Als Teenager hört Renaud US-Protest-Folk von Bob Dylan und Joan Baez, liest politische Texte, entwickelt sich zum überzeugten Pazifisten und Antimilitaristen, protestiert gegen den Vietnamkrieg, studiert die »Mao-Bibel«, interessiert sich für Anarchismus, zählt während der Studentenunruhen 1968 zu einer der Gruppen, die in Paris die Universität besetzen. Das ist der Moment, in dem Renaud den Entschluss fasst, eigene Lieder zu schreiben. Bei Dylan schaut er sich nicht nur den Gesangsstil, sondern auch dessen Liebe zum Motorradfahren ab. Renaud erinnert auch an den rebellischen James Dean – ist ein »blouson noir«, wie man in Frankreich die Halbstarken nennt: eine Schwarzjacke.

Erste Bühnenerfahrung sammelt er im Theater, im Fernsehen und Kino übernimmt er kleine Rollen. Weil ihn niemand singen lassen will, spielt er auf eigene Faust Lieder rund um die Porte d'Orléans, bald begleitet ihn ein Freund am Akkordeon. Die beiden spielen keine Folksongs in Dylan-Stil, sondern nostalgische Lieder über das alte Paris. Entdeckt werden sie, als sie ungefragt eine Warteschlange vor einem Café beschallen. Dem Pariser Musikproduzenten Paul Lederman gefällt diese mutige Aufdringlichkeit, er motiviert die beiden Freunde, eine Band zu gründen. Als diese zerfällt, rät er Renaud, es als Solokünstler zu versuchen.

Sein erstes Album *Amoureux de Paname* erscheint 1975. Es wird zwar kein Bestseller, aber doch eine heimliche Lieblingsplatte der linken Szene, vor allem wegen des Liedes »Hexagone« – »Sechseck«. Als *hexagone* bezeichnet man das kontinentale Frankreich, dessen Umrisse an ein Sechseck erinnern. Im Text von »Hexagone« singt Renaud über ein französisches Jahr, Monat für Monat formuliert er Begebenheiten und Haltungen seiner Landsleute, die er verspottet: die Vorsätze fürs neue Jahr, die dann doch nicht eingehalten werden. Die fortwährende Gewaltbereitschaft der Polizei. Die Todesstrafe, die in Frankreich erst 1981 abgeschafft wird. Das politische Anbandeln mit dem Pinochet-Regime in Chile. Die Wahlerfolge der Rechten im Mai 1968. Die Erhebung von Wein und Camembert zu nationalen Symbolen: »Leur pinard et leur camembert / C'est leur seule gloire à ces tarés« – »Ihr Pinard und ihr Camembert / Das ist ihr einziger Ruhm für diese Spinner«. Als Papst Paul VI. im Jahr 1975 Frankreich besucht, dürfen die DJs des großen Radiosenders France Inter den Song nicht spielen.

Auf dem Cover des ersten Albums zeigt sich Renaud mit Mütze, Kippe, Halstuch – sein Blick ist halb spöttisch, halb provozierend, hier zeigt sich ein Prototyp des jungen Paris. Mit Album Nummer zwei wechselt er 1977 sein Image: Auf der Hülle von *Laisse béton* – »lass es sein« – posiert er mit Lederjacke und Stiefeln auf einem Motorrad, singt über Aasgeier (»Les Charognards«) und sein Selbstverständnis: »Je suis une bande de jeunes« – »Ich bin eine Jugendbande«. Schnell schließen sich andere an, die sich von Renauds Ruf als Rocker und Rowdy angezogen fühlen. Bei Konzerten kommt es zu Tumulten, Renaud ist der Anti-Star, setzt aber immer mehr Platten ab. Mit jedem verkauften Exemplar seines dritten Albums *Ma gonzesse* wird der Widerspruch größer: Was ist dieser Renaud denn nun, Erfolgstyp oder Rebell? Jemand, der das Spiel mitspielt, oder jemand, der neue Regeln diktiert? Seine Kritiker bringen seine Herkunft ins Spiel, ist sein Großvater nicht Professor – und ist Renaud damit nicht eigentlich ein Bürgerlicher, ein »bourgeois«? Und kann jemand wie er ein Verbündeter der Außenseiter sein, wenn sein Label Polydor fast die Hälfte des Umsatzes mit den Aufnahmen dieses Sängers erzielt, wie es Anfang der 80er Jahre der Fall ist?

Mit dem Album *Marche à l'ombre* und vor allem mit dem Lied »Où c'est qu'j'ai mis mon flingue« –»Wo habe ich meine Waffe hingelegt« stellt sich Renaud 1980 den Widersprüchen: » J'veux qu'mes chansons soient des caresses / Ou bien des poings dans la gueule« – »Ich will, dass meine Lieder Streicheleinheiten sind / Oder Fäuste in die Fresse«. Dann folgt die Kernbotschaft, nach der er sich von nichts und niemanden einwickeln lassen will, nicht von den Faschos, nicht von den Linken, »tous ces pauv' mecs endoctrinés« – »all diesen armen, indoktrinierten Typen«.

Kurz danach zieht Renaud seine schwarze Lederjacke aus und entdeckt sein Herz für sentimentale Balladen. Das Lied »Manu«

von 1981 richtet er an einen vermeintlich harten Kerl, den es schwer getroffen hat. Die Frau ist weg, Kopf hoch, Renaud garantiert ihm: »Une gonzesse de perdue, c'est 10 copains qui r'viennent« – »Eine Frau verloren, zehn Freunde kommen zurück«. Das Album *Morgane de toi …* aus dem Jahr 1983 wird zur Familienplatte, das unsterbliche Titellied ist seiner Tochter Lolita gewidmet. Der Ausdruck »morgane de toi« sei, sagt Renaud, ein Slangausdruck für »verliebt in dich«. Im Text rät er seiner Tochter, sich früh gegen die Jungs zur Wehr zu setzen, denn er gehe davon aus, dass sie solche Typen sind, wie er einer ist. Musikalisch wird das Stück von einer sehnsüchtigen Gitarrenmelodie geprägt, entwickelt von Franck Langolff, der später auch »Joe le taxi« für Vanessa Paradis schreibt. Im Gedächtnis bleibt besonders der eingängige Refrain: »Lola / J'suis qu'un fantôme quand tu vas où j'suis pas« – »Lola / Ich bin nur noch ein Geist, wenn du dort hingehst, wo ich nicht bin«. Zu einem Standard in seinem Repertoire wird auch das erste Stück des Albums »Dès que le vent soufflera«, das davon handelt, dass es nicht der Mensch ist, der das Meer beherrscht, sondern umgekehrt: »C'est pas l'homme qui prend la mer / C'est la mer qui prend l'homme, ta-ta-tin!« Das »ta-ta-tin« am Ende entwickelt sich zum Erkennungsruf der wachsenden Fangemeinde des Sängers.

Der Erfolg wird größer, die Widersprüche bleiben. Renaud, selbsternannter Kommunist, unterschreibt für eine Rekordsumme einen neuen Plattenvertrag beim Label Virgin, reist für Konzerte in die Sowjetunion. Bei einem verlassen wie auf ein Kommando tausende Besucher den Saal, es ist wohl eine geplante Protestkation gegen den Gast aus dem Westen, der desillusioniert von der Bühne geht und abreist, um danach ausgerechnet in der Entertainment-Kapitalismus-Hochburg Los Angeles das Album *Mistral gagnant* aufzunehmen.

Menschen, die in den 50er und 60er Jahre ihre Kindheit in Frankreich verbringen, haben bei *Mistral gagnant* sofort die grünen Tütchen vor Augen, in denen sich süßes Prickelpulver befindet, das man mit einem Strohhalm aus Lakritz aufsaugt.

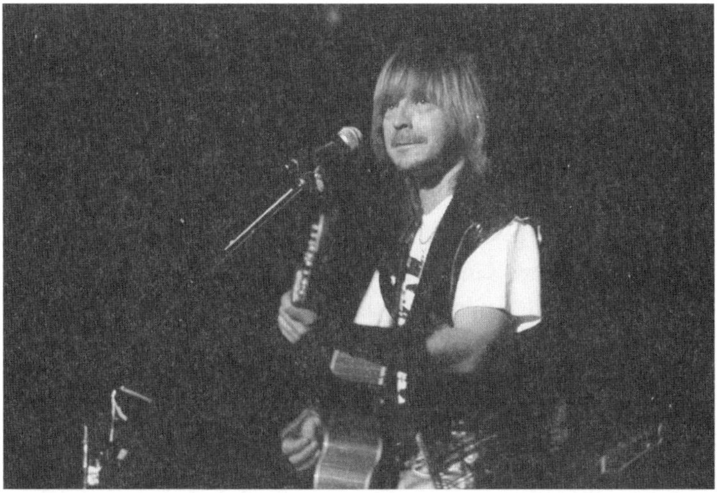

Renaud in den 80er Jahren

Wer damals Glück hat, erwischt ein Tütchen mit der Aufschrift »gagnant« – »Gewinner« – die kann man nämlich gratis gegen eine neue tauschen, ein süßes Freispiel. Die Süßigkeit »Mistral gagnant« verschwindet irgendwann vom Markt, was Renaud zum Anlass nimmt, ein hemmungslos nostalgisches Lied über die Vergänglichkeit zu schreiben. Renaud überlegt, ob er das Lied überhaupt auf die Platte nimmt – es scheint ihm eine Spur zu sentimental zu sein. Am Ende setzt sich jedoch seine Frau Dominique durch, die droht, sie werde ihn verlassen, sollte sich das Stück nicht auf dem Album finden. Der Erfolg gibt Dominique recht: 2015 belegt »Mistral gagnant« bei einer Umfrage nach dem Lieblingslied der Franzosen den ersten Platz.

Nicht alle Lieder des Albums sind milde und harmlos, Ärger bringt ihm der Titel »Miss Maggie«: Renaud wettert gegen die britische Premierministerin Thatcher, was sich selbst Labour wählende Briten verbitten, denn niemand von außen habe das Recht, sich in die politischen Angelegenheiten des Vereinigten Königreichs einzumischen und die Premierministerin zu beleidigen, schon gar kein Franzose! Mit dem Text verfolgt Renaud einen bemerkenswerten pseudo-feministischen Ansatz: Er zählt eine Reihe von Gräueltaten von Männern auf, um festzustellen: »Car aucune femme sur la planète / Ne sera jamais plus con que son frère / [...] / À part peut-être, Madame Thatcher« – »Denn keine Frau auf dem Planeten / Wird jemals dümmer sein als ihr Bruder / [...] / Außer vielleicht Frau Thatcher«. Noch acht Jahre nach seiner Erstveröffentlichung taugt das Lied für Kontroversen: Am Tag, als Margaret Thatcher stirbt, setzen die Radiostationen »Miss Maggie« auf den Index.

Ab Mitte der 80er Jahre entwickeln sich Renauds Leben und Karriere zu einem Auf und Ab. Er leidet unter Depressionen, ist alkoholabhängig. Die Ehe mit Dominique geht in die Brüche, was das Selbstmitleid verstärkt. Weil er an der Gegenwart verzweifelt und der Zukunft misstraut, wächst sein Hang zur Nostalgie – was ihn wiederum noch unglücklicher macht, weil er sich für seine eigene Sentimentalität verachtet. Renaud steckt im Teufelskreis der Schwermut. Einen Ausweg sieht er in der Satire, Anfang der 90er Jahre zählt Renaud zu jenen Investoren, die die Satirezeitschrift *Charlie Hebdo* wiederbeleben wollen. Der Terroranschlag auf die Redaktion im Januar 2015, bei dem einige seiner engen Freunde ums Leben kommen, weckt ihn aus einer mehrjährigen alkoholgeschwängerten Lethargie. Wie Kai aus der Kiste tritt er bei einer Gedenkveranstaltung auf, mit Lederjacke, rotem Bandana und erhobener Faust, bereit für den nächsten, vielleicht letzten Kampf. 2016 erscheint schließlich das Album *Renaud*. Seine Stimme ist gekennzeichnet von den vielen Drinks, doch der Trotz ist noch da. Im Lied »Toujours debout« lautet die erste Zeile: »Toujours vivant, rassurez-vous« – »Immer noch am Leben, beruhigt euch!« Später: »Dites à ces trous du cul, j'continue d'chanter« – »Sagt den Arschlöchern, dass ich weitersinge«. Und sowieso: »Et que celui qui n'a jamais titubé, / Me jette la première bière« – »Und wer noch nie getorkelt ist, / Der möge das erste Bier nach mir werfen«.

Véronique Sanson

Colette und René Sanson heiraten kurz nach der Befreiung Frankreichs von den Nazis im Jahr 1945, für das Paar ist es ein Moment des Sieges: »Victoire« – das »V« wird zum Symbol der Familie, die erste Tochter, geboren 1947, erhält den Namen Violaine, die zweite, Jahrgang 1949, den Namen Véronique. Beide Mädchen interessieren sich für Musik, als Véronique nach einer Zeit in einem englischen Internat zurück nach Paris kommt, gründet sie zusammen mit ihrer Schwester die Band Les Roche Martin. 1967 entstehen zwei sehr gute EPs, beeinflusst vom kalifornischen Pop der 60er Jahre. Es lohnt sich, nach der schwer zu findenden Musik der Band zu suchen, zumindest drei Lieder von Les Roche Martin sind auf der CD *La Belle Époque – EMI's French Girls 1965–1968* von 2007 zu finden.

Dass die kurzlebige Band für Véronique Sanson zur Karriererampe wird, liegt an ihrem Talent und Michel Berger. Ende der 60er Jahre ist er als Produzent tätig, Véronique Sanson und er werden ein Paar, planen gemeinsam ihre Solokarriere. 1969 erscheint die erste Single »Le Printemps est là«, eine französische Adaption des Donovan-Hits »Sunny Goodge Street«. Der Erfolg bleibt aus, doch gibt das Stück die Richtung vor: Sanson und Berger arbeiten weiter an einer Musik, die French Pop mit dem Sound des Laurel Canyon verbindet, jenem Tal bei Los Angeles, in dem in den späten 60er- und frühen 70er Jahren US-Künstler wie Joni Mitchell, David Cosby oder Jackson Browne ihre Platten produzieren.

1970 erscheint das erste Album, eine Besonderheit ist, dass Véronique Sanson alle Texte und auch die Musik schreibt. Die Lieder leben von eleganten Arrangements, kompositorischer Komplexität und Sansons Gesang mit ungewöhnlichen Schlenkern – das Stück »L'Irréparable« hat Momente, in denen man glaubt, mit Sanson einer Vorbotin des komplexen Art Pops von Kate Bush zuzuhören. Dazu bietet die Platte einige kurze und eingängige Lieder: »Bahia« läuft gerade mal zwei Minuten lang, Sanson formuliert den Wunsch, statt im ewiggleichen Frankreich im exotischen Bundesstaat im Osten Brasiliens zu verweilen: »S'il te plaît / Je voudrais aller à Bahia / Je l'ai bien vu dans la lampe d'Aladin / Je retiendrai deux places dans l'avion / Très loin du son des accordéons« – »Bitte / Ich möchte nach Bahia reisen / Ich habe es in Aladins Lampe gesehen / Ich werde zwei Plätze im Flugzeug reservieren / Ganz weit weg vom Klang der Akkordeons«.

Das bekannteste und beste Lied des Albums ist das Stück, das später dem eigentlich nach der Sängerin benannten Album den inoffiziellen Titel geben wird: »Amoureuse«. Auf die Idee zu Musik und Text kommt sie, nachdem sie – damals 21 Jahre alt – auf dem Weg zurück von einer Liebesnacht ein verkitschtes Postkartenmotiv betrachtet; sie ist unterwegs in ihrem Kleinwagen, einem Autobianchi A112, passiert die Champs-Élysées und sieht, wie die Sonne hinter dem Triumphbogen aufgeht. Schöner kann der Morgen nicht sein, und doch ist es schade, dass die Nacht vorbei ist: »L'aurore m'apporte le sommeil / Je ne veux pas qu'arrive le soleil« – »Die Morgenröte bringt mir den Schlaf / Ich will nicht, dass die Sonne kommt«.

Im Laufe der Jahre wird »Amoureuse« unzählige Male gecovert, es gibt Aufnahmen in sechs Sprachen, darunter mehrere in Englisch, gesungen von Sängerinnen wie Kiki Dee oder Olivia Newton-John, dazu Versionen in deutscher Sprache von Katja Ebstein und Gitte Hænning. 1973 singt Sanson selbst eine Variante für den deutschen Markt, unter dem gleichen Titel »Amoureuse«, der deutsche Text stammt von Michael Kunze, Autor von so bekannten Schlagern wie Peter Alexanders »Die kleine Kneipe« sowie Udo Jürgens' »Griechischer Wein« und »Ich war noch niemals in New York«.

Nur wenige Monate vergehen, da veröffentlicht Véronique Sanson ihre zweite Platte. *De l'autre côté de mon rêve* hält das Niveau des Debütalbums, herausragend ist »Chanson sur ma drôle de vie«, ein Lied über den Aberwitz des Lebens und der Liebe, das mit seinem Boogie-Woogie-Klavier mit dem Vorurteil bricht, Véronique Sanson habe sich auf Balladen spezialisiert.

Ich hatte Ihnen eben schon den Song »Bahia« empfohlen, Ihr Impuls damals: bloß raus aus Frankreich, bloß weg vom ewigen Akkordeon. 1973 macht sie ernst. Sie erzählt ihrem Lebensgefährten Michel Berger, sie wolle nur mal eben Zigaretten holen gehen – kommt aber nicht zurück, sondern macht sich mit einem One-Way-Ticket auf nach New York. Dort schließt sie sich Stephen Stills an, einem Musiker aus England und Mitglied von Crosby, Stills, Nash & Young – und damit ein Star der kalifornischen Laurel-Canyon-Szene. Nur wenige Wochen später heiraten die beiden, eine Kurzschlusshandlung, die Véronique Sanson danach bereut: »Letztlich bin ich aus Höflichkeit zu meiner eigenen Hochzeit gegangen«, wird sie 2022 im Nachrichtenmagazin *L'Obs* zitiert. Im April 1974 wird der gemeinsame Sohn geboren, im September erscheint das Album *Le Maudit*, eingespielt mit Stephen Stills und Musikern aus seinem Umkreis. Der Albumtitel »Le Maudit« – »der Verfluchte« deutet es bereits an: Sanson beschäftigt sich in den Liedern intensiv mit der Spontantrennung von Michel Berger. Die Platte klingt noch amerikanischer als die Alben zuvor, das Titelstück »Le Maudit (mais la douleur efface ta faute)« ist ein trauriger Blues, eine Erinnerung an die Menschen, die man in seinem Leben schon betrogen hat, geprägt von Sansons gewohnt großartigem Gesang und opulenten Streichern. Doch ist *Le Maudit* keine reine Schuld-und-Sühne-Platte: Das Lied vom Mädchen »Alia Souza« kommt im Bossa-Nova-Rhythmus daher, beim von der Kuhglocke geprägten Rocksong »On m'attend là-bas« hört man den Einfluss von Stephen Stills besonders deutlich.

Ihr viertes Album *Vancouver* entsteht 1976 mit einem neuen Team, die Ehe mit Stephen Stills, geprägt von gegenseitiger Gewalt und Alkoholmissbrauch, wird zum Problem, weshalb *Vancouver* auch eine Emanzipationsplatte ist – angeschoben vom Titelsong, der Véronique Sanson zu einem selbstbestimmten Popstar der neuen Zeit macht. Auf ihrem Album *Hollywood* – ihrem damaligen Wohnsitz – aus dem Jahr 1977 singt sie den Titel »Y'a pas de doute, il faut que je m'en aille« – »Es gibt keinen

Zweifel, dass ich gehen muss«. Der Text handelt von den tausend Stimmen, die ihr die Frage ins Ohr summten, was denn mit ihr los sei, was sie denn habe? Ihre Antwort: Ich muss weg von diesem Mann. Der Song ist keine Leidensballade, sondern ein tanzbares Funk- und Soul-Stück.

Die Scheidung von Stephen Stills und die Prozesse rund um das Sorgerecht für den gemeinsamen Sohn in den frühen 80er Jahren sind schmutzig; Sanson geht zurück nach Frankreich, braucht Zeit, um Inspiration für neue Lieder zu finden. Diese findet sie bei unbequemen Themen. Auf ihrem Album *Moi, le venin* aus dem Jahr 1988 befindet sich das Stück »Allah«, das auch als Single ausgekoppelt wird. Im Text richtet Véronique Sanson Zeilen direkt an Allah: »Mon Dieu, à quoi te sert d'avoir un nom / Pourquoi la fin, la misère / Si j'étais toi, je serais pas fière, non« – »Mein Gott, wozu hast du einen Namen? / Warum das Ende, das Elend? / Wenn ich du wäre, wäre ich nicht stolz, nein«. Der Titel erscheint, als Salman Rushdie seinen Roman *Die satanischen Verse* veröffentlicht und damit eine Fatwa auf sich zieht. Auch Sanson erhält Morddrohungen und steht unter Personenschutz, sie spielt das Lied lange nicht live, einige Läden verkaufen die Platte nicht. In Interviews distanziert sie sich von Islamfeindlichkeit, einige Jahre später sagt sie, sie habe eigentlich vorgehabt, das Lied »Dieu« zu nennen: »Gott«.

Francis Cabrel

Es gibt im französischen Pop die Raucher und Trinker, die Süchtigen und Sündigen. Und es gibt Francis Cabrel, ein Typ, der Ihnen nicht auffallen würde, wenn er in einer der kleinen Städte des Départements Lot-et-Garonne im Südwesten Frankreichs in einer Bar Tabac vor seinem Café crème sitzen würde.

Cabrels Großeltern ziehen zwischen den beiden Weltkriegen aus dem damals verarmten Nordosten Italiens in diese Gegend, weil dort Arbeitskräfte gesucht werden. Cabrels Vater ist in der örtlichen Keksfabrik tätig, die Mutter kassiert in einem Café. Francis lernt als Jugendlicher Gitarre und spielt in einer Band, die sich Les Gaulois nennt: die Gallier, weil die Mitglieder Schnurrbärte tragen, wie die Gallier bei Asterix. Wobei Francis Cabrel seinen Schnurrbart auch dann noch trägt, als dieser Anfang der 90er Jahre mindestens so aus der Mode gekommen ist wie Schulterpolster oder karierte Sakkos. Cabrel ist seit jeher weit entfernt davon, hip zu sein. Ein Sänger aus der französischen Provinz, weit weg von Paris und seinen Moden, Ansprüchen und Ambitionen. Jemand, der sich für den Erhalt der okzitanischen Sprache einsetzt, die neben dem Französischen zweite romanische Sprache, die bis heute in einigen südlichen Gebieten des Landes gesprochen wird, wenn auch nur noch privat. Als öffentliche Sprache hat Okzitanisch bereits im 16. Jahrhundert ausgedient, als König François I. die »langage maternel francoys« bestimmte, die Muttersprache Französisch.

Francis Cabrel ist eine beständige Größe der französischen Musikszene. Statt in den Texten seine Verführungskräfte anzupreisen, singt er ein Lied aus der Perspektive eines Stiers, um damit gegen die Unsitte der Stierkämpfe zu protestieren. »La Corrida« heißt das Stück: »Je les vois danser comme je succombe, / Je pensais pas qu'on puisse autant s'amuser / Autour d'une tombe« – »Ich sehe sie tanzen, wenn sie mich erlegen / Ich hätte nicht gedacht, dass man so viel Spaß haben kann / Um ein Grab herum«. Wie viele Chansons von Francis Cabrel, ist auch »La Corrida« sehr glatt produziert, jeder Ton sitzt. Wenn ich Musik dieser Art höre, fühle ich mich an die Hi-Fi-Läden aus den 80er und 90er Jahren erinnert, in denen es eigens eingerichtete und schalldichte Hörer-Lounges gab, in denen auf sündhaft teuren Anlagen perfekt produzierte Platten gespielt wurden. »La Corrida« befindet sich auf Cabrels Album *Samedi soir sur la terre*, veröffentlicht 1994, einem Megabestseller in Frankreich, eine dieser Platten, die man auch in Wohnzimmern findet, in denen es sonst nur wenige CDs gibt. Das Titellied erzählt die Geschichte gewöhnlicher Begegnungen an einem normalen Samstagabend auf

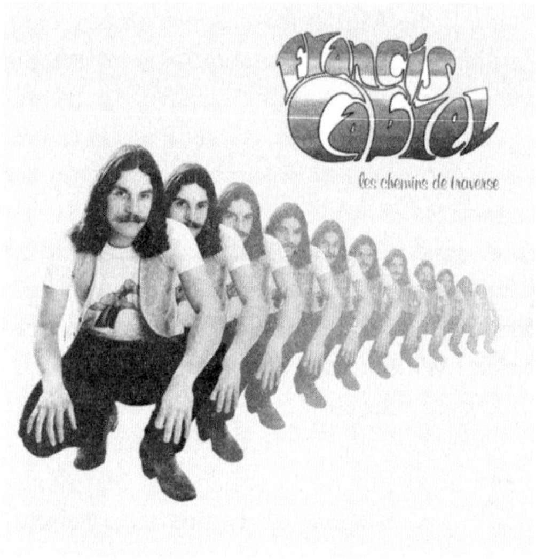

Cover des Albums *Les Chemins de traverse*, 1979

der Erde. Der Hit des Albums kreist um die Liebe eines jungen Vaters: »Je t'aimais, je t'aime et je t'aimerai« – »Ich liebte dich, ich liebe dich und ich werde dich lieben«.

Der Durchbruch gelingt Francis Cabrel 1979 mit seinem zweiten Album *Les Chemins de traverse.* Lassen Sie sich nicht vom schrecklichen Cover der Platte abschrecken, bei dem der Designer dachte, es wäre eine gute Idee, den Schnurrbart tragenden und hockenden Cabrel zehnmal zu duplizieren. Die Musik ist deutlich besser als die Gestaltung. Besonders gelungen ist das sentimentale Lied »Je l'aime à mourir« – bis heute ein Dauerbrenner bei den auf Nostalgie getrimmten Radiosendern Frankreichs, aber auch in Spanien und Lateinamerika, wo die spanischsprachige Version des Liedes ein Hit wird, gecovert vom Latin-Pop-Superstar Shakira.

In den ersten Jahren wirken die akustischen Lieder von Cabrel wie eine Mischung aus Folk, Blues und Chanson. Mit Beginn der 80er Jahre legt er die Jeansjacke ab und zieht sich einen Anzug an, die Krawatte trägt er locker, die Frisur ist kürzer, der Schnurrbart ist getrimmt. Cabrel spielt nun soften Chanson-

Rock, perfektioniert in seinem Hit »Encore et encore«. Immer häufiger singt Cabrel nun Songs, die sich mit den Missständen in der französischen Gesellschaft beschäftigen; »Saïd et Mohamed« thematisiert 1983 die Chancenungleichheit und Islamfeindlichkeit im Land: »De toute façon personne ne t'aide / Quand tu t'appelles Saïd ou Mohamed« – »Auf jeden Fall hilft dir niemand / Wenn du Saïd oder Mohamed heißt«.

Cabrel ist ein Gegenpol zu Gainsbourg, in dessen Sog gerät er dennoch. Das Titellied von Cabrels Album *Sarbacane* erhält seinen Namen, weil er das Wort »sarbacane« (»Blasrohr«) nicht mehr aus dem Kopf bekommt, nachdem er es als junger Mensch im Gainsbourg-Lied »Cargo culte« gehört hat, zu finden auf dessen Meisterwerk *Histoire de Melody Nelson*. Cabrel pfeift auf die kulturwissenschaftliche Dimension der psychedelischen Gainsbourg-Erzählung, in seinem »Sarbacane« geht's um Strohhalme und die enge Verbindung von Musik und alkoholischen Getränken: »Si tu vends de la bière, moi j'vends des chansons / Elles seront super si ton whisky est bon« – »Wenn du Bier verkaufst, verkaufe ich Lieder / Sie werden toll sein, wenn dein Whisky gut ist«.

Alain Souchon & Laurent Voulzy

England hat Lennon/McCartney, Frankreich hat Souchon/Voulzy. Gut, der Vergleich ist ein bisschen schief, denn erstens haben die beiden Franzosen nie zusammen in einer Band gespielt, zweitens sind die Aufgaben klarer verteilt, Alain Souchon ist der Texter, Laurent Voulzy der Melodiengeber, und drittens verfolgen sie von Beginn an jeweils eigene Karrieren. Dennoch: Ein solch kongeniales Gespann wie Souchon/Voulzy ist eine Seltenheit.

Als sich die beiden Mitte der 70er Jahre erstmals begegnen, ist Alain Souchon bereits 30 Jahre alt und von einem Durchbruch als Sänger weit entfernt. Geboren wird er in Casablanca, Marokko, seine Familie mit Wurzeln in der Schweiz ist wohlhabend. Zunächst trägt er den Nachnamen Kienast, der Name seines vermeintlichen Vaters, bis sich herausstellt, dass dieser ein Franzose namens Pierre Souchon ist, mit dem seine Mutter eine Affäre hatte, bevor sie ihren späteren Mann heiratete. Die Familie lebt in Paris, die Schule interessiert Alain Souchon wenig. Als er ein Internat in England besuchen soll, geht etwas mit der Anmeldung schief. Er bleibt dennoch auf der Insel, arbeitet in einem Pub, ist dort »Der Franzose« – und saugt die englische Popkultur der 60er Jahre auf: Beatles, Hollies, Zombies, Stones, er bekommt das alles hautnah mit. Zurück in Frankreich, hält er sich mit Gelegenheitsjobs über Wasser, versucht sich als Chanson-Sänger. Seine erste Single behandelt das unstete Leben der vergangenen Jahre: »Je suis un voyageur« – »Ich bin ein Reisender«. Das Lied floppt, zwei weitere kaum erfolgreiche Singles später fragt sich Alain Souchon, ob er nicht lieber für andere Lieder schreiben sollte als für sich selbst.

Also komponiert er das Stück »L'Amour 1830«, im Text benennt er selbst die Stimmung der Aufnahme: »pathétique, romantique«. Bob Socquet, ein Verantwortlicher bei der Plattenfirma RCA, ermutigt ihn, es besser doch selbst zu singen. Souchon traut sich – und wird belohnt, als »L'Amour 1830« beim Liedfestival Rose d'Or in Antibes an der Côte d'Azur abräumt. Die Karriere nimmt also Fahrt auf, doch sein Förderer Socquet erkennt, wo Souchons Schwachstelle liegt. Text gut, Stimme gut, Auftreten gut – aber Musik und Arrangements? Ausbaufähig.

Auftritt Laurent Voulzy, auch er beim Label RCA unter Vertrag. Seine Eltern stammen aus Guadeloupe, dem französischen Überseedépartement, gelegen in der südlichen Karibik. Die Mutter geht nach Paris, um als Tänzerin und Sängerin zu arbeiten. Laurent Voulzy kommt in Paris zur Welt, in seinem Lied »Le Cœur grenadine« singt er später: »J'suis né dans l'gris par accident« – »Ich wurde aus Zufall im Grau geboren«. Seine Kindheit wird geprägt von kreolischer Kultur und angloamerikanischen Einflüssen, französische Chansons spielen zunächst keine große

Rolle. Das macht es schwer, seine ersten eigenen Lieder zu vermarkten. Auch seine frühen Singles floppen. Der Wendepunkt ist die Begegnung mit Alain Souchon.

Resultat der ersten Zusammenarbeit der beiden ist das Lied »J'ai dix ans«, es avanciert in Frankreich unmittelbar zum Klassiker. Das Stück klingt grundlegend anders als die üblichen Chansons, die Anfang und Mitte der 70er Jahre produziert werden. Voulzy entwickelt die Melodie auf einem Gitarrenmotiv, für das er sich großzügig bei Paul McCartneys Komposition »Bip Bop« bedient, zu finden auf der LP *Wild Life*, dem ersten Album der Wings, das McCartney 1971 schon kurz nach der endgültigen Auflösung der Beatles veröffentlicht. McCartney spielt eine sehr amerikanische E-Gitarre zwischen Country und Blues, Laurent Voulzy adaptiert sie für die akustische Gitarre und lässt Souchon eine sehr rhythmische Gesangsmelodie singen, die – passend zu Souchons Text über Kindheitserinnerungen – halb wie ein Abzählreim, halb wie eine Frühform von Rap klingt. Die Single erreicht die Charts und sorgt als Titellied dafür, dass auch das erste Album von Alain Souchon zum Bestseller wird. Der Erfolg gibt den beiden das Selbstbewusstsein, auch weiterhin an Chansons zu arbeiten, die Konventionen brechen.

Das dritte Album *Jamais content* von 1977 ist das beste in Souchons erster Karrierephase: Der Titelsong kombiniert Disco mit Sprechgesang, bei »Y'a d'la rumba dans l'air« weiß man bis zum Ende nicht, ob Souchon und Voulzy diese elegante Rumba-Atmosphäre mit einem ironischen Grinsen im Gesicht entwickeln – zumal immer wieder eine verführerische italienische Stimme dazwischenhaucht. Auf die Idee von »Allô maman bobo«, einem Lied für seine Mutter, kommt Souchon, nachdem sein Bruder, ein Bergretter, ihm erzählt, er habe nach einem Skiunfall im ersten Schreck nach »Maman« gerufen. Den Refrain des Chansons kennt in Frankreich jedes Kind: »Allô maman bobo / Maman comment, tu m'as fait, je suis pas beau« – »Hallo Mama Bobo / Wie hast du mich gemacht? Ich bin nicht schön.«

Sogar ein Lied mit Dudelsack wird zum Erfolg: »Le Bagad de

Lann-Bihoué« handelt von den bretonischen Marschiertruppen, den »Bagads«, beeinflusst von den schottischen Pipe Bands. Bei der »Bagad de Lann-Bihoué« handelt es sich um die Musikgruppe der französischen Marine, die hauptsächlich bei festlichen Anlässen oder wichtigen Staatsbesuchen aufspielt, ihren Sitz hat sie im Marinestützpunkt Lann-Bihoué, wenige Kilometer westlich von Lorient. Dass sie heute in Frankreich einen glorreichen Ruf genießt, hat auch mit dem Lied zu tun: Souchon, der als Kind häufig Urlaub in der Bretagne macht, erinnert sich an die Musikgruppen, die damals am Strand aufmarschieren – an die Wucht ihrer Musik, die Eleganz ihrer Erscheinung. In seiner kindlichen Phantasie sind diese Musiker gleichzeitig Abenteurer, die ihre bretonische Musik in die ganze Welt hinaustragen. Um diese Erinnerungen geht es im Lied, um das Gefühl, dass in den Augen eines Kindes alles groß und mächtig erscheint, zumal, wenn man es in den Ferien erlebt. Und um den Traum eines Kindes, sich selbst die überlebensgroßen Wünsche zu erfüllen. Wobei im Erwachsenenalter häufig genug die Enttäuschung folgt: »Tu la voyais grande et c'est une toute petite vie« – »Du hast es groß gesehen, und es ist ein sehr kleines Leben«.

Albin de la Simone sagt mir in unserem Gespräch, er halte Souchon für den »allerbesten noch lebenden Songwriter«: »Es ist erstaunlich, wie er auf subtile Art und Weise über die Gesellschaft, den Menschen und die Seele spricht. Er ist derjenige, der in wenigen Zeilen eine Szenerie beschreiben kann, die das Panorama für ein ganzes Buch entwirft.« Das Stück »Le Bagad de Lann-Bihoué« sei im Grunde ein kurzer Roman, strukturiert von zwei musikalischen Formen, den Strophen und dem Refrain, in dem dann die Dudelsäcke in Erscheinung treten. »Eine schwierige Entscheidung«, erzählt de la Simone, »denn Dudelsäcke spalten immer das Publikum, die einen lieben, die anderen hassen sie.« Er gehöre eher zu denen, die beim ersten Klang flüchten. »Was aber nichts an der Kraft des Songs ändert.«

Alain Souchons Karriere ist Ende der 70er Jahre ein Selbstläufer, nun räumt auch Laurent Voulzy ab. Im Sommer 1977 gelingt ihm einer der genialsten Sommerhits aller Zeiten: »Rockollection« – ein Song wie eine Jukebox. Das Stück läuft ursprünglich fast zwölf Minuten, damit geht der Wahnsinn schon mal los. Die Plattenfirma bittet Voulzy, eine kürzere Version fürs Radio zu erstellen, am Ende einigt man sich auf siebeneinhalb Minuten, verteilt auf die A- und B-Seite der Sieben-Zoll-Single. »Rockollection« besteht aus Strophen mit einem französischen Text von Souchon, die immer wieder von eingefügten Mini-Coverversionen von Klassikern des Rock'n'Roll unterbrochen werden: »The Loco-Motion« von Little Eva, »A Hard Day's Night« von den Beatles, »I Get Around« von den Beach Boys, »Gloria« von Them oder »(I Can't Get No) Satisfaction« von den Rolling Stones – bis am Ende der ursprünglichen Version ein weiterer Beatles-Song den Reigen schließt: »Get Back«. Souchons Text handelt von einer Jugend in Frankreich, die Zeilen besitzen beinahe die Kraft der Erinnerungsprosa von Literaturnobelpreisträgerin Annie Ernaux.

Voulzy singt über das Mädchen mit Pferdeschwanz am Schultor. Über den Urlaub mit der Familie auf einem Campingplatz in der bretonischen Hafenstadt Saint-Malo, wo die Eltern zu den Schnulzen des spanischen Tenors Luis Mariano tanzen, während die Kinder Kakerlaken sammeln. Über Jimmy, einen Rocker mit Roller, der im Plattenladen erwischt wird, als er eine Single der Stones klauen will. All diese Erinnerungen sind »Un truc qui m'colle encore au cœur et au corps« – »Etwas, das mir immer noch am Herzen und am Körper klebt«. Das Stück wird ein Nummer-eins- und Partyhit, Souchon und Voulzy profitieren davon jedoch zunächst nicht, da die Copyright-Situation vieler Songzitate nur unzureichend geklärt ist. Übrigens entwickeln die beiden immer mal wieder Updates des Stücks, mit neuen zitierten Songs und Erinnerungen, die neueste Studioversion aus dem Jahr 2008 enthält 22 eingearbeitete Rock- und Popklassiker in 16 Minuten.

Obwohl Souchon und Voulzy jeweils große Stars sind, kommt es zwischen den beiden nicht zu Konflikten oder Eifersüchteleien. Ein Grund könnte sein, dass die Aufgaben klar verteilt sind: Einer textet, einer komponiert – keiner pfuscht dem anderen ins Handwerk. Mitte der 80er Jahre findet Souchon zusammen mit Voulzy dann einen neuen Sound, das Album *C'est comme vous voulez* klingt eleganter und moderner, Souchon folgt dem Pop-Zeitgeist. Höhepunkt des Albums ist die »Ballade de Jim«, in dem Souchon von Jimmy erzählt: Die Frau hat ihn verlassen, er sitzt am Steuer seines Autos, betrinkt sich. Die Sonne versinkt im Meer, Jimmy weint auf das Leder des Chryslers, unternimmt einen Suizidversuch, erwacht im Paradies – das sich als Krankenhauszimmer entpuppt. Das Happy End: »L'infirmière est un ange et ses yeux sont verts / Comme elle lui sourit attention Jimmy veut lui plaire« – »Die Krankenschwester ist ein Engel, ihre Augen sind grün / Und wie sie ihn anlächelt, Achtung, Jimmy will ihr gefallen«.

Voulzy geht die 80er Jahre anders, aber nicht weniger erfolgreich an. Seine erste LP unter eigenem Namen erscheint am Ende der 70er Jahre, *Le Cœur grenadine* ist eine clevere Mischung aus launigem Bubblegum-Pop und Engtanzmusik, kombiniert mit kreolischen Einflüssen und New-Wave-Elementen. Zum heimlichen Hit der Platte wird »Grimaud«, ein sommerliches Lied über die Stadt an der Mittelmeerküste, gelegen am Golf von Saint-Tropez, als Badeort aber längst nicht so sehr vom Luxus geprägt wie die Nachbarstadt, die der Bucht ihren Namen gibt. Das Stück handelt von einem Typen, der mit 300 PS und seiner Affäre von Paris ans Meer brettert, um dort auf einer Yacht in See zu stechen. Nach einem Telefonat mit seiner Frau in Paris entscheidet er sich um, fährt mit seinen 300 PS zurück nach Paris und lässt die Affäre weinend in Grimaud zurück.

Mit seiner zweiten Platte gelingt Voulzy 1983 ein Meisterwerk: *Bopper en larmes* – »Bopper in Tränen«. Besagter Bopper besucht mit gebrochenem Herzen eine Party, tanzt und weint, schluckt hellblaue Pillen gegen den großen Schmerz. Er weint, weint und weint. Tanzt, tanzt und tanzt. Ein Popsong zwischen Tristesse und Party, mit Beach-Boys-Gesängen und 80er-Beat.

Bemerkenswert ist ein Lied mit einem deutschen Titel – »Liebe«. Beim Text der Engtanznummer sind Alain Souchon die Gäule durchgegangen, es geht mutmaßlich um ein deutsches Mädchen, dazu um Kaugummi, Äpfel und die Käsesorte Gruyère. Der Refrain lautet auf Deutsch: »Lieber Mann, liebe Frau«. Dass die Keyboard-Ästhetik ein wenig an Kraftwerk erinnert, ist kein Zufall.

Im weiteren Verlauf der 80er Jahre veröffentlicht Laurent Voulzy eine Reihe von exzellenten Singles, darunter 1984 »Désir, désir«, ein Duett mit Véronique Jannot, zu einem Rhythmus, den er bei Michael Jacksons »Beat It« geklaut hat. Ein Jahr später folgt eine Single mit Hits auf beiden Seiten. Auf der ersten singt Voulzy über »Les Nuits sans Kim Wilde« – »Die Nächte ohne Kim Wilde«. Im Laufe der 80er Jahre entwickelt er eine echte Obsession für diesen englischen Popstar. Souchon amüsiert, wie sein Kreativpartner jeden Schnipsel aus Magazinen ausschneidet, jeden Fernsehauftritt auf Videokassette aufnimmt. Er verspricht ihm, ein Lied über dessen Schwarm zu schreiben. Die Nächte ohne Kim Wilde beschreibt Souchon als sehr öde: Flipper spielen, ein bisschen herumtanzen, vom unerreichten Popstar träumen. Das Label kommt auf die Idee, Kim Wilde zu fragen, ob sie bei diesem Song nicht die Vocals beisteuern möchte. Sie empfindet die Anfrage zunächst als seltsam, sagt aber schließlich zu – und aus dem Super-Fan Laurent Voulzy wird ein glücklicher Mann.

Der noch größere Hit ist zunächst auf der B-Seite versteckt: »Belle-Île-en-Mer, Marie-Galante«, eine der erfolgreichsten Balladen des French Pop. Belle-Île-en-Mer ist die größte Insel vor der bretonischen Küste, gelegen auf der Höhe von Nantes, für Voulzy ein wichtiger Rückzugsort. Marie-Galante wiederum ist eine zu Guadeloupe gehörende Insel, Heimat von Voulzys Eltern. Alain Souchon schreibt für seinen Freund einen Text auf zwei Ebenen: »Belle-Île-en-Mer, Marie-Galante« ist ein Sehnsuchtslied über die beiden Inseln, aber auch ein Stück darüber, in einer neuen Heimat immer ein Fremder zu bleiben: »En France, violence, manque d'indulgence / Par les différences que j'ai« –

»In Frankreich, Gewalt, Mangel an Nachsicht / Durch die Unterschiede, die ich habe«. Die Franzosen lieben dieses Lied. Falls es dazu beiträgt, die Feindlichkeit gegenüber Fremden abzumildern – umso besser. Und dennoch gilt auch weiterhin: »C'est l'eau qui vous sépare« – »Es ist das Wasser, das euch beide trennt«. Als das Label merkt, was für ein Juwel die Single »Les Nuits sans Kim Wilde« auf der B-Seite enthält, bringt es die Platte einfach noch mal heraus: neues Cover, nun »Belle-Île-en-Mer, Marie-Galante« auf der A- (etwas anders gemischt, damit auch diese Veröffentlichung gekauft wird) und das Lied über Kim Wilde auf der B-Seite. Das ist Plattenfirmenpragmatismus.

Anfang der 90er Jahre fokussiert sich Voulzy wieder auf Alben, so kommt es, dass das Gespann fast zeitgleich jeweils ein Meisterwerk veröffentlicht. Den Anfang macht Laurent Voulzy: Das Album *Caché derrière* erscheint im Sommer 1992, die 80er-Jahre-Spuren im Sound sind beseitigt, mit einer Ausnahme: »Paradoxal système« – der Rhythmus stammt von einem Drumcomputer älterer Bauart, von überall her erklingen Synthesizer, auf der Stimme von Laurent Voulzy liegen Unmengen Hall, zu dem er von der Liebe als paradoxem System singt: »Plus je m'éloigne et plus je t'aime« – »Je weiter ich mich entferne, desto mehr liebe ich dich«. »Paradoxal système« ist French Pop in Perfektion, verträumt und romantisch, schwärmerisch und tieftraurig.

Kaum wird *Caché derrière* zum Bestseller, legt Alain Souchon mit *C'est déjà ça* nach. Souchon singt wieder über die Liebe – aber er tut dies immer anders. »L'Amour à la machine« erinnert ihn an ein altes Kleidungsstück, das dringend gewaschen werden müsste. Das Titellied »C'est déjà ça« singt Souchon aus der Perspektive eines Menschen, der aus dem Krieg im Sudan nach Paris flieht und durch das quirlige Viertel Belleville spaziert: »Je sais bien que rue d'Belleville / Rien n'est fait pour moi / Mais je suis dans une belle ville / C'est déjà ça« – »Ich weiß wohl, dass in der Rue d'Belleville / Nichts für mich gemacht ist / Aber ich bin in einer schönen Stadt, / Das ist schon etwas«. Der größte Erfolg gelingt ihm mit dem Lied »Foule sentimentale«, das sich dem jährlichen

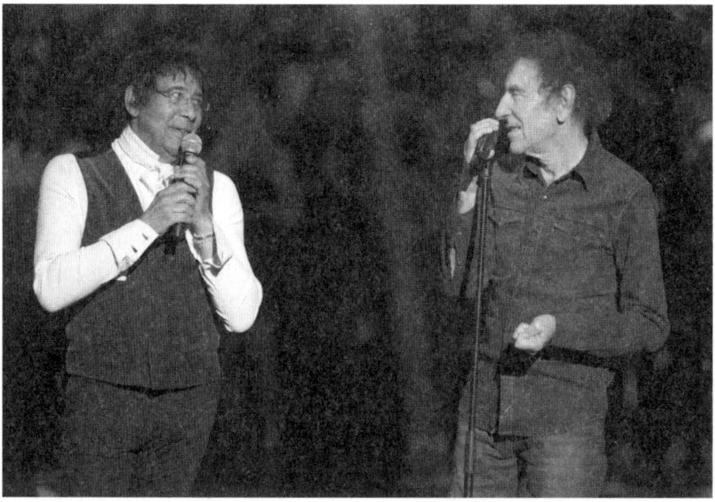

Laurent Voulzy und Alain Souchon, 2019

Konsumrausch vor dem Weihnachtsfest widmet: »On nous prend, faut pas déconner, dès qu'on est né, / Pour des cons alors qu'on est / Des foules sentimentales, / Avec soif d'idéal« – »Man hält uns, man darf nicht scherzen, seit dem Tag, an dem wir geboren wurden, / Für Idioten, dabei sind wir / Sentimentale Massen, / Mit Durst nach Idealen«. Als der französische Musikpreis »Victoires de la Musique« – ein Pendant zu den amerikanischen Grammy Awards – im Jahr 2005 zum 20. Mal verliehen wird, wählt die Jury »Foule sentimentale« zu *dem* »Chanson der letzten 20 Jahre«.

Auf der Single »La Vie ne vaut rien« – »Das Leben ist nichts wert« – aus dem Jahr 2001 zeigt Souchon, wie clever er seine Texte aufbaut. Er singt hier über einen Mann, der sich bei allen, die es wissen müssten, über den Sinn des Lebens erkundigt. »Il a demandé leur avis à des tas de gens ravis, ravis / De donner leur avis sur la vie« – »Er hat unzählige Menschen um ihre Meinung gebeten, die begeistert sind, / Ihre Meinung über das Leben zu sagen«. Seine Erkenntnis: Nichts sei das Leben wert. »Mais moi quand je tiens / Là dans mes deux mains éblouies / Les deux jolis petits seins de mon amie« – »Aber ich, wenn ich / In meinen beiden verblüfften Händen / Die beiden hübschen kleinen Brüste meiner Freundin halte«. Dann ist das Leben noch immer nichts wert. »Was wiederum zur Folge hat, dass dieses Nichts für uns alles bedeutet«, interpretiert Albin de la Simone den Text. Als Studiomusiker ist er an der Aufnahme beteiligt, spielt Keyboard. »Die Musik fällt leider im Vergleich zum Text ab«, erzählt mir Albin de la Simone. »Es ist ein Pop-Reggae, der überhaupt keinen Bezug zum Inhalt hat.« Als de la Simone 2002 die Gelegenheit erhält, eine Auswahl der Lieder von Souchon für den Konzertmitschnitt *J'veux du live* neu zu arrangieren, gibt er »La Vie ne vaut rien« eine andere, offenere Atmosphäre. »Alain Souchon hat im Laufe der Jahre immer wieder versucht, Moden hinterherzulaufen«, sagt de la Simone. »Meine Arrangements für dieses Live-Album sind der Versuch, die Songs klingen zu lassen, als hätte er das nicht getan.«

Im Jahr 2014 ist es dann endlich so weit: Die ewigen Freunde und Kreativpartner Alain Souchon und Laurent Voulzy nehmen ein erstes gemeinsames Album auf. Auf dem Cover kehren die beiden der Kamera den Rücken zu und spazieren in das milde und herbstliche Licht der Dämmerung. »Là derrière nos voix / Est-ce que l'on voit nos cœurs / Et les tourments à l'intérieur«, singen die beiden im Eröffnungslied »Derrière les mots« – »Dort, hinter unseren Stimmen / Sieht man unsere Herzen / Und die inneren Qualen«. Und um diese Erkenntnis gleich zu hinterfragen: »Ou seulement la la la?« – »Oder nur ein la-la-la?«

Christophe

Dieser Sänger schämt sich seiner Tränen nicht: »Et j'ai crié, crié ›Aline!‹ / Pour qu'elle revienne / Et j'ai pleuré, pleuré / Oh j'avais trop de peine« – »Und ich schrie, schrie ›Aline!‹, / Damit sie wiederkommt / Und ich weinte, weinte / Oh, ich hatte zu viel Kummer«. Christophe ist 20 Jahre alt, als er dieses Lied schmachtet. Es bringt ihn 1965 in die Herzen der Franzosen, die Yéyé mögen – sich die Freude an einer Schmonzette aber nicht nehmen wollen.

Der Sänger mit der hohen Stimme hätte weiter auf Balladen setzen können, doch interessieren Christophe weniger die geraden Wege, sondern die Umwege. Selbst, wenn sie in Sackgassen führen. Anfang der 70er Jahre wendet er sich auf dem Album *Les Paradis perdus* der progressiven Rockmusik zu, was ihm gute Kritiken einbringt, aber Fans kostet. Die holt er 1974 mit dem Album *Les Mots bleus* zurück. Das auf Synthies aufgebaute Titelstück mit einer weinenden E-Gitarre und schmachtenden Chören über einen Liebenden, der trotz aller Bemühungen nicht die richtigen Worte findet, bietet formvollendete Harmonien und einen Refrain zum Dahinschmelzen, dem perfekten Soundtrack für den sprachlosen Helden des Liedes. Dominique A, Pionier der Nouvelle Scène, sagt mir im Interview, würden eines Tages Aliens auf der Erde landen und nach dem Prototyp eines French-Pop-Songs verlangen, er würde den Außerirdischen dieses Lied vorspielen. Die Lyrics von »Les Mots bleus« stammen von Jean-Michel Jarre, der Mitte der 70er Jahre nicht nur wegweisende elektronische Alben aufnimmt, sondern auch als Texter trauriger Balladen in Erscheinung tritt.

Der Sprung in die 80er Jahre gelingt Christophe problemlos, seine hohe Stimme passt zum Synthie-Sound der Dekade, wie die – im besten Sinne – seifige Ballade »Succès fou« aus dem Jahr 1983 zeigt, Drumcomputer-Effekte und Saxophonsolo inklusive. Als die 80er Jahre ausklingen, wäre bei einer konventionellen Karriereplanung die Zeit für das milde Alterswerk gekommen. Aber Christophe entscheidet sich anders. Er verschanzt sich im Studio und versucht, seinen Stil an den jeweiligen Zeitgeist anzupassen. Weil es ihm nicht gelingt, verschwindet er für einige Jahre. Erst 1996 erscheint mit *Bevilacqua* eine Comeback-Platte, angelehnt an seinem bürgerlichen Namen Daniel Bevilacqua, der auf die italienischen Wurzeln seiner Familie verweist.

Für Freunde der schmachtenden Ballade ist die LP ein harter Brocken. Das Album beginnt mit einem Techno-Track, über den er Interviewausschnitte legt, das folgende Stück »Enzo« ist eine Hommage an Enzo Ferrari, Gründer des legendären Sport- und Rennwagenherstellers, in italienischer Sprache. »Je t'aime à l'envers« – »Ich liebe dich rückwärts« ist zwar eine Ballade, jedoch eingespielt mit einem modernen Electrosound. Ein kommerzieller Erfolg wird *Bevilacqua* nicht, zumal keine Tour folgt. Doch Christophe lässt sich nicht beirren: Mit den Alben *Comm'si la terre penchait* (2001) und *Aimer ce que nous sommes* (2008) geht er seinen ungewöhnlichen Weg weiter; der Auftakt der zweiteren Platte bietet eine Musik, die man so noch nicht gehört hat: »Magda« klingt, als hätten sich Pink Floyd auf eine *La Boum*-Motto-Party verirrt, »It Must Be a Sign« beginnt wie ein von Gespenstern erobertes Stück von Richard Clayderman, bevor die Komposition im letzten Drittel in eine Ethno-Pop-Hymne umkippt. Aus dem Yéyé-Sänger und Softrock-Dandy ist ein hoch geschätzter Avantgardekünstler geworden.

Mit *Les Vestiges du chaos* veröffentlicht Christophe 2016 sein letztes Album, auf dem alles noch einmal zusammenläuft, seine Klangexperimente und sein Gespür für die Romantik, seine hohe Stimme und seine abenteuerlustigen Arrangements. »E justo« heißt das finale Stück des Albums, es beginnt als Pianoballade mit üppigen Streichern und Christophes beinahe kindlichem Gesang, bevor die furchtlose Schauspielerin Anna Mouglalis mit ihrer dunkle Stimme den Gegenpol gibt und die berühmtem letzten Worte spricht: »J'ai retrouvé le céleste sauvage / Le paradis où l'angoisse se désire / Le haut passé qui grandit d'âge en âge / Il est mon cœur et sera mon partage / Après mourir« – »Ich habe die himmlische Wildnis wiedergefunden / Das Paradies, wohin die Angst sich sehnt / Die hohe Vergangenheit, die mit dem Alter wächst / Sie ist mein Herz und wird ein Teil von mir sein / Nach dem Sterben«.

Dix de plus

1. Jean-Jacques Goldman

Anfang der 80er Jahre sorgt Jean-Jacques Goldman dafür, dass sich in Frankreich eine Musik entwickelt, die Chanson-Traditionen und internationale Trends vereint. Sein Stil sorgt für glänzende Verkäufe, wobei einige der frühen Platten nicht besonders gut gealtert sind. Das ändert sich 1987 mit dem Album *Entre gris clair et gris foncé*, einer perfekt arrangierten und produzierten Platte zwischen Mainstream-Rock und Art-Pop. Songs wie »À quoi tu sers?« oder »Il changeait la vie« reißen alle mit, die gerne Rockmusik im Radio hören. Anfang der 90er Jahre tritt Goldman mit dem Trio Fredericks – Goldman – Jones auf, 1997 gelingt ihm mit *En passant* ein rundum gelungenes Spätwerk mit dem Stück »Bonne idée« als Höhepunkt. Neben Songs für eigene Aufnahmen komponiert Goldman für große Namen wie Céline Dion oder Johnny Hallyday. Seinen Lebenswandel darf man als seriös beschreiben, was Goldman zum Gegenpol von Gainsbarre macht. In der Presse gilt er als »bon samaritain«, als guter Samariter, der französischen Variante des »Gutmenschen«.

2. Florent Pagny

Der Sänger aus Chalon-sur-Saône, gelegen auf halber Strecke zwischen Dijon und Lyon, landet 1987 gleich mit seiner ersten Single »N'importe quoi« einen Erfolg; seine rauchige Stimme passt überraschend gut zum 80er-Jahre-Sound. Von 1988 bis 1991 ist er mit Vanessa Paradis zusammen, als die beiden ein Paar werden, ist sie noch minderjährig. Mit dem Stück »Presse qui roule« legt er sich mit den Medien an, was in Frankreich keine gute Idee ist: Die Presse berichtet kaum noch über ihn, die Verkäufe gehen zurück. Ab Mitte der 90er Jahre sucht er sich Autoren, die für ihn schreiben; 1997 gelingt ihm mit dem Album und dem Song »Savoir aimer« sein größter Erfolg. Das Lied verzichtet auf Doppeldeutigkeiten, beschränkt seine Botschaft darauf, dass, wer liebt und lächelt besser durchs Leben kommt. Er selbst trifft regelmäßig auf die Grenzen dieser Weisheit: Seit vielen Jahren hat er wegen mutmaßlichem »fraude fiscale« Ärger mit der französischen Steuerbehörde.

3. Jean-Patrick Capdevielle

Sie suchen einen französischen Springsteen? Versuchen Sie es mit Jean-Patrick Capdevielle. Schon der Titel seines Debütalbums legt nahe, dass der Sänger aus einer nordwestlichen Vorstadt von Paris etwas zu erzählen hat: *Les Enfants des ténèbres et les anges de la rue* – »Die Kinder der Finsternis und die Engel der Straße«. Die Art seines Gesangs erinnert auch an Bob Dylan, Songs wie »Quand t'es dans le désert« sind Erzählungen in der Tradition des amerikanischen Heartland-Rock, in dem Storys aus der Perspektive der Arbeiterklasse erzählt werden. Wobei Capdevielle das Leben als Arbeitender mit dem Dasein in der Wüste vergleicht. Besonders einprägend sind die Zeilen »Tous les rapaces du pouvoir menés par un gros clown sinistre / Plongent vers moi sur la musique d'un piètre accordéoniste« – »Alle Raubvögel der Macht, angeführt von einem dicken, finsteren Clown / Stürzen sich zur Musik eines miserablen Akkordeonspielers auf mich«. Der miserable Akkordeonspieler dürfte Präsident Valéry Giscard d'Estaing sein, bekannt für seine Neigung zum Spiel auf dem symbolischsten Instruments Frankreich; das Bild vom »dicken, finsteren Clown« passt zu Premierminister Raymond Barre.

4. Joe Dassin

Im Nachnamen Dassin ist die Heimatstadt der Familie noch enthalten: Odessa. Der Vater Jules ist ein bekannter Filmemacher, die Mutter eine Violinistin. Die Familie lebt in den USA, im Zuge von McCarthys Kommunistenjagd geraten die Dassins auf die Blacklist, Sohn Joe ist zwölf, als die Familie in Paris eine neue Heimat findet. Dassins großer Hit »Les Champs-Élysées« bringt den Prachtboulevard weltweit in die Radios. Als Sänger vermarktet er sich geschickt als Kultur-Im- und Exporteur, er singt auch auf Deutsch, nimmt französisch geprägte Country-, Blues- oder Italo-Pop-Platten auf. Zwischendrin gelingt ihm mit dem Album *Le Jardin du Luxembourg* 1978 ein Meisterwerk: Das zwölf Minuten lange Titelstück ist eine Komposition der Italiener Vito Pallavicini und Toto Cutugno auf den Leib, die Ein-Mann-Oper handelt von einem Tag im Park nahe der Sorbonne im Quartier Latin, der Protagonist ist verlassen worden, erlebt inmitten des Trubels einen weiteren Tag ohne Liebe: »Encore un jour sans amour«.

5. Julien Clerc

Geboren in Paris als Spross einer Familie von Musikern und hohen politischen Beamten, startet Julien Clerc seine Karriere nach seiner Begegnung mit dem Texter Étienne Roda-Gil. Viele Jahre lang bilden die beiden ein erfolgreiches Kreativgespann. Die Single »La Cavalerie« von 1968 wird ein Hit der Yéyé-Jahre, wobei Musik und Text eher anti-rockistisch sind: Clerc bedauert das Auftauchen der Motorräder, die ihn mit ihrem Metall und Lärm an die Kavallerie erinnern. Diese Mischung aus Nostalgie und milder Sozialkritik zeichnet viele seiner Lieder aus, sein bestes Album *No. 7* aus dem Jahr 1975 enthält den Hit »This Melody«, das wie eine weichgezeichnete Version eines Chansons klingt und Mitte der 70er Jahre den Nerv des Publikums trifft. Das Album hat deutlich bessere Songs zu bieten, allen voran die erotisch aufgeladene Italien-Erinnerung »Elle voulait qu'on l'appelle Venise« mit Kuhglocke und leichtem Glam-Rock-Touch. Sein Lied für die Ewigkeit folgt drei Jahre später: »Ma préférence« entsteht, kurz nachdem Clercs Beziehung zur Schauspielerin Miou-Miou öffentlich wird, die zuvor mit dem Schauspieler Patrick

Dewaere liiert war. Die Öffentlichkeit traut Clercs Absichten nicht, zumal kurz zuvor seine Beziehung mit France Gall ein unschönes Ende findet. Clercs Statement zur Sache ist dieses Lied: »Je le sais, / On ne me croit pas fidèle à / Ce qu'elle est / […] // Il faut le croire, / Moi seul je sais quand elle a froid« – »Ich weiß es, / Man glaubt mir nicht, / Dass ich ihr treu bin / […] // Man muss es glauben, / Nur ich weiß, wann ihr kalt ist«.

6. Maxime Le Forestier

Der Sänger ist ein bisschen spät dran, als er 1972 ein Lied über »San Francisco« schreibt: Scott McKenzie huldigt dem Hippie-Zentrum schon fünf Jahre zuvor. Die großen Tage der Flower-Power-Bewegung sind längst vorbei, als Maxime Le Forestier die kalifornische Stadt besingt, die bevölkert sei mit langen Haaren, großen Betten – und Musik. Ein großer Erfolg wird das Lied im Folk-Stil dennoch, dabei gibt es auf dem Debütalbum des Parisers bessere Songs zu hören, »Mon frère« zum Beispiel, gewidmet einem Bruder, den er nie hatte, oder »Éducation sentimentale«, ein Stück mit vielen Metaphern aus der Natur und einem sentimentalen Kern: »J'irai solitaire, / Je saurai me taire, / Je ne dirai rien« – »Ich gehe einsam, / Ich weiß zu schweigen, / Ich sage nichts«. Maxime Le Forestier singt sanft, die Melancholie ist milde, Brüche gibt es nicht: Die erste Platte des Sängers ist gemacht für alle, denen das, was Gainsbourg & Co. anrichten, deutlich zu schmutzig ist.

7. Michel Delpech

Anders als viele seiner Kollegen mit bourgeoisem Elternhaus stammt Delpech aus einer Arbeiterfamilie aus einer Vorstadt von Paris. Sein Vater ist Metallarbeiter, seine Mutter Hausfrau. Noch vor dem Schulabschluss am Gymnasium geht er in die Stadt, um sich als Yéyé-Sänger zu versuchen. Er ist 17, als seine erste Single »Anatole« erscheint, ein Stück zwischen Swing, Jazz und Elvis. Zu einem der Stars der jungen Szene wird er durch das Duett »Copains-clopant« mit Chantal Simon, kurz danach heiraten die beiden. Mit »Inventaire 66« schreibt Delpech im Jahr 1966 Zeitgeschichte, im Lied zählt er die Dinge auf, die das Jahr 1966 bestimmen, dazu zählen auch der Vietnamkrieg und Atombombentests. Während der Hippie-Jahre gibt er sich als braver Vertreter der Liebe, »Wight Is Wight« lobpreist Dylan und Donovan, der Refrain lautet: »Hippie, hippie-pie«. Und es geht noch simpler: »Pour un flirt« erinnert mit seiner Schunkeligkeit an deutschen Schlager, wird auch in der Bundesrepublik ein Hit, Delpech singt eine Version auf Deutsch. Als man davon ausgehen muss, Delpech verschwende seine Karriere in seichtem Terrain, legt er doch noch ein sehr gutes Album vor: Die nach ihm benannte Platte aus dem Jahr 1975 bietet sanft-melancholischen French Pop wie »Quand j'étais chanteur«, die Vision eines Sängers, der im Alter von 73 Jahren, fast taub und auf Pflege angewiesen, ein paar der alten Geschichten erzählt.

8. Patrick Bruel

Es hat Anfang der 80er Jahre nicht viel gefehlt, und Patrick Bruel wäre statt Pierre Cosso als Marceaus Loverboys in *La Boum 2* zu sehen gewesen. Es hat aber nicht ganz gereicht, was jedoch nicht am Werbespot für Sauerkraut gelegen hat, in dem er kurz zuvor im Fernsehen zu sehen ist. Cosso ist beim Casting einfach zu überzeugend. Bruel lässt sich davon nicht aus der Bahn werfen, seine ersten Singles sind Leichtgewichte, aber erfolgreich. Das erste Album heißt *De face* – »Von vorne«: Dieser junge Typ zeigt sich gerne. Er spielt in Filmen, versammelt bei den Auftritten ein treues Publikum, das zweite Album *Alors regarde* macht ihn endgültig zu einem der größten Popstars des Landes. Es beginnt die »Bruelmania«, legendär der Polizeieinsatz, zu dem es kommt, weil Bruel mit Freunden in einer Pizzeria an den Champs-Élysées sitzt. Dass es der Musik häufig an Tiefe fehlt, spielt bei den Verkaufszahlen keine Rolle, nur manchmal gelingen ihm zeitlose Songs wie »Place des grands hommes«. Seine beste Platte ist ein Live-Album: Auf *Si ce soir ...* von 1991 wird die Energie hörbar, die er bei seinem jungen Publikum weckt. Das hohe Gekreische zwischen den Liedern und das Mitsingen muss man aushalten können, dann sind Stücke wie das wuchtige »Casser la voix« oder die Ballade »Qui à le droit ...« gute Pop-Unterhaltung. Als »Bruelmania« längst vorbei ist, macht er weiter auf sich aufmerksam. Zum Beispiel, als er sich als Sohn einer jüdischen Familie mit Wurzeln in Algerien weigert, bei seiner Tour in Städten zu spielen, die von einem Bürgermeister des Front National regiert werden.

9. Nicoletta

Die Sängerin aus Thonon-les-Bains, gelegen am Lac Léman, wie die französische Seite des Genfer Sees heißt, gelingt ein erster Erfolg als Sängerin mit ihrer Interpretation des von Hubert Giraud komponierten Stücks »Il est mort le soleil«. Nicoletta gibt dem Song eine intensive Soul-Stimmung, was dazu führt, dass Ray Charles den Track unter dem Titel »The Sun Died« ins Englische überträgt, gecovert wird er später auch von Tom Jones. Auch »Mamy Blue«, ebenfalls von Giraud geschrieben, macht sich nach Nicolettas großartiger Originalinterpretation auf eine Reise um die Welt, die deutsche Version singt der französisch-libanesische Interpret Ricky Shayne. Nicolettas bestes Album ist *Nicoletta 73* aus dem Jahr, klar, 1973, die Platte besitzt ein sommerliches Bossa-Nova-Flair, das Stück »Fio Maravilha« ist ihre Interpretation des Stücks, das ursprünglich der brasilianische Sänger Jorge Ben Jor eingesungen hat. Der Titelheld Fio Maravilha ist ein Fußballer von Flamengo Rio de Janeiro, der bei einem Freundschaftsspiel gegen Benfica Lissabon zunächst auf der Bank sitzt – bis der Trainer die lautstarken Forderungen der Fans nicht länger ignoriert und den Publikumsliebling einwechselt. Klar, dass er es ist, der das entscheidende Tor schießt. Die französische Fassung von Nicoletta, übersetzt von Boris Bergman, verzichtet auf die Fußballsymbolik und fokussiert sich auf die Macht der Musik in den Favelas von Rio.

10. Yves Simon

Der Sänger, der in den 70er Jahren große Erfolge feierte, ist ein wenig in Vergessenheit geraten, bis Mitte der 2010er Jahre junge Musikerinnen und Musiker wie Christine & The Queens oder Woodkid offenbaren, wie einflussreich seine Lieder für ihre Karriere sind. So erscheint 2018 das Album *Génération(s) éperdue(s)*, der Konzertmitschnitt einer Comeback-Show von Simon und zugleich ein Tribut der Stars der Gegenwart an ihren Helden. In den 70er Jahren wirkt Yves Simon nicht nur optisch wie eine französische Variante von Cat Stevens, sein Album *Au pays des merveilles de Juliet* enthält ein Lied über »Les Gauloises bleues«, das selbst beim striktesten Nichtraucher eine gewisse Zigarettennostalgie weckt. Neben den Platten aus den 70er Jahren sind auch das Album *Une vie comme ça* mit dem grandiosen Titelstück im New-Wave-Stil, *USA / USSR*, das sich dem Kalten Krieg widmet und die lässige Single »Amazoniaque« enthält, sowie das Spätwerk *Rumeurs* aus dem Jahr 2007 empfehlenswert.

10 Le rock et le punk

Le rock

Johnny Hallyday, Noir Désir, Téléphone, Eiffel, Trust, Dionysos

Die Geschichte des französischen Rock wird geprägt von Dramen, Drumcomputern und Dämlichkeiten. Und über allem schwebt eine überlebensgroße Ikone, die außerhalb der Nation kaum jemand kennt.

Johnny Hallyday

Wenn es darum geht, ihren großen Persönlichkeiten die letzte Ehre zu erweisen, wissen die Franzosen zu differenzieren. Es gibt das Staatsbegräbnis, »l'obsèque nationale«, bestimmt für herausragende Figuren des politischen oder gesellschaftlichen Lebens. Dann »l'hommage national« – ein Tribut für Menschen, die ihr Leben in den Dienst der Nation gestellt oder das Land geprägt haben. Der Schauspieler Jean-Paul Belmondo (1933–2021) erhält nach seinem Tod eine solche Hommage, aber auch Akademiker sowie Soldaten, die im Einsatz gefallen sind. Nationale Ehrungen dieser Kategorie laufen sehr formell ab, mit Fahnen,

Pauken und Trompeten. Eine dritte Form nennt sich »l'hommage populaire«, bei ihr geht es deutlich freier zu, denn hier ist es nicht die Nation, die Abschied nimmt, sondern das französische Volk. Der Präsident ist zwar auch dabei, aber eben nicht als Staatsoberhaupt, sondern als oberster Repräsentant aller Franzosen. Viel Erfahrung mit einer »hommage populaire« hat die Republik noch nicht gesammelt: Die Zeremonie, die am 9. Dezember 2017 in Paris stattfindet, ist die erste »hommage populaire« in der Geschichte Frankreichs. Abgehalten wird sie zu Ehren von Johnny Hallyday, jenem Mann, der den Rock'n'Roll in Frankreich populär gemacht hat. Und der am 5. Dezember 2017 im Alter von 74 Jahren an den Folgen einer Lungenkrebserkrankung verstirbt.

Beim amerikanischen Nachrichtensender CNN nennt man ihn an seinem Todestag den »französischen Elvis«, was nicht ganz stimmig ist, denn Hallyday veröffentlicht seine erste Platte im Jahr 1960 – und ist damit sechs Jahre später dran als Elvis. Dafür hält Hallydays Karriere länger an: 110 Millionen verkaufte Platten, 1000 Lieder, 50 Alben, unzählige Hits, die dafür gesorgt haben, dass die französische Musikkultur neben dem Chanson eben auch ein Rock'n'Roll-Gen enthält – wobei er umgekehrt dem Rock'n'Roll eine originär französische DNA schenkt.

Hallydays Bedeutung für das Land zeigt sich bei dieser Zeremonie: Mehr als eine halbe Million Franzosen sind in Paris dabei, 15 Millionen schauen am Fernseher zu – eine Quote wie in England beim Begräbnis von Queen Elizabeth II. Dass es in Paris einmal ähnlich viel Trubel bei einer Trauerfeier gegeben hat, da für müsse man weit in die Geschichte Frankreichs zurückgehen, sagen die Historiker. 1885, als Victor Hugo verstirbt, für viele der größte Schriftsteller, den dieses Land gekannt hat. Dann noch einmal 1963, als Édith Piaf zu Grabe getragen wird. Hugo, Piaf, Hallyday – die Reihung kommt einem aus deutscher Perspektive etwas seltsam vor. Für die Franzosen wirkt sie logisch, denn was Victor Hugo für die Literatur und Édith Piaf für das Chanson ist, das ist Johnny Hallyday für den Rock'n'Roll: der Größte.

Der 7. Dezember 2017 ist ein klarer, kalter und sonniger Wintertag. Der Leichenwagen passiert den Arc de Triomphe, fährt die Champs-Élysées entlang bis zur Place de la Concorde an der Seine. Begleitet wird der Zug von einem Motorradkonvoi, was ein recht obskures Bild ergibt, weil die in Schwarz gekleideten Fahrer auf ihren Motorrädern sehr darauf achten, leise zu fahren, was mit einem Motorrad kein leichtes Unterfangen ist. Gut daher, dass ab und zu einige von Hallydays großen Liedern abgespielt werden. »Retiens la nuit«, ein gemütlicher Song aus ganz frühen Tagen, wie gemacht für eine Knutscherei auf dem Rücksitz des von Papa geliehenen Autos. »L'Idole des jeunes«, Hallydays Version eines Hits des US-Teenie-Idols Ricky Nelson. »Que je t'aime«, eine wuchtige Liebesballade aus dem Jahr 1963 mit einem Refrain, der auch dem letzten klarmacht, dass hier echte Liebe im Spiel ist. »Requiem pour un fou«, den Aufschrei eines Verlassenen aus dem Jahr 1976, der keinen Sinn mehr im Leben sieht, gesungen mit einem Grad an Verzweiflung, dass man sich Sorgen um den Gemütszustand des Interpreten macht. »Ma gueule« – »Meine Fresse«, in dem sich der Sänger am Ende beklagt, schon häufig von Frauen hinters Licht geführt worden zu sein. »L'Envie« aus dem Jahr 1988, Hallydays Hymne über eine der treibenden Kräfte menschlichen Handelns, den Neid. »Marie«, ein melodramatischer Hit aus dem Jahr 2002, gesungen aus der Perspektive eines Soldaten, der weiß, dass der Feind nahe ist, und seiner Geliebten Marie einen letzten Brief schreibt. Erstaunlich viele Balladen für einen Rock'n'Roller. Aber Johnny Hallyday spielt eben »rock'n'roll français«.

Auf den letzten Metern des Konvois herrscht ergriffenes Schweigen, die Trauerfeier findet in der Kirche La Madelaine nahe der Opéra Garnier statt, hier nimmt das Land schon häufiger Abschied, von Frédéric Chopin, Coco Chanel, Josephine Baker. Vor der Kirche hält Emmanuel Macron eine Trauerrede. »Vous êtes là pour lui, pour Johnny Hallyday«, stellt das Staatsoberhaupt richtigerweise fest – »Sie sind wegen ihm hier, wegen Johnny Hallyday«. Wobei Macron das Pseudonym des zu Honorierenden (sein bürgerlicher Name lautet Jean-Philippe Smet, sein Vater stammt aus Flandern) ausspricht, als wolle er alle Vorurteile, die man gegenüber Englisch sprechenden Franzosen hat, bestätigen: »Jöhnny Öllydöy«. Die Idee dieser »hommage populaire« hat Macron gehabt, bei seiner Rede findet er Worte, die treffend beschreiben, was Hallyday besonders macht: »In jedem Ihrer Leben gab es diesen Moment, in dem eines seiner Lieder genau das wiedergab, was Sie im Herzen fühlten, was wir im Herzen fühlten: eine Liebesgeschichte, eine Trauer, ein Widerstand, die Geburt eines Kindes, ein Schmerz.« Johnny Hallyday sei in das Leben der Franzosen getreten, »durch den Blues, der unser Elend und unser Glück beschreibt, durch den Rock, der unsere Kämpfe und unsere Wünsche beschreibt.« Bemerkenswert, dass Macron keine lupenreine Heldengeschichte vorträgt: »Sie haben ihn glücklich gesehen, Sie haben ihn leiden sehen. Sie haben seine Erfolge und Misserfolge miterlebt. Sie haben gesehen, wie er jeden Winkel des Landes bereiste, an Ihrem Haus vorbeikam, in kleinen Hallen und großen Stadien sang. Sie haben gesehen, wie er mehrmals dem Tod nahe war, und Sie haben um ihn gezittert. Sie haben seine Liebschaften geliebt, Sie haben seine Schwierigkeiten erlebt, und in jedem Moment haben Sie ihm geholfen, weil er wusste, dass Sie für ihn da waren.«

Es ist in Deutschland nicht ungewöhnlich, dass sich die Öffentlichkeit daran ergötzt, wenn ein alter Held fällt. Je tiefer desto besser. Diesen Reflex kennen auch die Franzosen. Am Ende aber, wenn es hart auf hart kommt, stehen sie ihren Idolen zur Seite. Hallyday wird nicht trotz, sondern wegen seines umstrittenen Lebenswandels geliebt. »Denn Johnny war viel mehr als ein Sänger«, sagt Macron vor der Kirche La Madeleine, »er war das Leben, das Leben in all seinen souveränen, blendenden und großzügigen Facetten, und er war ein Teil von uns selbst, er war ein Teil von Frankreich.«

Pathetischer geht es nicht. Aber ist es »exagéré« – »übertrieben«? Nicht, wenn man hört, wie die Hunderttausenden die

Worte ihres Präsidenten bejubeln. Als knapp ein Jahr später das »Mouvement des gilets jaunes« – die Gelbwestenbewegung – ihren lauten Protest gegen Macrons Politik beginnt, wird dieser sich manches Mal an diesen Jubel zurückerinnern.

Zu seinem Künstlernamen kommt Johnny Hallyday, als seine Cousine einen amerikanischen Tänzer heiratet, der sich auf der Bühne Lee Hallyday nennt. Als dieser anfängt, Jean-Philippe »Johnny« zu rufen, ist das Pseudonym gefunden. Johnny Hallyday wird Anfang der 60er Jahre zu einem der größten Stars der Yéyé-Bewegung. Er kann nicht nur gut singen, sondern versteht sich klug zu vermarkten und Kooperationen einzugehen. Ab 1959 läuft in Frankreich die Radioshow *Salut les copains*, benannt nach einem Chanson von Gilbert Bécaud. Der Sendeplatz ist ideal gewählt, denn die Show ist immer donnerstags zu hören, wenn die französischen Kinder damals schulfrei haben – als Kompensation für den samstäglichen Unterricht. Fast jeder zweite Teenager hört die Sendung regelmäßig, man spricht bis heute von der »Génération *Salut les copains*«.

Hallyday, der 1960 mit »Souvenirs, souvenirs« einen ersten Hit landet, ist *der* Star der Sendung, was er mit seinem zweiten Album aus dem Jahr 1961 bekräftigt. Es heißt wie die Sendung *Salut les copains* – ein Schachzug, der noch mehr Sinn ergibt, als 1962 die erste Ausgabe der Zeitschrift *Salut les copains* erscheint. Auf dem Cover der ersten Nummer? Johnny Hallyday, klar. Nach unschuldigen ersten Jahren vermischen sich bald die Musik und sein Privatleben. 1964 leistet Hallyday seinen Militärdienst ab, wie Elvis in Deutschland, jedoch nicht in Friedberg, sondern in Offenburg. 1965 folgt die Heirat mit Sylvie Vartan, auch sie eine Yéyé-Ikone. Eine Traumehe! Ein Jahr später kommt das erste Kind auf die Welt, doch bald sind erste Trennungsgerüchte zu vernehmen, Vartan reicht die Scheidung ein. Zudem wird bekannt, dass Hallyday beim Staat immense Steuerschulden angehäuft hat. Über dem Posterboy der »Génération *Salut les copains*« ziehen dunkle Wolken auf!

Da passt es, dass der Sänger kurz zuvor die französische Ver-

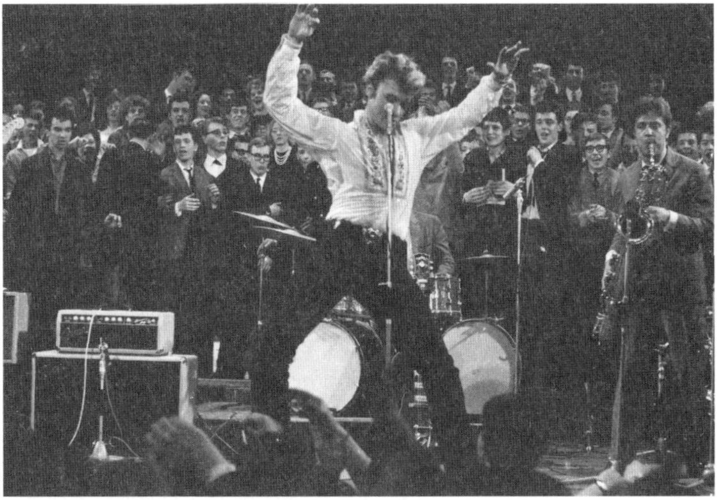

Johnny Hallyday, 1963

sion eines Rocksongs der spanischen Band Los Bravos aufgenommen hat: Aus »Black Is Black« wird bei ihm »Noir c'est noir«, die Lage ist ernst, und als Hallyday nur wenige Tage nach der Session von Sylvie Vartans Scheidungsabsichten hört, unternimmt er einen Suizidversuch. Als die Single erscheint, wird sie ein Hit und führt die Charts für vier Wochen an. Das Stück mit seiner psychedelischen Orgel zeigt einen neuen Hallyday-Sound: scharfkantiger, dunkler, erwachsener. Und die Ehe mit Sylvie Vartan? Renkt sich vorerst wieder ein, zur Scheidung kommt es erst 1980.

Als 1968 in Paris die Studenten auf die Straße gehen und Barrikaden errichten, hält sich Johnny Hallyday bedeckt. Sein Verständnis von Rock'n'Roll ist unpolitisch, sein Thema sind Herz und Seele – nicht das Aufbegehren gegen die Mächtigen. Er verwickelt sich auch später nicht in politische Lagerkämpfe, bleibt damit die Rockfigur für *alle* Franzosen. Einige nennen ihn daher einen Opportunisten. Die meisten seiner Landsleute halten sein Schweigen zu politischen Dingen indes für vernünftig.

Das Schweigen ist jedoch nicht in allen Belangen Hallydays Sache: Mitte der 60er Jahre verklagt ihn sein Kollege Henri Salvador wegen Verleumdung. Hallyday hatte behauptet, Salvador habe 1960 das Publikum gegen ihn aufgebracht, beweisen kann er das allerdings nicht, den Prozess verliert er. Mitte der 70er Jahre muss er sich dann wegen eines mutmaßlichen Aufrufs zur Gewalt gegen die Polizei verteidigen. Deutlich ernster aber sind die Vorwürfe, denen er sich 2003 stellen muss: Hallyday steht wegen des Vorwurfs einer Vergewaltigung vor Gericht, das Verfahren wird nach fünf Jahren eingestellt. 2013 beginnt schließlich ein Prozess, den seine zweimalige Frau Adeline Blondieau anstrengt. Sie will vor Gericht gegen mutmaßliche Diffamierungen in Hallydays Autobiographie vorgehen, beschuldigt ihn im Verlauf des Prozesses einer Vergewaltigung Mitte der 80er Jahre, als sie noch minderjährig ist. Hallyday streitet das vehement ab, verhandelt wird die Anschuldigung nicht, weil der Vorfall längst verjährt ist.

Stress mit seinem Heimatland Frankreich bekommt Johnny Hallyday, als er sich Mitte der 00er Jahre entschließt, wegen der aus seiner Sicht zu hohen Steuerbelastung nach Gstaad in die Schweiz zu ziehen – was ihm, so rechnet es seinerzeit die *Neue Zürcher Zeitung* nach, vier Millionen Euro Steuer pro Jahr spart. Ségolène Royal, damals Präsidentschaftskandidatin der französischen Sozialisten, spricht offen von einem »Steuerkrieg«, den Hallyday und andere reiche Menschen gegen die Republik führten. Vergessen ist die Steuerflucht ins Nachbarland aber spätestens dann, als Johnny Hallyday 2009 in ein künstliches Koma gelegt werden muss. Bei einer vergleichsweise harmlosen Bandscheibenoperation treten Komplikationen auf. Der Chirurg, ein umstrittener Fachmann für Promi-Patienten, muss seine Maßnahme später in den Medien erklären, Hallydays Gesundheitszustand ist schließlich eine Frage von nationaler Bedeutung.

Bei all diesen Dramen ist die Frage berechtigt: Hat dieser Mann überhaupt ein taugliches Rockalbum aufgenommen? Doch, das hat er! Auf dem Cover von *Rivière … ouvre ton lit–*

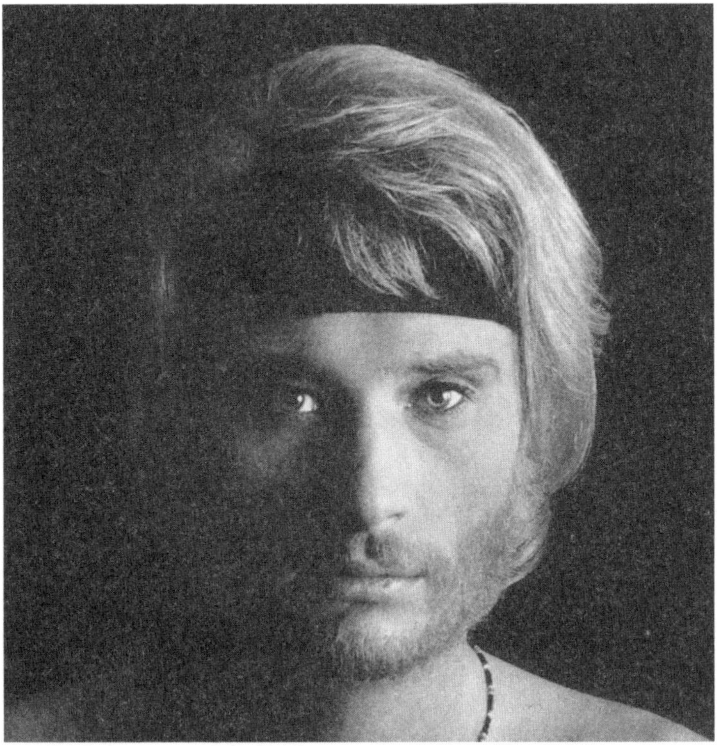

Cover des Albums *Rivière … ouvre ton lit*, 1969

»Fluss … öffne dein Bett«, veröffentlicht 1969, entspricht Hallyday jedem Klischee des französischen Rock'n'Roll. Zu sehen ist ein Posterboy, perfekt frisiert, der Bart akkurat gestutzt, dazu ein breites Stirnband, damit es jeder merkt: Hier ist ein Rockstar zu sehen! Dabei hätte die Platte dieses Posing gar nicht nötig. Hallyday gelingt es, mit Steve Marriott und Ronnie Lane zwei Mitglieder der großen britischen Psych-Rock-Band Small Faces für sein Team zu gewinnen, nicht nur als Musiker, sondern auch als Co-Autoren einiger Stücke. Als Gitarrist hilft Peter Frampton, gemeinsam mit diesen Allstars und seinem langjährigen kreativen Begleiter Mick Jones (nicht der spätere Clash-Gitarrist gleichen

Namens, sondern der Co-Gründer der extrem erfolgreichen US-Hardrockband Foreigner) spielt Hallyday eine furiose Platte ein: psychedelisch, hart, bluesig, melodiös – Furor trifft Gefühl.

Noir Désir

Hält sich Johnny Hallyday zu Lebzeiten einige Male im Vorhof der Hölle auf, steht Bertrand Cantat mittendrin. Dieses Kapitel ist mir in meinem Buch tatsächlich am schwersten gefallen. Weil ich beim Schreiben ständig abwägen musste, wie sehr sich das Werk eines Künstlers von der Person des Künstlers abgrenzen lässt. Wie viel Abgrenzung man zulassen darf. Und inwieweit das, was ein Mensch tut, auch in dem steckt, was er als Künstler erschafft.

Die Musik von Noir Désir zählt zum Besten, was die Rockmusik in den 90er Jahren hervorbringt. Die Karriere der Band aus Bordeaux startet mit punkigem Alternative-Rock und endet mit einer Musik, die auf einzigartige Weise zwischen experimentellem Rock und Chanson schwebt. Als würde in einem Traum Léo Ferré mit Radiohead zusammenarbeiten.

Das (eine frühe EP nicht mitgezählt) dritte Album *Tostaky* aus dem Jahr 1992 ist der erste Höhepunkt der Diskographie, eine unglaublich kompakte, wuchtige Platte. Der Klang wirkt undurchdringlich, die Band spielt, als ginge es um alles, der Sänger Bertrand Cantat singt um sein Leben – hier ist es noch ein *Spiel* am Abgrund. Entdeckt habe ich das Album Mitte der 90er Jahre, über Lionel, einen Freund aus der Bretagne, der mir damals sagt, es sei schwer, diese Musik zu hören, ohne an ihr zu verzweifeln – aber verzweifeln würde man ja auch ohne diese Musik, da könnte man seiner Verzweiflung auch einen Soundtrack geben. Songs wie »Ici Paris« oder »Lolita nie en bloc« wirken magisch auf mich, das Titellied »Tostaky (le continent)« halte ich bis heute für einen der intensivsten Rocksongs überhaupt, auf einem Level mit den Grunge-Hits aus dieser Zeit von Alice in Chains, Pearl Jam oder Soundgarden. »Tostaky« ist der lautmalerische Begriff für den spanischen Ausdruck »todo está aqui« – »alles ist hier«. Im Song singt die Band über die Geschichte und Gegenwart Lateinamerikas, über die Sünden der Kolonialisierung durch die Spanier, die bis heute nachwirken. Noir Désir sind eine dezidiert linke Band, viele ihrer Texte behandeln Aspekte, mit denen man in sozialistischen Kreisen Themenabende gestalten kann.

Mit dem fünften Album gelingt der Band 2001 ein zweites Meisterwerk. Die Stimmung auf »Des visages des figures« ist deutlich ruhiger, Noir Désir haben durch das Studium britischer Bands wie Radiohead oder Elbow gelernt, aus strukturellen Experimenten zwingende Songs entstehen zu lassen. »Des armes« ist die atemberaubende Vertonung eines Gedichts von Léo Ferré, das Titelstück »Des visages des figures« ein textlich schwer durchschaubarer Song über das Leben als Schauspiel. Den Text zum sehr langen Schlusslied »L'Europe« hat Brigitte Fontaine geschrieben, der Hit des Albums ist »Le Vent nous portera« – »Der Wind wird uns tragen«. Das Stück wird geprägt von einer südeuropäisch beeinflussten Gitarre, das Motiv stammt von Manu Chao, mit dem wir uns später im Kapitel »Le folk« beschäftigen werden. Das Lied klingt, als sei es schon seit Jahrhunderten auf der Welt, als begleite es seit Ewigkeiten Menschen, die sich im Aufbruch befinden – ein Lied mit der Kraft eines Gebets, in Form eines Reisesegens. Schnell erzeugt das Stück eine Wirkung über Frankreich hinaus, die deutsche Band Element of Crime spielt es, zu finden auf dem Album *Fremde Federn*, das von der Gruppe eingespielte Coverstücke enthält. Auch die Schweizerin Sophie Hunger nimmt das Lied in ihr Programm auf, es ist Teil ihres Albums *1983* aus dem Jahr 2010 und gehört bei ihren Konzerten zu den Höhepunkten des Abends.

»Le Vent nous portera« ist das Beispiel eines Songs, der sich von seinem Ursprung gelöst hat, der eigene Wege geht. Und wenn das bei diesem einen Stück funktioniert, dann funktioniert das doch auch für das Gesamtwerk von Noir Désir, oder?

Im Herbst 2017 ist Bertrand Cantat auf dem Cover des Musikmagazins *Les Inrockuptibles*. Die kurz *Inrocks* genannte Zeitschrift ist das Zentralorgan der alternativen französischen Musik, Cantat und Noir Désir sind Stars dieser Szene, da ist sein Gesicht auf dem Titel eigentlich keine Überraschung. Dennoch ist der Aufschrei groß. Für viele stellt das Cantat-Cover eine grässliche Provokation dar. Marlène Schiappa, Staatssekretärin für die Gleichstellung von Frauen und Männern, fordert in den Sozialen Medien, man dürfe dies nicht durchgehen lassen, die Zeitschrift *Elle* reagiert auf das Titelbild von *Inrocks*, indem sie ein Cover in ähnlicher Aufmachung gestaltet. Gezeigt wird aber nicht der Rocksänger, sondern die Schauspielerin Marie Trintignant, Tochter des französischen Filmstars Jean-Louis Trintignant – und die Frau, die Cantat »mit seinen Fäusten umgebracht hat«, wie Marléne Schiappa es in ihrem Posting formuliert. Was ist passiert?

Zurück in den Sommer 2003, Marie Trintignant dreht zusammen mit ihrem Bruder Vincent und ihrer Mutter Nadine, Regisseurin und Autorin, einen Fernsehfilm in Vilnius. Marie Trintignant verkörpert Colette, Anfang des 20. Jahrhunderts eine beliebte Schriftstellerin, Bühnenkünstlerin und Journalistin. Mit dabei ist auch Bertrand Cantat, er und Marie haben seit wenigen Monaten eine Affäre, sind aber jeweils noch mit anderen Partnern verheiratet. Am Abend des 26. Juli kommt es in Trintignants Hotelzimmer zu einer Eifersuchtsszene, Auslöser ist eine Textnachricht, die sie von ihrem Ehemann erhält. Cantat, alkoholisiert und unter Medikamenteneinfluss, schlägt ihr mutmaßlich mehrmals auf den Kopf, will sie auf ein Sofa werfen. Sie fällt zu Boden, ist bewusstlos. Er legt sie in ihr Bett. Holt keine Hilfe. Bleibt im Zimmer.

Einige Stunden später, in den frühen Morgenstunden, meldet er sich bei Marie Trintignants Bruder Vincent. Er sagt ihm, er habe seine Schwester geschlagen. Vincent Trintignant eilt ins Zimmer, findet seine Schwester bewusstlos auf dem Bett. Sie wird ins Krankenhaus transportiert, Cantat ist mit dabei. Danach kehrt dieser ins Hotel zurück und versucht, sich mit einem Cocktail aus Beruhigungsmitteln und Antidepressiva das Leben zu nehmen. Er überlebt, wird ebenfalls in Vilnius ins Krankenhaus eingeliefert.

Die Kopfverletzungen von Marie Trintignant verschlimmern sich bald dramatisch. Am nächsten Tag verlegt man sie auf Wunsch ihrer Mutter nach Paris. Wenn sie schon sterben müsse, dann zu Hause. Am 1. August erliegt sie den Folgen eines Hirnödems.

Cantat wird in Polizeigewahrsam genommen. Während er in Vilnius in U-Haft sitzt, fällt das Haus seiner Familie in Bordeaux einem Brand zum Opfer, seine Kinder und seine Ehefrau Krisztina Rády – von der er seit Ende 2002 getrennt lebt – kommen aber glücklicherweise nicht zu Schaden. Der Prozess gegen Cantat findet im Frühling 2004 in Vilnius statt, wegen Totschlags wird er zu acht Jahren Gefängnis verurteilt, im September wird er in eine Haftanstalt in Toulouse gebracht. Cantat sitzt dort die Hälfte seiner Zeit ab, dann wird er wegen guter Führung entlassen. Zu den richterlichen Auflagen zählen eine psychologische Betreuung sowie das Verbot, sich in der Öffentlichkeit über den Fall Trintignant zu äußern. Hintergrund ist eine regelrechte Schlammschlacht der Anwälte und Mitglieder der Familien Trintignant und Cantat im Laufe des Gerichtsprozesses. Marie Trintignants Mutter Nadine wehrt sich in einem öffentlichen Brief gegen die Freilassung, bewertet diese als »negatives Signal«.

Cantat kommt nach seiner Entlassung wieder mit seiner Ehefrau zusammen. 2010 nimmt sich Krisztina Rády im gemeinsamen Haus in Bordeaux jedoch das Leben, sie erhängt sich. Eine Kontroverse entbrennt, ob häusliche Gewalt sie in den Suizid getrieben habe. Das Thema wird in Büchern verhandelt, die feministische Gruppe »Femme et libre« verklagt Cantat. Aber die Staatsanwaltschaft eröffnet kein neues Verfahren. Schließlich verklagt Cantat die Vorsitzende von »Femme et libre« wegen Verleumdung und diese schreibt ein Buch über die »Omertà« rund um Cantat.

Und die Mitglieder von Noir Désir? Schweigen. 2010 erscheint ein neuer Song der Band, als Reaktion auf die Wirtschaftskrise und ihre sozialen Folgen, heißt es auf der Website. Als wäre nichts gewesen. Im November verlässt Gitarrist Serge Teyssot-Gay die Gruppe, einen Tag später verkündet Drummer Denis Barthe das Ende von Noir Désir. Hintergrund soll, so erzählt es der Schlagzeuger später dem Buchautor Marc Besse, ein Treffen gewesen sein, in dessen Verlauf sich Cantat zunehmend als Opfer stilisiert habe: »Als ob Marie auf einem Stück Seife ausgerutscht wäre.«

Die Band ist Geschichte, doch ihr Sänger kehrt Schritt für Schritt zurück. Er schreibt an einer Musik für ein Theaterprojekt, tritt mit Brigitte Fontaine auf, gründet mit Détroit eine neue Band, deren Debütalbum für den Musikpreis »Victoires de la musique« nominiert wird. Le retour de Cantat. Begleitet wird diese Rückkehr von Boykottaufrufen und Protesten.

Sein erstes Soloalbum erscheint 2017, es bringt ihm die oben beschriebene Titelgeschichte im *Inrocks* ein. Der Konflikt erhält immer neues Feuer, ist nicht aufzulösen. Bei jedem Auftritt verweisen die einen auf die schlimme Signalwirkung, die Cantat als Bühnenfigur erzeuge, die anderen auf die Freiheit der Berufsausübung, schließlich habe er seine Strafe abgesessen. Nachdem es zu einer Reihe von Konzertabsagen vonseiten der Veranstalter kommt, kündigt Cantat 2018 an, seine Bühnenkarriere zu beenden.

Die Musik von Noir Désir? Bleibt. Im Schatten.

Von Bertrand Cantat hat man seit der verhängnisvollen Nacht von Vilnius viel gehört, zu viel vielleicht. Marie Trintignant ist tot, aber man kann sie hören, als Gastsängerin an der Seite des Sängers Thomas Fersen. »Pièce montée des grands jours« ist ein sehr lustiger Song über eklige Gerichte in Gefängnissen, die die Insassen zur Flucht treiben. Marie Trintignant singt im Song die ersten Worte: »C'est une nuit conventionnelle, / Un chien aboie, une chouette hulule / Les prisonniers dans leurs cellules / Rêvent de creuser un tunnel« – »Es ist eine ganz normale Nacht, / Ein Hund bellt, eine Eule heult / Die Gefangenen in ihren Zellen / Träumen davon, einen Tunnel zu graben«.

Téléphone

Frankreich ist das Land der Solokünstler. Gründet die Jugend in England, den USA oder auch Deutschland Bands, versucht man es in Frankreich unter eigenem Namen. Hallyday, Dutronc, Polnareff – alles Solostars. Viele beginnen in einer Band, merken aber bald, dass der französische Markt positiver auf Personen reagiert, auf einzelne Gesichter statt auf eine »groupe«. Ausnahmen bestätigten die Regel. Aber selbst die bekannteren französischen Bands der frühen 70er Jahre tun sich schwer. Es ist die Zeit des Progrock – und damit der überkandidelten und virtuosen Gruppen. Die gibt es in Frankreich auch, sie heißen Zoo oder Magma (zu denen später mehr). In den Medien sind sie jedoch unterrepräsentiert. Die Bühne gehört den großen Solisten – hinter denen nicht selten große Apparate stehen, mit Liedschreibern, Arrangeuren, Begleitmusikern, großen Orchestern.

Das ändert sich durch die Punkbewegung. Die Idee lautet: Jeder, der will, darf es versuchen. Auch ohne Plattenvertrag, Förderung und Apparat. Wie in anderen Ländern auch, gründen sich in Frankreich ab 1976 unzählige Bands. Eine von ihnen trägt den Namen Téléphone: Zwei Typen aus Paris namens Jean-Louis Aubert und Richard Kolinka behaupten, eine neue Band gegründet zu haben, Louis Bertignac und Corine Marienneau sind zur richtigen Zeit am richtigen Ort – und schon formiert sich dieses Quartett, das von 1976 bis 1985 zur erfolgreichsten Rockband der Nation wird. Und zur besten auch.

Téléphone lassen sich von englischen und amerikanischen 60s-Bands inspirieren, von The Who und den Rolling Stones. Sie verfolgen aber auch sehr genau, wie in Großbritannien die New-Wave-Szene den Rock verändert, wie es Leuten wie Elvis Costello oder Nick Lowe gelingt, die Traditionen mit einem neuen, schärferen Sound zu kombinieren und den Pop-Appeal nicht zu vernachlässigen. Dazu schreiben sie Lieder über die Zumutungen in der Métro und lange Nächte an Flipperautomaten – fertig ist der »style de Téléphone«. Und der kommt an: Die Gruppe hat noch nicht eine Platte veröffentlicht, da erzeugt sie bei ihren Konzerten ein veritables Chaos, und als sie im Vorprogramm der Paris-Show von Eddie & The Hot Rods auftreten dürfen, stehlen sie ihren Helden die Show. Ihr erstes Album aus dem Jahr 1977 beschließen Téléphone mit dem Stück »Flipper«: »On joue sa vie comme on joue au flipper« – »Man spielt sein Leben wie ein Spiel am Flipper«.

Téléphone spielen Konzerte in Großbritannien, produzieren ihre ersten Aufnahmen in London, zusammen mit Vollprofis und Kennern des New-Wave-Sounds – was dazu führt, dass die Musik der Band keinen melodramatischen Ballast mit sich trägt. Ein Chanson-Erbe ist nicht zu erkennen, Téléphone klingen international, trotz der französischen Texte. Sänger Jean-Louis Aubert verzichtet bei seinen Vocals auf Pathos und sprachliche Exaltiertheiten, er singt ein junges und lässiges Französisch, bedient die Sprache der Jugend. Das gilt besonders für den Hit des zweiten Albums »Crache ton venin« – »Spuck dein Gift aus«, das 1979 erscheint. Das Stück »La Bombe humaine« handelt von der Angst vor dem atomaren Erstschlag zur Zeit des Kalten Krieges, von der lähmenden Paranoia – aber auch davon, dass die eigentliche Gefahr nicht in der Atombombe selbst liegt, sondern eben in »La Bombe humaine«, der »menschlichen Bombe«: »La bombe humaine, c'est toi, elle t'appartient / Tu la tiens dans ta main« – »Die menschliche Bombe, das bist du, sie gehört dir / Du hältst sie in deiner Hand«. Das Mantra am Ende des Songs wird bei den Gigs der Gruppe vielstimmig mitgesungen. Das gefällt wiederum nicht allen Musikkritikern, einige empfinden den Ansatz der Band als zu simpel. Worauf die Musiker entgegnen, sie haben das Gefühl, dass die Musik für die Jugend nicht intellektualisiert werden müsse, nur, weil die Kritik danach verlangt.

Zu Beginn der 80er Jahre steht die Band am Scheideweg. Ihre gigantische Beliebtheit in Frankreich führt zu stereotypen Rock'n'Roll-Geschichten, es geht um Sex und Drogen. Bassistin Corine Marienneau schreitet schließlich ein und – und setzt sich durch: Die Aufnahmen zum dritten Album *Au Cœur de la nuit* finden unter klar definierten Bedingungen statt. Der Qualität der Musik schadet das keineswegs. Die Platte hält das Niveau der ersten beiden LPs. Wieder will die Band mehr: Sie tourt im Vorprogramm von Iggy Pop durch Europa, unterschreibt einen Plattenvertrag beim internationalen Major-Label Virgin, arbeitet für das dritte Album *Dure limite* mit dem Rock-Großproduzenten Bob Ezrin zusammen, lässt für die tolle Single »Ça (c'est vraiment toi)« ein Musikvideo vom angesagten Pop-Regisseur Julien Temple drehen, engagiert kurzzeitig Lou Reed, um englischsprachige Versionen ihrer französischsprachigen Songs zu erhalten – aber alles dies nutzt nur wenig: Téléphone sind Giganten in Frankreich, in anderen Ländern bleiben sie im Exotenstatus stecken. Und Lou Reed? Wird mit seinen Texten nie fertig.

Die Kraft reicht noch für ein letztes Album, *Un autre monde* aus dem Jahr 1984. Téléphone drosseln ihren Rockeinfluss, der Klang ist sauberer und aufgeräumter, bei »New York avec toi« kommt sogar ein Akkordeon zum Einsatz, wenn auch nicht im Musette- sondern im Cajun-Stil der US-Südstaaten. Zum Hit wird die Platte mit Hilfe des letzten Songs, dem Titelstück »Un autre monde«. Musikalisch klingen Téléphone, als hätten sie ihrem typischen Stil eine Portion Dire Straits beigemischt, die Sehnsucht nach »Un autre monde« – »einer anderen Welt« führt zu der Metapher, es sei angebracht, im Schatten der Welt zu tanzen, wenn auch mit der Faust in der Tasche. Danach trennen sich Téléphone – und finden wegen heftiger persönlicher Differenzen (die auch mit alten Liebesbeziehungen innerhalb der Gruppe zu tun haben) nur noch gelegentlich zusammen.

Nach dem Ende der Band ist vor der Solokarriere – doch diese sind keine Selbstläufer. Als Sänger und Star der Band hat es Jean-Louis Aubert am einfachsten, sein Album *Plâtre et ciment!* von 1987 klingt wie eine weichgespülte Hi-Fi-Version des Téléphone-Sounds, ist aber halbwegs erfolgreich. Für das erste Album des Gitarristen Louis Bertignac, bei dessen Begleitband Les Visiteurs Bassistin Corine Marienneau dabei ist, interessiert sich dagegen kaum jemand. Jean-Louis Aubert benötigt bis Anfang der

90er Jahre, um als Solokünstler einen eigenen Sound zu finden, das Album *H* aus dem Jahr 1992 bietet mit »Temps à nouveau« einen Song, der musikalisch und inhaltlich die Téléphone-Geschichte in den 90ern weitererzählt. Im Laufe der Jahre entwickelt Aubert als Singer-Songwriter eine eigene Handschrift, das Album *Roc éclair* von 2007 handelt von Trauer und Verlusten, die Melancholie hat nun einen festen Platz in seiner Musik. Der Hit »Demain sera parfait« handelt vom Versuch, einem todkranken Menschen auf ein perfektes Morgen zu vertrösten, das es vermutlich nicht mehr geben wird. Was seine jüngsten Platten wie das Doppelalbum *Refuge* interessant macht, ist die Dissonanz zwischen der schwelgerischen Musik und seiner weiterhin hohen, beinahe jungenhaften Stimme.

So gut Auberts Alben auch sind: Die beste Post-Téléphone-Platte kommt von Bassistin Corine Marienneau. Sie hat zwar nur ein einziges eigenes Werk aufgenommen, doch ist *Corine* aus dem Jahr 2002 schon deshalb eine Besonderheit im Téléphone-Kosmos, weil die Lieder dieses Albums eine Art von Entspanntheit ausstrahlen, die man als Musikerin dann erreicht, wenn man niemandem etwas beweisen muss.

Eiffel

Dem schnellsten und verspieltesten Stück ihrer Karriere, zu finden auf dem Album *À tout moment* aus dem Jahr 2009, gibt die Band Eiffel den Titel »Ma nébuleuse mélancolique«. Diese »nebulöse Melancholie« kommt zunächst von weit weg auf leisen Sohlen daher, um dem Ich des Songs flüsternd in den Hintern zu kriechen, worauf sich dieses in der Wüste versteckt, was ihm aber auch nichts nutzt.

Eiffel stammen wie Noir Désir aus Bordeaux, Bertrand Cantat taucht bei einigen Stücken als Gastsänger auf. Die großen Vorbilder der Band finden sich außerhalb Frankreichs: erstens die Beatles mit ihren typischen Lennon/McCartney-Harmonien, zweitens die Pixies aus Boston mit ihren Leise-Laut-Dynamiken am Rande des Wahnsinns. Auf ihrem dritten Album *Tandoori* aus dem Jahr 2007 gelingt der Band die Melange besonders gut. »Paris minuit« ist die atemlose Beschreibung der mitternächtlichen Hauptstadt, man wähnt sich beim Hören in einem Roman von Virginie Despentes: Sex und Kamikaze, Fast Food und Fliegen – Paris am Arsch, Paris erleuchtet, Paris lacht und weint, es ist der ganz normale Wahnsinn der Metropole, eingefangen in einem drei Minuten langen Rocksong.

Auf *Tandoori* spielen Eiffel glamourösen Krach und zarte Balladen wie »Rien n'est pour de vrai«, beim finalen »Une à une« kommt das alles zusammen. Auch auf den Alben danach finden sich großartige Songs, mit »Je m'obstine« oder »Chamade« zeigen Eiffel, wie innovativ sich der Geist des Chansons mit Indie- und Psychedelic-Rock verbinden lässt. Eine Klasse für sich ist das Live-Album *Les Yeux fermés* aus dem Jahr 2004, ein Doppelalbum mit einer lauten und elektrifizierten sowie einer ruhigen akustischen Hälfte. Auf dieser trauen sich Eiffel, »Le Plat pays« nachzuspielen, Jacques Brels Hommage an sein geliebtes Flandern. Während Eiffel heute nur noch gelegentlich neue Alben veröffentlichen, ist ihr Sänger Romain Humeau als fester Songwriter und Arrangeur für Bernard Lavilliers unterwegs. Seine Soloalben sind solide, jedoch fehlt ihnen das Feuer der besten Eiffel-Aufnahmen.

Trust

Frankreich und Heavy Metal – da stoßen zwei Welten zusammen. Es gibt zwar eine Metal-Szene im Land, doch gelingt nur sehr wenigen Bands der Sprung raus aus der Region, rein in die Herzen der globalen Community. Einer Gruppe, der dies gelungen ist: Trust. Wobei interessant ist, dass die Pioniere des französischen Hard'n'Heavy in ihrer Muttersprache singen. Die Band gründet sich 1976 in Nanterre, Sänger und Texter Bernard

Bonvoisin ist stark vom Punk beeinflusst, schreibt gegen jede Form von staatlicher Unterdrückung, legt alte Wunden des Vichy-Regimes frei, das viele in Frankreich lieber vergessen würden, provoziert die französische Regierung, die Ende der 70er Jahre Ayatollah Khomeini politisches Exil gewährt, aus dem heraus er die Umwandlung des Iran in eine Islamische Republik plant. »Monsieur Comédie« heißt das Stück, zu finden auf dem zweiten Album *Repression* aus dem Jahr 1980: »Il vivait sous une tente, / Protégé comme une banque / Durant tout son exil, / Il n'a fait que prières / Derrière l'Ayatollah / Se terrait le tortionnaire« – »Er lebte in einem Zelt, / Geschützt wie eine Bank / Während seines gesamten Exils / Betete er nur / Doch hinter dem Ayatollah / Versteckte sich der Folterer«.

Trotz der Ausnahmestellung und Klasse dieser Band verläuft der Karrierestart holprig: Französischsprachige Rockmusik gilt Ende der 70er Jahre als nicht besonders erfolgsträchtig. Beim Label Pathé entschließt man sich, lediglich eine Gitarrengruppe mit einem besonderen Marketingbudget zu fördern. Die Wahl fällt auf Téléphone, die erste Single von Trust wird dagegen kaum beworben. Ihren Marktwert steigert die Band erst, als sie mit AC/DC auf Tour geht; Bon Scott ist erklärter Trust-Fan.

Auf den ersten Alben spielt die Band mit Folk-, Pop- und sogar Disco-Elementen, ihr größter Hit »Antisocial« vom Album *Repression* beginnt mit einer Akustikgitarre, bevor die Band in bluesigen Hardrock übergeht und Bernard Bonvoisin seine Lyrics über einen Ausgestoßenen singt. Ende der 80er Jahre covert die US-Band Anthrax das Stück, schreibt dafür einen englischen Text und sorgt dafür, dass »Antisocial« zu einem globalen Metal-Klassiker wird.

Heftig gestritten wird um den Song »Le Mitard« mit einem Text von Jacques Mesrine, ein notorischer Gewaltverbrecher aus Paris, bekannt als »ennemi public numéro un« oder auch als »l'homme aux mille visages« – »der Mann mit den tausend Gesichtern«. Er verstarb 1979 im Kugelhagel der Polizei, zu Lebzeiten schreibt er nicht nur lyrische Fragmente, sondern auch bereits an seiner Biographie. »Le Mitard« – »die Arrestzelle« ist ein Gedicht über das Leben in Einzelhaft, an einem Tag im Jahr 1976, im Gefängnis von Fleury-Mérogis, südlich von Paris: »Où j'existais si peu / Que je n'étais même pas ›personne‹« – »Wo ich so wenig existierte, dass ich nicht einmal ein ›niemand‹ war«.

Dionysos

Wer von Lyon aus mit dem Auto in Richtung Avignon fährt, passiert auf halber Strecke Valence, eine Stadt mit knapp 65 000 Einwohnern, bezeichnet als »Tor zur Provence«, anders gesagt: Hier beginnt der Süden. Eine Gruppe junger Menschen aus dem städtischen Gymnasium schaut Anfang der 90er Jahre jedoch in eine andere Himmelsrichtung. Der Blick führt nach Westen, wo sich in 6000 Kilometern Entfernung an den Colleges der amerikanischen Ostküste eine Reihe Bands gründet, die eine Musik spielen, die es in Frankreich nur sehr selten gibt: Indierock – ein Genre, in dem der Lärm von Gitarren und seltsame Soundeffekte auf himmlische Melodien treffen. Es ist die große Zeit des Alternative-Rock, angefeuert vom Erfolg der Grunge-Szene in Seattle sind auch die eigenwilligen Bands aus Boston, New York oder Washington D. C. erfolgreich.

Die Platten von Gruppen wie den Pixies, Sonic Youth, Dinosaur Jr. oder Sebadoh werden auch auf dem Schulhof des Lycée Camille Vernet in Valence herumgereicht, vier Schüler beschließen, es nicht nur beim Hören zu belassen, sondern eine eigene Indierockband zu gründen. Eine Gruppe, die klingt wie die Vorbilder aus den USA. Weshalb man zunächst einmal englische Texte schreibt. Der Name der Gruppe: Dionysos, benannt nach der Gottheit der Fruchtbarkeit, des Weins und der Ekstase – Sex & Drugs & Rock'n'Roll, das passt doch wunderbar. Was damals, 1993, noch niemand ahnt: Dionysos werden im Laufe der Jahre eine Wende um 180 Grad hinlegen. Klingt die Band zunächst überhaupt nicht französisch, entspricht sie später der Vorstellung einer Rockband aus Frankreich. Dass sie auf diesem Weg einem roten Faden folgen, belegt, wie außergewöhnlich gut Dionysos sind.

Nach drei Lärmplatten lernt Sänger Mathias Malzieu 1997 die Violinistin Élisabet »Babet« Ferrer kennen und fragt sie, ob sie nicht Lust hätte, Teil der Gruppe zu werden. Sie sagt zu, traut sich früh ans Mikro und zeigt als Co-Sängerin ihr Talent, die höchsten Register zu erreichen. Das Wechselspiel der Stimmen wird zum zentralen Element der Band, erstmals perfektioniert auf dem Album *Haiku* aus dem Jahr 1999. Dionysos nehmen die Songs in San Francisco auf, ein Privileg für eine Indierockband aus Frankreich. Es gibt allerhand charmanten Krach auf dem Album, Songs, die »Asshole Car Orchestra« heißen und auch so klingen.

Ihr großes Talent zeigen Dionysos bei den Balladen, aufgenommen mit Unterstützung eines Streichquartetts. Das Lied »45 Tours« ist eine Hommage an die Vinyl-Single, die mit 45 Umdrehungen pro Minute auf dem Plattenspieler läuft. Beim Text begnügt sich Mathias Malzieu mit wenigen Zeilen, die er wiederholt. Eine für französische Musiker sehr ungewöhnliche Vorgehensweise, den meisten geht es ja eher darum, in einem Chanson möglichst den Inhalt eines ganzen Romans unterzubekommen. Dionysos inszenieren sich dagegen bewusst als cool und lässig – es ist die Zeit der Slacker: Der Sound der Aufnahme scheppert, bei einem Auftritt in einer französischen TV-Sendung Ende der 90er Jahre gewinnt man den Eindruck, die Band spiele nicht ihren tollen Song »45 Tours«, sondern langweile sich im Biologieunterricht.

Mit »Poissons = stickers« gelingt der Band ein weiteres Wahnsinnslied: Zur Geige von Babet Ferrer singt Mathias Malzieu über Fische, die durch ihre Tränen den Fluss zum Überlaufen bringen, um dann lächelnd im Hafen zu verrecken, wobei sie wie Sticker auf den Steinen festkleben. Kein schönes Szenario, Malzieu nutzt es für seine eigenartige Poesie: Er löst die Fische vom Boden, verziert mit ihnen sein Notizbuch. Es ist offensichtlich, dass Dionysos weniger daran interessiert sind, konventionelle Texte zu schreiben: Ihnen geht es darum, surreale Welten zu erschaffen.

Im Jahr 2002 fliegt die Band erneut in die USA, um in Chicago beim Lärmspezialisten Steve Albini aufzunehmen. Das Album *Western sous la neige* wird zum Klassiker des French-Indierock, was an Songs wie »Tokyo Montana« oder »Petit Colorado« liegt, die mit amerikanischen Sehnsüchten spielen. Es gibt ein Lied über den »Coiffeur d'oiseaux« – ein Mädchen, das sich als »Vogelfrisör« bezeichnet: Sie versteckt sich in den Ästen, stutzt die Federn der Vögel, woraufhin diese gegeneinander fliegen und schließlich in den Speichen eines Fahrrads landen. Zum Hit des Albums wird der »Song for Jedi«, die Strophen auf Französisch getextet, den Refrain auf Englisch. Im Stück geht es um Rollenspiele in der Kindheit, um erste Begegnungen des Möchtegern-Jedis mit einer Möchtegern-Fee, um Stromstöße und lange Küsse, vieles bleibt vage, dennoch entsteht das Bild einer nostalgischen Kinderwelt.

Kurz darauf startet Mathias Malzieu eine zweite Karriere als Schriftsteller. Viele, die sowohl Songtexte als auch Romane und Erzählungen schreiben, legen Wert darauf, die beiden Welten strikt zu trennen. Bei Malzieu dagegen werden Songs und Geschichten von wiederkehrenden skurrilen Wesen bevölkert. 2005 erscheint das Album *Monsters in Love*, die Figur des »Giant Jack«, die in mehreren Liedern auftaucht, findet sich auch in seinem Roman *Maintenant qu'il fait tout le temps nuit sur toi.* Bevor Malzieu die Texte für das Album schreibt, verstirbt seine Mutter. Er widmet ihr die ausufernde Hymne »Neige«, deren Melodie man, einmal gehört, nicht mehr aus dem Kopf bekommt. Zur Vertonung der Texte entwickeln Dionysos eine neue Klangwelt, in der es zugeht, als bewege man sich in einem seltsamen Spielzeugladen, der sich nach und nach in eine Geisterbahn verwandelt. Die Musiker bedienen Fahrradklingeln und Spielzeuggitarren, Babet Ferrer und Mathias Malzieu erzählen dazu skurrile Geschichten wie zum Beispiel die von »La Métamorphose de mister chat«, einem sehr seltsamen, lustigen und eingängigen Stück, das ein großer Hit wird. Im Text verwandelt eine Hexe den Protagonisten in eine hässliche Straßenkatze, die über den Dächern herumstreunt und merkt, wie schwer das Leben als Katze ist: »Même mes amis me crient: / ›Ta gueule le chat‹« – »Sogar meine Freunde rufen mir zu: / ›Halt die Klappe, Katze!‹« Während Malzieu die Katze gibt, übernimmt Babet Ferrer mit hochgepitchter Stimme die Rolle der Hexe, Dionysos inszenieren das Lied bei ihren Konzerten wie ein Theaterstück, das Publikum übernimmt dankbar die Rolle der schimpfenden Freunde, die Worte »ta gueule le chat« entwickeln sich zum Schlachtruf.

Zwei Jahre später erreicht die Verzahnung von Pop und Literatur ihren Höhepunkt: Fast zeitgleich erscheinen das Album *La Mécanique du cœur* und das gleichnamige Buch. Malzieu erzählt die Geschichte von Little Jack, der im schottischen Edinburgh am kältesten Tag aller Zeiten geboren wird, weshalb sein Herz eingefroren ist. Die Amme Madeleine treibt das Herz mit Hilfe einer Kuckucksuhr an, die sie ihm auf die Brust näht. Bald bläut sie Jack ein, aufgrund des schwachen Herzens im Leben drei Dinge zu beachten: niemals den Zeiger der Uhr zu berühren, sich nicht zu sehr aufzuregen und – ganz wichtig – sich nicht zu verlieben. Klar, dass das nicht funktioniert.

Für das Album finden Dionysos eine Reihe von Gaststimmen, darunter Alain Bashung und den ehemaligen Fußballer Éric Cantona sowie Stars der Nouvelle Scène wie Arthur H oder Olivia Ruiz, von 2005 bis 2010 die Lebensgefährtin von Mathias Malzieu. Das Album ist durchzogen von märchenhaften Uhren- und Spieluhrengeräuschen und ist, obwohl es in Schottland spielt, ein sehr französisches Werk: poetisch und surreal, romantisch und dramatisch. Eine Umsetzung der Geschichte als Animationsfilm liegt auf der Hand und wird 2013 mit Luc Besson als Co-Produzent realisiert. Dionysos haben nun große Pläne: eine Tour, die Film- und Konzerterlebnis verbindet, danach dann ein Puppentheaterstück auf Basis eines weiteren Romans, inklusive eigens dafür hergestellter Pralinen aus dem Hause der

Pariser Chocolatiers Hugo & Victor vom Boulevard Raspail. Doch so leicht lassen sich Phantasie und Realität nicht verbinden: Als viele der Ideen scheitern, schaltet die Band einen Gang zurück.

Le punk

Stinky Toys, Métal Urbain, Bérurier noir, Ludwig von 88, Les Garçons Bouchers, Pigalle, Les Wampas, Elmer Food Beat

Punk français unterscheidet sich von dem deutschen oder britischen Punk nicht allein durch die Sprache. In den Texten kombinieren viele Bands Nonsens mit Protest, den Rhythmus gibt häufig kein Schlagzeuger vor, sondern eine Drummaschine.

Die Concorde hat mit Punk so wenig zu tun wie ein Bergdorf in der Auvergne mit dem Trubel von Paris, und doch spielt das Überschallflugzeug, das ab 1976 die Linie Paris – New York bedient, bei der Entstehung von French Punk eine gewichtige Rolle. Zwischen den zwei Metropolen in Frankreich und den USA kommt es in dieser Zeit zu einem intensiven kulturellen Austausch, angetrieben von luxuriöser Dekadenz. Die New Yorker stehen auf die Europäer, auf ihre guten Manieren, ihre Adelstitel, ihre Historie – und natürlich ihr Geld. Na, und die Europäer stehen auf das leicht Kaputte, dennoch Glamouröse von New York City. »Eurotrash« nennt man die Kultur der Europäer, die gerne mit der Concorde von Paris aus nach New York fliegen, um dort ihre Wochenenden zu verbringen. Man interessiert sich für alles, was außergewöhnlich und laut ist, und wenn es den Anschein erweckt, Kunst zu sein: umso besser.

Punk ist außergewöhnlich. Punk ist laut. Und Punk ist Kunst. Also holt der »Eurotrash« den Punk nach Paris, wo er – da sind sich die Zeitzeugen einig – etwas früher aufschlägt als in London. Marc Zermati, geboren in Algerien, seit den 60er Jahren in Paris zu Hause, gilt als die zentrale Figur der frühen Punkszene der Stadt. Er managt Bands, betreibt einen Plattenladen, veranstaltet Konzerte und Festivals, verbindet die Protagonisten miteinander. Eine der Gruppen, die er betreut, sind die Stinky Toys, gegründet 1976, wir haben die beiden zentralen Figuren Elli und Jacno schon im Kapitel »Le pop« kennengelernt. Der Sound der Band unterscheidet sich kaum von den amerikanischen und britischen Vorbildern, die Texte sind auf Englisch, Elli zeigt als Sängerin viel Mut bei wenig Melodiegefühl, Jacno spielt seine Gitarre wie die wilderen Pub-Rock-Bands aus England. Dass die Stinky Toys den Sound des Punkrock nur als Zwischenstation betrachten, zeigt etwa »Uruguayan Dreams«, ein akustisches Latino-Stück mit Saxophon, das zum Pogo denkbar ungeeignet ist.

Prägender für die spezielle französische Punkvariante ist die Band Métal Urbain, die sich ebenfalls 1976 in Paris formiert. Das Besondere: Die Gruppe hat keinen Drummer, den Job übernimmt eine Rhythmusmaschine. Was dazu führt, dass der Punk von Métal Urbain nur wenig mit dem Punkrock von den Ramones aus New York oder The Clash und den Sex Pistols aus England zu tun hat. All diese Gruppen haben Drummer, die hart, schnell und laut spielen. Métal Urbain setzen ihr Elektroschlagzeug dagegen ein, wie es Lou Reed 1975 bei seinem Album *Metal Machine Music* getan hat. Denn wenn die Texte von gesellschaftlicher Kälte und Kaputtheit handeln, dann sind doch Büchsenbeats viel passender als ein Rockschlagzeug. »Panik« heißt die erste Single der Band, und weil Drumcomputer im Aufnahmejahr 1977 noch nicht sehr leistungsfähig sind, klingt der Rhythmus dünn. Über ihm sind eine sägende Gitarre und paranoide Vocals zu hören – ein anstrengendes, aber hoch intensives Hör-

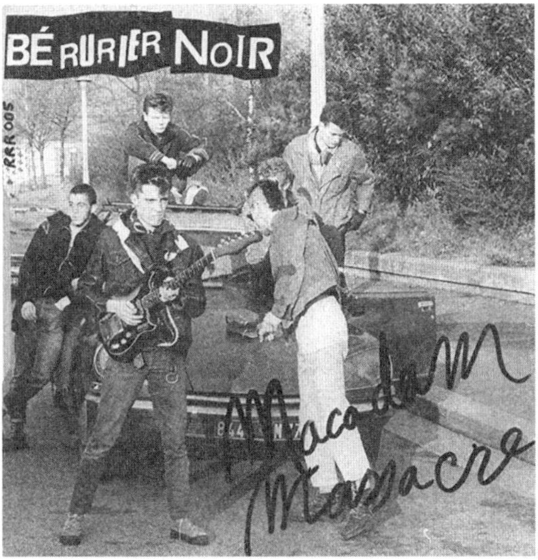

Cover des Albums *Macadam massacre* von Bérurier noir, 1984

erlebnis. Bemerkenswert ist, dass Métal Urbain in England ihre Fans finden, in Frankreich aber ein Geheimtipp bleiben – ein Umstand, der den Enthusiasmus der Gruppe bremst. Das erste Album *Les Hommes morts sont dangereux* erscheint erst 1981, danach widmen sich die Mitglieder anderen Projekten.

Métal Urbain bleiben also eine kurzlebige Erscheinung, geben dem *punk français* aber eine Blaupause an die Hand: Für viele der Punkgruppen, die sich in den frühen 80er Jahren gründen, gehört die Rhythmusmaschine zum Standard. Wobei die Gruppen ihre elektrischen Drums so gerne haben, dass sie ihnen sogar Namen geben. »Dédé« heißt das Gerät der Pariser Band Bérurier noir, gegründet im Umfeld der Hausbesetzerszene. Nach turbulenten Anfangsjahren, unterbrochen von Militärdiensten, wird ausgerechnet ein als Abschiedskonzert geplantes Event 1983 zum Kick-off für die Karriere: Die Band schrumpft zum Duo, spielt maskiert, entwickelt aus einer zunächst kalten und rauen Atmosphäre eine elektrifizierende Partystimmung. »Théâtre de force« nennen die beiden Musiker Fanfan und Loran ihren Ansatz: Krafttheater. Die Energie der Liveshows spricht sich herum, und wer in der Szene etwas auf sich hält, muss »Les Bérus«, wie die Band genannt wird, erlebt haben.

Das erste Album *Macadam massacre* erscheint 1984, Fanfan und Loran gelingt es, die Kraft der Konzerte ins Studio zu übertragen, was auch daran liegt, dass das Duo keine Scheu vor dem Einsatz allerhand ungewöhnlicher Instrumente wie Dudelsäcken oder von sehr simplen Refrains hat: Die »Laï -laï -laïs« bei »Vive le feu« muss man nur einmal hören, um sie nie wieder zu vergessen.

Das gilt auch für den berühmtesten Song der Band: »L'Empereur Tomato-Ketchup«, inspiriert vom japanischen Skandalfilm *Emperor Tomato Ketchup* aus dem Jahr 1971. Er handelt davon, wie sich Kinder nach der Machtergreifung an den Erwachsenen rächen, gezeigt anhand von bizarren Gewalt- und Sexexzessen, die dafür sorgen, dass der Film ein Dasein in den »Giftschränken« fristet – bis das Internet ihn entdeckt. Bérurier noir machen aus der Rachephantasie einen Song, der trotz seiner sehr eindeutigen Sprache deutlich weniger verstörend ist als der Film – und einen dieser typischen Mitgrölrefrains bietet, für die »Les Bérus« so geliebt werden.

Im Fahrwasser von Bérurier noir gründet sich mit Ludwig von 88 eine zweite Punkband, die unter Zuhilfenahme eines Drumcomputers rasanten und anarchischen Punk aufnimmt. Was hinter dem ungewöhnlichen Namen steckt, darüber wird lange spekuliert. Der Verweis auf Beethoven könnte mit dem in der Punkszene sehr beliebtem Film *A Clockwork Orange* von Stanley Kubrick (1971) zu tun haben, in dem Beethovens 9. Symphonie eine bedeutende Rolle spielt. Die 88 regt als Zahl die Phantasie an, bei vielen gilt sie als ironischer Kommentar der linken Anarchoband auf den 88-Fetisch der Neonazis. Ludwig von 88 klingen noch schriller als ihre Vorbilder, die Band spielt Punk und Comedy, Mittelalterklänge und zwischendurch Songs mit echtem Pop-Appeal. »Club Med« vom vierten Album *Tout pour le trash* zum Beispiel ist ein partytauglicher Skasong, »Twist à Koweit City« eine Rock'n'Roll-Nummer mit Beach-Boys-Gesängen. Wer schnellen Punk für Pogofeten sucht, höre die Songs »Louison Bobet« oder »Guerriers Balubas«, beide zu finden auf dem zweiten Album *Houlala 2: La Mission.* Das Mini-Album *Sprint* aus dem Jahr 1988 wiederum ist die einzige Punkplatte der Welt, die sich den Olympischen Spielen widmet – wie immer bei den frühen Ludwig von 88 wird das Rhythmusgerät aufs höchste Tempo gestellt, bis die Büchse zu qualmen beginnt.

Vielleicht werden Sie sich an dieser Stelle fragen, ob es beim French Punk gar nicht um Bier geht, eines der großen Themen des deutschen Punks. Auftritt Les Garçons Bouchers: Die Metzgerjungen beginnen ihre Karriere 1986 standesgemäß mit dem Song »La Bière«, in dem es um bestimmte Folgeerscheinungen des Bierkonsums geht, die sehr ausführlich vorgetragen werden, mit der heiseren Schlachtermeisterstimme des Sängers François Hadji-Lazaro, einer schillernden Persönlichkeit des Punk und später des französischen Kinos. Seine Erscheinung – Glatze und eine gewisse Körperfülle – ist markant, seine politische Einstellung kompromisslos links, beeinflusst vom Vater, einem Widerstandskämpfer gegen die deutschen Besatzer. Mit Les Garçons Bouchers bringt er Klassenkampf, Saufen und sehr schwarzen Humor auf einen Nenner, zu erleben vor allem dann, wenn die Gruppe Musikrichtungen wie Rap oder den damals schwer angesagten Tanz Lambada durch ihren bandeigenen Fleischwolf dreht: Der Song »Lambada on n'aime pas ça« zum Beispiel ist ein großer Spaß.

Bald gründet François Hadji-Lazaro, der mehr als ein Dutzend Instrumente spielt, das Projekt Pigalle, das sich der Musik mit größerem Ernst widmet und eine Mischung aus Chanson, Musette und Alternative Rock spielt. Der große Hit der Band ist »Dans la salle du bar-tabac de la rue des Martyrs« aus dem Jahr 1990, benannt nach der Straße, die von Paris ins ehemals eigenständige Dorf Montmartre führt, geprägt vom Vergnügungsviertel rund um die Place Pigalle, das der Gruppe ihren Namen gegeben hat. Im Text des Liedes lässt François Hadji-Lazaro die romantisierte Vorstellung des Rotlichtmilieus auf die Realität mit Junkies und bitterer Armut treffen, das Lied entwickelt sich zur Hymne des Viertels, repräsentiert durch den Sänger, der wie kein zweiter für das authentische Paris steht. So überrascht es nicht, dass François Hadji-Lazaro für den Film entdeckt wird. 1995 ist er Teil des Ensembles von *Die Stadt der verlorenen Kinder* (Regie: Jean-Pierre Jeunet und Marc Caro), 2000 spielt er bei der Serienumsetzung von *Les Misérables* mit. Nachdem er bis Mitte der 10er Jahre Soloalben im Stil alter französischer Arbeiter-Chansons aufnimmt, zieht er sich wegen gesundheitlicher Probleme zurück. Er verstirbt im Februar 2023 in Paris, im Alter von 66 Jahren.

Zurück zum Punk: Les Wampas, gegründet 1983 in Paris, spielen eine Variante, die stärker von Rockabilly und Surf-Rock beeinflusst ist. In den 80er und 90er Jahren nimmt die Band großartige Platten auf, die in Frankreich aber nicht die Aufmerksamkeit erhalten, die sie verdienen. Das ändert sich 2003, als Les Wampas einen Plattenvertrag bei einem großen Label unterschreiben, in den Charts landen und im Radio gespielt werden. Das Erfolgsalbum trägt den Titel *Never Trust a Guy Who After Having Been a Punk Is Now Playing Electro* und bezieht sich auf Ex-Punk-Kollegen, die nun Teil des Establishments sind. Im Song »Manu Chao« bekommt nicht nur dieser eine Breitseite ab, sondern auch die ehemaligen Folk-Punks Louise Attaque – über beide schreibe ich im Kapitel »Le folk«. Dass der Song der Wampas nach geradegebügeltem Punkrock klingt und die Platte beim gleichen Label erscheint, auf dem auch Louise Attaque veröffentlichen, soll nicht verschwiegen werden. Wobei der Sänger und Texter der Band, Didier Wampas (echter Nachname: Chappedelaine) eher ein Spaßvogel als ein unerbittlicher Provokateur ist.

Wer die wahre Qualität der Wampas entdecken will, sollte sich den älteren Platten widmen. Dem dritten Album *Les Wampas … vous aiment* zum Beispiel, das den Punk-Partyklassiker »Puta« sowie den Hit »Petite fille« enthält und klingt, als hätten die Punks aus Paris eine Garage in Liverpool gekapert. Sollten Sie nach dem Hören denken, alles schön und gut, aber der Typ am

Mikro, der kann ja gar nicht singen: Das sagen Les Wampas auch. Weshalb sie T-Shirts gestalten, auf denen steht: »Le chanteur des Wampas chante faux (mais c'est fait exprès)« – »Der Sänger der Wampas singt falsch (aber das ist Absicht)«.

Sollten Sie an einer Art französischer Variante der deutschen Band Die Ärzte interessiert sein, werden Sie Gefallen an Elmer Food Beat finden, gegründet Ende der 80er Jahre in Nantes. Der Name verweist auf Elmer Fudd, der glücklosen Jägerfigur aus dem Cartoon-Kosmos von Bugs Bunny. Eine Gruppe, die sich so benennt, bekennt sich zum Humor. Und den gibt's bei Elmer Food Beat reichlich. Ihr erstes Album erscheint 1990 und trägt den Titel *30 cm*, es enthält ein Lied über ein Mädchen an der Kasse der Supermarktkette »Leclerc«, dazu Stücke über Mädchen und Frauen, die »Linda«, »Brigitte« oder »Daniela« heißen. Der Song über »La grosse Jocelyne« ist genauso ein Bodyshaming-Blödsinn wie das Ärzte-Lied über Elke, das diese aus guten Gründen nicht mehr spielen. Elmer Food Beat machen aus ihrem simplen Ansatz keinen Hehl: Man interessiere sich eben für Mädchen, sagt Sänger Manou – Nachnamen spielen bei dieser Band kein Rolle – in einem Interview mit der Regionalzeitung *Le Pays*, und sehe sich damit in der Tradition des »Chanson grivoise«, einer Form des Chansons, das volkstümliche Eigenschaften besitzt und textlich freizügig daherkommt – wobei es diese »Chansons grivoises« nicht darauf anlegen, die sexuelle Wonne zu preisen, sondern den Vollzug zu karikieren. Weniger als um die Lust geht es ums Beschämen. Und Fremdschämen.

Bei allem Nonsens, über den Elmer Food Beat singen: Ein Song erzeugt in Frankreich eine große gesundheitspolitische Wirkung. »Le Plastique c'est fantastique« ist ein perfekter Werbesong für den Gebrauch von Kondomen. Der sehr eingängige Refrain des Gute-Laune-Songs über Verhütung hat einen Refrain, der wie ein Werbejingle klingt: »Nous l'affirmons sans complexe, / Nous sommes adeptes du latex / Le plastique, c'est fantastique, / Le caoutchouc, super doux« – »Wir sagen es ohne Komplexe, / Wir sind Anhänger von Latex / Plastik ist phantastisch, / Das Gummi ist superweich«. Als das Gesundheitsministerium auf die gute Idee kommt, den Song für eine Kondomkampagne an den Universitäten zu verwenden, steht kurz der Verdacht im Raum, Elmer Food Beat hätten »Le Plastique c'est fantastique« als Auftragsarbeit für die Regierung geschrieben Eine Punkband, die fürs Ministerium schreibt, wo gibt's denn sowas? Die Band kann jedoch belegen, dass das Lied bereits existierte, als von der Kampagne noch keine Rede war.

Le rock et le punk. Dix de plus

1. Charlélie Couture

Wer denkt, dem französischen Rock fehle es an Blues und Rauheit, sollte Charlélie Couture entdecken. Der in Nancy geborene Künstler bekennt sich zum »Multisme«, heißt: Er betrachtet sein Leben als Summe diverser Künste, neben der Musik ist es insbesondere die Malerei. Sein erstes großes Statement ist das vierte Album *Poèmes rock* aus dem Jahr 1981. Das Stück »Comme un avion sans aile« wird ein kleiner Hit, Couture zeigt hier, dass er sich auch auf Balladen versteht. Mit »Local rock« vom Album *Crocodile.* gelingt ihm 1983 ein Song über ein Thema, das selten behandelt wird: Das Stück ist eine Hommage an die lokalen Rockszenen, die trotz aller Widerstände weitermachen, wohlwissend, dass die Strukturen nicht für sie geschaffen sind, sondern für die Mitglieder von Tennis- und Bridge-Clubs.

2. Diabologum

Krach aus Toulouse: Diabologum beginnen ihre Karriere Anfang der 90er Jahre als Indierockband amerikanischer Prägung, die ersten beiden EPs finden sich zusammen auf der Compilation *L'Art est dans la rue*. Mit den Jahren wandelt sich der Sound, 1996 ist die Metamorphose auf dem Album *#3 (Ce n'est pas perdu pour tout le monde)* abgeschlossen: Nun gehören auch Hip-Hop und Post-Rock zu den Zutaten der Band, das Stück »De la neige en été« wird dank seiner Unruhe und Dringlichkeit zu einem Klassiker des französischen Gitarren-Undergrounds. Diabologum trennen sich nach diesem Album, Sänger Michel Cloup macht solo weiter, veröffentlicht 2013 das Album *Ici et là-bas* mit dem 14 Minuten langen Epos »Une adresse en Italie« als Höhepunkt. Der zweite Sänger Arnaud Michniak gründet Anfang der 00er Jahre die Band Programme, die ähnlich wie Diabologum Hip-Hop mit experimentellem Rock kombiniert, das Album *L'Enfer tiède* aus dem Jahr 2002 ist dank wuchtiger Songs wie »N'importe quoi pour n'importe qui« eine intensive Hörerfahrung.

3. Feu! Chatterton

Der Band aus Paris gelingt 2015 auf ihrem Debütalbum *Ici le jour (à tout enseveli)* ein eindrückliches Lied über das Unglück der Costa Concordia, bei dem im Januar 2012 32 Menschen starben, nachdem der Kapitän ein riskantes Manöver hingelegt hatte und von Bord gegangen war, bevor die Evakuierung abgeschlossen war. Das Stück »Côte Concorde« macht aus der Katastrophe ein poetisches Ereignis, grandios gesungen von Arthur Teboul, einem Sänger, der weiß, was zu tun ist, um das Publikum in seinen Bann zu ziehen. Drei Alben hat die Band veröffentlicht, alle finden eine Balance zwischen Indierock und Chanson-Traditionen. Die Platte *Palais d'argile* besitzt einen etwas elektronischeren Klang und findet auch international Beachtung. Wie sehr sich Feu! Chatterton in der Tradition des French Pop sehen, zeigen übrigens ihre Coverversionen von Vanessa Paradis' »Joe le taxi« und Nino Ferrers »Le Sud«.

4. Luke

Der Band aus Paris gelingt mit dem ersten Song ihres ersten Albums etwas, wofür andere Gruppen ein Leben benötigen: ein perfekter Gitarrenpopsong. Bei »Se taire« perlen die Gitarren, haucht Sänger Thomas Boulard eine sehnsüchtige Melodie über das Ende einer Beziehung: »On est peut-être à court de haine / On est peut-être en bout de soi / Admets la fin du combat« – »Vielleicht sind wir am Ende unseres Hasses / Vielleicht sind wir am Ende von uns / Gib das Ende des Kampfes zu«. *La Vie presque*, das erste Album von Luke aus dem Jahr 2011, ist durch und durch melancholisch, drei Jahre später legt die Band auf *La Tête en arrière* die Schwermut ab, der Gitarrenrock klingt kämpferischer, aber nicht weniger emotional. Wenn Sie schon immer wissen wollten, wie eine Strokes-Platte mit einer Chanson-Imprägnierung klingen könnte – dieses Album ist für Sie gemacht. »Le Sentinelle« ist der Hit der Platte, Thomas Boulard singt über Brandstifter und Bestien, Totengräber und die Hölle – solche Dinge thematisieren die Strokes eher nicht. Das dritte Album *Les Enfants de Saturne* gleitet dann und wann in den Punk über, hält am Ende das beste Stück von Luke bereit: »D'où vient le vent« – »Wo der Wind herkommt«. Keine elektrischen Gitarren, kein schnelles Schlagzeug, zu Akustikgitarre und Klavierakkorden singt Thomas Boulard über Lebenslust und Lebensfrust: »Oh mon Dieu qu'est-ce qu'il te reste / Faire l'impossible ou disparaître quand même« – »Oh mein Gott, was bleibt dir noch? / Das Unmögliche zu tun oder trotzdem zu verschwinden«.

5. Les Innocents

Die Gruppe trägt ihren Namen nicht ohne Grund: Wirklich gefährlich klingen Les Innocents aus Paris nicht, ihre Rockmusik ist in der Regel akustisch und melodieselig. Das Album *Fous à lier* wird 1992 ihr erster Erfolg, die Lieder »Un homme extraordinaire« und »L'autre finistère« entwickeln sich zu Radiohits. Etwas mehr Druck entwickelt die Band 1995 auf dem Album *Post-partum*, bei Stücken wie »Un monde parfait« klingen Les Innocents noch mehr als sonst wie eine Collège-Version der Beatles.

6. Mendelson

Die Band gründet sich 1994 in Paris und spielt bis zur Trennung 2021 experimentelle, ruhige und grenzenlose Gitarrenmusik. Ihre beste Platte erscheint 2007: *Personne ne le fera pour nous* enthält das elfeinhalb Minuten lange Stück »1983 (Barbara)«, bei dem Sänger Pascal Bouaziz im Sprechgesang an seine Kindheitsliebe zu Barbara erinnert, dazu an das Leben damals, mit Kunstdrucken von Picasso an den Wänden, Schwarz-Weiß-Fernsehern, dem heimlichen Sex seiner Mutter mit ihrem Liebhaber, kurz bevor der Vater nach Hause kommt. Der Text ist eine melancholisch-nostalgische Reportage, die Musik tastet sich langsam an die Höhepunkte heran, am Ende sagt Bouaziz seiner Barbara: »J'ai jamais su si tu m'aimais rien qu'un peu toi« – »Ich habe nie gewusst, ob du mich auch nur ein bisschen liebst«.

7. BB Brunes

Als Anfang der 00er Jahre der Neo-Garagerock-Boom um die Strokes von New York aus auch Frankreich erreicht, formieren sich in den Proberäumen viele Bands, die schnelle und schnittige Rockmusik spielen. Die wenigsten singen auf Französisch, BB Brunes versuchen es – und triumphieren. Es dauert zwar ein bisschen, bis sie ihre erste Platte veröffentlichen, dafür machen sie auf *Blonde comme moi* aus dem Jahr 2007 keine Fehler. Ein Hit wie »Dis-moi« geht schon deshalb sofort in die Beine, weil man weiß, was man bekommt. Mit *Nico Teen Love* erscheint zwei Jahre später noch ein weiteres Album in diesem Stil, bevor sich BB Brunes 2012 auf *Long Courrier* als New-Wave-Band im 80er-Stil noch einmal neu erfinden – und mit »Coups et blessures« auch in diesem Genre einen Hit im Stile der US-Band The Killers landen.

8. Aquaserge

Die einen lieben Rockmusik, wenn sie Formeln bedient. Den anderen kann es gar nicht abenteuerlich genug zugehen. Aquaserge gehören zu zweiterem Lager. Die Band schöpft aus einer Vielzahl von Einflüssen: Jazz und Rock, Soundtracks und World Music, Pop und Post-Rock, Psychedelic und Krautrock. Wie gut all dies zusammenfließen kann, zeigt ihr bestes Album *Laisse ça être* aus dem Jahr 2017: Kaum denkt man, verstanden zu haben, was Aquaserge mit einem vorhaben, wirft sich die Band in eine neue Kurve. Das Stück »Si loin, si proche« ist dafür das perfekte Beispiel: Gut acht Minuten lang dauert der Trip, der Beat bleibt gleich, doch spielen sich auf ihm die seltsamsten Dinge ab.

9. Kat Onoma

Rodolphe Burger – Sohn eines Sägewerkbesitzers aus Saint-Maries-aux-Mines, eine Autostunde südwestlich von Straßburg – ist eine der Figuren der französischen Musikszene, die man schnell unterschätzt. Seine Band Kat Onoma ist kein Fall für die Hitparade oder fürs Radio. Dafür finden sich die Platten auf vielen Kritikerlisten wieder. Davon kann man sich nichts kaufen? Burger schon! Dank seines experimentellen Stils zwischen Gainsbourg, The Velvet Underground, Nick Cave und Leonard Cohen ist er an vielen Aufnahmen großer Namen beteiligt. Er arbeitet mit Jacques Higelin, Christophe und Alain Bashung zusammen, kooperiert mit Musikern von Noir Désir oder mit dem englischen Trip-Hop-Star Tricky. Die Alben, die Burger mit Kat Onoma veröffentlicht, sind allesamt so schwer zu durchschauen wie eine Nebelnacht in der Bretagne. Die Band mischt die Stile, experimentiert mit Themen und Texten, Rhythmen und Instrumenten. Das dritte Album *Billy the Kid* ist ein Konzeptalbum über das Leben des Revolverhelden, der ideale Startpunkt ist das letzte Album von Kat Onoma aus dem Jahr 2001, das den Namen der Band im Titel trägt. Die Platte beginnt mit zwei Liedern, die klingen, als seien sie in Samt gekleidet: »Que sera votre vie?« und »Be bop de beep« erinnern an die englische Band Tindersticks. »Family Dingo« hat einen irre schnellen Breakbeat, von überall her kommen die Rhythmen, dazu spielt Burger eine verdrehte Gitarre und singt einen assoziativen Text über die Familie Dingo – dass am Ende ein Popsong dabei herauskommt, ist eine echte Sensation.

10. Magma

Es fällt Ihnen schwer, französische Texte zu verstehen? Dann probieren Sie es doch mal mit Liedern auf »Kobaïanisch«. Nie gehört? Dann kennen Sie Magma noch nicht, eine weltweit kultisch verehrte Avantgarderockband aus Paris, gegründet 1969, aktiv bis heute, wobei von der ursprünglichen Besetzung nur noch Schlagzeuger und Hauptkomponist Christian Vander dabei ist. Die ersten fünf Magma-Alben zwischen 1970 und 1976 zählen zum Heiligsten, was die progressive Rockmusik zu bieten hat. Magma erfinden hier mit dem Kobaïanisch nicht nur eine eigene Sprache, sondern mit »Zeuhl« auch ein eigenes Genre. Wer in dieses eintauchen möchte, beginnt am besten mit *Mekanïk Destruktïẁ Kommandöh*, dem dritten Album aus dem Jahr 1973, mit dem Magma weltweit ein Publikum finden. Die Story? Die Welt ist dem Untergang geweiht – da tritt ein Mann namens Nebehr Gudahtt in Erscheinung, der an die kobaïanische Lehre erinnert. Diese bietet Rettung, wenn die Menschen zu Ehren des Göttlichen Kreuhn Kohrman einen himmlischen Marsch antreten. Die Leute, die davon hören, sind – es nimmt nicht wunder – zunächst skeptisch, lassen sich aber überzeugen, so dass die »Theusz Hamtaahk« – die »Zeit des Hasses« ein Ende findet. Die Musik? Magma besitzen einen Kunstanspruch. Es gibt Chöre und Orchester, konventionelle Harmonien finden sich genauso wenig wie Refrains. Kein anderes Album klingt wie *Mekanïk Destruktïẁ Kommandöh.* Magma setzen das Werk im Lauf der Jahre immer wieder neu in Szene, im Herbst 2023 erscheint eine Box mit sieben LPs und Varianten von *Mekanïk Destruktïẁ Kommandöh.* Jede ist auf eigene Art faszinierend, klar ist aber auch: Wer die sieben Platten am Stück hört, ist im Anschluss urlaubsreif.

11 La Nouvelle Scène

Alles neu: Die Neue Szene nimmt dem Chanson die großen Gesten und verändert damit die Sprache und Attitüde der Musik. Mit diesem Ansatz gewinnen die Künstler auch ein Publikum außerhalb Frankreichs.

»Encore Paris la pluie
L'amour l'après-midi
La chambre au quatrième
Les chanteurs sont tous les mêmes«

»Wieder Paris im Regen / Liebe am Nachmittag /
Das Zimmer im vierten Stock / Die Sänger sind alle gleich«

Introduction

»Les Chanteurs sont tous les mêmes« – »Die Sänger sind alle gleich«, dieses selbstentwaffnende Lied stammt von Vincent Delerm, zu finden ist es auf seinem Album *À présent* aus dem Jahr 2016. Es handelt sich um ein Duett, an seiner Seite singt Benjamin Biolay. Er und Delerm sind zwei der prägenden Köpfe einer Szene, die sich Anfang der 90er Jahre bildet und seit Beginn der 00er Jahre zu einer Bewegung wird. In Deutschland wird sie unter dem Namen »Nouvelle Chanson« vermarktet, in Frankreich spricht man eher von einer »Nouvelle Scène française«. Was also ist neu am »nouvelle chanson« der »Nouvelle Scène«?

Die Themen der Lieder sind es nicht, da haben Delerm und Biolay recht. Es geht weiterhin um Paris und den Regen, um einsame Herzen in der Großstadt und natürlich: um die Liebe – »l'amour«. Am Ende von »Les Chanteurs sont tous les mêmes« singen Delerm und Biolay mit elegantem Trotz in der Stimme: »Jusqu'à la fin du jour, / Je chanterai mon amour / Est-ce que c'est un problème?« – »Bis zum Ende meiner Tage / Werde ich von meiner Liebe singen / Ist das ein Problem?« Rhetorische Frage. Ist es natürlich nicht. Zumindest nicht, wenn sich die Worte, Metaphern und Melodien wandeln. Und das tun sie.

Les Pionniers des années 90

Dominique A,
Philippe Katerine,
Miossec, Mano Solo,
Thomas Fersen,
Mathieu
Boogaerts

Dominique A

1991 erscheint sozusagen das Debütalbum der Nouvelle Scène, dessen Musik dem französischen Publikum gleichzeitig fremd und vertraut vorkommt. Sie stammt von Dominique Ané, aufgewachsen in einer Kleinstadt südöstlich von Paris, bevor seine Familie nach Nantes zieht, kulturell eine Stadt der Bretagne, verwaltungstechnisch gelegen im Département Loire-Atlantique. Als Jugendlicher hört Dominique Ané die Chansons-Platten seiner Eltern, entdeckt zudem einen Sound, der mit dem großen französischen Erbe nichts zu tun hat: New Wave, mitsamt seinen Varianten Cold Wave oder Minimal Wave – Synthie-Musik, die mit kleinen technischen Mitteln eine enorme Kälte erzeugt. Der perfekte Soundtrack für die orientierungslosen Jahre der Teenie-Zeit.

Als er unter dem Namen Dominique A beginnt Musik aufzunehmen, distanziert er sich bewusst von bestimmten Konventionen des Chansons. Er weigert sich, den Text über die Musik zu stellen und geht damit auf Distanz zum »Chanson à texte«, der die Musik nutzt, um den Worten mehr Wirkung zu verleihen. Seine erste Platte produziert er selbst, was damals in Frankreich ungewöhnlich ist, denn im Normalfall sucht sich ein Talent einen erfahrenen Produzenten, der ihm dabei hilft, einen Sound zu finden. Dominique A verzichtet auf diese Unterstützung, sein Stil entwickelt sich dank der Umstände wie von selbst: Der Sound seiner ersten CD *Un disque sourd* ist geprägt von den widrigen Umständen der Eigenproduktion. Ein Jahr später erscheinen einige dieser Lieder samt neuer Aufnahmen auf dem Album *La Fossette*, veröffentlicht auf dem lokalen Label Lithium, bald eine prägende Firma, die von Nantes aus Frankreich mit musikalischen Alternativen versorgt.

Der Hit der Platte läuft gerade mal zweieinhalb Minuten: Dominique A singt »Le Courage des oiseaux« zum Sound seines billigen Yamaha-Synthesizers, der Text über den »Mut der Vögel« ist ein formvollendetes Melodram: »Dieu que cette histoire finit mal / On imagine jamais très bien, / Qu'une histoire puisse finir si mal / Quand elle a commencé si bien« – »Gott, diese Geschichte endet schlecht / Man kann sich nie so recht vorstellen, / Dass eine Geschichte so schlecht enden kann / Wenn sie so gut begonnen hat«. Dominique A singt über die Liebe, aber wie er das tut, das ist außergewöhnlich, so als entdecke er im Wohnzimmer vor seinem Aufnahmegerät sitzend seine innere Édith Piaf, traue sich aber nicht, sie voll auszuleben, etwa wenn er bei »Le Courage des oiseaux« ein atemberaubendes Tremolo auf seine Vocals legt: »qui *(Piaf-Modus an)* chanananananantent«.

La Fossette entwickelt sich in Frankreich zu einem Underground-Hit und zur Wegbereiter-Platte für eine neue Musiker-

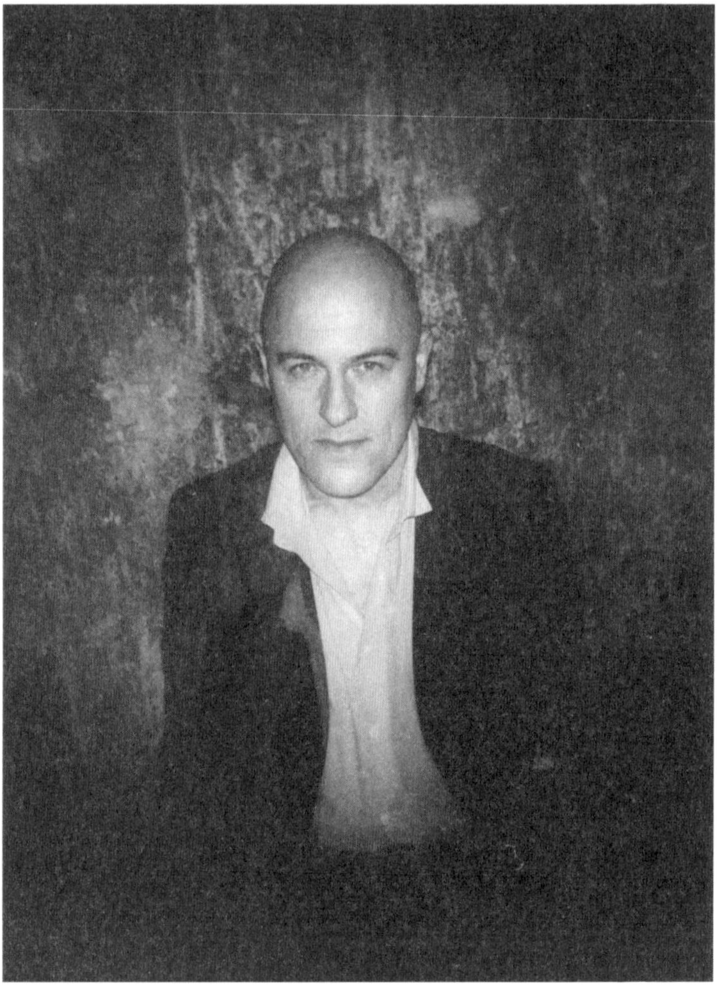

Dominique A

generation, die das alte Erbe nicht abschneidet, aber anders interpretiert, die mit den Vorbildern spielt, statt sich demütig vor ihnen zu verbeugen. Und die dabei Einflüsse aus der englischen oder amerikanischen Musik aufnimmt, ohne die eigene Herkunft zu verleugnen.

Jedes Album von Dominique A ist ein neues Abenteuer. Eine Konstante in seinem Leben: Der in Nantes lebende Künstler ist ein schweigsamer Mensch, Interviews sind für ihn so unangenehme Ereignisse wie Wurzelbehandlungen beim Zahnarzt. Ich war daher sehr glücklich, als er sich bereiterklärte, einige Fragen per E-Mail zu beantworten. Was also, lieber Dominique, zeichnet das französische Chanson aus? »Die Sprache und die vielen ›Kämpfe‹ die es zu bestehen gilt, um diese Sprache natürlich klingen zu lassen«, schreibt er zurück. Und wie sehr liegen dir als Pionier der Nouvelle Scène die Traditionen des klassischen Chansons im Blut? »Ich denke nie darüber nach, es ist etwas, das mir über die Plattensammlung meiner Eltern übertragen wurde, etwa 30 LPs, auf denen die großen alten Männer des französischen Chansons der 50er bis 70er Jahre zu hören waren: Léo Ferré, Jacques Brel, Jean Ferrat oder Georges Brassens – nur Männer. Vollkommen instinktiv habe ich dieses klangliche Erbe übernommen. Als Teenager habe ich das Erbe durch eine Reihe zeitgenössischerer französischer Referenzen ergänzt, die wiederum von der amerikanischen und englischen New Wave der frühen 80er Jahre inspiriert waren. Wobei die Sprache als Verbindungspunkt diente: Es war der Versuch, eine Sprache klingen zu lassen, die sehr wenig akzentuiert ist und deren Stärken meiner Meinung nach in einem eher gedämpften, wenig expressionistischen, zurückhaltendem Gesangsansatz liegen.«

Zurückhaltung im Gesang: Dieser Ansatz unterscheidet ihn von vielen der großen Namen, mit denen wir uns in diesem Buch beschäftigt haben. Es ist kein Zufall, dass Dominique A und viele Protagonisten der Nouvelle Scène in Deutschland oder Großbritannien ein Publikum finden: Die Klangvorstellungen der neuen Namen ähneln der internationalen Idee. Der Text tritt hinter die Musik zurück.

Dominique A gelingt es, im Laufe der Jahre jeder seiner Veröffentlichungen ein eigenes Klangbild zu geben. »Ich beginne jede Aufnahme mit der Platte eines anderen Künstlers oder einer anderen Gruppe im Kopf. Einer Platte, die mich inspiriert oder die mich dazu bringt, eine ähnliche Richtung einzuschlagen«, schreibt er zu seinem Aufnahmeprozess. Welches Album jeweils der Haupteinflussgeber für seine Platten ist, verrät er nicht. Manchmal erahnt man es. Das Album *Le Monde réel* aus dem Jahr 2022 zum Bespiel erinnert mit seiner Stille und Offenheit an die Spätwerke von Talk Talk, *La Musique* ist eine Synthie-Platte mit Verweisen auf Depeche Mode, ein großer Einfluss auf das Album *Remué*, erschienen 1999, sind Radiohead. Mein Lieblingsalbum von ihm ist *L'Horizon* aus dem Jahr 2006, das mich an die Platten der englischen Band Elbow erinnert, der es wie Dominique A gelingt, ihre Musik dramatisch klingen zu lassen, ohne dass sie dafür dramatische Gesten benötigen. Das Titelstück »L'Horizon« ist dafür ein perfektes Beispiel: ein episches Lied über einen Harpunierer, der eine Art Anti-Ahab zum Kapitän hat, weil er weiß, wann Schluss ist, damit aber den Harpunierer auf die Probe stellt, denn wo soll er hin, wenn die Mission beendet ist? Das Ende ist tröstlich: »C'est lui qui vient à toi, il est là, l'horizon« – »Er ist es, der zu dir kommt, er ist da, der Horizont«.

Philippe Katerine

Auch Philippe Katerine beginnt seine Karriere in einer bretonischen Großstadt: Als Student in Rennes nimmt er seine ersten Platten zu Hause auf – nur mit Hilfe seiner Schwester und einiger enger Freunde. Während Dominique A eine gewisse Ernsthaftigkeit umgibt, lässt Philippe Katerine das französische Chanson durch die Ironiemaschine laufen. Die Songs seiner frühen Alben klingen kindlich und beinahe albern, viele Lieder sind außerordentlich kurz, Katerine (bürgerlicher Nachname: Blanchard) nimmt sie auf Kinderinstrumenten auf, lässt die meisten von ihnen von seiner Schwester singen, die sich hier Bruno nennt – das Spiel mit den Geschlechtern ist von Beginn Teil der Inszenierung. Philippe Katerines Stil lehnt sich an den Lounge-Sound der Easy-Listening-Musik an, die Anfang der 90er Jahre im großen Stil wiederentdeckt wird. Mit dem zweiten Album *L'Éducation anglaise* behält er den süßlich-sanften Stil bei, produziert die Lieder aber professioneller. Zwar veröffentlicht er die Platten unter seinem Namen, als Sänger ans Mikro traut er sich jedoch zunächst nicht. Erst mit dem 1996er-Album *Mes mauvaises fréquentations* tritt Philippe Katerine als Sänger einiger Lieder in Erscheinung. Die Arrangements sind ausgefeilter, der Sound ist voller, man denkt an Bossa Nova und Burt Bacharach.

Auf dem Album *Les Créatures* aus dem Jahr 1999 zeigt er sich erstmals auf dem Cover – und setzt sich als derangierter Playboy in Szene, mit Zigarette im Mund, unten herum deutlich zu nackt, um lässig zu wirken: Katerine lässt die Hosen runter. Die Musik spielt er zusammen mit der Begleitband The Recyclers ein, einer Jazzgruppe, die das Album mit ihrem freien Spiel sehr beeinflusst: Aus Easy- wird nun teilweise Heavy-Listening, mit »Je vous emmerde« gelingt ihm ein tanzbarer French-Funk-Undergroundhit, der, obwohl sich der Titel vornehm ausgedrückt mit »leck mich am Arsch« übersetzen lässt, sogar im Radio gespielt wird. Das Stück handelt von jemanden, der es zu etwas hätte bringen können, nun aber in der Scheiße sitzt, »professionnellement suicidaire« – »beruflich suizidgefährdet«. In diesem Zustand kommt er auf die Idee, auf der Tanzfläche eine Frau anzubaggern. Was zu einem interessanten Dialog führt. In Sachen Humor fühlt sich Philippe Katerine vom Boby Lapointe beeinflusst, in den 60er Jahren der Großmeister des Komischen Chanson.

Der Erfolg des Albums bestärkt Philippe Katerine darin, sich als Figur frei zu inszenieren. Der, der sich früher nicht zeigt, geht nun zum Film, inszeniert provokative Kunst, zeigt auf der Bühne seine Exzentrik. Ist er bislang eher ein Thema für die Nische, erreicht er 2005 mit dem Album *Robots après tout* ein größeres Publikum, der Titel der Platte ist ein Konter auf das Daft-Punk-Album *Humans After All*, die Musik ist elektronisch, die Texte sind allesamt sehr lustig, das Stück »Louxor j'adore« wird ein Hit.

Man könnte Philippe Katerine mit seinem Ansatz, sich selbst und alles, was er zwischen die Finger bekommt, ironisch zu brechen, als fundamentalen Erneuerer betrachten. Ein Projekt jedoch zeigt, dass French Pop auch in seinem Herzen einen festen Platz besitzt: Zusammen mit François Ripoche nimmt er 2011 für das Album 52 *reprises dans l'espace* 52 französische Klassiker auf, darunter »Belle-Île-en-Mer, Marie-Galante« von Laurent Voulzy, »Maman a tort« von Mylène Farmer oder »L'idole des jeunes« von Johnny Hallyday. Klar, auch diese Vorlagen werden ironisch gebrochen. Aber die Schönheit der Schwermut schimmert immer wieder durch.

Miossec

Ein weiterer Bretone: Christophe Miossec ist ein Sohn der Stadt Brest, gelegen im äußersten Westen des französischen Sechsecks, im Département Finistère, geprägt von der Bucht, die den Atlantik unterhalb der Stadt weit ins Land hineinragen lässt. Miossecs Vater arbeitet als Taucher bei der Feuerwehr, seine Mutter ist für die Marine tätig – die Gewissheit, dass das Wasser nicht nur die Fähigkeit hat, Leben zu geben, sondern auch es zu nehmen, ist Teil seiner Kindheitserfahrung. Miossec, Jahrgang 1964, spielt zunächst in Rockbands und schreibt für Magazine, Mitte der 90er Jahre kommen er und ein paar seiner Freunde auf die Idee, ein Chanson-Album aufzunehmen, das bewusst einfach instrumentiert wird, aber alles andere als harmlos klingt. Die Gruppe um Miossec orientiert sich dabei am Alternative-Rock der 90er Jahre und an der Art und Weise, wie die Pixies ihren Laut-Leise-Indierock arrangieren oder Bands wie Pearl Jam und Nirvana ihre Musik beim Format *MTV Unplugged* akustisch reduzieren.

Es entsteht das Album *Boire*, das man stellenweise als »grunge acoustique« bezeichnen kann, das Stück »Regarde un peu la France« zum Beispiel, mit seinen auf der Akustikgitarre gespielten Riffs. In vielen Texten geht es – der Titel *Boire* legt die richtige Fährte – ums Trinken, um Alkoholismus und seine Folgen.

Schon in der ersten Zeile des ersten Liedes »Non non non non (je ne suis plus saoûl)« ruft der Protagonist seine Liebhaberin am Morgen an, bereits betrunken, schließlich ist Valentinstag. Es geht um schnellen Sex, den Suff, die Abkehr und den Rückfall. Miossec prägt eine neue Form des »chanson réaliste«, das sagt, was ist. Dazu passt, dass sich viele der Lieder in der Stadt Brest verorten lassen, zum Beispiel auf der Pont de Recouvrance, auf der der Protagonist seine große Liebe sieht und sich vornimmt, mit dem Trinken aufzuhören. Mit dem Ziel, sie endlich einmal zu küssen, ohne sie gleichzeitig zu beleidigen.

Das Album *Boire* hat eine große Wirkung in der Szene, weil es zeigt, dass sich Chansons auch ganz anders inszenieren lassen, weit weg von der Pariser Bohème, draußen, in der stürmischen Dunkelheit von Brest, aufgeladen mit den Themen, die dort auf der Straße liegen. Die Poesie mag eine andere sein – dafür wirkt sie unmittelbar. Man tut Miossec nicht unrecht, wenn man feststellt, dass er im weiteren Verlauf seiner Karriere immer dann besonders gut ist, wenn er sich auf die Stärke seines Debüts zurückbesinnt. So gelingt ihm neun Jahre nach der ersten Platte mit *1964* ein zweiter Durchbruch. Das Album führt zurück nach Brest, der Titel bezieht sich auf Miossecs Geburtsjahr, die Texte handeln von seiner Familie, von alten, verlorenen und gefallenen Freunden, von Jugenderinnerungen, vom »tonnerre de Brest« – den »Donner über Brest«, der in seinen Erinnerungen auf ewig über der Stadt liegt: »Nom de Dieu, que la pluie cesse!« – »Um Gottes willen, der Regen soll aufhören!«

Auch das Album *Finistériens* aus dem Jahr 2009 ist seiner Heimat und den Menschen aus dem Département Finistère gewidmet, Miossec wird bei den Aufnahmen von einem anderen überzeugten Bretonen unterstützt: Yann Tiersen. Entsprechend malerisch und schwelgerisch klingen einige Stück auf dieser Platte. In den Texten entfernt sich Miossec vom eigenen Ich, singt über den Alltag der Arbeiter und Abgehängten, die Jogger am Sonntag und die Suizide, auf die es keine Antworten gibt. »Fermer la maison« erzählt die erschütternde Geschichte eines

Freitods und enthält eine Zeile, die wie kaum eine zweite für Miossec steht: »Je n'ai pas appris les bonnes manières / Je les ai oubliées au bord de la mer« – »Ich habe die guten Manieren nicht gelernt / Ich habe sie am Meer vergessen«.

Mano Solo

Hört man die Chansons von Mano Solo, könnte man denken, es handele sich um einen Vertreter der alten Schule. Der Sohn eines Ehepaars aus dem Gründerumfeld der Satire-Zeitschrift *Charlie Hebdo* singt seine Lieder mit Einfluss aus der Musette- und Manouche-Kultur mit großer Geste, bedient sich der exaltierten Kunstsprache, die mit dem gesprochenen Französisch wenig gemein hat – hier liegt ein großer Unterschied zwischen ihm und Dominique A. Was ihn zur wegweisenden Figur der Nouvelle Scène macht, ist sein No-Bullshit-Ansatz.

Emmanuel Cabut, so sein bürgerlicher Name, verlebt eine komplizierte Jugend, ist Teil der Punkszene, gerät an Heroin, erfährt 1986, dass er HIV-positiv ist, da ist er 23 Jahre alt. Nach einigen Jahren als Maler und Autor beginnt er Anfang der 90er Jahre seine Musikkarriere, gleich mit seinem ersten Album *La Marmaille nue* bringt er sich in Stellung. Mano Solo singt über seine Jahre auf der Straße, über die Scheiße, die er dort gebaut hat, über die Drogenabhängigkeit und die Aidserkrankung. »Pas du gâteau« heißt der Hit des Albums, das Leben ist keine Torte, kein Ponyhof, kein Kinderspiel. Da ist das Elend, die Krankheit, die Sucht – aber der Protagonist will sich durchbeißen. Die Musik dazu klingt mal beschwingt, mal schwermütig – immer kämpferisch. Mano Solo gibt den reflektierten Punk, der über die schlimmsten Dinge singt, wobei es immer wieder so wirkt, als müsse er selbst über das lachen, was er da von sich gibt.

Ein Höhepunkt der Diskographie von Mano Solo ist das 1995 live eingespielte Album *Je sais pas trop*. Das Stück »Je suis venu vous voir« ist ein atemberaubend intensives Lied, die letzte Botschaft eines Sterbenden, der noch einmal seine Leute sehen will, doch niemand kommt, weshalb er ihnen dieses Lied hinterlässt, halb Kampfansage, halb flehende Bitte, dass nach seinem Tod nicht alles vorbei sein möge, dass zumindest seine Worte bleiben. Das Lied endet mit einer Drohung: »Croyez pas que j'vous abandonne, même si encore une fois // Je vous laisse le pire: // Les larmes qu'on verse sur la mort d'un homme« – »Glaubt nicht, dass ich euch verlasse, auch wenn ich es noch einmal tue // Ich lasse euch das Schlimmste: // Die Tränen, die man über den Tod eines Menschen vergießt«. Dann die letzten Worte: »Adieu mes amis, priez pour moi« – »Adieu, meine Freunde, betet für mich«. Die französische Musik hat einige große Lieder über den Tod zu bieten, für mich gehört Mano Solos »Je suis venu vous voir« gleich hinter »Le Moribond« von Jacques Brel zu den besten.

Nach den dramatischen frühen Platten klingen seine Alben im Laufe der Jahre positiver, er lässt Pop- und Reggae-Einflüsse zu, das spanisch gesungene »Barrios Barbès« ist ein Eins-a-Sommerhit. Auch abseits der Platten und Konzerte wendet sich Mano Solo vom eigenen Leid ab, als Aktivist sammelt er für verschiedene Hilfsorganisationen, lässt in einer Radiosendung Whistleblower zu Wort kommt, wettert im Lied »Travail famille Sarkozy« gegen die präsidiale Familie Sarkozy. Der Titel verweist auf den Wahlspruch des Vichy-Regimes »Travail, famille, patrie« – »Arbeit, Familie, Vaterland« –, mit dem der Nazi-Kollaborateur und Regimechef Philippe Pétain an den öffentlichen Gebäuden den Republik-Dreiklang »Liberté, Égalité, Fraternité« ersetzen lässt. Dass Mano Solo Nicolas Sarkozy in Richtung Vichy drängt, bringt den Künstler auf den Index. 2009 veröffentlicht er mit *Rentrer au port* ein mildes, entspanntes Album, bevor er im Januar 2010 mit 46 Jahren an einem Aneurysma verstirbt, eine Folge seiner Aidserkrankung. Eines seiner letzten Lieder trägt den Titel »Les Enfants des autres« – »Die Kinder der Anderen«, ein wehmütiges Lied darüber, was Mano Solo verwehrt bleibt: Er stirbt ohne Nachkommen, als »père de rien« – »Vater von nichts«.

Betrachtet man die Bilder, die Thomas Fersen für seine Plattencover schießen lässt, entsteht der Verdacht, der Mann sei der Hofnarr der Neuen Szene. Mal liegt eine Schweinehälfte in seinem Schoß, mal sitzt ein weißes Kaninchen auf seiner Schulter, mal schaut ein Fisch aus der Brusttasche seines Cordsakkos. Fersen nutzt den Kasten seiner Ukulele als Ganzgesichtsmaske, verkleidet sich als Mary Poppins oder Riesenhase, fliegt auf dem Rücken einer Kuh durch die Landschaft. So seltsam die Fotos, so obskur auch die Inhalte seiner Lieder, gesungen mit einer überraschend rauchig-kratzigen Stimme, die man diesem Typen auf den ersten Blick gar nicht zutraut. Was auch für einige der expliziten Inhalte gilt.

Sein Stück über die kleine nordbretonische Ortschaft »Saint-Jean-du-Doigt« zum Beispiel handelt von einer Frau mit Mayonnaise-Haaren. Sie ist 20, er 13. Er trägt »un pull caca d'oie« – »einen Pullover mit Gänsekacke« – bekommt kalte Füße, dann ist ihm heiß und schließlich kalt. Was dann passiert, sollte man besser hören als lesen. Das Stück, zu finden auf seinem stärksten Album *Pièce montée des grands jours* aus dem Jahr 2003, kommt als luftiger Folksong daher, Fersen – geboren 1963 in Paris – versteht sich glänzend auf diese Art von Musik, ist aber auch in der Lage, intensive Balladen zu schreiben, wobei schon der Titel seines vielleicht schönsten Liedes anklingen lässt, dass auch hier nicht alles mit rechten Dingen zugeht: Bei »Rititi ratata (il paraît qu'elles aiment)« geht es um eine riesige, haarige Spinne, die im Harmonium des Musikers lebt – was diesen dazu bringt, es zu spielen, um das giftige Tier milde zu stimmen, bis er es doch mit Messbuch für die Heilige Eucharistie erschlägt.

So sehr die Chansons von Thomas Fersen vom Humor leben, so traurig stimmt sein bekanntestes Lied: »Pièce montée des grands jours« ist ein Duett mit Marie Trintignant, aufgenommen kurz vor ihm Tod – wir haben davon im Kapitel über Noir Désir erfahren. Und noch ein Tipp: Fersens Studioplatten sind toll, richtig in Fahrt kommen er und seine Musiker aber bei den Live-Alben, vier davon hat er veröffentlicht, besonders empfehlenswert ist *La Cigale des grands jours* aus dem Jahr 2004.

Mathieu Boogaerts

Als 1995 Mathieu Boogaerts in der Szene auftaucht, macht er der Chanson-Kultur zwei ungewöhnliche Geschenke: seinen Minimalismus und seinen Hang zum Regelwerk. Das widerspricht zwar dem Drang des Chansons nach Größe und Freiheit, gibt aber auch Menschen, die nicht über Gestus und Stimmgewalt verfügen, die Möglichkeit, in dieser Musik zu reüssieren. »Wobei es ja auch nicht stimmt, dass jede Form von wirkungsvoller Musik laut sein muss, da muss man ja nur mal den Bossa-Nova in Brasilien hören, João Gilberto ist ja nun wirklich kein lauter Sänger«, erzählt er mir bei unserem Treffen im Café Cherbon an der Rue Oberkampf. Bestellt hat er einen Tomatensaft, er ist weit und breit der Einzige mit diesem Getränk, die anderen Gäste schwanken zwischen spätem Kaffee und frühem Bier.

Es ist gar nicht einfach, mit Mathieu Boogaerts über die Musik zu reden, die ihn beeinflusst. »Das kann nämlich alles sein«, sagt er. Die French-Pop-Songs aus den 80er Jahren zum Beispiel, die mag er eigentlich gar nicht. »Aber wenn ich Lieder höre, im Taxi zum Beispiel, entdecke ich auch bei ihnen Elemente, die sich bei mir festgesetzt haben – und die daher in meiner Musik auftauchen.« Bewusst beeinflusst hat ihn schon in jungen Jahren ein Sänger und Songwriter, der aus den Niederlanden über Brüssel den Weg nach Paris gefunden hat: Dick Annegarn. »Meine Eltern haben seine Musik gehört, als ich zwischen sechs und neun Jahre alt war. Ich habe ihn daraufhin völlig vergessen. 15 Jahre später sagte ein Freund zu mir: ›Kennst du das?‹ Er spielte mir Chansons von ihm vor und ich dachte: Das ist es, was ich spielen will.« Wer die Musik von Dick Annegarn entdecken möchte: Sein erstes Album aus dem Jahr 1974 ist seine beste Platte, schon

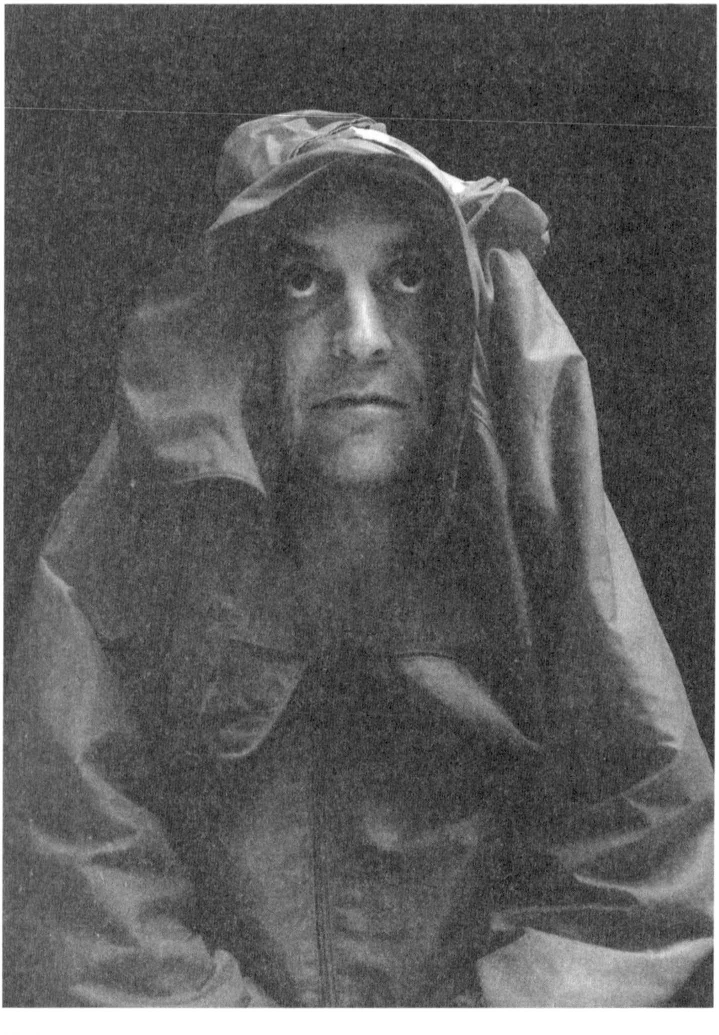

Mathieu Boogaerts

allein wegen des Chansons »Bruxelles«, einem der schönsten Lieder über die belgische Hauptstadt.

Super heißt das Album, mit dem Mathieu Boogaerts Mitte der 90er Jahre in der Nouvelle Scène einen großen Eindruck macht. Die Musik klingt im besten Sinne, als sei sie in der Westentasche entstanden: leises Schlagzeug, eine Gitarre, die gerne einen Offbeat spielt, wie beim Reggae. Dazu kleine Effekte mit dem Keyboard und eine Stimme, die an Paul Simon erinnert und damit nur wenig mit dem Timbre vieler anderer Sänger der französischen Szene gemein hat – fertig ist der eigenwillige Boogaerts-Stil. »Ich mag es, wenn die Musik viel Raum lässt und Luft zulässt«, beschreibt er. »Und ich mag den Kontrast zwischen Klang und Stille.«

Ich sprach schon über die Regeln, die sich Mathieu Boogaerts selbst gibt. Das erste Gebot lautet: »So nah wie möglich am Herzen und an der Seele zu singen.« Sprich: sich nicht zu verstellen. Das zweite: »Nur Platten machen, die nicht so klingen wie die Aufnahmen anderer Leute.« Was dazu führt, dass alle Alben von Mathieu Boogaerts unverwechselbar klingen. Auch *En anglais* aus dem Jahr 2021, eine Sammlung mit Liedern in englischer Sprache – die aber gar nicht so sehr anders klingen als seine Texte auf Französisch. Was daran liegt, dass er auf dieser Platte eine Sonderregel verfolgt: »Alle Texte sind auf Englisch, aber Fehler sind erlaubt.« Denn ein Franzose mit perfektem Englisch? Das würde eh niemand glauben. »Also habe ich darauf verzichtet, im Wörterbuch nachzuschlagen, sondern nur Wörter genutzt, die in meinem Körper einen guten Klang erzeugt haben.«

Wie es nach der englischen Platte weitergeht? Neue Regeln müssen her. Gerne auch von außen. »Ich hätte gerne, dass jemand kommt und sagt: Okay, Mathieu, du hast drei Tage, um jeweils drei Stunden, 45 Minuten und zwölf Sekunden lang Musik zu machen. Du hast eine Flöte, einen Drucker, ein Eis und zwei Mikrofone. Und du musst fünf Songs aufnehmen, die jeweils 43 Sekunden dauern. Und los!« Das Problem ist nur: Es kommt niemand. Wenn Sie also im Café Charbon an der Rue Oberkampf einen Mann Mitte 50 sehen, der einen Tomatensaft trinkt und schaut, als könnte er ein paar Regeln gebrauchen: Sprechen Sie ihn an! Und keine Angst vor der Sprachbarriere, sein Englisch ist so übel nicht.

La Nouvelle Scène des années 00

Benjamin Biolay, Jeanne Cherhal, Vincent Delerm, Françoiz Breut, Albin de la Simone, Raphaël, Pomme, Barbara Carlotti, Thomas Dutronc, Izia, Arthur H

Benjamin Biolay

Wie stark die Neue Szene mit den alten Helden verbunden ist, zeigt der Karrierestart von Benjamin Biolay, dem größten Star der neuen Generation. Nach ersten, wenig erfolgreichen Schritten in den 90er Jahren tut er sich, 27 Jahre alt, zu Beginn der 00er Jahre mit der Sängerin und Liedschreiberin Keren Ann zusammen und arbeitet mit ihr zusammen an ihrem Debütalbum *La Biographie de Luka Philipsen*. Darauf zu finden ist das Lied »Jardin d'hiver«, ein entspanntes, sehnsüchtig-sonnendurchflutetes Stück über die Vorzüge eines Wintergartens, ausgestattet mit einem lässigen Bossa-Nova-Rhythmus.

Der Musikproduzent Marc di Domenico hört den Track, sofort kommt ihm eine Idee: Er arbeitet gerade mit dem Grand Seigneur des sommerlichen Chansons, Henri Salvador, an einem Comeback. Es ist nicht der erste Versuch, bis dahin scheitern die Bemühungen, diesen Star der späten 50er Jahre noch einmal cool zu machen. Jetzt hat di Domenico den Plan, es mit Liedern der neuen Generation zu probieren – unter anderem mit dem Chanson »Jardin d'hiver«, geschrieben von diesen unbekannten jungen Leuten. Die Aufnahme des Stücks mit Salvador funktioniert so gut, dass Keren Ann und Benjamin Biolay ein paar weitere Lieder für Salvador schreiben. Das Album *Chambre avec vue* wird 2000 zu einem Überraschungserfolg, verkauft sich rund eine Million Mal, »Jardin d'hiver« ist als Single das Aushängeschild des Albums. Henri Salvador ist wieder cool, Keren Ann und Biolay sind als Neulinge heiß im Geschäft.

Benjamin Biolay veröffentlicht kurz nach dem Erfolg mit Salvador sein erstes eigenes Album: *Rose Kennedy* aus dem Jahr 2001 enthält fiktive Geschichten über die Kennedy-Familie, im Fokus steht Rose, die Mutter der Dynastie. Lieder, die nicht in Paris spielen, sondern in Boston, New York und Los Angeles, sind für den French Pop eher ungewöhnlich. Andererseits ist die herbstliche Melancholie ein globales Phänomen, wie schon der erste Titel zeigt: »Novembre toute l'année« – »ein ganzes Jahr lang November«. Biolay findet direkt seinen Sound: Die Musik ist dicht, schwelgerisch, schwermütig, häufig geprägt von Streichern oder einem Mellotron, beim besten Stück des Albums, »Les Cerfs-volants« – zusätzlich inspiriert vom gleichnamigen Roman von Romain Gary aus dem Jahr 1980 – lässt er das von Marilyn Monroe gesungene »River of No Return« in den Song einfließen. Als Sänger klingt Biolay wie ein verschlafener Gainsbourg – ein Eindruck, der zu den Fotos passt, auf denen er häufig aussieht, als sei er gerade aus dem Bett gekrochen, perfekt verwuschelt.

Als 2003 sein zweites Album *Négatif* erscheint – 21 Lieder, 100 Minuten, zwei Tonträger –, gilt Benjamin Biolay längst als Gainsbourg der 00er Jahre. Da darf auch eine schillernde Ehe nicht fehlen: 2002 heiratet er die Schauspielerin Chiara Mastroianni, Tochter von Catherine Deneuve und Marcello Mastroianni. Die Sängerin beteiligt sich am Album ihres Mannes, Geschichten über das Eheleben beschäftigen die Presse, das Paar zeigt sich auf Magazincovern. Biolay gibt dabei den superlässigen, leicht versnobten, immer müde und leicht genervt wirkenden Großstädter – den obersten Vertreter der Bourgeois-Bohèmiens, der Bobos von Paris. Niemand würde zugeben, Bobos zu mögen – und doch möchte jeder so sein.

Schon bald verfallen auch Musikfans außerhalb Frankreichs dem Charme von Biolay. Spätestens das Album *Trash Yéyé* aus dem Jahr 2007 macht ihn in Europa bekannt, auf dem Schwarz-Weiß-Cover schlürft er erwartungsgemäß müde und gelangweilt ein Kaltgetränk mit dunkler Farbe; das Foto wirkt wie ein spontaner und leicht missglückter Schnappschuss, ist aber natürlich Teil der sorgfältigen Inszenierung: Biolay ist der Typ, der sich nicht um Posen kümmern muss, weil er sowieso immer brillant aussieht. Der Titel des Albums ist eine Rückbesinnung auf die Yéyé-Bewegung, Biolay fügt dem französischen Bubblegum-Pop der 60er Jahre eine Portion 00er-Jahre-Trash hinzu, das Wortspiel hätte auch von Gainsbourg kommen können. Selten klingt Snobismus so charmant wie auf »Dans la Merco Benz«, Stücke wie »Qu'est-ce que ça peut faire« oder »Regarder la lumière« besitzen einen unterschwelligen Druck, der beweist, dass hinter der Schwermut der Wille steckt, das Licht und die Leidenschaft zu finden.

Europa ist verzückt von dieser Bobo-Version von Gainsbourg, in Frankreich setzt dagegen eine gewisse Ermüdung ein, die Verkaufszahlen gehen zurück, das Interesse an Biolay verblasst, seine Ehe mit Chiara Mastroianni droht zu scheitern. Benjamin Biolay findet einen Weg aus der Sackgasse, er wechselt das Label und veröffentlicht *Le Superbe*, wie *Négatif* erneut ein Doppelalbum, jedoch süffiger, abwechslungsreicher – und voll schwarzem Humor. In »Brandt Rhapsodie« spielen Biolay und Gastsängerin Jeanne Cherhal ein Paar, das mit Hilfe von Notizen miteinander kommuniziert. Das Lied erzählt die Geschichte dieser Beziehung, der Post-its-Dialog startet mit leidenschaftlichen Liebesschwüren, führt über eine Schwangerschaft und den Schlaganfall des Vaters bis zu Momenten, in denen die eine Person die andere kühl darum bittet, doch bitte den Müll rauszubringen. Das Ende vom Lied ist ihre Klage über sein Verständnis der Vaterrolle: »Je te rappelle que tu as un fils qui va à l'école tous les matins, et qui aimerait / Bien prendre son petit déjeuner avec son père de temps en temps. Salut.« – »Ich möchte dich daran er-

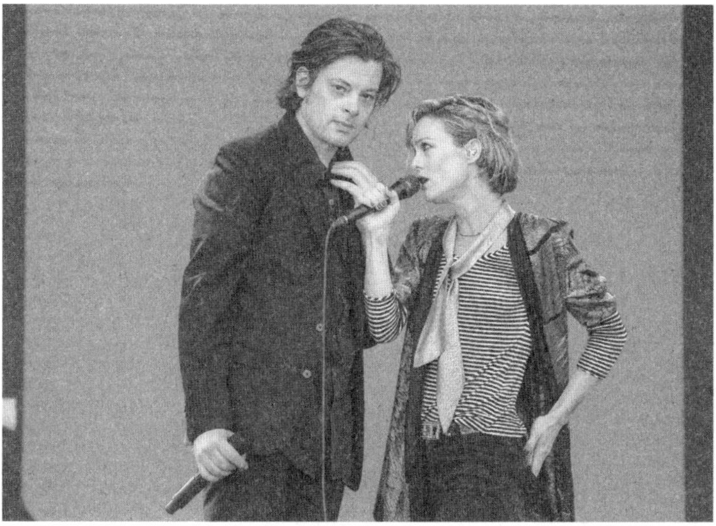

Benjamin Biolay und Vanessa Paradis bei einem Konzert in Paris, 2014

innern, dass du einen Sohn hast, der jeden Morgen in die Schule geht und der gerne / von Zeit zu Zeit mit seinem Vater frühstücken würde. Salut.« Dann kommt es zur Trennung und zur Notiz, wo die Sachen zum Abholen bereitstehen. Ah, und eine neue Handynummer gibt es auch: »Mon nouveau numéro: 06 62 73 49 63«. Wie traurig eine solche Zahlenkolonne klingen kann.

Mit *La Superbe* holt sich Biolay in Frankreich sein Image als Bestseller zurück, seine folgenden Alben bieten Variationen seines originären Klangs: *Vengeance* spielt 2012 mit Hip Hop-Ideen, *Palermo Hollywood*, ein von der Filmindustrie geprägter Bezirk in der argentinischen Hauptstadt Buenos Aires, wird 2016 von Soundtrack-, Latin- und Bandoneon-Elementen inspiriert. Auf *Grand Prix* widmet er sich 2020 seiner Faszination für Autorennen, *Saint-Clair*, Titel seines Albums aus dem Jahr 2022 ist der Name eines sich über der Stadt Sète am Mittelmeer erhebenden Hügels, dessen Gipfel seit dem 17. Jahrhundert ein Wallfahrtsort ist, gewidmet dem Heiligen Clair. Benjamin Biolay lebt seit Ende der 00er Jahre in Sète, dem Geburtsort von Georges Brassens, einem seiner Vorbilder.

Und so schließt sich hier, in einer frommen Küstenstadt am Mittelmeer, der Kreis zwischen dem alten und dem neuen Chanson. Der Bobo aus Paris singt nicht nur ein Lied über »Saint-Germain«, den alten Pariser Stadtteil der Künstler, sondern auch über »Saint-Clair«, wo ihn in der frühen Morgenstunde das Glück erwartet: »Il est 6 heures sur le mont St-Clair / Il fait beau ce matin sur la terre« – »Es ist sechs Uhr früh auf dem Mont St. Clair / Es ist schön an diesem Morgen auf der Erde«.

Jeanne Cherhal

Die Sängerin aus Nantes bringt eine neue Perspektive ein: Sie nimmt das Leben ernst – sich selbst aber nicht so sehr. Was schon damit anfängt, dass Jeanne Cherhal nicht zwangsläufig um sich selbst kreist. »Un couple normal« heißt das erste Lied ihres Erfolgsalbums *Douze fois par an* aus dem Jahr 2004, von dem sie eine Viertelmillion Exemplare abgesetzt hat – ein sensationeller Erfolg für eine Newcomerin. Das Lied »Un couple normal« handelt nicht von einem normalen Paar, sondern von einer normalen Affäre: Da ist der verheiratete Typ, der seiner Liebhaberin einiges zumutet und sie immer wieder vertröstet. Die Liebhaberin zweifelt, verargumentiert ihr Verständnis und ihre Geduld, nimmt lange Fahrten auf sich, um ihn an jedem fünften Wochenende zu sehen, aber Vorsicht: Nichts darf herauskommen, denn er will nicht, dass die Kinder leiden.

Cherhal singt dieses Lied über die männliche Hybris nicht als Ballade, sondern als beinahe unbeschwerten und lebendigen Piano-Popsong, mit einer Stimme, die an die US-Songwriterin Tori Amos erinnert. Das folgende Stück »Les Photos de mariage« erzählt eine andere alltägliche Geschichte, dieses Mal wollen die Typen im Lied heiraten, versemmeln aber ihre Anträge. In den Strophen dieses Liedes spricht Jeanne Cherhal in einem superschnellen Sprechgesang, als könnte sie selbst kaum glauben, welche Szenen sich im Vorfeld einer Hochzeit abspielen. Der Refrain klingt dann auch wie eine Drohung: »Allez, on va se marier pour l'éternité / Prenons la pose et sourions« – »Komm, wir heiraten für die Ewigkeit / Lass uns posieren und lächeln!« Bei Cherhals Gespür für die Dramen in Beziehungen überrascht es nicht, dass Benjamin Biolay sie für die weibliche Rolle in seinem Dialog-Song »Brandt Rhapsodie« aussucht. Und auch Jacques Higelin ist begeistert und sagt zu, als Cherhal ihn fragt, ob er mit ihr das kurze, aber bezaubernde letzte Lied des Albums singen möchte: »Je voudrais dormir« – »Ich würde gerne schlafen«.

Bewegt sich Jeanne Cherhal auf ihrem zweiten Album *L'Eau* aus dem Jahr 2006 wortwörtlich eher in metaphorischen Gewässern (besonders gelungen ist das nach einem Unterwasserballett klingende »Frédéric«), veröffentlicht sie im Februar 2008 ein Lied über die damals berühmteste SMS der Nation: Ein Journalist behauptet, er habe Zugang zu einer Kurznachricht, in der Präsident Nicolas Sarkozy seiner Ex-Frau Cécilia Ciganer-Albeniz anbietet, dass, sollte sie zu ihm zurückkehren, er die anstehende Hochzeit mit der Sängerin Carla Bruni absagen würde: »Si tu reviens, j'annule tout« – »Wenn du zurückkommst, blase ich alles ab«, so der angebliche Text der Kurznachricht.

Eine Story wie gemacht für ein Lied von Jeanne Cherhal. Noch im selben Monat stellt sie ein Stück ins Netz, das den Wortlaut der SMS zum Titel hat: »Si tu reviens, j'annule tout«. Genüsslich zählt Cherhal, begleitet von feierlichen Keyboardfanfaren, die Dinge auf, die der präsidiale Autor der vermeintlichen Kurznachricht zu annullieren gedenke: die Beleidigungen und Wutausbrüche, die Käseplatte und jeglichen Schaden, den er jemals verursacht habe. Was sie ihm zudem in dem Mund legt: »J'étais comme un cochon qui danse, pas très jolie à regarder / J'ose l'avouer, mon existence faisait moins envie que pitié« – »Ich war wie ein tanzendes Schwein, nicht sehr hübsch anzusehen / Ich wage zu gestehen, dass meine Existenz weniger Neid als Mitleid erregte«.

Vincent Delerm

Würde man einen der Porträtzeichner am Place du Tertre im Viertel Montmartre bitten, ohne Vorlage das Bild eines Pariser Chanson-Sängers des 21. Jahrhunderts zu zeichnen, die Chancen wären gut, er würde exakt aussehen, wie Vincent Delerm: Stoppelbart – immer so getrimmt, dass er nach exakt fünf Tagen ohne Rasur aussieht. Kunstvoll zerzaustes Haar – in jungen Jahren schwarz, dann grau meliert, jetzt vollständig ergraut. Schlaksig. Schwarze Shirts, Hemden oder Pullis. Seit einigen Jahren optional mit Brille. Fehlt eigentlich nur die Zigarette, doch lebt die Neue Szene deutlich gesünder als die Veteranen.

Delerm, Jahrgang 1976, ist der Sohn eines Schriftstellers und einer Illustratorin aus der Normandie, der Umgang mit Worten wird ihm in die Wiege gelegt. Vincent Delerm lernt früh Klavier, orientiert sich sowohl an William Sheller als auch an melancholischen britischen Bands wie The Cure oder The Smiths. Ende der 90er Jahre geht er nach Paris und wird dort von Thomas Fersen unterstützt, der ihm bei der Plattenfirma Tôt ou tard ins Spiel bringt. Das Label – der Name bedeutet »früh oder spät«, ein Vorschlag von Jaques Higelin – ist seit seiner Gründung 1996 die zentrale Anlaufstelle für die Nouvelle Scène. Delerm trifft bereits mit seinem ersten, titellosen Album aus dem Jahr 2002 den Nerv des Publikums, ein Jahr später gelingt ihm mit der Platte »Kensington Square« dank des Lieds »Les Filles de 1973 ont trente ans« der endgültige Durchbruch. Im Text porträtiert Delerm die Mädchen des Jahrgangs 1973 – er selbst ist drei Jahre jünger – und charakterisiert damit den weiblichen Teil der französischen Generation X, der, wie Delerm es im Text singt, den Tod des Sängers Daniel Balavoine beweint, Reis in die ärmsten Länder Afrikas schickt, Bandanas und Reeboks trägt, im Unterricht Armbänder bastelt und Jungen, die Thierry heißen, Knutschflecken am Hals verpasst.

Vincent Delerm singt seine Texte mit einer warmen Stimme, von der Misanthropie eines Gainsbourg ist er weiter entfernt als die Bretagne vom Mittelmeer. Seine Texte sind häufig gespickt mit (pop-)kulturellen Querverweisen. Für seine deutschen Fans besonders interessant ist sein Lied über die Beine von Steffi Graf: »Les Jambes de Steffi Graf« ist das letzte Stück seines Albums *Les Piqûres d'araignée* aus dem Jahr 2006, wobei sich das Stück auf den Roman *Les Jambes de Steffi Graf* von Pierre Cayouette bezieht. Dieser hat mit den Beinen des Tennisstars im Grunde wenig zu tun, sondern erzählt die Geschichte eines Lehrers im Ruhestand. Ein Umstand, der wiederum auch Vincent Delerm irritiert und ihn dazu bringt, nostalgisch über Steffi Graf sowie Heike Drechsler, Merlene Ottey und Gabriela Sabatini nachzudenken.

Sowieso sind Tagträumereien ein beliebtes Motiv von Vincent Delerm. Im Lied »78 543 habitants« vom Album *Quinze Chansons* aus dem Jahr 2008 erinnert er sich zurück an die unbeschwerten Tage im Freibad einer mittelgroßen Stadt. Heute zieht er dort allein seine Bahnen und denkt sich, die Zeit, den Mädchen nachzusehen, sei doch eigentlich vorbei.

Vincent Delerm betrachtet alle seine Alben als zusammenhängende Werke, weshalb ihn der Gedanke an eine Zusammenstellung der beliebtesten Lieder lange befremdet. 2022 veröffentlicht er mit *Comme une histoire* dann doch einen Karriererückblick – jedoch einen eigenwilligen. Statt die beliebtesten Titel aneinanderzureihen, gestaltet Delerm eine beinahe filmische Collage aus neuen, autobiographischen Liedern, Radio-Jingles, Interviewausschnitten und alten Stücken in neuen, reflektierten Versionen. Dazu haben Begleiter wie Dominique A, Alain Souchon oder Albin de la Simone kurze Gastauftritte – ein Konzept, dass *Comme une histoire* zu einem »Das-war-ihr-Leben«-Hörspiel macht, mit dem Lied »C'est quoi une vie?« als Schlusspunkt: Was ist das, ein Leben? Und was stellt man damit an, mit solch einem Leben? Klar ist nur, was bleibt: eine traurige Klaviermelodie.

Françoiz Breut

Wissen Sie, wie viele Tage Sie als Mensch auf der Erde verbringen dürfen, bevor sie sterben? 20 000 bis 30 000, das ist der durchschnittliche Rahmen. Diese Rechnung ist einfacher als die Antwort auf die Frage, was man am Ende seiner Tage erreicht haben sollte. Wann ist ein Leben sinnvoll? Wann ist es gut? Françoiz Breut behält sich vor, die schwermütige Haltung des französischen Chansons einzunehmen, wenn sie im Titelstück ihres zweiten Albums *Vingt à trente mille jours* singt, um wirklich »gut« zu sein, seien 20 000 bis 30 000 Tage wohl zu wenig. Aber immerhin versucht sie es: »J'ai tout fait, j'ai tout tenté / Pour le combler ce jour« – »Ich habe alles getan, ich habe alles versucht / Um ihn zu füllen, diesen Tag«.

Françoiz Breut, geboren in Cherbourg am Ärmelkanal, zieht Anfang der 90er Jahre nach Nantes, wo sie Dominique A kennen und (bis Ende der 90er Jahre) lieben lernt. Zunächst ist sie für ihn als Autorin von Booklet-Texten und Graphikerin tätig, 1997 veröffentlicht sie ein erstes eigenes Album, mit dem sie sich einen guten Ruf in der internationalen Indieszene erspielt. Was zur Folge hat, dass sie für *Vingt à trente mille jours*, ihr zweites Album, neben Dominique A und dem bretonischen Kollegen Philippe Katerine auch den US-Songwriter Joey Burns von der Band Calexico als Unterstützer gewinnt. Der Star der Americana-Szene steuert den Sprechgesang bei »La Chanson d'Hélène« bei. Das Album lehnt sich an den Stil von Dominique A an, besitzt aber ein Eigenleben: Breuts klare Stimme findet eine Musik, die der Atmosphäre einer Nacht in einer Stadt am Ärmelkanal entspricht – alles klingt nebulös, vieles bleibt im Ungefähren. »Vingt à trente mille jours« ist eine Platte voller Geheimnisse, ein Album für die blaue Stunde, nicht ohne Grund heißt ein Song »L'Heure bleue«, geschrieben zusammen mit Yann Tiersen, der auch Violine spielt. Breut traut sich nur zu flüstern: Dies sei die Zeit, in der sogar die Ängste schläfrig sind und in der die Menschen mit den verrückten Augen hervorkommen.

Kurz danach zieht sie nach Brüssel und verfolgt eine vergleichsweise internationale Karriere. Alle ihre Alben sind gelungen und abenteuerlustig, besonders schön ist *À l'aveuglette* aus dem Jahr 2008. Das Titelstück – »À l'aveuglette« steht für »aufs Geratewohl« – klingt mit Handclaps, feierlichen Bläsern, Streichern, Jazztrompete und Chören sehr lebendig. Da ahnt man nicht, dass Breut hier – im übertragenen Sinn – Amok läuft, um blindlings alle früheren Lieben des Partners auszulöschen. Man sollte diese Sängerin auf keinen Fall unterschätzen.

Albin de la Simone

Ich habe schon an anderen Stellen über Albin de la Simone geschrieben, etwa über seine Arbeit als Arrangeur für Vanessa Paradis und Alain Souchon. Als Solokünstler hat der 1970 in der Gegend von Amiens im Norden Frankreichs geborene Sänger und Liedschreiber einen unverkennbaren Stil gefunden: Seine Chansons sind leise und poetisch, große Gesten sind ihm fremd. Was daran liegt, dass Albin de la Simone ein Mensch ist, der die Ruhe zu schätzen weiß. »Ich bin in einem kleinen Dorf auf dem Land aufgewachsen, in der Nähe von Wäldern und Feldern«, sagt er mir bei unserer Begegnung in Paris. »Ich war ein Landjunge, der von der Stadt träumte – von der Kultur und der Musik. Aber je mehr Kultur und Musik ich in der Stadt erlebe, desto mehr wächst auch die Sehnsucht nach der Stille.«

Mit 16 verlässt er seinen Heimatort, geht nach Belgien an die Kunsthochschule, Schwerpunkt Zeichnen, danach nach Paris, um Musik zu studieren. Dass sein Hang zur Natur nicht verloren gegangen ist, zeigt das Cover seines beliebtesten Albums *L'Un de nous* – »Einer von uns«: Zu sehen sind Stofftiere, ein Zebra oder ein Bär, dazu ein Tiger, der eine Krone trägt. »Das Bild steht für die Gesellschaft, für uns Menschen, die wir sehr verschieden sind und zusammenleben müssen – wobei jeder für sich in Anspruch nimmt, die Krone zu tragen«, sagt er. Die Lieder des Albums wirken zerbrechlich, man traut sich gar nicht, die Anlage laut aufzudrehen, weil man befürchtet, die Musik könnte zerfallen.

Eines der schönsten Stücke heißt »Dans la tête« und nimmt Bezug auf einen französischen Ausdruck: »Wenn ich dir heute morgen gesagt hätte, pardon, André, aber ich kann den Termin unserer Begegnung nicht wahrnehmen, weil ich schreckliche Kopfschmerzen habe, dann hättest du gedacht: Ah, c'est dans la tête.« Albin de la Simone überträgt die eingebildete Krankheit auf die Beziehung zwischen einer Frau und einem Mann. Im Video zum Song sind neben dem Sänger die beiden Schauspieler Emmanuelle Devos und Régis Laspalès zu sehen, am Ende des Clips ist nicht mehr klar, was hier echt ist und was sich nur im Kopf abspielt.

Viel lieber als über seine Texte spricht Albin de la Simone über die Musik, auch deshalb hat er 2021 ein Instrumentalalbum veröffentlicht, eine absolute Ausnahme in der Chanson-Szene. *Happy End* bietet Lieder, denen die Worte fehlen. »Ich hatte einfach keine Texte. Es war die Zeit der Pandemie, in der wir uns alle permanent mit unserer eigenen Intimität beschäftigt haben. Ich konnte es irgendwann nicht mehr ertragen, andere über ihre intimen Gefühle singen zu hören. Die Vorstellung, nun auch noch selbst darüber zu schreiben, war furchtbar. Also ließ ich es bleiben und nahm diese Chansons auf, bei denen die Stimme fehlt. Was für den Hörer den Vorteil hat, dass man sich ungestört den Pianomelodien widmen kann.«

Auf einer Aufnahme hat Albin de la Simone versucht, seine Gesangsstimme auf ein anderes Niveau zu heben: Das Album *Bungalow!* aus dem Jahr 2008 ist eine lautere Angelegenheit, voller kompakter Popsongs. »Wir haben die Songs auf der Tour noch rockiger gespielt. Ich hatte zuvor für Iggy Pop gearbeitet, fand den Lärm super, merkte aber bald: Die laute Kulisse passt nicht zu meiner Stimme. Im Studio kann man das hinbiegen, dafür gibt es Effekte. Bei einem Konzert funktioniert das nicht.« Also beginnt Albin de la Simone, die Lieder bei den Shows immer weiter zu reduzieren. Das Resultat: *Mellow Bungalow*, eine akustische Variante der Lieder, live eingespielt, unverstärkt, mit Hilfe eines Chors. »Das ist die deutlich bessere Version der Platte«, sagt er. Aus dem Bonus hat sich das seiner Meinung nach nachhaltigere Album entwickelt, mit dem sehr lustigen Lied »Catastrophe« als Höhepunkt, in dem Albin de la Simone einige Katastrophen aufzählt, die fürchterlichsten betreffen seine Tochter: »Ma fille les doigts dans la prise / Ma fille au milieu des couteaux / Ma fille et le piment oiseau / Ma fille enjambe le balcon / Ma fille repasse un pantalon / Ma fille allume une bougie« – »Meine Tochter mit den Fingern in der Steckdose / Meine Tochter inmitten von Messern / Meine Tochter und der Vogelpfeffer / Meine Tochter klettert über den Balkon / Meine Tochter bügelt eine Hose / Meine Tochter zündet eine Kerze an«. Die Folge von all dem? »Aïe aïe aïe, Catastrophe!«

Raphaël

Die Familie Haroche aus Paris ist hochdekoriert. Im Stammbaum tummeln sich Anwälte, Verleger und Schriftsteller, mit Serge Haroche weiß die Familie sogar einen Nobelpreisträger für Physik in ihren Reihen, er erhält die Auszeichnung 2012 für seine Verdienste, das Gedankenspiel von Schrödingers Katze auf experimenteller Ebene realisiert zu haben. Es wäre interessant zu erfahren, wie so ein Familienfest bei den Haroches aussieht und welche Rolle Raphaël spielt, der Neffe des Nobelpreisträgers, selbst auch erfolgreich, jedoch als Künstler.

In der Szene hat Raphaël keinen einfachen Stand, was weniger an seinen Liedern und ihren Inhalten als an seiner Stimme liegt. Die ist nämlich sehr hoch und zerbrechlich – und damit ein Gegenpol zum Klischee der verrauchten dunklen Chanson-Stimmen von Serge Gainsbourg, Alain Bashung oder Benjamin Biolay. Erfolgreich ist Raphaël dennoch, wenn auch eher bei einem jüngeren Publikum, was seine Position bei den Kritikern nicht stärkt, weil sie in ihm bloß einen Teenie-Schwarm sehen.

Raphaël gelingt der Durchbruch mit Jahr 2003 mit seinem zweiten Album *La Réalité*, auf dem sich das Stück »Sur la route« befindet, ein Lied über Aufbrüche und das Unterwegssein, solche »chansons de la route« sind eine seiner großen Stärken. »Sur la route« ist ein Lied über die Freiheit und Gerechtigkeit: Ein Vogel müsste man sein, »pour pouvoir cracher de plus haut« – »um aus größerer Höhe spucken zu können«. Beim Gesang wird Raphaël von Jean-Louis Aubert unterstützt, dem ehemaligen Sänger der Rockband Téléphone. Auch dank des berühmtem Duettpartners werden die Single sowie das Album *La Réalité* ein kommerzieller Erfolg.

Diesen toppt Raphaël danach erstaunlich deutlich: Keine CD hat sich in Frankreich im Jahr 2005 häufiger verkauft als *Caravane*, Raphaëls drittes Album. Die Platte ist kurz, nur wenig mehr als eine halbe Stunde, beinahe flüchtig klingen einige der Stücke, und das ist die große Stärke: Raphaël singt erneut über Aufbrüche, und es wirkt, als seien diese Lieder fürs Handgepäck gemacht, ohne viel Ballast.

Es gibt zwei Arten von Chansons auf *Caravane*: Erstens die schwebenden Balladen zu Piano und Gitarre, die schönste ist »La Ballade du pauvre«, die Ballade von dem Armen, gesungen aus der Perspektive eines Menschen ohne Obdach, der sein Leben verlassen hat und nicht weiß, wo es enden wird – nur, dass es bald der Fall sein wird. Ein berührendes Tribut singt Raphaël in Gedanken an Patrick Dewaere, einst ein Jungstar des französischen Films, ab 1980 von der Presse ignoriert, nachdem er gegenüber einem Journalisten gewalttätig wird, bevor er 1982 den Freitod wählt. Die zweite Art von Songs sind die Aufbruchslieder im Stil von »Sur la route«. Sie handeln von kleinen Booten oder nicht mehr existierenden Grenzen, Raphaël gelingt ein Lied über den Ort »Schengen«, gelegen in Luxemburg, wo 1985 auf einem Moselschiff das Abkommen zu einem grenzenlosen Europa getroffen wird. Höhepunkt des Albums ist das Titelstück, ein Lied, in dem Raphaël zunächst feststellt: »C'est le Bon Dieu qui nous fait / c'est le Bon Dieu qui nous brise« – »Es ist der liebe Gott, der uns macht / Es ist der liebe Gott, der uns bricht«. Dann geht die Reise los: »Allez viens!«

Seine Unbeschwertheit verliert Raphaël im Laufe der Zeit – was zu künstlerisch guten, aber weniger kommerziellen Aufnahmen führt. Das Album *Pacific 231* aus dem Jahr 2010 spielt mit sehr ungewöhnlichen Sounds und findet seinen Höhepunkt in »Le Patriote«, einem Hasslied auf Frankreich in der Tradition von Renaud oder Jacques Dutronc. Raphaël schimpft über die Durchschnittlichkeit und Bravheit der Franzosen, über den Konformismus der Kinder, über die Demagogie von Links und Rechts, über das Radio mit seiner Quote für französischsprachige Musik, das er sogar dann abstellt, wenn er selbst läuft. Als sich Ärger anbahnt, geht Raphaël aufs Ganze: Er veröffentlicht »Le Patriote« als Single, klettert im Videoclip auf eine der Reiterstatuen von Jeanne d'Arc in Paris, die die Rechten als Symbol für das widerspenstige, starke Frankreich missbrauchen. Ein Teenie-Schwarm ist Raphaël nun nicht mehr. Dafür aus Sicht der Rechten ein Nestbeschmutzer und Möchtegern-Bobo-Rebell.

Raphaël kontert mit *Super-Welter*, das ist beim Boxen seine Gewichtsklasse; auf dem Cover posiert ein Hund, der einen kampfbereiten Eindruck macht. Die Lieder sind dunkel, verstörend, leben von einer ungewöhnlichen Produktion mit lauten Drums und allerhand Störgeräuschen. Das obligatorische Aufbruchslied heißt »Asphalte«. Die Freude am Trip ist jedoch getrübt: »Je cherche ma place dans tout ça / Au milieu du trafic / Des files de mauvais gars« – »Ich suche meinen Platz in all dem / Inmitten des Verkehrs / Aus Schlangen schlechter Menschen«. Raphaël wird zum Nihilisten und Misanthropen, erst das Album *Haute fidélité* zeigt ihn 2021 versöhnlich: Mit »Le Train du soir« schreibt er ein sentimentales Liebeslied und singt es gemeinsam mit einem neuen Star der Nouvelle Scène, mit dem wir uns jetzt beschäftigen wollen: der Sängerin, die sich Pomme nennt.

Pomme – der Name in ihrem Pass lautet Claire Pommet, Jahrgang 1996 – stammt aus einer Vorstadt von Lyon. Die Eltern sind Akademiker und an Musik interessiert, ihre Tochter ist gerade in die Schule gekommen, da lernt sie bereits musikalische Theorie, singt in einem renommierten Kinderchor, beherrscht das Cello. Als Komponistin ist sie Autodidaktin: Wie man ein Lied schreibt, entdeckt sie selbst, ihre Erkenntnisse stellt sie über ihren YouTube-Kanal ins Netz, eine erste CD erstellt sie in Eigenregie. Bei der französischen Variante der Verwaltungsgesellschaft GEMA – »La Sacem« – meldet sie sich mit 16, sie braucht dafür noch die Unterschrift ihrer Eltern. Ein Jahr später spielt Pomme im Vorprogramm von Benjamin Biolay. Kurz: Pomme ist »un wunderkind«, diesen deutschen Begriff nutzen die Franzosen auch.

Einige Jahre später macht die Künstlerin öffentlich, wie schwierig diese frühen Jahre für sie sind: Als junges, weibliches Talent sei sie ständig von Männern manipuliert worden: Sexyer solle sie sich geben. Und als sie das nicht wollte, hätten Männer ihr den Rat gegeben, sich besser aus dem Staub zu machen. »Moralische und sexuelle Belästigung«, nennt sie das. Viele haben es vor ihr erfahren, Pomme berichtet davon.

Ihr erstes Album *À peu près* erscheint 2017 und kombiniert französische Chanson-Tradition mit Americana-Einflüssen. Dank Liedern wie dem Titelstück oder dem nach dem einsamen Westen klingenden »Adieu mon homme« liegt es auf der Hand, Pomme als die französische Taylor Swift zu bezeichnen. Bemerkenswert ist die selbstbestimmte Offenheit in ihren Texten, die zwischen hetero- und homosexueller Perspektive wechseln. Die Sängerin und Songschreiberin Safia Nolin aus dem kanadischen Quebec wird ihre Lebens- und Kreativpartnerin. Als die Liebesbeziehung endet, setzen die beiden ihre kreative Zusammenarbeit fort. Gemeinsam dokumentieren sie ihre Erfahrungen im »Lesbian Break-up Song«: »Quand j'aurai tourné toutes les pages, / Quand j'aurai touché d'autres femmes / On pourra peut-être se retrouver« – »Wenn ich alle Seiten umgeblättert habe, / Wenn ich andere Frauen berührt habe / Vielleicht können wir uns dann wiederfinden«.

Pommes' zweites Album *Les Failles* aus dem Jahr 2019 ist ein großer Schritt nach vorne. Sie nimmt es zusammen mit Albin de la Simone auf, der – wir erinnern uns – schon bei seiner Zusammenarbeit mit Alain Souchon und Vanessa Paradis zeigt, wie gut er sich darauf versteht, Stimmen zur Geltung zu bringen. Die Single »Je sais pas danser« ist eine Absage an die Nacht, ein Rückzug ins Schlupfloch: »Moi, je préfère le noir, je n'veux pas sortir« – »Ich ziehe die Dunkelheit vor, ich will nicht raus«. Im schönsten Stück der Platte fragt Pomme: »Pourquoi la mort te fait peur?« – »Warum macht der Tod dir Angst?«

Für ihr drittes Album *Consolation* sucht sich die Künstlerin erneut einen kreativen Partner, der sie bei der Entwicklung eines besonderen Sounds unterstützt. Die Wahl fällt auf Flavien Berger, ein Musiker zwischen Electro und Art-Pop. Berger fügt den Liedern von Pomme eine zusätzliche Dimension hinzu. Elektronische Effekte schleichen sich durch das Klangbild, machen aber Platz, sobald die Sängerin ihre Stimme erhebt, wie Geister, die wissen, wem die Show gehört. »Jardin« ist ein gutes Beispiel für diese Produktionsart, nach knapp vier Minuten verschwindet die Elektronik und ein Streicherensemble spielt auf: Flavien Berger versteht sich meisterhaft auf klassische Arrangements.

Beim Lied »La Rivière« entwickelt Albin de la Simone am Piano eine Melodie, die den Grad der Melancholie unmittelbar erhöht. Im Text lädt Pomme eine Person ein, zu ihr an den Fluss zu kommen, wo sie mit offenen Armen wartet, um ihr die schönsten Steine zu zeigen und den Weg auf die andere Seite zu wagen: »Accroche-toi, on va traverser« – »Halt dich fest, wir gehen hinüber«. *Consolation* erscheint 2023 in einer neuen Version, zu erkennen daran, dass Pomme auf dem Cover keinen gigantischen Pilz mehr auf dem Kopf trägt. Diese Version lohnt sich schon wegen des Liedes »Un million«, für das Flavien Berger feierliche Bläser arrangiert hat, zu denen Pomme fragt: »Combien de fois / J'ai retenu mes larmes, /[…] / Pour avoir l'air normale?« – »Wie oft / Habe ich meine Tränen zurückgehalten, / Um normal auszusehen?« »Un million de fois«, mindestens.

Barbara Carlotti

Im Laufe unseres Gesprächs im Les p'tites indécises, einem Café im Quartier de la Folie-Méricourt im 11. Arrondissement, sagt Barbara Carlotti irgendwann einen für eine französische Sängerin unerhörten Satz: Sie sei von melancholischer Musik gelangweilt. Was kommt als nächstes, frage ich mich, dass sie keine Baguettes mehr sehen kann und Käse nur verschimmelte Milch sei? Okay, sagt sie, sie müsse ihr Urteil ein wenig erklären. »Ich habe eine Menge melancholischer Lieder aufgenommen, daher steht mir der Sinn gerade nach etwas anderem.« Nach was? »Sinnlichkeit.«

Wie das klingt, zeigt Barbara Carlotti auf *Magnétique* aus dem Jahr 2018. Das Album handelt von allen Facetten des Träumens. Es klingt dementsprechend psychedelisch, bietet Saxophone und elektronische Experimente. Dahinter steckt eine echte Recherchearbeit, wie mir Barbara Carlotti erzählt: »Ich habe Dokus geschaut, Bücher gelesen, wissenschaftliche Abhandlungen studiert. Als es darum ging, die Lieder zu schreiben, verbrachte ich einen ganzen Monat in einem Haus in der Bretagne, mit dem Ziel, in jeder Nacht in einer besonders paradoxen Phase eines Traums aufzuwachen und direkt aufzuschreiben, was ich geträumt habe: Szenen, Wortfetzen, Melodien – alles! Es war nicht mein Wille, der diese Lieder geschrieben hat, es war mein Unterbewusstsein.«

Also geht es um Vampire und paradiesische Strände, um ein »Radio mentale sentimentale«, in dem die Stimmen durcheinandergehen und um die schmale Grenze zwischen Lust und Qual, die sich durch manche Träume zieht – »Plaisir ou agonie?« Im Ti-

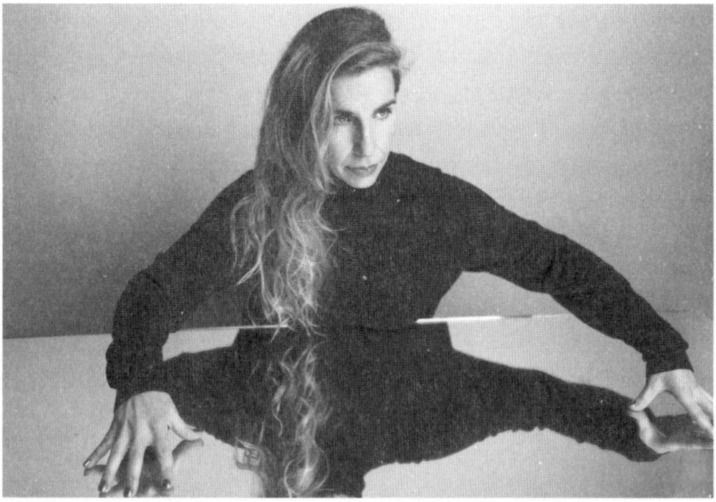

Barbara Carlotti

telstück »Magnétique« fasst Barbara Carlotti die zentrale Erkenntnis ihrer Traumrecherche zusammen: Jedes Individuum verfüge über zwei Arten des Denkens, eine ziel- und eine ungerichtete. Erstere basiere auf Logik. Zweitere sei eine Aneinanderreihung, gefüttert von Bildern, Platten und ähnlichen Dingen. In diesem Sinne: Hören Sie die Musik von Barbara Carlotti, lesen Sie ihr Buch *L'Art et la manière* mit erotischen Kurzgeschichten – und träumen Sie schön.

Zwei Jahre nach *Magnétique* veröffentlicht Carlotti 2020 mit *Corse, Île d'amour* eine Sammlung mit sonnendurchfluteten Liedern von oder über Korsika, der Insel, von der ihr Vater stammt. »Ich bin in einem Vorort von Paris aufgewachsen, weil mein Vater in der Stadt gearbeitet hat. Aber wir haben immer Urlaub auf Korsika gemacht, ich habe dort Familie, es ist also meine zweite Heimat, Korsika ist mir im Blut«, sagt sie. Was die Insel besonders macht, sei der freiere Umgang mit Musik. »Es wird viel gesungen, ganz ungezwungen auf der Straße. Die traditionellen Lieder werden immer wieder neu interpretiert und verändert, damit sie auch der jungen Generation eine Identität schenken.« *Corse. Île d'amour* ist der gelungene Versuch, diese Geschichte weiterzuschreiben. Sie singt »La Ballade de Chez Tao« von Jacques Higelin. »Ich mag ihn, ich mag das Lied, aber seine Aufnahme klingt mir ein wenig zu getragen und bedeutungsvoll.« Also hat sie es verändert: Aus einem Nachtlied ist ein Morgenlied geworden. Am Himmel steht nicht mehr der Mond, sondern die aufgehende Sonne. Das Selbstmitleid ist verschwunden, das Lied bejaht das Leben, statt sich der Schwermut zu ergeben. Barbara Carlotti singt ihre Version von »La Ballade de Chez Tao« zusammen mit Izia, Higelins Tochter. »Sie war gerührt von meiner Version, und das hat mir viel bedeutet.«

Famille heureuse: Thomas Dutronc, Izia, Arthur H

Im Jahr 2022 trendet in den Sozialen Medien ein Begriff: Nepo-Babies. Gemeint sind Stars, die es mutmaßlich mit dem Rückenwind ihrer prominenten Verwandtschaft nach oben geschafft haben. Leute wie Leni Klum oder Söder-Tochter Gloria-Sophie Burkandt, Lily-Rose Depp oder Prinz Harry. Diese Nepo-Babies profitieren vom Nepotismus, in dem Begriff steckt das lateinische »nepote« – der Nachkomme. Neu ist das Phänomen nicht, doch gibt es im Zeitalter von TikTok und Instagram erstens ein gesteigertes Interesse der Nepo-Babies, sich selbstbewusst zu zeigen, und zweitens das Bedürfnis der Netz-Communities, die Nepo-Babies zu bewerten, wobei es – typisch Social Media – nur zwei Kategorien gibt: Die einen haben's verdient, weil sie auch das Talent geerbt haben. Die anderen eben nicht.

Nepotismus gibt es überall. In Frankreich trägt er mitunter besonders schillernde Blüten. Nur ein Bespiel: Auf den letzten Drücker sieht Präsident Nicolas Sarkozy im Jahr 2009 davon ab, seinen damals 23 Jahre alten Sohn zum Chef der milliardenträchtigen öffentlichen Gesellschaft für die Entwicklung des Pariser Geschäftsviertels La Défense zu ernennen. Ungerecht wäre es dagegen, seine Frau Carla Bruni als »Nepo-Gattin« zu bezeichnen: Das in Turin in einer reiche Industriellenfamilie geborene Ex-Model verfolgt ihre musikalische Karriere seit Ende der 90er Jahre, da sind sie und Sarkozy noch gar kein Paar. Unterstützt wird sie damals vom Pop-Komponisten Julien Clerc, ihr erstes Album *Quelqu'un m'a dit* ist eine solide Chanson-Platte, das mit lässiger Heiserkeit gesungene Titelstück ein Klassiker der Nouvelle Scène.

Vom ehemaligen schillernden Präsidentenpaar zur schillerndsten Ehe-Konstellation des French Pop: Über die Beziehung zwischen Françoise Hardy und Jacques Dutronc habe ich bereits geschrieben, Dauerzustand: kompliziert. Der gemeinsame Sohn Thomas kommt 1973 in Paris zur Welt, dass er Musiker wird, legen ihm seine Eltern in die Wiege. Interessant ist, dass er für sich einen Stil findet, der im Kern auf einem Song seines Vaters basiert: Jacques Dutroncs Hit »J'aime les filles« mit seinem Django-Reinhardt-Einfluss liefert Sohn Thomas eine Blaupause für seine Stücke. Nachdem er zunächst als Schauspieler, Filmkomponist und Live-Gitarrist arbeitet, gelingt ihm 2007 mit dem Album *Comme un manouche sans guitare* der Karrierestart als Solokünstler. Der Titel bezieht sich auf Manouche, der Bezeichnung für die in Frankreich lebenden Sinti; das Genre Jazz-Manouche umfasst Platten von Django Reinhardt, aber auch von Künstlern wie Sanseverino, dessen Album *Le Tango des gens* mit dem Musette-Hit »Les Embouteillages« 2001 erscheint und Teil eines Jazz-Manouche- und Swing-Revivals wird.

Thomas Dutronc kombiniert den klassischen Stil mit Pop-, Blues- und Chanson-Elementen, sein »September Song« ist die Interpretation des Kurt-Weill-Liedes im Stil hawaiianischer Musik, der Höhepunkt der Platte ist ohne Frage der Song »Les Frites bordel«, den Thomas Dutronc eine »improvisation culinaire« nennt: Das Stück basiert lose auf »L'Été indien« von Joe Dassin, einem Hit aus den 70ern, gekennzeichnet von Dassins bedeutungsschwangerem Sprechgesang und sentimentalen Chören – French Kitsch. Dutronc übernimmt die Struktur, um zunächst davon zu erählen, als Kind im Urlaub immer diese elendigen Postkarten schreiben zu müssen, auf die zu Hause doch eh niemand warte, um dann festzustellen, dass die meisten der Menschen, denen man damals Postkarten geschrieben hat, bereits verstorben sind. Das bringt Dutronc in eine Verzweiflung, aus der es nur einen Ausweg gibt. Nein, es ist anders als bei Gainsbourg nicht der Schnaps, es ist ein Steak mit Pommes, »un bon gros steak, avec des frites, bordel« – »ein schönes großes Steak mit Pommes frites, verdammt!« Thomas Dutroncs revolutionäre Forderung: »On veut des graisses saturées, ras-le-cul de ce régime!« – »Wir wollen gesättigte Fettsäuren, haben die Nase voll von dieser Diät!«

Von berühmten Musikern als Kind ein Lied gewidmet zu bekommen, kann ein vergiftetes Geschenk sein. Nicht ohne Grund spürt Julian Lennon, Johns Sohn, eine Hassliebe zu »Hey Jude«, dem Lied, das Paul McCartney ihm zum Trost widmet, als John Julians Mutter verlässt. Izia Higelin hat von ihrem Vater Jacques gleich mehrere Kompositionen mit auf den Weg bekommen, kurz nach ihrer Geburt 1990 schreibt er die »Ballade pour Izia«, die in der ersten Strophe auch ihre Zeugung thematisiert – was nun wirklich etwas ist, das man von seinen Eltern nicht hören will.

Izia hört als Teenagerin eine Musik, die mit French Pop wenig zu tun hat: Grunge und Classic-Rock, Metal und Punk. Als sie beginnt, eigene Songs zu schreiben, textet sie zunächst auf Englisch, weil sie beherzigt, was John Lennon einmal gesagt haben soll: Rock auf Französisch sei wie englischer Wein. Ihr erstes Album *Izia* erscheint 2009 und klingt nach bluesig-punkigem Garagenrock, der funktioniert, weil Izia sich den französischen Akzent abtrainiert hat. Wichtig ist ihr und ihrem Vater, dass sie ihre Karriere nicht im Windschatten von Jacques startet, ihr Vater sagt, ihr nie konkret geholfen zu haben – mit der Ausnahme des Kontakts zu einem guten Anwalt. Denn den benötige man auf jeden Fall. Mit dem dritten Album *La Vague* aus dem Jahr 2015 ändert Izia ihren Stil, klingt nun poppiger und elektronischer.

2019 widmet sie das Album *Citadelle* der Wahlheimat ihrer Familie, der Stadt Calvi, gelegen unterhalb der Zitadelle. Höhepunkt der Platte: »Esseulés«, ein eindringliches Electro-Pop-Duett über die Einsamkeit und die Stille, gesungen zusammen mit Dominique A.

Arthur Higelin, Bühnenname Arthur H, ist wiederum Izias 24 Jahre älterer Halbbruder, im Jahr ihrer Geburt veröffentlicht er sein erstes Album, das die Chanson-Tradition mit Jazz im Stil von Duke Ellington sowie von Tom Waits beeinflusster Barmusik kombiniert. Wie sein Vater ist Arthur H jederzeit bereit, zeitliche Grenzen zu sprengen: Auf dem zweiten Album *Bachibouzouk* aus dem Jahr 1992 befindet sich die fast 14 Minuten lange Komposition »Le Général de Gaulle dans la cinquième dimension«, eine Phantasie über de Gaulles Leben in seinem Londoner Exil im Zweiten Weltkrieg, wo er das Komitee »Freies Frankreich« gründet und zur Integrationsfigur der Résistance wird. Im Text von Arthur H langweilt sich de Gaulle ganz fürchterlich und beginnt einen Trip, der mit dem Eintauchen in die Themse beginnt, ihn nach Tahiti und zur Schönheit Yvonne führt, bevor das Jazztrio die Marseillaise spielt und das eigentliche Wunder geschieht: »Alors comme par magie les nazis disparaîssent / Comme des fantômes ils s'évanouissent / Et retournent au néant d'où ils viennent / C'est de la magie pure« – »Dann verschwinden die Nazis wie von Zauberhand / Wie Gespenster verschwinden sie / Und kehren in das Nichts zurück, aus dem sie gekommen sind / Das ist pure Magie«.

Im Laufe der Jahre modernisiert Arthur H seinen nächtlichen Sound, das Album *Bonjour tristesse* aus dem Jahr 2005 zählt zu seinen besten Aufnahmen, das Lied »Est-ce que tu aimes?« singt er im Duell mit Popstar -M-, der Titelsong ist eine Lektion in Sachen beschwingter Melancholie, die Ballade »Le Destin du voyageur« ist ein berührendes Duett mit seinem Vater Jacques über »das Schicksal des Reisenden«, die Neugier auf die entfernten Ecken der Welt eint Vater und Sohn. 2023 erscheint mit *La Vie* das erste Album von Arthur H nach dem Tod von Jacques Higelin fünf Jahre zuvor, es enthält das Lied »Le Secret«, in dem der Sohn ein Geheimnis seines Vaters lüftet. »[…] cette histoire qui me tue, / Révèle-là, libère-moi« – »diese Geschichte, die mich tötet, / Enthülle sie, befreie mich«, singt Arthur H über seinen Vater, der kurz vor seinem Tod einer Autorin davon erzählt, als Kind einige Jahre lang von einem Vertrauten der Familie sexuell missbraucht worden zu sein. Valérie Lehoux hat über diese Geschichte das Buch *Car toujours le silence tue* geschrieben – »Denn noch immer tötet das Schweigen«.

Dix de plus

1. Alexis HK

Der große Held des Sängers ist Georges Brassens, Alexis HK gelingt es, dessen Stil so zu verändern, dass er modern klingt. Das gelingt auf Stücken wie »Gaspard« von seinem Album *Belle vie* aus dem Jahr 2002 mit Manouche-Elementen und Temposteigerungen. Melancholischer klingt sein bekanntestes Album *L'Homme du moment* aus dem Jahr 2004, das Stück »Coming Out« ist eine wunderschön arrangierte Erzählung über einen Menschen, der in Paris eine Transgender-Identität gefunden hat und nun wieder zurück in sein Heimatdorf geht, um sich erstmals dort zu offenbaren. Ein Lied mit dem Stoff für einen Roman.

2. Fredda

Fredda kommt in diesem Buch als Expertin für die Yéyé-Szene zu Wort, kurz möchte ich auf ihre Diskographie mit sechs durchweg empfehlenswerten Platten verweisen. Ihr erstes Soloalbum *Toutes mes aventures* beginnt mit »Barry White«, einer Hommage an den Soulsänger mit der tiefen Stimme. Sowieso lassen sich auf ihren ersten Alben viele amerikanische Einflüsse erkennen. Das ändert sich 2020 mit *Bisolaire*, mit Liedern über die vielen Dinge, die zwei Seiten haben. 2023 veröffentlicht sie das Album *Phosphène*, so nennt man das Erkennen von Lichtern, wo eigentlich keine sind. Fredda widmet viele dieser Lieder Frauenfiguren, »Nordique Ophélique« verfrachtet Shakespeares Ophelia ins Packeis, »Vent diable« ist inspiriert von der Kraft des Hurrikans Irma, der 2018 als stärkster jemals gemessener Sturm über den Karibischen Inseln fegte.

3. Axelle Red

Die Sängerin aus Brüssel, geboren im Flamen, veröffentlicht ihr erstes Album *Sans plus attendre* 1993 und findet mit ihrer Mischung aus Blues, Soul und Chanson gleich ein Publikum. Der atmosphärische Song »Elle danse seule« wird ein Hit für lange Autofahrten und sehnsüchtige Nächte. Mit ihrem vierten Album *Toujours moi* findet die Belgierin 1999 einen modernen Sound mit R'n'B- und Folk-Einflüssen, das Stück »Bimbo à moi« nimmt einen Retro-Sound vorweg, der einige Jahre später Amy Winehouse berühmt macht.

4. Bénabar

Bénabar ist der Sänger mit den Bläsern: Immer, wenn er zu seinen Songs ein Ensemble aufspielen lässt, erhalten seine Lieder einen besonderen Schwung. Zu erleben auf seiner Debütplatte aus dem Jahr 2001 bei Stücken wie »Bon anniversaire«, »Porcelaine« oder dem furiosen »Y'a une fille qu'habite chez moi«. Im Lauf der Jahre legt er dieses Alleinstellungsmerkmal mehr und mehr ab. Schade, wenn man bedenkt, wie sehr ein Stück wie »Sac à main« vom zweiten Album *Les Risques du métier* von den Bläsern profitieren – nachzuhören auch auf dem sehr guten Konzertmitschnitt *Live au Grand Rex*.

5. Bertrand Betsch

Wenn Bertrand Betsch die Schwermut packt, dann so richtig. Schon das Cover seines ersten Albums *La Soupe à la grimace* zeigt ein unfassbar trauriges Szenario mit zwei Menschen und ihren zwei Hunden im Schneematsch, das erste Lied »À l'ouverture des miroirs« ist eine gehauchte Komposition in Moll, beim Stück »Colère« nimmt die Intensität immer weiter zu. Es ist daher eine schöne Überraschung, dass Betsch auf seinem dritten Album *Pas de bras, pas de chocolat* – »Keine Arme, keine Schokolade« beim Titelsong das Tempo anzieht; auf der Platte befindet sich sogar eine »Version disco« des Stücks, zu der sich phantastisch Herumhüpfen lässt. 2022 veröffentlicht Betsch mit *Jukebox Babe, vol. 1* ein Album mit Coverversionen, darauf zu finden sind viele in diesem Buch besprochene Lieder wie Alain Bashungs »Angora«, »Revivre« von Gérard Manset, Hubert-Felix Thiéfaines »La Dèche, le Twist et le reste« oder »Allô maman bobo« von Alain Souchon.

6. Cali

Bei den Kritikern ist Cali nicht sonderlich beliebt, für viele verkörpert er das Banale der Neuen Szene. Ob das gerecht ist, sei dahingestellt. Calis erstes Album *L'Armour parfait* aus dem Jahr 2003 ist mit Songs wie »C'est quand la bonheur?« und »Elle m'a dit« eine schwungvolle Platte. 2008 lässt er sich auf seinem dritten und erfolgreichsten Album *L'Espoir* von Mike Scott helfen, Chef der Folkrockband The Waterboys. Calis 2012er-Album *Vernet-les-Bains* ist eine Hommage an seine Heimatstadt, gelegen im östlichen Teil der Pyrenäen.

7. Camille

Die Pariserin ist eine der Sängerinnen des Projekts Nouvelle Vague, noch interessanter gestaltet sie ihre Solokarriere. Camille schwört auf die Klänge des Körpers, ihr zweites Album *Le Fil* basiert auf einem Grundton, den die Künstlerin als ihren persönlichen Ton beschreibt. Darüber entwickelt sie mit Stimmen und Vocal- und Body-Percussion eine Mischung aus Pop und R'n'B, die in ihren besten Momenten wie beim Song »Ta douleur« an die Funkyness von Prince herankommt. 2007 steuert Camille das Lied »Le Festin« für den Soundtrack zum Animationsfilm *Ratatouille* bei. Weil ihre Musik in den USA und Großbritannien großen Anklang findet, singt Camille 2008 auf *Music Hole* englische Texte, dann und wann unterstützt ein Instrument den Sound, zum Beispiel ein Piano bei dem sphärischen Song »Sanges Sweet«.

8. Coralie Clément

Ihr bürgerlicher Nachname verrät's: Coralie Biolay ist die Schwester von Benjamin. Ihr erstes Album *Salle des pas perdus* entsteht 2001 auf Anraten des Bruders, wobei sie schnell einen eigenen Stil findet: gehauchter Gesang im Stil von Jane Birkin, schöne und häufig sommerliche Arrangements wie auf den von brasilianischer Musik beeinflussten Stücken »L'Ombre et la lumière« und »Samba de mon cœur qui bat«. Ihr zweites Album *Bye Bye Beauté* klingt zupackender und entsteht mit Beteiligung ihres damaligen Lebensgefährten Daniel Lorca, Bassist der amerikanischen Indierockband Nada Surf.

9. Thierry Stremler

Wir haben Thierry Stremler bereits als Komponisten für Françoise Hardy kennengelernt, auf seinen Soloplatten bietet er eine Form von Nouvelle Chanson, die sich anderen Kulturen öffnet, dem 60s-Beat der Kinks genauso wie der Musik Portugals, seit einigen Jahren seine zweite Heimat. Seine Lieder handeln von »La Fille de métro«, dem traurigen Mädchen aus der Métro, oder »La Baie de Concarneau«, einer malerischen Bucht in der Bretagne, gelegen im Département Finistère. Von der melancholischen Lebensfreude des portugiesischen Fado oder von einer Frau namens Marguerite, die ihn irritiere: »Oh Marguerite, que tu m'irrites«. Was Thierry Stremler auszeichnet: Er findet es angemessen, über sich selbst zu lachen.

10. Keren Ann

Geboren ist Keren Ann in Israel, ihre Kindheit verbringt sie in den Niederlanden, bevor die Familie nach Paris zieht. Da ist sie elf Jahre alt. Zusammen mit Benjamin Biolay schreibt sie für Henri Salvadors Comeback-Album das Stück »Jardin d'hiver«, der Erfolg gibt ihrer Solokarriere Schwung. Das Album *La Disparition* wird dank der folkigen Single »Au coin du monde« ein Erfolg, ab ihrem dritten Album singt sie häufig auf Englisch. Die Platte *Nolita* aus dem Jahr 2004 ist ihre beste Aufnahme, der Sound ist intim, die Melodien verführerisch, zärtliche Lieder wie »Que n'ai-je«, »La Forme et le fond« oder »L'Onde amère« wirken schwerelos.

12 Le folk

Louise Attaque, Mano Negra / Manu Chao, Têtes raides, Les Ogres de Barback

Eine übergreifende französische Folkmusik gibt es nicht, wohl aber Gruppen, die sich von britischen, bretonischen und mediterranen Traditionen beeinflussen lassen oder das Chanson aus Volksperspektive interpretieren.

Louise Attaque

Um ein Buch zu schreiben, braucht es Initialzündungen. Momente, in denen aus einer Idee ein Vorhaben wird. Bei *Voyage, Voyage* gibt es zwei solcher Augenblicke, vom ersten habe ich bereits eingangs geschrieben, es ist der Moment, in dem ich in einem Geschäft in Lyon auf die Stapel mit den CDs von Alain Bashung stoße, die ich mir kaufe, denen ich zu Hause auf dem Balkon verfalle. Der zweite Moment folgt einige Wochen später. Es ist immer noch Sommer, ich habe begonnen, mich intensiv mit französischem Pop zu beschäftigen. Es ist warm, die Fenster der Wohnungen stehen auf. Plötzlich höre ich, wie aus dem vierten Stock des Nachbarhauses David, gebürtig aus Frankreich, und seine Tochter Clara gemeinsam ein Lied schmettern: »Léa,

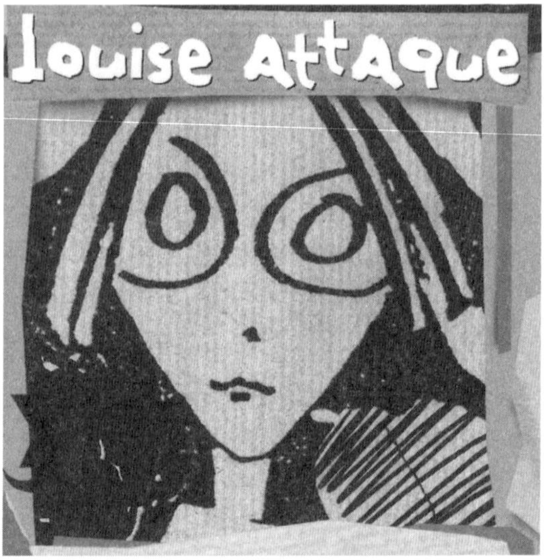

Cover des Debütalbums von Louise Attaque, 1997

elle est parisienne, elle est pas présentable / Elle est pas jolie, elle est pas moche non plus« – »Léa, sie ist Pariserin, sie ist nicht vorzeigbar / Sie ist nicht hübsch, sie ist aber auch nicht hässlich«.

Ich erkenne das Lied: »Léa« von Louise Attaque! Ich habe es gerade erst für mich entdeckt. Als ich David und Clara darauf ansprech, wundert sich David, dass ich das Lied kenne. Ob es hier auch ein Hit gewesen sei? Wie in Frankreich, wo es sich seit der Veröffentlichung 1997 zu einer Art Kulturgut entwickelt hat, das wirklich jeder mitsingen kann, Väter und mit ihren Töchtern, Mütter mit ihren Söhnen. Nein, sage ich, und mir ist klar: Dieses Buch muss her.

Et voilà! »Léa« ist ein Lied über diese Durchschnitts-Parisienne, weder Terroristin noch Antiterroristin, weder links noch rechts. Nicht inspiriert, aber geduldig, nicht böse, aber verdammt langweilig. Der Song findet sich auf dem ersten Album von Louise Attaque, gegründet Mitte der 90er Jahre in Paris, geprägt vom Songwriting und Gesang von Gaëtan Roussel. Der Name der Band gibt einen ersten Hinweis auf ihren Sound: Louise Attaque ist die französische Antwort auf den Namen der amerikanischen

Folkpunkband Violent Femmes – wobei »Femmes« hier nicht für das französische Wort für ›Frauen‹ steht, sondern für einen in Teilen der USA gebräuchlichen, misogynen Slang-Ausdruck dafür, eine Art Weichei zu sein. Der Bandname Louise Attaque ist zudem ein Verweis auf die französische Anarchistin Louise Michel, die zur Zeit der Pariser Kommune im Jahr 1871 den Widerstand gegen die Preußen organisiert; Victor Hugos Gedicht »Viro Major« ist ihr gewidmet.

Für das Cover der ersten LP entwirft Bassist Robin Felix das Bild eines Mädchens mit Mittelscheitel und Brille, das bis heute in abgewandelter Form auf fast allen Platten der Gruppe zu sehen ist. Produzent von einigen Songs des ersten Albums ist Gordon Gano, Sänger und Songwriter der Violent Femmes, und dieser leistet ganze Arbeit, denn Louise Attaque klingen zwar akustisch, aber kein bisschen gesetzt. Die Höhepunkte neben »Léa« sind Aufnahmen wie das rasante Stück »J't'emmène au vent«, geprägt von der Fiddle von Geigenspieler Arnaud Samuel, oder das leicht melancholische »Ton invitation«, bei dem Gaëtan Roussel seine Stimme immer wieder brechen lässt, was dem Lied über eine anstehende problematische Begegnung eine verzweifelte Note verleiht: »J'ai accepté par erreur ton invitation« – »Ich habe irrtümlich deine Einladung angenommen«.

Louise Attaque verweigern sich rund um die Veröffentlichung des Albums sämtlicher Marketingpflichten. Kaum Interviews, keine Anzeigen, keine Autorgrammstunden – die Band vertraut auf ihre Live-Qualitäten, darauf, dass sich die Klasse der Lieder herumspricht. Die Platte mit dem unschuldigen Mädchen auf dem Cover verkauft sich fast drei Millionen Mal.

Wie aber nun weitermachen? Louise Attaque entscheiden sich dafür, ihre Ecken und Kanten zu schärfen. Auf dem Cover des zweiten Albums *Comme on a dit* sitzt das Mädchen nackt in einem dunklen Zimmer, ein schwermütiges Szenario, dem die Musik entspricht: Die überbordende Lebensfreude des Debüts verschwindet, an ihre Stelle treten melancholische bis verzweifelte Stücke über die Sprachlosigkeit in menschlichen Beziehungen. Erneut wird die Musik von der Fiddle geprägt, das Instrument treibt Stücke wie »Tu dis rien« oder das Titellied an.

Nach einer mörderisch langen Tour braucht die Band danach eine Pause, die Mitglieder spalten sich in zwei Nebenprojekte auf. Bassist Robin Feix gründet Ali Dragon, deren Album allerdings untergeht. Sänger Gaëtan Roussel und Violinist Arnaud Samuel nehmen zwei Platten unter dem Namen Tarmac auf, die stärker von bretonischer Folkmusik und traditionellen Chansons beeinflusst sind, auf dem Debütalbum »L'Atelier« covern Tarmac 2001 Georges Brassens' »La Ballade des gens qui sont nés quelque part« und schenken dem Chanson ein bemerkenswertes Arrangement zwischen Folk und Blues.

2005 kehren Louise Attaque zurück: *À plus tard crocodile* ist die französische Übersetzung der geflügelten Rock'n'Roll-Worte »See you later, Alligator«, die Musik klingt wieder optimistischer, schaut hinaus in die Welt des Rock'n'Roll, bietet mit »La Valse« aber auch eine sehr französisch klingende Chanson-Ballade zum Piano und im flotten Dreivierteltakt. Die Musiker betrachten Louise Attaque nun als ein Gelegenheitsprojekt, zuletzt erscheint 2022 das solide Album *Planète terre*, wobei man sagen muss: Seine besten Lieder hält Gaëtan Roussel für andere Projekte vor. 2008 schreibt er Lieder für Alain Bashungs *Bleu pétrole*, das letzte Album vor dessen Tod. Seit 2010 veröffentlicht Roussel Platten unter eigenem Namen, zuerst mit größerem Elektronikanteil, zuletzt mit Liedern, die klingen, als sei das Mädchen Louise Attaque erwachsen geworden. *Est-ce que tu sais?* fragt er auf seinem besten Soloalbum aus dem Jahr 2021 – »Weißt du das?«

Roussel ist besser darin, Fragen zu stellen als Antworten zu geben. Auch das Rätsel, wer denn nun hinter dieser »Léa« aus Paris steckt, löst er nicht. Eine Theorie besagt, L. A., die Initialen der Band, steckten deshalb im Namen »Léa«, weil doch alle Parisiennes und Parisiens wie dieses Mädchen sind: nicht hübsch, nicht hässlich, nicht immer lustig, nicht frei.

Mano Negra / Manu Chao

Das Internet ist ein seltsamer Ort, und wer beginnt, sich auf seltsamen Seiten herumzutreiben, entdeckt mitunter Unglaubliches. Ein »Nachrichten«-Portal, dessen Namen ich hier nicht nennen möchte, um keine Werbung dafür zu machen, veröffentlicht im September 2023 einen Artikel über Manu Chao, den legendären Abenteurer, Globetrotter, Sänger, Aktivisten. Die Seite ist berüchtigt für Todesmeldungen, die sich schließlich als falsch herausstellen, diese Story handelt nun davon, dass Manu Chao der bestbezahlte Sänger der Welt sei, 75 Millionen Dollar habe er in den vergangenen zwölf Monaten eingenommen, nicht mit Musik, sondern durch Aktien- und Immobiliengeschäfte, Werbung für Kosmetik, eigene Wodka-, Mode- und Parfummarken sowie eine Burger-Kette in Paris namens »Fat Chao«.

Manu Chao, der Neoliberalist im Rebellenkostüm – wenn dieses Fake-News-Portal nicht so entsetzlich wäre, dann wäre zumindest diese Geschichte lustig. Schließlich gilt dieser Mann als Inbegriff eines Musikerideals, dem Autonomie deutlich wichtiger ist als Geld. Und der, das wird gerne erzählt, sich einst nur mit einer Gitarre, Mini-Aufnahmegerät und Kreditkarte im Gepäck auf Weltreise begibt und ewig ohne Handy auskommt. Manu Chao, der Mythos. Wer also ist dieser Kerl?

Geboren wird er 1961 in Paris, sein Vater ist ein Intellektueller aus Galicien, der zusammen mit seiner Frau vor dem Franco-Regime aus Spanien flieht. Sein Sohn wächst in der Pariser Vorstadt Sèvres in einem multikulturellen Arbeiterviertel auf; das dort ansässige Renault-Werk ist der große Arbeitgeber der Region. Weil seine Eltern keine Arbeiter sind, sondern ihr Geld mit intellektuellen Tätigkeiten verdienen, gilt der Sohn in seiner Gang als potentieller Spion, was dazu führt, dass er allerhand Mutproben über sich ergehen lassen muss. Als Kind hört er amerikanischen Rock'n'Roll, später entdeckt er seine Latinowurzeln sowie die vielfältigen Klänge der Welt: Reggae und Raï, Folk und Country, Blues und Metal. Mit seinen Bands beginnt er, diese

Einflüsse zusammenzubringen, nicht nach einem strengen Konzept, sondern nach Lust und Laune – stets ergänzt durch Texte, die das Leben als Abenteurer feiern und die sozialen Missstände thematisieren. Dies geschieht aus einer linken Perspektive, die er von seinem Vater erbt, der, wenn man den Erzählungen glauben mag, ein Bild von Che Guevara über dem Klavier hängen hat.

Manu Chaos Bands entwickeln sich mit der Zeit zu kleinen Kommunen mit immer wieder neuen Namen, eine dieser Gruppen nennt sich Mano Negra – die Schwarze Hand. Die Idee stammt aus einem Comic von Dominique Rousseau, der in seiner *Condor*-Reihe eine Gruppe sozialistischer südamerikanischer Rebellen »Mano Negra« nennt, in Anlehnung an eine mythenumrankte anarchistische Gruppe, die Ende des 19. Jahrhunderts als Mischung aus Politorganisation und Erpresserbande durch Andalusien gezogen sein soll. Wobei bis heute nicht geklärt ist, ob es sich bei »La Mano Negra« um eine Erfindung des spanischen Staats handelt, um mit Schauermärchen über deren terroristische Aktivitäten alle anarchistischen Gruppen zu diskreditieren. Wie auch immer: Für Manu Chaos Truppe ist der Name perfekt.

Mit dabei sind auch sein Bruder Antoine, der Trompete spielt, sowie sein Cousin Santi Casariego, der Drummer. Ihre ersten Auftritte absolviert die Band 1987 in den Gängen der Pariser Métro, und weil das Publikum dort maximal divers ist, spielt die frisch gegründete Band Lieder in allen möglichen Stilen, gesungen auf Französisch, Spanisch, Englisch. »Patchanka« nennt Manu Chao diesen Schmelztiegelsound, ein Begriff zwischen Patchwork und Punk. Auch das erste Album der Band aus dem Jahr 1988 trägt diesen Namen, es enthält Lieder über die »Indios de Barcelona«, das Stück »Ronde de nuit« handelt von den Gestalten, die durch die Pariser Nächte geistern. Der Hit des Debüts ist das mitreißende »Mala vida«, mit einem Text über einen Mann, der sich über seine respektlose Frau beschwert. Mit seiner maskulinen Jammerperspektive passt Manu Chao gut in die französische Musikszene.

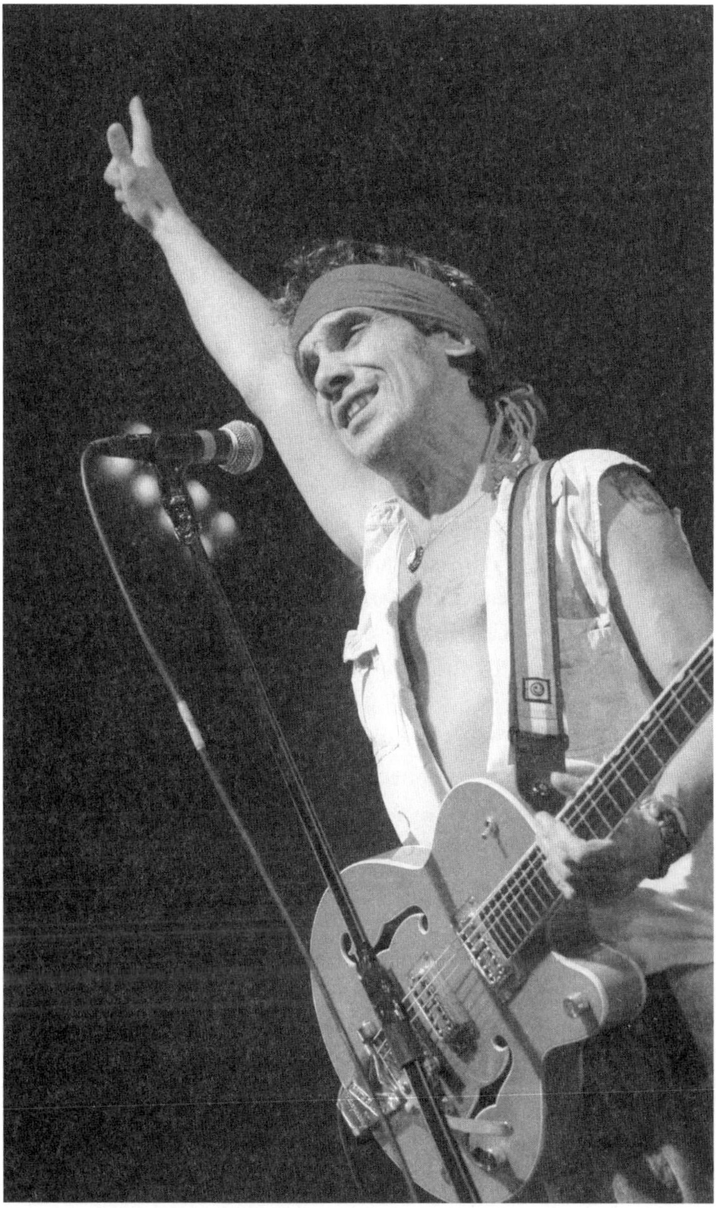

Manu Chao bei einem Konzert in Berlin, 2007

Auf *Patchanka* folgen drei weitere Alben, auf denen Mano Negra ihren Stil immer wieder erweitern. »King Kong Five« von der Platte *Puta's Fever* von 1989 ist vom Hip-Hop beeinflusst, »Out of Time Man« von *King of Bongo* von 1991 klingt wie eine sommerliche Version von Iggy Pops »The Passenger«. Den Titeltrack dieser Platte, hier in einer Rock-Version zu hören, nimmt Manu Chao später noch einmal auf, dazu gleich mehr. Zunächst nur als Single erscheint 1991 mit »Sidi 'h' Bibi« ein mitreißendes Stück zwischen Punkrock und Raï. »Señor Matanza« vom 1994er-Album *Casa Babylon* lebt von Reggae- und Dub-Elementen, bevor das Stück in einen Latin-Refrain mündet.

Je bekannter Mano Negra werden, desto brüchiger wird die ursprüngliche Idee, die Band als antikommerzielle Kommune zu betrachten und nicht als wirtschaftliche Unternehmung. Das Geld bringt Unruhe, der Erfolg erzeugt Druck. 1994 zerbricht die Gruppe – und hinterlässt einen desillusionierten Bandchef, der sein eigenes Abenteuer beginnt: einen Trip in die Welt, durch Lateinamerika und Afrika. Fast vier Jahre lang ist er unterwegs, dann erscheint das Resultat seiner Arbeit: *Clandestino* – »blinder Passagier«, »Mensch ohne Papier«, »heimlicher Einwanderer«, der Begriff besitzt viele Dimensionen. Manu Chao reflektiert die Beobachtungen, die er während seiner Weltreise gemacht hat, singt über Armut, über die Suche nach Glück, über Freiheit. Das Album trifft 1998 den Nerv des Publikums: Es ist die Zeit, in der auch das von Ry Cooder kuratierte Album des »Buena Vista Social Club« ein globaler Bestseller ist, die Songs von *Clandestino* wecken das Fernweh und die Hoffnung auf eine bessere, gerechtere Welt.

Zu einem großen Hit wird »Bongo Bong«, eine reduzierte Version des Mano-Negra-Stücks »King of Bongo«. Auf dem Album geht das Stück geht direkt in »Je ne t'aime plus« über, ein Antiliebeslied, das Manu Chao zusammen mit der Künstlerin Anouk Khelifa singt. Die Musik klingt leicht und süßlich, der Text ist erstaunlich hart: »Parfois j'aimerais mourir pour plus jamais te voir« – »Manchmal möchte ich sterben, um dich nie wieder zu sehen«. Viele Menschen weltweit bekommen von dieser melodramatischen Ebene gar nichts mit, zu verführerisch ist es, sich im tropischen Singsang von Manu Chao wohlzufühlen. Diesen bekommt Robbie Williams bei seinem Cover von »Bongo Bong / Je ne t'aime plus« überhaupt nicht hin, wo Manu Chao lässig klingt, wirkt Robbie wie ein Großmaul.

Mit seinem zweiten Soloalbum *... Próxima estación ... Esperanza*, benannt nach der U-Bahn-Station Esperenza im Nordosten von Madrid, wiederholt Manu Chao die Erfolgsformel, die Single »Me gustas tú« unterscheidet sich kaum von »Bongo Bong«. Im Jahr 2002 dokumentiert das Live-Album *Radio Bemba Sound System* die musikalische Vielfalt von Manu Chao. Seine Band und er spielen 29 Stücke in wenig mehr als einer Stunde, darunter auch Hits aus der Zeit von Mano Negra. Der Titel der Platte legt es nahe: Dieser Konzertmitschnitt wirkt wie eine weltweit im Radio übertragene Party.

2004 veröffentlicht Manu Chao mit *Sibérie m'était contéee* seine erste Platte mit ausschließlich französischen Texten. Das Album ist dieses Mal weniger ein Reisetagebuch als eine Sammlung persönlicher Geschichten. Bezeichnend ist, dass Manu Chao mit dieser Platte viele seiner weltweiten Fans verliert, dabei hat die Aufnahme einige Höhepunkte zu bieten, zum Beispiel »Helno est mort«, in Gedenken an den 1993 verstorbenen Sänger der Gruppe Les Négresses vertes, die ab den späten 80er Jahren zusammen mit Mano Negra die französische Rock- und Popmusik auf den Kopf stellen.

2007 kehrt Manu Chao mit *La Radiolina* noch einmal zu seinem ursprünglichen Stil zurück, danach verschwindet er zusehends aus dem Rampenlicht. Dann und wann eine Tour oder ein neues Stück, veröffentlicht über seine Internetseite, dazu Interviews, in denen er sich kapitalismus- und globalisierungskritisch äußert, jedoch weit davon entfernt ist, einfache Antworten auf komplexe Fragen zu finden.

Das ist der Klang, den man in einer »Guinguette« erwartet, einer Kneipe auf dem Land, vor den Toren von Paris, wo es sein kann, dass in jeder Minute eine Gestalt wie Kommissar Maigret das Lokal betritt, um hier stundenlang Bier und Calvados zu trinken und einen Verdächtigen oder eine Verdächtige zu observieren.

Têtes raides, gegründet 1984 mit Leuten aus verschiedenen Vorstädten von Paris, sind zuverlässige Lieferanten für eine mitreißende Musik, die zwischen klassischer Musette, Kabarett, Chanson, Punk und einer Vielfalt von Folkelementen aus aller Welt pendelt. Die Stimme von Akkordeonist Christian Olivier ist der Ankerpunkt in diesem Meer an Einflüssen und Instrumenten, sein Gesang wirkt wie der Vortrag eines Revueschauspielers oder Straßengauklers.

Die Gruppe beginnt Mitte der 80er Jahre als Punkband mit Chanson-Einflüssen, mit dem dritten Album *Les Oiseaux* finden sie ihren Klang, die Streicher, Holzbläser und Flöten sind nun keine Gäste mehr, sondern konstante Bestandteile. In der zweiten Hälfte der 90er Jahre gelingen der Band ihre besten Alben. Die Lieder von *Le Bout du toit* aus dem Jahr 1996 erzählen zu ausgeklügelten Arrangements mit Tuba, Akkordeon, Klarinette, Maultrommel und allerhand weiteren Instrumenten vom Leben auf der Straße, das wie aus einer anderen Zeit wirkt, bis Sänger Christian Olivier in der Rolle eines betrügerischen und sarkastischen Marktbeschickers plötzlich davon singt, Uran zu verkaufen: »Finalement ce n'est pas si mauvais que ça / Finalement ça fera péter le monde« – »Am Ende ist es aber nicht so schlimm, wie es aussieht / Immerhin wird es die Welt zum Explodieren bringen«.

In den Plattenläden stehen die Alben von Têtes raides häufig im Genre-Fach »Chanson alternative«. Warum das passt, zeigen die ersten Stücke des Albums *Gratte Poil* aus dem Jahr 1999: »Je chante« oder »Les Poupées« erinnern an die Klassiker von Jacques Brel, jedoch werden sie nicht von einem Sänger in Anzug und in

Begleitung eines Orchesters gespielt, sondern von einem Typen in Arbeiterklamotten und mit Akkordeon, der von einem Ensemble mit Leierkasten und allerhand Spielzeuginstrumenten begleitet wird. Auf dem Titelstück ahmt Christian Olivier im Refrain Brels rhythmischen Gesang nach: »Qui s'appelle la Marie, / La Ma la Marinette / Marie la Ma ma mie, / Mon p'tit pois ma crevette«. Später dann häutet sich das Lied einige Male, klingt nach jiddischem Ska und Tango, unvermittelt handelt es von einer Keilerei, bevor es sich kurz der Zubereitung eines Bœuf bourguignon widmet, um mit einer Bemerkung zur Intimbehaarung zu enden. Viele Texte dieser Band sind ein heilloses Durcheinander, respektlos den Autoritäten gegenüber, gesungen aus der Perspektive von Kindern, Gaunern, Hochstaplern. Jedoch mit einer Form des Französischen, die mit der gesprochen Sprache wenig zu tun hat.

Wem das alles zu selbstgefällig ist: 2005 kehren Têtes raides mit dem Album *Fragile* zu ihrem Sound der ersten Stunde zurück: Die Gitarren sind elektrisch, Christian Olivier zeigt, dass er wütend werden kann. So wie auf dem langen, lärmenden Post-Punk-Stück »De Kracht«, bei dem sich die Franzosen Hilfe bei den niederländischen Punkanarchisten The Ex holen: »de kracht«, »la force«, »die Kraft« – ein wildes Lied über die Selbstermächtigung, an dessen kakophonischem Ende doch nur die Erkenntnis über die eigene Schwäche und Ohnmacht bleibt.

Les Ogres de Barback

Diese Band hätte sich auch Les Burguières nennen können, denn alle Mitglieder sind Geschwister. Die Familie stammt aus Jouy-le-Moutier, einer Kleinstadt im Département Val-d'Oise, gelegen im äußersten Nordwesten des Pariser Speckgürtels. Mitte der 60er Jahre handelt es sich noch um ein Dorf mit weniger als 1000 Einwohnern. Doch Paris beansprucht mehr und mehr Platz, die Leute ziehen in die Peripherie, machen aus Dörfern Städte, heute leben in Jouy-le-Moutier knapp 17 000 Menschen.

Die Lieder des Familienunternehmens sind von Chanson, keltischem und slawischem Folk, Afrobeat und Latin, aber auch mittelalterlicher Gauklermusik beeinflusst, da passt es, dass Les Ogres de Barback viele Jahre lang mit eigenem Zelt unterwegs sind, was ihnen die Freiheit gibt, Konzerte außerhalb der Clubszene zu veranstalten. In ihrem Freiheitsdrang sehen sich die Geschwister Burguières von Mano Negra beeinflusst, ihr Dogma: Nichts und niemand soll den Spaß an der Musik stören, die Abenteuerlust einschränken. Entsprechend bunt ist die Musik der Gruppe.

Ihr erstes Album *Rue de Temps* verkauft die Band zunächst nur selbst, interessierte Plattenläden werden von Musikern eigenhändig beliefert, ein professioneller Vertrieb ist nicht involviert. Das ändert sich erst, als die erste Auflage von 3000 Exemplaren ausverkauft ist, nun lassen sich Les Ogres de Barback von einer Plattenfirma helfen, was die Reichweite ihrer Musik erhöht. Der Hit der Platte ist das letzte Lied »Rue de Panam«, die Musik erinnert an Les Négresses vertes, der Text handelt von einem Vagabunden, der durch Paris streunt und abschätzig auf die Touristen schaut, die auf den Boulevards spazieren gehen und Eiffeltürme aus Plastik kaufen – und dabei das Elend der Stadt ausblenden.

»Panam« steht dabei nicht für Panama, sondern für einen umgangssprachlichen Begriff für Paris. Für den Ursprung gibt es einige Erklärungen, so steht »paname« im Argot, der Sprache der Gauner, für »enorm« – was für »Panam« als enorm große Stadt sprechen könnte. Andere pochen darauf, dass der »Panamaskandal«, eine Bestechungsaffäre zur Zeit der Dritten Republik, für den umgangssprachlichen Namen für Paris verantwortlich ist: Das französische Unternehmen, das den Bau des Panamakanals anleitet, gerät Ende des 19. Jahrhunderts in finanzielle Turbulenzen und manipuliert sowie korrumpiert daraufhin weite Teile der Pariser Politszene, um die Probleme zu verschleiern und mit

Hilfe von Anleihen neues Geld zu erhalten. Die Gesellschaft geht schließlich bankrott, rund 85 000 Zeichner verlieren ihr Geld.

Paris als ein Ort der Hochstapler, der Korruption, der Illusion – stecken diese historischen Tatsachen hinter dem Namen Panam? Auf jeden Fall läuft im Lied von Les Ogres de Barback der Held durch die Straßen von Panam, um am Ende die anarchische Revolution auszurufen: »Il n'y aura plus qu'la folie / La joie et l'anarchie, / La joie dans Paris« – »Es wird nur noch Wahnsinn geben / Die Freude und die Anarchie, / Die Freude in Paris«. Bis heute ist das Stück der Höhepunkt eines jeden Konzerts der Gruppe, gespielt häufig mit Gästen wie Blasensembles oder Afrobeat-Musikern, die »Rue de Panam« immer wieder anders klingen lassen. Singen müssen Les Ogres de Barback das Lied selbst nicht mehr, das Publikum ist textsicher genug.

Noch ein Song darf bei keiner Show der Band fehlen: »3–0«, als Studioversion zu finden auf dem Album *Terrain vague* aus dem Jahr 2004. Das Stück ist ein Trip durch die Städte der Republik mit ihren jeweiligen Eigenarten und Klischees, den Junkies von Brest, der Bourgeoise von Bordeaux vor ihrem teuren Grand Cru, der »rosa Stadt« Toulouse, die für eine Stadt in Rosa ziemlich chauvinistisch ist, Lyon, dessen edle Gastronomie dafür da ist, das Elend in den Vorstädten und die Finanzskandale zu verdrängen, oder Marseille, einer Stadt, die so schön wäre, gäbe es nur die Menschen von dort, die Marseillais, nicht. Das bittere Fazit: »Les Français restent des Français / Des trouillards de gauche en transe ou des cons de droite muets« – »Die Franzosen bleiben Franzosen / Linke Angsthasen in Trance oder stumme rechte Arschlöcher«.

Auf dem Album werden die Strophen von Stimmen aus den jeweiligen Städten gesungen, bei größeren Konzerten versucht die Band diese Vielfalt auch auf die Bühne zu bringen, was für viel Getümmel am Mikro sorgt, ohnehin ein Grundzustand bei den Gigs der Gruppe. Nachzuhören ist diese Lebendigkeit auf dem Live-Album *Chanter libre et fleurir* aus dem Jahr 2020. Die zwei CDs sind in einer kunststofffreien Pappkiste verpackt, in der Schachtel liegt ein Tütchen mit Blumensamen, die man, so der Wunsch der Band, draußen einpflanzen solle, um den Bienen etwas Gutes zu tun: Chanson écologique.

Quatre de plus

1. Tri Yann

Die Gruppe aus Nantes wird Anfang der 70er Jahre von drei Bretonen namens Jean gegründet, daher der Name Tri Yann. Auf ihren ersten Platten spielt die Band traditionellen Folk aus der Bretagne, der entweder den Stolz auf die Bretagne oder die Liebe zu einem bretonischen Mädchen vertont. Mit ihrem Album *La Découverte ou l'ignorance* öffnen Tri Yann 1976 ihren Sound, fügen dem Folk progressive Elemente bei. Die Aufnahme *An heol a zo glaz – Le soleil est vert* aus dem Jahr 1981 ist in dieser Hinsicht ihr bestes Werk, die mehr als 21 Minuten lange Titel-Suite enthält Elemente, die sogar Metalfans glücklich machen.

2. Ys

Was Mitte der 70er Jahre in England Bands wie Fairport Convention oder Steeleye Span für den britischen Folk gelingt, versuchen Ys für traditionelle Musik aus der Bretagne: Die Band aus Le Faouët, 40 Kilometer nördlich von Lorient, vermischt Lieder aus alten Überlieferungen mit Rocksound. Der Name Ys bezieht sich auf den Mythos einer reichen bretonischen Stadt in der Bucht von Douarnenez, die in einer Sturmnacht in den Fluten versinkt. Das Album *Madame la frontière* aus dem Jahr 1976 ist ein begehrter Klassiker des Folkrock, der bis heute nicht digital erhältlich ist. Die Band arbeitet bis zu dieser Aufnahme mit dem Harfenisten Alan Stivell zusammen, auf dessen Album *Renaissance de la harpe celtique* von 1971 sich ein Song namens »Ys« befindet.

Stivell beendet das Engagement, als die Musiker eigene Ambitionen anmelden. Eine zweite Platte veröffentlichen Ys jedoch nicht.

3. La Tordue

Ähnlich wie die gleichgesinnten Têtes raides spielen La Tordue alternative Chansons, geschrieben aus der Perspektive des Volks. Das erste Album *Les Choses de rien* erscheint 1995, das Stück »*Paris, Oct. 61*« bezieht sich auf das »Massacre du 17 octobre 1961«, als die französische Polizei in Paris eine Demonstration gegen den Algerienkrieg mit großer Gewalt niederschlägt, mindestens 200 Menschen algerischer Herkunft kommen dabei ums Leben. Das Ereignis wird in Frankreich viele Jahre lang tabuisiert und verschwiegen. Das letzte Album der Gruppe vor der Auflösung, *Champ Libre*, endet 2002 mit dem fast acht Minuten langen Stück »Le Pétrin«, bei dem sich Gäste aus aller Welt ums Mikro versammeln und eine Abschlussparty schmeißen.

4. Petru Guelfucci

Guelfucci ist der bekannteste unter den korsischen Sängern, sein schlicht »Corsica« betiteltes Lied, zu finden auf dem gleichnamigen Album aus dem Jahr 1991, ist eine Art inoffizielle Hymne der rebellischen Insel im Mittelmeer. Das Stück verbindet die kulturelle Offenheit der korsischen Musiktraditionen mit der Melodramatik des Chansons. Der 1955 in Sermano unweit der alten Hauptstadt Corte geborene Künstler singt auf Korsisch, einer Sprache, die dem Italienischen näher ist als dem Französischen. Die Harmonien der korsischen Musik besitzen maurische Einflüsse. Guelfucci ist auch Mitglied des Ensembles Les Nouvelles Polyphonies Corses, das sich auf die traditionellen mehrstimmigen Gesänge bezieht. Das gleichnamige Debüt aus dem Jahr 1991 sowie das Album *In Paradisu* von 1996 sind zwei Aufnahmen, die wegen der sakralen Gesänge und ätherischen Atmosphäre

Geheimtipps in den Genres New Age und Gothic sind. Für die Arrangements auf *In Paradisu* zeigt sich übrigens John Cale von The Velvet Underground verantwortlich, der das Album auch produziert hat, zusammen mit Dave Young, bis zu seinem Tod 2022 Produzent und Bassist von Element of Crime.

13 L'électronique et le French Touch

L' électronique

Jean-Michel Jarre, Daft Punk, Air

Die Franzosen lieben den Sound der Synthesizer, so verwundert es nicht, dass das Land immer wieder wegweisende Pioniere der elektronischen Musik hervorbringt.

Jean-Michel Jarre

1976 passiert etwas Erstaunliches: Selbst die treuesten Hörer von Rockmusik schwärmen in die Läden und kaufen sich eine LP, auf der ein junger Franzose seinen Keyboardphantasien freien Lauf lässt. Bis dahin entsteht elektronische Musik häufig noch in Laboren und ist Teil einer experimentellen Avantgarde. Jean-Michel Jarre führt diesen Sound in den Pop. Dank seines Gespürs für Melodien – und dem Mut, Kitsch und Gigantismus zuzulassen.

Der Sohn einer Künstlerfamilie aus Lyon wird bereits in frühen Jahren mit elektronischer Klangerzeugung vertraut gemacht. Jarres Großvater arbeitet als technischer Direktor beim Radio,

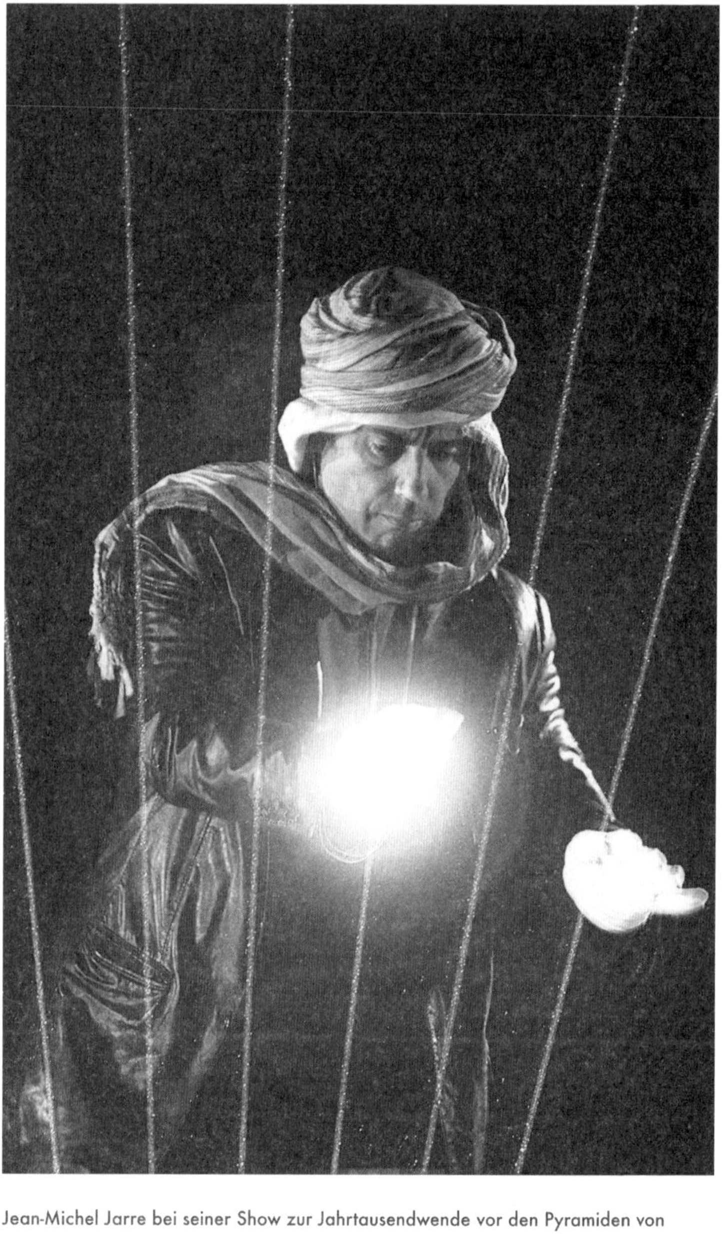

Jean-Michel Jarre bei seiner Show zur Jahrtausendwende vor den Pyramiden von Gizeh entwickelt erste Mischpulte und Aufnahmegeräte. Der Vater verlässt die Familie, als Jean-Michel fünf Jahre alt ist. Als Teenager stürzt er sich in die Musik, findet hier Halt und Trost. Schließlich studiert er am Pariser Konservatorium, sammelt Erfahrungen in Jazz- und Rockbands. Zum einschneidenden Erlebnis wird seine Bekanntschaft zu Pierre Schaeffer und Pierre Henry, beides Pioniere der »musique concrète«, einer Avantgarde-Musik, die ihre Kompositionen aus allem speist, was aufgenommen werden kann: Instrumente, aber auch die Geräusche von Maschinen oder der Umwelt. Jarre komponiert erste Stücke, erarbeitet sich in der Avantgardeszene von Paris einen exzellenten Ruf und spielt mit Anfang 20 ein Konzert in der Pariser Oper. Er schreibt aber auch konventionelle Chansons, Soundtracks sowie Musik für Werbespots.

Seine musikalische Sprache findet er 1976 mit dem späteren Blockbuster-Album *Oxygène*, ein Trip in sechs »Mouvements«, entwickelt auf analogen Synthesizern sowie einem der ersten digitalen Geräte überhaupt, dem Harmonic Synthesizer, Baujahr 1974. Während sich in Deutschland Kraftwerk auf die Mechanik der elektronischen Musik fokussieren und Tangerine Dream die inneren Welten durchleuchten, bietet Jarre auf *Oxygène* hypermelodischen Pop in revolutionären Arrangements. »Part IV« des Albums, mit einer kompakten Länge von knapp vier Minuten, wird zu einem Welthit, Jean-Michel Jarre besitzt nun einen unverwechselbaren Sound: pulsierend, melodisch, schwebend, melancholisch. In der Geschichte der Rock- und Popmusik gilt 1976 als das Jahr, in dem der Punkbewegung der Durchbruch gelingt. Genauso richtig ist, dass *Oxygène* der Entwicklung der elektronischen Popmusik den entscheidenden Impuls gibt, sowohl was die Technik als auch was das Image betrifft: Jarres Synthiekompositionen gelten als moderne Wohlfühlmusik.

Elektromusiker haben mit einem Problem zu kämpfen: Wer als Pionier zu lange an seinem etablierten Sound festhält, wird schon bald überholt. Jarre kämpft dagegen an. Nachdem er mit *Équinoxe* einmalig seine Erfolgsformel wiederholt, gibt er seiner

Musik für das Album *Les Chants magnétiques* aus dem Jahr 1981 mehr Rhythmus, für *Zoolook* aus dem Jahr 1984 nutzt er die Möglichkeiten der Sample-Technik sowie der neu entwickelten Fairlight-Synthies. Das Stück »Ethnicolor« ist ein gutes Beispiel für Jarres Innovationskraft: Es startet verstörend-symphonisch, wird von Stimmen und einem spacigen Dröhnen geprägt, bevor nach einer kurzen Ruhephase ein vom Sampler erschaffener Beat einsetzt und bald eine wuchtige Drummaschine übernimmt, begleitet von einem Funk-Bass. Fast zwölf Minuten dauert dieses Klangabenteuer – ein Beweis dafür, dass neue Techniken inspirierend wirken.

Jarres Ambitionen sind nun grenzenlos – im Studio und auf der Bühne. Am 14. Juli 1990, dem Tag der »Fête nationale française«, erlebt Paris ein Konzert, wie es die Welt noch nicht gesehen hat. Es ist das Ende der Feierlichkeiten zur 200. Fête de la Fédération, die erste hatte am 14. Juli 1790 stattgefunden, dem ersten Jahrestag des Sturms auf die Bastille. Bei der Party im Viertel La Défense trifft die Erinnerung auf die Zukunft: Das neue Büro- und Hochhausviertel steht für die wirtschaftliche Prosperität der Nation auf dem Weg in die 90er Jahre, Vergangenheit und Zukunft werden von der Axe Historique verbunden, einer schnurgeraden Avenue, die vom alten Arc de Triomphe zur neuen Grande Arche führt, dem Wahrzeichen von La Défense. Entlang dieser Achse versammeln sich an diesem Abend rund 2,5 Millionen Menschen, um das Konzert von Jean-Michel Jarre auf der legendären Pyramidenbühne zu erleben. Der Gigantismus ist ein Fall für das Guinness-Buch der Rekorde. Überholt wird Jarre 1994 von Rod Stewart, der 4,2 Millionen Menschen in Rio an die Copacabana lockt. Wobei: Es ist die Silvesternacht, womöglich sind viele Zuschauer eher zufällig in die Menschenmenge geraten. 1997 versucht Jarre zu kontern: Moskau wird 850 Jahre alt, Jarre spielt vor der Universität der Stadt, schaltet während der Show auf die russische Raumstation MIR. Knapp 3,5 Millionen Menschen sind damals dabei, der Film *Oxygen in Moscow* dokumentiert das Spektakel.

Künstlerisch wertvoller als diese Massenaufläufe ist ein Album, das Jarre 2022 seinem Mentor Pierre Henry widmet: Mit *Oxymore – Homage to Pierre Henry* zeigt er, dass sich sein Pop-Ansatz problemlos mit Impulsen aus der Avantgarde vereinbaren lässt.

Daft Punk

Es ist nicht schwer, als Musikjournalist ein Album zu verreißen. Draufhauen geht immer. Deutlich schwieriger ist es, bei einem solchen Verriss die passenden Worte zu finden. Den Autoren des englischen Magazins *Melody Maker* ist das sehr häufig gelungen, 1993 befasst sich das Magazin mit einer Vinyl-Compilation namens *Shimmies in Super 8*, herausgegeben von der englischen Band Stereolab, bei der die in Vincennes, im Osten von Paris, geborene Lætitia Sadier eine der Sängerinnen ist. So kommt es, dass neben Stereolab sowie weiteren englischen Bands auch zwei Lieder einer Gruppe aus Paris auf den Sampler kommen. Der Act nennt sich Darlin', benannt nach einem Song der Beach Boys. Die Gruppe covert dieses Lied, nimmt dazu eine Eigenkomposition mit dem Titel »Cindy So Loud« auf. Darlin' – das sind Thomas Bangalter, Guy-Manuel de Homem-Christo und Laurent Brancowitz. Die drei lassen die Gitarren dröhnen, der Gesang klingt etwas schwach auf der Brust, der Text von »Cindy So Loud« besteht aus der ständigen Wiederholung dieser drei Wörter. Dem Kritiker von *Melody Maker* gefallen diese beiden Stücke überhaupt nicht, er bezeichnet sie als »daft punky thrash«, frei übersetzt: dämlich-punkiges Gedresche. Nicht ahnend, dass er mit diesem Verriss einer der größten Electrobands aller Zeiten die Vorlage für ihren Namen gibt.

Dass das mit den Schrammelgitarren keine so gute Idee ist, merkt die Band kurz danach selbst. Laurent Brancowitz gründet zusammen mit Sänger Thomas Mars die Band Phoenix, Thomas Bangalter und Guy-Manuel de Homem-Christo finden sich als

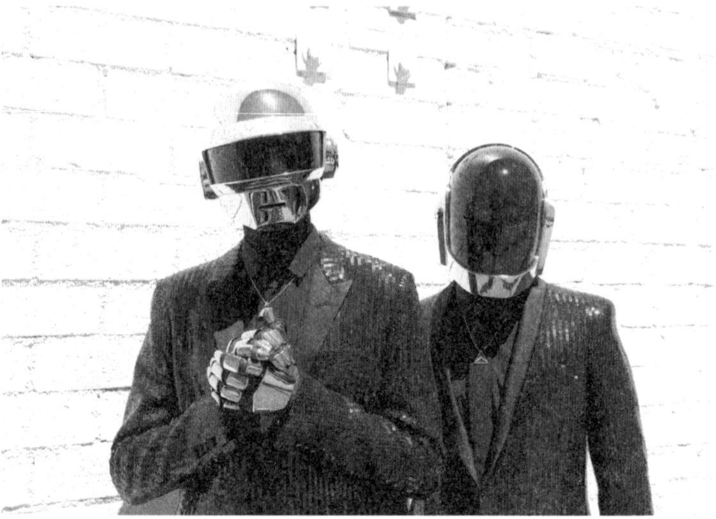

Daft Punk: Thomas Bangalter (l.) und Guy-Manuel de Homem-Christo, 2013

Duo zusammen, ihr Name: Daft Punk. Die erste Single »The New Wave« – angelehnt an die Stilrichtung des französischen Kinos ab den späten 50er Jahren – erscheint 1994, hätte damals jemand darauf gewettet, dass dieses Duo eines Tages zu Weltruhm kommen würde, man wäre als »daft« bezeichnet worden, als dämlich. Die frühen Daft Punk entwickeln Techno-Sounds für Experten, beeinflusst vom Sound der englischen Raves und der House-Pioniere aus Detroit. Wer bei »The New Wave« genau hinhört, findet aber bereits eines der Elemente, das man bald als »French Touch« bezeichnet: Im Geballer mit unterkühlten Peitschenbeats taucht irgendwann ein Effekt auf, der klingt, als überspanne man ein Gummi und lasse es dann wieder los. Das Erstaunliche ist: Dieser Gummitwist macht den ansonsten kühlen Techno-Track hot und funky.

Auf ihrer zweiten Single »Da Funk« perfektionieren Thomas Bangalter und Guy-Manuel de Homem-Christo diesen Trick. Mit Hilfe von Filtereffekten konstruieren sie ein Funk-Riff, der Track trifft 1995 exakt den Sound der Zeit: Dance-Musik hat sich aus den Clubs und Raves in den Mainstream gemogelt, auch Rocker hören Techno und freuen sich, wenn es Hits und Hooks gibt. »Da Funk«, ausgestattet mit einem Videoclip von Spike Jonze um den vermenschlichten Großstadthund Charles, wird einer dieser Hits, die überall laufen: bei MTV und im Radio, auf Modenschauen und Hochzeiten, 18. Geburtstagen und Kunstvernissagen. Daft Punk erkennen die Wirkung von Musikvideos, sich selbst zeigen die beiden Musiker aber nicht. Gesichtsloser Pop – das wirkt in der Postmoderne sehr attraktiv.

Auch bei ihrer nächsten Single »Around the World« nutzen Daft Punk eine Reihe von Filtern, um dem Track eine eigenwillige Struktur zu geben. Das Stück klingt, als nähere man sich als Hörer mühsam dem Epizentrum des Tracks, bevor es dort seine volle Wirkung entfaltet. Ihr erstes Album nennen Daft Punk im Jahr 1997 *Homework*, auch deshalb, weil das Duo zu Hause in Paris an seinen Tracks schraubt, im »Daft House«, wie sie ihr Domizil nennen, das in Paris einige Male die Adresse ändert, seinen Geist aber behält.

Mit Beginn der 00er Jahre startet die zweite Karrierephase: Bangalter und de Homem-Christo inszenieren sich mit Roboterhelmen, für die Single »One More Time« engagieren sie den US-Produzenten Romanthony als Sänger. Das Duo jagt dessen Vocals durch diverse Auto-Tune-Effekte, was Daft Punk kurz die Kritik einbringt, artifizielle Musik zu produzieren, woraufhin Bangalter in einem Interview kontert, die Reaktionen erinnerten ihn an die späten 70er Jahre, als die Bewahrer der französischen Musikszene French Pop von den Synthies befreien wollten. Das zweite Album *Discovery* erscheint 2001 und klingt aus heutiger Sicht wie ein letztes Signal aus einer Zeit, in der die Zukunft noch ein Versprechen war. Genau ein halbes Jahr später, am 11. September, nimmt die Geschichte in New York eine entscheidende Wende.

Human After All nennen Daft Punk ihr drittes Album aus dem Jahr 2005. Es ist das einzige Werk in ihrer – zugegeben kurzen – Diskographie, das einen nicht sofort packt. Im Gegensatz zu *Random Access Memories*, ihrer letzten Platte, veröffentlicht 2013. In einer Zeit des digitalen Overloads lassen Daft Punk ihre neuen Tracks von Musikern einspielen, darunter alte Helden wie Nile Rodgers von Chic oder Kollegen wie Julian Casablancas von den Strokes. Disco-Pionier Georgio Moroder erklärt sich beim Track »Giorgio by Moroder« selbst, mit »Get Lucky« nehmen Pharrell Williams und Daft Punk den Popsong des Jahres auf. Für einige Wochen wirkt es, als könnte dieser Song für eine erneute Zeitenwende stehen, dieses Mal zum Guten. Bald jedoch folgen die Terroranschläge in Paris, gewinnt Donald Trump die US-Wahl. »Get Lucky«? Eine Lebensaufgabe.

Air

Das Schöne an der Popmusik ist, dass sie Zustände beschreiben kann, die auf Erden nicht zu erreichen sind – zumindest, wenn man sie überleben will. Zum Beispiel, unter Wasser zu schlafen. »J'ai dormi sous l'eau« heißt eine frühe Single von Air, wie Daft Punk ein Duo, bestehend aus Jean-Benoît Dunckel und Nicolas Godin. Die beiden stammen aus Versailles, finden schon auf ihren ersten Aufnahmen einen sehr speziellen, paradoxen Sound: Die Musik von Air bedient sich an einem Futurismus der Vergangenheit, mit Weltraum-Sehnsüchten, Design wie aus einem Zukunftsmuseum und gemütlichen Moog-Keyboards. Air nutzen sehr einprägsame und in Moll gehaltene Harmonien, beeinflusst von Soundtrack-Komponisten wie Vladimir Cosma oder François de Roubaix.

Dunckel und Godin benötigen keine Vorlaufzeit, um diesen Sound zu finden. *Premiers symptômes* heißt eine Zusammenstellung früher Aufnahmen aus dem Jahr 1997, auf Stücken wie »Casanova 70« oder »Le Soleil est près de moi« findet sich bereits alles, was ein Jahr später das Album *Moon Safari* zum Welterfolg werden lässt. Die Singles »Sexy Boy«, »Kelly, Watch the Stars!« oder »All I Need«, gesungen von der US-Songwriterin Beth

Hirsch, werden Hits, gerahmt wird die Platte von den Instrumentalstücken »La Femme d'argent« und »Le Voyage de Pénélope«. Beim Hören erträumt man sich einen Sonntagmorgen in einer Altbauwohnung in Paris, es regnet, der Kaffee duftet, die Croissants sind perfekt, die Betten weich, keine weiteren Termine, die Welt steht still – Loungemusik für zu Hause. Als »schön und gemütlich, melancholisch und melodisch«, bezeichnet die Nouvelle-Scène-Sängerin Fredda die Air-Stimmung in unserem Gespräch: »Von überall her kommen Melodien und fließen zusammen, ich glaube, das ist der sehr spezielle French Touch.« Ein Paradebeispiel dafür ist das Arrangement von »Ce matin-là«: Das prägende Instrument ist eine Tuba, erst liefert sie sich einen Dialog mit sich selbst, dann übernehmen Streicher und eine Mundharmonika, wie aus dem Soundtrack einer Fernsehserie aus den 80er Jahren, bevor am Ende alles zusammenfließt.

Jean-Benoît Dunckel und Nicolas Godin vermeiden danach den Fehler, »Moon Safari« zu wiederholen. Mit ihrem Soundtrack zum Film »The Virgin Suicides« von Sofia Coppola gelingt ihnen das Kunststück, eine Art Anti-*La Boum*-Musik zu komponieren, die – obwohl in einer Story aus Amerika platziert – alle Kernkompetenzen der französischen Musikkultur enthält, allen voran die verträumte, verschwommene Schwermut, in der trotz aller Traurigkeit immer auch ein wenig Hoffnung mitschwingt. Und sei es die Hoffnung auf den Tod.

Auf den Mond zurück kehren Air im Jahr 2012: Dunckel und Godin komponieren die Musik zum 110. Geburtstag von Georges Méliès' *Le Voyage dans la lune*, dem ersten Science-Fiction-Film der Geschichte, uraufgeführt 1902 im Pariser Olympia. Die neuen Tracks von Air korrespondieren mit der Story einer für Méliès und seine Zeitgenossen noch utopischen Mondfahrt. Beim letzten Stück »Lava« klingen Air, als erreichten sie bei ihrer »Moon Safari« die dunkle Seite des Trabanten, *the dark side of the moon*: »Lava« ist Airs Pink-Floyd-Moment.

Le French Touch

St. Germain,
Motorbass,
Stardust, Mr. Oizo,
Justice,
SebastiAn

Anfang der 90er Jahre startet auch in Frankreich eine Techno-Bewegung. Jedoch klingt der elektronische Sound hier anders als in Deutschland oder Großbritannien, nämlich weltgewandter und eleganter.

»We give a French touch to house« – das ist 1991 erst einmal nur eine Behauptung. Ein Fashion Designer aus Paris denkt sich diesen Spruch aus, um damit für ein neues Label zu werben, das sich auf französische Dance-Produktionen spezialisiert. Was diesen French Touch auszeichnet, darüber habe ich schon bei Daft Punk geschrieben: Im Unterschied zu den Techno-Leuten in Berlin oder der Acid-House-Szene in Manchester kombinieren die DJs in Paris die Vorlagen aus den House-Pionierstädten wie Chicago und Detroit mit Elementen aus Funk, Soul und Jazz. Der French Touch verleiht House – dieser Dance-Musik mit stampfenden Vierviertel-Beats – Wärme, Eleganz sowie eine Spur Selbstironie.

Prägen zunächst DJs wie Laurent Garnier und David Guetta (heute einer der mit Abstand bestbezahlten Knöpfchendreher der Welt) die Szene, veröffentlichen ab Mitte der 90er Jahre eine Reihe von Acts wegweisende Alben. Zum Beispiel Ludovic Navarra, der sich St. Germain nennt. Jedoch nicht als Hommage auf das alte Künstlerquartier in Paris: Navarra stammt aus Saint-Germain-en-Laye, einer Stadt nordwestlich der Hauptstadt. 1995 veröffentlicht er sein erstes Album *Boulevard*, die Tracks besitzen entweder einen pumpenden House- oder einen synkopischen Hip-Hop-Beat, darüber entwickelt St. Germain Motive aus Soul, Funk, Jazz sowie auch aus französischen Filmsoundtracks. Fünf Jahre später, auf seiner zweiten Platte *Tourist*, perfektioniert St. Germain seinen Stil, mit »So Flute« gelingt es ihm, selbst ein Querflötensolo sexy klingen zu lassen.

Ein Jahr nach dem Debüt von St. Germain erscheint 1996 *Pansoul*, das erste Album des Duos Motorbass, bestehend aus Étienne de Crécy und Philippe Zdar. Die Musik der beiden ist vielfältig, auf klassische House-Tracks folgt ein Stück wie »Les Ondes«, das mit gespenstischen Samples bestückt ist und klingt, als nähere man sich einem Nachtclub im Keller eines alten Hauses, bei dem man nicht sicher ist, ob man ihn betreten oder meiden sollte. Zu einem zweiten Motorbass-Album kommt es nicht, dafür ruft Étienne de Crécy die Reihe »Super Discount« ins Leben, an der verschiedene House-Acts aus Frankreich beteiligt sind. DJs, die es sich Ende der 90er Jahre leicht machen wollen, lassen die Compilations einfach durchlaufen. Sein Ex-Motorbass-Kollege Philippe Zdar tritt kurz vor der Jahrtausendwende zusammen mit dem als Boom Bass bekannten Electro-DJ Hubert Blanc-Francard als Duo Cassius in Erscheinung, das Album *1999* besitzt einen höheren Ruhepuls als die Aufnahmen der Konkurrenz, der Hit heißt »Feeling for You« und führt den Electro-Funk der frühen Daft Punk mit House-Beats zusammen.

Den kommerziellen Peak erreicht House-Musik mit French Touch mit der Single »Music Sounds Better with You« aus dem Jahr 1998, produziert vom Projekt Stardust, bei dem Thomas Bangalter von Daft Punk zusammen mit Benjamin Diamond und Alan Braxe arbeitet. Der Track ist dafür geeignet, jede noch so tanzfaule Gesellschaft auf den Dancefloor zu bringen, zudem enthält er sämtliche Tricks der französischen Szene: Filtereffekte, einen häufig genug wiederholten Refrain mit Autotune, klare Beats, ein funky Sample, hier aus dem Chaka-Khan-Disco-Stück »Fate«. Nur wenige Monate später kommt mit »Flat Beat« von Mr. Oizo ein weiterer weltweiter Dance-Hit aus Paris, hinter dem Pseudonym steckt der Pariser Künstler Quentin Dupieux, für den Videoclip führt er das Plüschtier Flat Eric ein, das später auch in der Werbung eines Jeans-Herstellers auftaucht. Der Track klingt, als sei er eine selbstironisch-stumpfe Parodie auf das, was den French Touch auszeichnet – womit sich das Ende des Hypes abzeichnet. Als Mitte der 00er Jahre mit Justice und ihrem Hit »Never Be Alone« – ein Remix des Songs »We Are Your Friends« der britischen Indieband Simian – wieder mal ein Dance-Duo aus Paris die Szene aufwirbelt, positioniert sich Pedro Winter, Chef der Plattenfirma Ed Banger, bewusst als Gegenpol zum French-Touch-Sound. Der Sound vieler Acts des Labels klingt offener und progressiver, Einflüsse aus Rock, Wave und Hip-Hop spielen eine große Rolle. Die Fusion dieser Stile erhält den Namen Electroclash, der Münchener Künstler DJ Hell ist einer der Pioniere des Subgenres und großer Förderer von Justice und anderen Bands von Ed Banger. Eines der stärksten Alben auf dem Label veröffentlicht 2011 SebastiAn: *Total* bietet eine furiose Mischung aus französischer House-Eleganz, Beats wie Peitschenhieben und Melodien, der Hit »Love in Motion«, mit dem US-Soulsänger Mayer Hawthorne als Gast, klingt wie eine Prince-Nummer aus einem Science-Fiction-Film.

L'électronique et le French Touch. Dix de plus

1. Bertrand Burgalat

Burgalat ist Sohn eines hohen französischen Beamten, der als Präfekt für immer neue Départements verantwortlich wird, so dass die Familie von Korsika (wo Bertrand geboren wird) durch halb Frankreich siedelt. Der Sohn kommt früh mit politischen Kreisen in Kontakt, verirrt sich kurz in rechtsextreme Kreise, lernt im damaligen Jugoslawien die Polit-Avantgarde-Band Laibach kennen und arbeitet für sie. Dazu schreibt Burgalat Musik für Filme und gründet schließlich das Label Tricatel, benannt nach dem Industrie-Tycoon Jacques Tricatel aus dem Louis-de-Funès-Film *Brust oder Keule.* Seinen Sound als selbstständiger Künstler findet Burgalat im Jahr 2000 mit dem Album *The Sssound of Mmmusic*, einer spielerischen und bunten Platte mit psychedelischer Electronica. Burgalats Musik mit ihren unzähligen Sounds und Effekten ist ein perfektes Bewerbungsschreiben für Jobs als Remixer. In diesem Feld arbeitet er erfolgreich für Depeche Mode oder Air, deren »Sexy Boy« er mit seinem Mix noch mehr Sex-Appeal gibt.

2. Jérôme Minière

Jérôme Minière stammt aus Orléans, studiert in Belgien Film, beginnt als Autodidakt mit Musikaufnahmen im heimischen Schlafzimmer. Entsprechend klingt seine Musik: Minière nutzt die Elektronik, um seinen Songs eine Basis zu geben, auf der er seine leisen und melancholischen Songs entwickelt. 1998 veröffentlicht Minière das Doppelalbum *La Nuit éclaire le jour qui suit*, das auf dem Label Lithium aus Nantes erscheint, Heimat für ruhige Musik mit leichter Schieflage. Der Song »La Peau lisse« wird ein Underground-Hit. 2002 gelingt Minière, der seinen Lebensmittelpunkt nach Québec verlegt, mit *Petit cosmonaute* eine Platte, die auf hohem Niveau Electronica und Chanson-Kultur verbindet.

3. Mansfield.TYA

Patin für den Namen des Duos von Julia Lanoë und Carla Pallone ist June Mansfield, zweite Ehefrau des amerikanischen Schriftstellers Henry Miller. Sie gilt zu Lebzeiten als eine geheimnisumwitterte Frau. Es solches Image geben sich auch Mansfield.TYA. Die beiden Musikerinnen spielen eine Form von Electro-Pop, die sich dank der Violine von Carla Pallone und der Harmoniegesänge mitunter in Folk-, Gothic- oder sogar Mittelaltergefilde verirrt. Die Texte sind auf Französisch, Englisch und manchmal Italienisch, auf dem Album *Monument ordinaire* aus dem Jahr 2021 sticht das an deutsche Bands wie Malaria! und Deutsch Amerikanische Freundschaft (DAF) erinnernde Stück »Auf Wiedersehen« heraus.

4. Scratch Massive

Maud Geffray aus Saint-Nazaire zählt zu den wichtigsten Protagonistinnen der französischen Techno- und Electroszene, zusammen mit Sébastian Chenut betreibt sie das Duo Scratch Massive, das mit seiner Musik die verschiedenen Dance-Stile der vergangenen Jahre zusammenfügt. Auf ihrem zweiten Album *Time* aus dem Jahr 2006 covern sie den Wave-Klassiker »Three Imaginary Boys« von The Cure, 2001 veröffentlichen sie mit *Nuit de rêve* eine dunkle Electroplatte, mit Musik für Clubs, in denen das Trockeneis der Nebelmaschinen niemals zur Neige geht.

5. Sébastien Tellier

Ein Freund sagte mir, die Musik von Sébastien Tellier sei »in der Theorie« wie für ihn gemacht, erreiche ihn jedoch in der Praxis nicht. »In der Theorie« ist Tellier der Superstar der Neo-Pop-Szene Frankreichs. Jedoch stellt sich der Künstler aus Paris – sehr bewusst – immer wieder selbst ein Bein. Zum Beispiel, wenn er es mit der Ironie übertreibt. Oder wenn er musikalische Wege einschlägt, die schwer nachvollziehbar sind. 2001 erscheint sein erstes Album *L'Incroyable vérité*, das einen guten Soundtrack zu einem Fiebertraum abgibt. Drei Jahre später zeigt er sich breit grinsend und mit strahlend weißen Zähnen auf dem Cover des Albums *Politics*, das mit »La Ritournelle« einen majestätischen Instrumentaltrack enthält, der wie die Musik zu einem französischen Film klingt, den aus irgendwelchen Gründen noch niemand gedreht hat. »La Ritournelle« ist ein Klassiker des French Pop, das Album enthält aber auch einen Song mit dem Titel

»Ketchup vs. génocide« sowie das verwinkelte Jazzlied »Mauer« mit deutschem Text, gesungen von Hélène Grand, einige Jahre lang Hausfotografin für Daft Punk. Nach mehreren Arbeiten für den Film veröffentlicht Tellier 2008 das themenbezogene Album *Sexuality* mit allerhand lyrischen Sauereien, verpackt in schmierigem Synthie-Pop. Kritiker, die es gut meinen, fühlen sich an die Gainsbourg-Platten aus den frühen 80er Jahren erinnert. Wobei auch dieses Album, aufgenommen zusammen mit Guy-Manuel de Homem-Christo von Daft Punk, echte, ähm, Höhepunkte zu bieten hat. Zum Beispiel »Roche«, Telliers romantisch formulierte Sehnsucht nach einer Liebe in Biarritz, dem eleganten Badeort am Atlantik. Oder der Electro-Boogie-Woogie »Divine« mit seinen cleveren Harmonien. Mit diesem Stück versucht Tellier 2008, den Eurovision Song Contest für Frankreich zu gewinnen. In der Theorie eine gute Idee. In der Praxis reicht es für Platz 19.

6. Flavien Berger

Der Pariser, Jahrgang 1987, ist der Beweis dafür, dass die französische Electroszene nach dem French-Touch-Hype noch Lust auf Innovationen hat. Flavier Berger entwickelt seit Mitte der 10er Jahre eine komplexe Form von elektronischer Musik, angereichert mit Utopien und einem psychedelischen Futurismus, der auf Mythen der Vergangenheit beruht. Sein erstes Album widmet sich 2015 dem Mythos vom »Léviathan«, 2018 erscheint *Contre-temps*, Bergers Versuch, eine »Gegenzeit« zu vertonen – die Möglichkeit einer anderen Vergangenheit und Zukunft, auf Basis von »Rétroglyphes«. 2023 schreibt er sein Zeit-Konzept mit dem Album *Dans cent ans* fort, die Single »Berzingue« ist auf faszinierende Art gleichzeitig aufmunternd und dunkel, »666666« trägt seine diabolischen Nummern zu recht: So klingt es, wenn Pink Floyd und Daft Punk in der Hölle einen Rave veranstalten. Das Titelstück baut sich über mehr als 15 Minuten auf, entwickelt sich von einer Synthieballade zu einem okkulten Electromantra, um zwischendrin eine Station als Popsong zu machen und sich in den letzten fünf Minuten in eine neo-klassische Komposition zu verwandeln.

7. Zaho de Sagazan

Die 1999 in der bretonischen Hafenstadt geborene Zaho de Sagazan zeigt, wie Musik klingt, wenn sie eine perfekte Balance aus Chanson-Traditionen und Electronica findet. Auf ihrem Debütalbum *La Symphonie des éclairs* klingen deutsche Krautrock-Elektroniker wie Cluster oder der 80er-Jahre-Stil von Mylène Farmer genauso an wie die die große Melancholie der Chansons von Barbara oder Brel. Dass ihr erster Radiohit »Tristesse« heißt, passt perfekt: Die Melancholie ist das zentrale Element von Zaho de Sagazans Neo-Electro-Chansons.

8. Paradis

In Kennerkreisen gilt das bisher einzige Album des Duos aus Paris als großer Geheimtipp: *Recto Verso*, veröffentlicht 2016, bietet warmen, entspannten Synthie-Pop für relaxte Nachmittage am Pool oder chillige Nächte an der Bar daneben; dass das Cover zwei sich raufende Typen im Wasser zeigt, passt ins Konzept. Stücke wie der Titeltrack oder »Toi et moi« sind auf subtile Art sogar tanzbar – aber ohne, dass man dabei ins Schwitzen gerät. Paradis spielen damit die beste Poolmusik der Welt.

9. M83

In ihren besten Momenten klingt die Musik, die Anthony Gonzalez, geboren in Antibes an der Côte d'Azur, mit dem Projekt M83 aufnimmt, als habe man die Leiden der Teenager aus David Lynchs 80er-Serie *Twin Peaks* in die 00er Jahre transferiert. Alben wie *Before the Dawn Heals Us* oder *Saturdays = Youth* handeln von nächtlichen Sehnsüchten und Träumen, die an inneren Dämonen oder äußeren Dominanzen scheitern. Dass das Projekt M83 mit diesem Ansatz in den USA ein großes Publikum erreicht, überrascht nicht. Doch obwohl Gonzalez seit vielen Jahren in Los Angeles zu Hause ist, hat sich sein Soundentwurf etwas Französisches bewahrt: eine feurige Melancholie, die selbst in der kältesten Nacht noch ein wenig Wärme und Licht abgibt.

10. Mirwais

Nach dem Ende der 80er Jahre-Popband Taxi Girl probiert sich Mirwais Ahmadzaï – geboren in Lausanne, die Eltern kommen aus Afghanistan in die Schweiz – nach einigen Jahren Pause an einer House-Platte. *Production* nennt er sein Album, »Disco Science« heißt eine der Singles: Der Beat pumpt, darüber liegen seltsame Soundeffekte wie sägende Synthies oder digitale E-Gitarren-Experimente, wie man sie auch von Daft Punk kennt. So stellt sich Mirwais die Zukunft der Dance-Music vor, weshalb er die Aufnahme an Madonna schickt, 2000 die Wächterin am Puls der Zeit. In der Tat zeigt sie sich begeistert, auf drei Alben arbeitet Mirwais als Co-Produzent für Madonna. Zwischendrin bleibt Zeit für das in Paris gegründete Projekt Y. A. S.: Zusammen mit der Sängerin Yasmine Hamdan entwirft Mirwais eine Mischung aus French- und Arabic-Electro, das Album *Arabology* erscheint 2009, Höhepunkt ist der halbakustische Track »Oloulou«.

14 Le hip-hop

MC Solaar, IAM, Odezenne

Gainsbourg-Samples, Selbstironie und Hardcore-Minimalismus: Die französische Hip-Hop-Szene bietet nicht nur Krasses, sondern vor allem Kreatives.

MC Solaar

Dass die Rap-Szene Serge Gainsbourg für sich entdeckt, ist keine Überraschung. Zumal Gainsbourg auf seinem letzten Album den Hip-Hop für sich entdeckt hat: Auf *You're Under Arrest* aus dem Jahr 1987 rückt er seinen typischen Sprechgesang gelegentlich in Richtung Rap, vor allem der Titelsong besitzt einen heftigen Hip-Hop-Einfluss: »You're under arrest / 'Cause you're the best / A slippity slam, ba-boom-bam, Gainsbourg«.

Sieben Jahre später landet ein französischer Rapper auch mit Hilfe eines Gainsbourg-Samples einen großen Hit: Mc Solaar baut seine Erzählung vom »Nouveau Western« auf dem unvergleichlichen Motiv von »Bonny & Clyde« auf. Das Stück ist selbst eine Art Pioniertrack des Hip-Hop, weil Gainsbourg hier mit einem prägnanten Beat und geloopten Stimm-Schnipseln arbeitet. MC Solaar und sein Team entwickeln auf dieser Vorlage ein

Hip-Hop-Stück, wie man es Anfang und Mitte der 90er Jahre liebt: »Nouveau Western« klingt gleichermaßen nach Block-Party und Jazzkeller. Für den Text erfindet MC Solaar den Protagonisten Harry, Stereotyp eines Cowboys, verrückt nach dem »bang bang« der Waffen. Auf seinem Pferd, selbstverständlich sein einziger Freund, reitet er durch die Klischeewelt eines Westerns. Dann folgt der Schritt von der Leinwand in die Realität, in die amerikanische und globale Kultur der 90er Jahre, die sich von der stereotypen Westernwelt kaum unterscheidet: »La carte à puce remplace le Remington« – »Die Chipkarte löst die Remington ab«. Unser Held Harry hat damit ein Problem, der alte Cowboy hat im Paris der Neuzeit kein Glück, wird mit seiner Kutsche in der Peripherie abgefangen und nach Fresnes gebracht, ins Centre pénitentiaire, eines der größten Gefängnisse der Republik.

»Nouveau Western« macht MC Solaar zum Star der französischen Rap-Szene. Claude M'Barali, wie MC Solaar bürgerlich heißt, kommt 1969 in Dakar im Senegal als Sohn eines Übersetzers und einer Krankenschwester aus dem Tschad auf die Welt. Die Familie flieht nach Frankreich, um den politischen Unruhen und der Gewalt zu entkommen, lebt in den Vorstädten nördlich und südlich der Metropole, in Saint-Denis, Maisons-Alfort, Villeneuve-Saint-Georges. Als Rapper nennt er sich zunächst Claude MC, »Solaar« ist sein Tag, den er an die Wände sprüht. Schon seine frühen Texte besitzen ein hohes literarisches Niveau: Er verschlingt Bücher und Magazine, studiert Sprachen und Philosophie, münzt seine Analysen der Kultur der Gegenwart in Texte um, die er mit seinen Alltagserfahrungen kombiniert.

1990, als Rap in Frankreich noch ein Nischenthema ist, erhält er einen Vertrag bei einem großen Label und veröffentlicht seine erste Single: »Bouge de là« ist eine Aufforderung, sich zu bewegen, körperlich wie geistig. Der Track ist lässig und funky, dass MC Solaar auch anders kann, zeigt sein Debüt-Album *Qui sème le vent récolte le tempo*, das 1991 erscheint. Der Titel der Platte ist eine französische Abwandlung des Bibelsatzes, nachdem »wer den Wind sät, den Sturm ernten« werde. Auf der Platte befindet sich das Old-School-Hip-Hop-Stück »Quartier nord«: irres Rap-Tempo, harter Rhythmus, klare Worte über das Leben im nördlichen Teil der Banlieue Villeneuve-Saint-Georges: »quartier nord – hardcore!« Das Gegenstück dazu ist »Caroline«, ein melancholischer Track über das Ende einer Liebe, von MC Solaar nicht banal erzählt, sondern auf textlich hohem Niveau und mit einer Dichte an Metaphern und Wortspielen, die Serge Gainsbourg gefallen hätte: Da sind die Blätter des Klees und des Kartenspiels auf der Hand, Paris übernimmt die Rolle der Bühne, der Einsatz ist die Liebe: »La vie est un jeu d'cartes, Paris un casino / Je joue les rouges cœur, Caro« – »Das Leben ist ein Kartenspiel, Paris ein Kasino / Ich spiele die roten Herzen, Caro«.

MC Solaar wird schnell zu einem Star der weltweiten Hip-Hop-Community. Als einziger nicht-englischsprachiger Rapper ist er auf dem Album *Jazzmatazz* zu hören, der von US-Star Guru ins Leben gerufenen Fusion aus Hip-Hop und Jazz, die 1993 zum Bestseller wird. »Le Bien, le mal« heißt der Track mit MC Solaar, die englischen und französischen Parts passen perfekt zusammen, verbunden werden sie von einer Jazztrompete. Damit ist der Weg bereitet für MC Solaars zweites Album *Prose Combat*, ein Besteller nicht nur in Frankreich, was auch an »Nouveau Western« liegt, den Hit mit dem Gainsbourg-Sample. MC Solaars Sprache ist elegant, geflucht wird wenig – was ab Ende der 90er Jahre dazu führt, dass sich einige der härteren Rapper der Republik von ihm distanzieren. Worauf er wiederum mit dem samt-funkigen Album *Paradisiaque* reagiert, co-produziert von den zwei Electromusikern Boom Bass und Philippe Zdar, die ab Ende der 90er Jahre unter dem Namen Cassius zu Protagonisten des French House werden.

Zu Beginn der 00er Jahre nimmt MC Solaar Abschied vom *Jazzmatazz*-Sound. Sein fünftes Album *Cinquième As* bietet Hip-Hop mit eingängigen Soul-Refrains, wird ein großer Hit in den frankophonen Ländern – aber nur dort. Nach zwei weiteren Platten legt er ab Ende der 00er Jahre eine längere Pause ein,

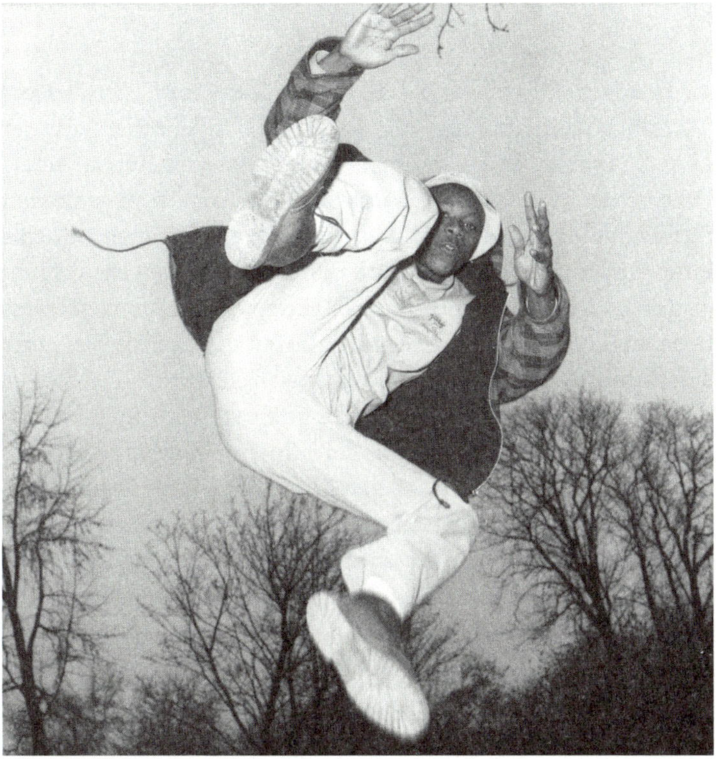

MC Solaar, 1993

kehrt 2017 mit dem Album *Géopoétique* und Tracks mit Auto-Tune und Trap-Rap-Elementen zurück. Der Sound ist kälter, dafür flucht er mehr. Gut bekommt das der Musik nicht, Platz eins der Charts in Frankreich erreicht die Platte dennoch, was auch am Stück »Super Gainsbarre« liegt, auf dem sich MC Solaar noch einmal Serge Gainsbourg widmet, dem Superhelden mit der Fähigkeit, sein Leiden zu vergolden, halb als Hochstapler, halb als Genie, mit »kastrierten Melodien«, »rythmes boum-boum-boum« und Texten über »Orang-outan, bubble-gum, baby-boom, des pets, des vents, des poums« – »Orang-Utan, Kaugummi, Baby-Boom, Fürze, Winde, Pusteln«.

IAM

An den Füßen Sportschuhe der Marke Stan Smith, darüber ein Tacchini-Trainingsanzug, die Ray-Ban-Sonnenbrille auf der Nase. Auf dem Parkplatz steht eine Reihe von Renault-12er-Wagen, einige davon sind aufgepimpt mit einem aufgeklebten Streifen, wie aus dem Film *Starsky & Hutch*. Drinnen ist dicke Luft, es gibt eine Schlägerei, auf der Tanzfläche bewegt sich ein Typ mit offenem Hemd und Goldkette: »Hey DJ, mets-nous donc du Funk, que je danse le MIA – »Hey DJ, leg doch mal Funk auf, damit ich den MIA tanzen kann«.

So läuft das in den 80er Jahren in einer Disco in Marseille. Zumindest in der Erinnerung der Hip-Hop-Gruppe IAM, die den fiktiven Tanz » MIA« aus den Buchstaben ihres Namens gebildet hat. Die Szenerie stammt aus dem Hit »Je danse le MIA«, einem Song, dem im Sommer 1994 in Frankreich niemand entkommen kann. Acht Wochen lang steht die Single auf Platz eins der Charts, angefeuert vom Video, gedreht von Michel Gondry. »Je danse le MIA« enthält Elemente, die für Hip-Hop ungewöhnlich sind, vor allem enthält es: Selbstironie und Spott, der sich auf die Rapper selbst richtet. Auch deshalb ist das Stück so beliebt: Es bricht mit dem Stereotyp, nachdem ein MC vor allem dann gut ist, wenn er sich überhöht und die anderen herunterputzt. IAM aus Marseille wählen einen Weg abseits des Dissens – und haben damit einen riesigen Erfolg. Was auch am Sample liegt, das dem Track zugrunde liegt: IAM sind große Fans des amerikanischen Jazz-Funk-Stars George Benson, dessen Song »Give Me the Night« schenkt »Je danse le MIA« den Groove.

Wer denkt, bei diesen ungewöhnlichen Chartstürmern aus Marseille handle es sich um ein One-Hit-Wonder, kennt das Album nicht, auf dem sich der Hit befindet. *Ombre est lumière* aus dem Jahr 1993 ist ein Doppelalbum mit 40 Tracks und fast 150 Minuten Spielzeit. Auf der Platte findet sich alles, was guten Hip-Hop auszeichnet: Realismus aus den problematischen Vierteln von Marseille, tanzbare Musik, großer Quatsch, echtes Gemeinschaftsgefühl. Ein Höhepunkt ist »Le Feu«, bei dem IAM im Chorus zur Melodie der »Beer Barrel Polka«, die man in Deutschland aus den Fankurven in Fußballstadien sowie vom Volksmusikschlager »Rosamunde« kennt, die Zeile »Ce soir on vous met le feu« grölen – »Heute Abend machen wir euch Feuer unterm Hintern«.

Vier Jahre brauchen IAM, um ihr nächstes Album fertigzustellen. Das Warten lohnt sich, *L'École du micro d'argent* entwickelt sich zu einem weiteren Meilenstein der französischen Hip-Hop-Geschichte. IAM erbauen eine eigene Welt aus vielschichtigen Charakteren und weitreichenden Themen, mit Texten, die auf Klischees verzichten und die Komplexität der Dinge ernstnehmen – so wie auf den besten Alben des Wu-Tang Clan. Das Stück »Demain, c'est loin« ist eine neun Minuten lange Reportage aus den Banlieues, der Song nimmt die Träume und Sehnsüchte auf, wieder tauchen die Tacchini-Trainingsanzüge auf, um die es auch schon bei »Je danse le MIA« geht, jedoch sind sie nun ein Symbol dafür, wie ihr vermeintlicher Glanz in einem Umfeld von Drogen, Prostitution und Gewalt vollständig verblasst. Das Credo des Tracks ist ambivalent, einerseits heißt es: »On tient jusqu'à demain, après on verra bien« – »Wir halten durch bis morgen, und dann sehen wir weiter«. Andererseits: »Demain, c'est loin« – »Morgen, das ist noch weit weg«.

Ähnlich literarisch ist das Stück »Nés sous la même étoile« – »Geboren unter demselben Stern«: Es geht um zwei Jungen, die in unterschiedlichen Teilen der Stadt geboren werden, der eine in einer reichen, der andere in einer armen Umgebung: »Pourquoi pour lui c'est l'équitation, / Pour moi les bastons? / Pour lui la coke, pour moi les flics en faction?« – »Warum ist es für ihn Reiten und für mich Prügeln? Für ihn Koks, für mich die Bullen auf der Wache?« Und noch ein Tipp für alle *Star Wars*-Fans: Das Stück »L'Empire du côté obscur« wimmelt vor Samples aus der und Anspielungen auf die Saga – das »Imperium der dunklen Seite« schlägt zurück!

Recht bald verliert das Kollektiv IAM an Schlagkraft, zumal sich die Mitglieder – auch hier dient der Wu-Tang Clan als Vorbild – für Solo-Karrieren entscheiden. Das Niveau der besten IAM-Platten erreicht am ehesten Rapper Shurik'N, Sohn einer Familie mit Wurzeln in Madagaskar und dem französischen Überseegebiet La Réunion, auf seiner Soloplatte *Où je vis* aus dem Jahr 1998. Beim letzten Stück »Manifeste« ist auch der zweite Chef-MC von IAM dabei, Akhenaton, Kind einer aus Italien nach Südfrankreich übergesiedelten Familie. Auf Basis des Liebesthemas aus dem *Spartakus*-Film aus dem Jahr 1960 sezieren die beiden die französische Gesellschaft, aus ihrer Perspektive als »Neureiche«, aber auch mit dem Fokus auf denjenigen, die es nicht geschafft haben, die weiter im Fast-Food-Restaurant schuften, auf dem Bolzplatz von einer Fußballerkarriere träumen, von der Mehrheit diskriminiert und von der Politik nicht gehört werden. An einer Stelle heißt es: »L'État jouit, les jeunes jouent les bandits« – »Der Staat genießt, die Jugendlichen spielen Banditen«. Wer wissen will, was im Sommer 2023 bei den Krawallen in vielen französischen Großstädten passiert ist, sollte die Musik von Shurik'N, Akhenaton und IAM hören.

Odezenne

Ob Madame von ihrem Glück weiß, und ob sie den Spaß versteht? Alix und Mattia gehen zusammen zur Schule, befreunden sich, entdecken ihre gemeinsame Leidenschaft für Musik und Hip-Hop, beginnen, eigene Texte zu rappen, freestyle. Ein Element, das in diesen Tracks nicht fehlen darf: Odezenne – Nachname ihrer Schulleiterin, ein Biest vor dem Herrn, angsteinflößend und böse. Genau richtig also, um Madame Odezenne immer wieder in den Texten auftauchen zu lassen. Die Wirkung auf Alix und Mattia ist so groß, dass sie einige Jahre später beschließen, ihre Gruppe nach dem Namen ihrer Direktorin zu benennen: Odezenne.

Der Kampf gegen die Autoritäten ist demnach bereits im Bandnamen angelegt, seit 2008 machen sich Odezenne aus Bordeaux an die Umsetzung. Die Gruppe gründet das eigene Label »Universeul«, die Firma heißt nicht zufällig so wie der Beinahe-Monopolist Universal, den Musikern schwebt ein Major-Label Marke Eigenbau vor. Um Gigs zu organisieren und dafür Fans zu rekrutieren, setzen Odezenne nicht auf Plakate, sondern auf die Schwarmmotivation der sozialen Netzwerke: Die Leute erhalten den Auftrag, sich überall dort, wo die Band spielen soll, zusammenzufinden und sich dann zu melden. Ihre Platten verkauft die Bands nach den Shows oder über die Website. Heute besitzt die Gruppe ein treue Fanbasis, die dafür sorgt, dass die Konzerte auch ohne Werbung restlos ausverkauft sind. Zuletzt spielte die Band an drei Abenden in Paris. An ein Ticket zu kommen? Keine Chance.

So ungewöhnlich sich Odezenne vermarkten, so ungewöhnlich ist auch ihre Musik. Die Basis sind Beats und Sprechgesang, also: Hip-Hop. In den Stücken finden sich aber auch Einflüsse aus Chanson und Rock, Electro aus der Chill-Out-Area und French Pop. Dazu kommen Texte mit einer abstrusen Art von Poesie, das Stück »Souffle le vent« ist dafür ein gutes Beispiel: Der Song befindet sich auf dem dritten Album der Band, das im Jahr 2015 erscheint und den für eine französische Platte sonderbaren Namen *Dolziger Str. 2* trägt, benannt nach der Adresse in Berlin-Friedrichshain, unter der Odezenne 2013 für einige Monate wohnen. Der Text von »Souffle le vent« handelt von einer Fluchtutopie, raus aus dem Grau, dazu von Erinnerungen an die Träume von früher, die man längst aufgegeben hat – und damit auch sich selbst: »On n'aime pas le mec qu'on est devenu« – »Man mag den Typen nicht, zu dem man geworden ist«. Der Track besitzt einen trockenen Synthie-Pop-Beat und eine an Kraftwerk erinnernde Keyboardmelodie, auf diesen Sound rappt Alix den Text zunächst stoisch, im Verlauf des Songs mit einer Mischung aus Paranoia und hyperaktiver Sehnsucht.

Die Gefahr ist, dass sich eine Band wie Odezenne in der selbst entwickelten Nische gemütlich einrichtet und keinen Raum für Veränderungen zulässt. Das ist hier anders. 2022 erscheint das fünfte Album *1200 mètres en tout*, das Cover zeigt eine Wolkenformation, aus der sich das Profil eines Gesichts herausbildet, und die Musik der Platte klingt, als sei sie genau in dieser Wolke entstanden, in 1200 Metern Höhe. Die Vocals von Alix klingen, als passe zwischen seinen Mund und das Mikro kein Nanometer, es gibt Progrockmomente und Stücke, die klingen, als spiele jemand den *La Boum*-Soundtrack in David Lynchs *Twin Peaks* ab. Bei »Une danse de mauvais goût« sind die Sängerinnen des Art-Pop-Duos Mansfield.TYA dabei, der »geschmacklose Tanz« ist eine Art Totenballett mit schaurigem Ausgang: »Aujourd'hui, j'ai ce que je veux / Que la mort vienne quand je dors« – »Heute habe ich, was ich will / Dass der Tod kommt, wenn ich schlafe«. Kaum zu glauben, aber die Konzerte von Odezenne sind trotz dieser Texte und dieser Musik keine tristen Veranstaltungen. Im Gegenteil, das Live-Album der Band aus dem Jahr 2023 zeigt, dass sich die Gruppe und ihre Fans während eines Konzerts gemeinsam in einer außergewöhnlichen Zone befinden, einer »zone d'Odezenne«, in der geteiltes Leid gar kein Leid mehr ist, sondern eine erhebende Erfahrung. Und das dürfte auch Madame Odezenne gefallen.

Trois de plus

1. Booba

Elie Yaffa ist 15 Jahre alt, als er eine für ihn wegweisende Reise antritt: Er verbringt als Schüler ein Jahr bei einer Gastfamilie in Detroit, geht dort zur Schule, taucht in die Hip-Hop-Kultur ein, die damals, Anfang der 90er Jahre, in voller Blüte steht. Zurück in Frankreich, nennt er sich Booba – eine Hommage an einen senegalesischen Cousin – und gründet zusammen mit dem Rapper Ali das Hip-Hop-Duo Lunatic. Mitte der 90er Jahre entstehen erste Aufnahmen, die auf Mixtapes oder Compilations veröffentlicht werden, das Stück »Le crime paie« ist wegweisend, weil Lunatic hier den Hip-Hop alter Schule in den Gangsta-Stil überführen. Der Durchbruch steht kurz bevor, da wird Booba 1997 wegen eines Überfalls auf einen Taxifahrer inhaftiert. Das Debütalbum *Mauvais œil* erscheint daher erst 2000 und wird ein riesiger Erfolg: Es ist das erste Independent-Album (das also nicht bei einem der großen Major-Labels veröffentlicht wird), das die Auszeichnung Disque d'or, also eine Goldene Schallplatte, erhält. Der Song »La Lettre« ist eine Reflexion seiner Zeit im Gefängnis. Motiviert vom Erfolg startet Booba direkt eine Solokarriere, sein Album *Temps mort* wird 2002 ein weiterer Meilenstein des Hip-Hop, mit einer Wirkung weit über Frankreich hinaus: Der deutsche Gangsta-Rapper Bushido betont immer wieder, dass kein Rapper ihn so sehr beeinflusst habe wie Booba.

2. La Rumeur

Das Kollektiv stammt aus Élancourt, gelegen westlich von Paris, und nimmt seine Rolle als Underground-Act sehr ernst. La Rumeur behandeln in ihren Texten Themen wie Polizeigewalt und Alltagsrassismus. Es gibt keine abgemilderten Versionen ihrer Stücke fürs Radio. Als der spätere französische Präsident und damalige Innenminister Nicolas Sarkozy das Bandmitglied Hamé im Jahr 2002 wegen Verunglimpfung der Polizei anzeigt, beginnt ein jahrelanger Rechtsstreit, den La Rumeur bis zum Ende durchziehen – und schließlich gewinnen. Ihr stärkstes Album ist ihr Debüt: *L'Ombre sur la mesure* bietet zu harten Texten einen Sound zwischen dunklen Klängen und überraschend lebensbejahenden Einflüssen aus Kuba. Das Titelstück ist dafür das beste Beispiel.

3. Klub des Loosers

Besonderes Kennzeichen des Rappers Fuzati: eine weiße Maske, die er bei jedem Auftritt trägt. Erstens, um seine Bühnenpersona vom Privatmenschen zu trennen. Zweitens, weil ihn das Utensil ein wenig wie das Phantom der Oper aus dem Rap-Underground wirken lässt – was wiederum gut zu seiner Musik passt. Wenn andere Rapper protzen, verweist Fuzati auf seine vielen Schwächen. Seine besten Platten hat er als Teil des Trios Klub des Loosers aufgenommen: Das Debüt mit dem ironischen Titel *Vive la vie* aus dem Jahr 2005 bietet mit »La Manège des vanités« ein ambitioniertes Stück zwischen Klassik, Avantgarde und Hip-Hop, der Song »L'Indien« vom besten Klub-des-Loosers-Album *La Fin de l'espèce* aus dem Jahr 2012 verbindet Fuzatis zumeist mies gelaunten Rap-Stil mit Jazz und Barmusik.

15 Le Raï

Khaled,
Rachid Taha

Ursprünglich die traditionelle Musik aus der Region rund um die algerische Stadt Oran, entsteht dort und im Exil in Frankreich ab den 70er Jahren eine moderne Form des Raï.

Khaled

Der arabische Begriff Raï kann vielfältig übersetzt werden: Standpunkt, Betrachtungsweise, Urteil, Meinung – all diese Bedeutungen stecken in diesem Wort. Als sicher gilt, dass der Name damit zu tun hat, dass die Herrschenden des Orients früher die weisen Dichter und Sänger um Rat fragten und diese klug genug waren, ihre Ansichten in Form von Poesie und Musik auszudrücken. Die Modernisierung des Raï beginnt in den frühen 70er Jahren damit, dass die ersten Künstler elektrische Gitarren einführen. Zum Einsatz kommt verstärkt auch das Akkordeon, das eine Brücke zur Musik der Kolonialmacht Frankreich schlägt. Als die Musiker schließlich noch Synthesizer integrieren und sie die Musik für Einflüsse aus Disco, Funk und Reggae öffnen, erobert Raï auch den französischen Mainstream und wird zu einem Impulsgeber für den French Pop.

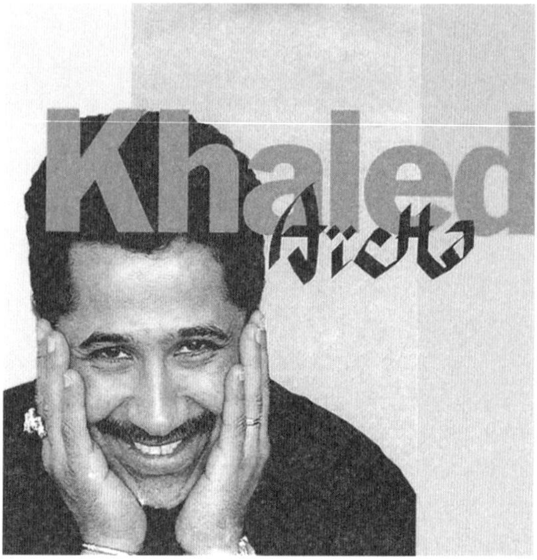

Singlecover von Khaleds Hit »Aïcha«, 1996

Der Hit »Aïcha« ist ein Beispiel dafür, wie gewinnbringend die französische Szene den Pop-Raï, wie der kommerzielle Arm der traditionellen Musikrichtung genannt wird, für sich vereinnahmt. Komponiert hat das Stück der französische Popsänger Jean-Jacques Goldman, es steht damit für die französische Sichtweise auf Raï. Wobei man nicht unterschlagen darf, dass der Sänger Khaled sehr genau weiß, was er tut, als er Mitte der 90er Jahre Goldman fragt, ob dieser nicht einen Song für ihn schreiben wolle. »Was denn für einen?«, fragt Goldman zurück. »Ein Liebeslied«, antwortet Khaled. Woraufhin Goldman das tut, was französische Liedschreiber eben tun, wenn sie über die Liebe schreiben – er nimmt die Rolle des Leidenden ein: »Aïcha, Aïcha, écoute-moi / Aïcha, Aïcha, t'en vas pas / Aïcha, Aïcha, regarde-moi, oh-oh / Aïcha, Aïcha, réponds-moi« – ihm zuhören soll Aïcha, nicht weggehen, ihn ansehen, ihm antworten. Der Song existiert in einer arabischen und einer französischen Version, letztere wird zu einem internationalen Hit.

Jeder kennt »Aïcha«, aber kaum jemand die Songs, die Khaled

bereits ab 1978 in seiner Heimatstadt Oran veröffentlicht. Was vor allem daran liegt, dass diese Aufnahmen Ende der 70er und Anfang der 80er Jahre nur auf Kassetten erscheinen. Sein erstes Pop-Raï-Album *Hada Raykoum* erscheint 1985, auf dem Cover wird er bereits als »Le No. 1 du Raï« bezeichnet. Die Songs werden nun auch als LP veröffentlicht, eine offizielle CD-Version fehlt bis heute, so dass dieses Album – wie auch die alten Kassetten – ein Sammlerstück ist. Vor allem der Titeltrack zeigt, dass Khaled und sein Team die Ambition besitzen, die Tradition in die Moderne zu überführen. Die originären Melodien und Instrumente des Raï treffen auf Drumcomputer und seltsame Synthie-Effekte. Ein erster Erfolg auf dem französischen Markt gelingt Khaled mit dem Album *Kutché*, das er zusammen mit dem algerischen Komponisten Safy Boutella aufnimmt, das Stück »La Camel« wird ein Insider-Hit in der wachsenden Weltmusik-Community.

Den Mainstream erreicht Khaled 1992 mit dem Album, das seinen Namen trägt. Der französische Produzent Marc-Antoine Moreau hat die Idee, die Songs mit ihren traditionellen Melodien mit Hip-Hop-Beats zu modernisieren. Das hätte fürchterlich schiefgehen können, sorgt beim Hit »Didi« aber für weltweit volle Dancefloors. Noch besser klingen die Stücke des Albums *N'ssi N'ssi* aus dem Jahr 1993: Khaled intergiert hier ein arabisches Orchester, die Rhythmusinstrumente klingen, als sitze man beim Hören direkt neben den Musikern. Setzen bei einem Stück wie »Kerbou« die modernen Beats ein, spielt dieser Song nicht mehr nur in einer Nacht im algerischen Oran, sondern auch in den Straßen von Marseille, Paris oder Nantes.

Nachdem Khaled 1996 mit »Aïcha« der oben bereits beschriebene Megahit gelingt, erscheint 1999 eine besonders interessante Platte: Zusammen mit den Raï-Stars Rachid Taha und Faudel (mehr zu ihnen gleich) veröffentlicht Khaled den Konzertmitschnitt *1, 2, 3 soleils*, die drei Sänger werden von einem arabischen Orchester sowie einer Funkband begleitet. Am Ende singen sie mit großer Geste »Comme d'habitude«, die französische Ursprungsversion von »My Way«, die, natürlich, von der Einsamkeit eines Liebenden handelt – und damit von einem universellen Gefühl.

Rachid Taha

Die Weltmusikwelle in den frühen 80er Jahren motiviert eine Gruppe junger Männer aus der Region Lyon dazu, eine Band zu gründen und den Sound der Stunde mit musikalischen Einflüssen der Heimat ihrer Eltern zu verbinden. Der Name der Gruppe sagt viel über die Zusammensetzung der Band und ihre Zielsetzung aus. Carte de séjour – Aufenthaltsgenehmigung. Als eine der wenigen Bands aus dieser Zeit thematisiert die Gruppe das Leben in Frankreich aus der Perspektive von Einwandererkindern. Der Sänger, Rachid Taha, tut dies nicht mit Betroffenheitsgesten und klagender Stimme. Seine Vocals sind lebensbejahend, dennoch problembewusst.

Carte de séjour veröffentlichen zwei Alben, der Titel des Debüts *Rhorhomanie* bezieht sich auf die in der Gegend von Lyon häufig genutzte Bezeichnung »Rhorhos« für Araber der zweiten Generation. Ein Stück wie »Habibi« klingt, als habe sich eine New-Romantics-Band wie Duran Duran oder Spandau Ballet im algerischen Oran verlaufen. Kurz vor ihrer Auflösung organisiert die Gruppe ihre wirkungsmächtigste Aktion: Carte de séjour nehmen für ihr zweites Album *2 1/2* aus dem Jahr 1986 eine Coverversion von »Douce France« auf, einem Chanson von Charles Trenet mit einer komplizierten Geschichte: Trenet schreibt das sentimental-nostalgische Lied zur Zeit des Vichy-Regimes, das während der Besatzung mit den Nazis kollaboriert. Gelesen werden kann »Douce France« als Signal an die Franzosen im Widerstand, dass es dieses »süße Frankreich« einmal gab und es dieses wieder geben wird, wenn die Nazis verschwunden sind. Eine echte Résistance gegen die Besatzer vermittelt Trenets Lied aber nicht. Carte de séjour wiederum widmen den Song um, indem sie ihn mit Raï-Elementen anreichern und damit die Frage aufwerfen, was dieses »süße Frankreich« denn im Hier und Jetzt, Mitte der 80er Jahre, auszeichnet – und welcher Teil davon ihnen als junge Menschen der zweiten Einwanderer-Generation zusteht.

Als sich die Band kurz danach trennt, startet Sänger Rachid Taha eine Solokarriere. Geboren wird er 1958 im heutigen Sig in Algerien. Als er zehn Jahre alt ist, siedelt seine Familie in den Osten Frankreichs über, wo seine Eltern im Elsass und in den Vogesen Arbeit finden. Als Teenager hört Rachid Taha fast ausschließlich die traditionelle Raï-Musik seiner Vorfahren, später entdeckt er New Wave und Pop. Mit Carte de séjour lässt er all das zusammenfließen. Auf seinen besten Soloplatten wählt er jedoch einen anderen Ansatz. Die Melodien und Grundrhythmen stammen aus dem Raï oder anderen algerischen Musikformen wie dem Chaâbi, dazu kommen moderne Beats, beeinflusst von Dance-Genres wie House, Downtempo oder Big Beat.

Sein erster großer Erfolg gelingt ihm mit einer traditionellen Einspielung: »Ya rayah« vom Album *Diwân* aus dem Jahr 1998 ist ein Stück des Künstlers Dahmane El Harrachi, geboren in Algier, ab 1949 zunächst in Lille in Nordfrankreich zu Hause, später in Paris. Gesungen wird das Lied aus der Perspektive eines weisen Menschen, der einem anderen, der fortwill, eine Warnung mit auf den Weg gibt: »Du, der du gehst, wohin du auch gehst, irgendwann wirst du müde sein und kehrst dann zurück«. Dass »Ya rayah« dennoch nach Aufbruch klingt, macht den Song besonders – und erklärt, warum er sowohl in der Weltmusikszene als auch im French Pop ein Hit wird: Das Publikum erkennt die Melancholie in der Melodie, die auch deshalb entsteht, weil der Autor Dahmane El Harrachi das Stück aus dem französischen Exil geschrieben hat.

Musikalisch treibt es Rachid Taha zu immer neuen Experimenten. Produzent des Albums *Made in Medina* aus dem Jahr 2000 ist der Brite Steve Hillage, ein Pionier der englischen Folk-Avantgarde, Experte darin, die Tradition mit dem Unbekannten zu verbinden. Das Stück »Barra barra« zeigt, wohin das führen kann: Die Rhythmen klingen, als spiele eine Gruppe aus Oran in einer Fabrikhalle eines Werks in der französischen Stahlhochburg Dunkerque. Taha singt dazu eine eindringliche und einprägsame Melodie, immer wieder bricht eine sägende elektrische Gitarre hinein, deren Wirkung von geisterhaften Industriegeräuschen verstärkt wird. Die Klasse von »Barra barra« erkennt man auch anderswo: Das Stück taucht in Ridley Scotts Kriegsfilm *Black Hawk Down* sowie im Videospiel *Far Cry 2* auf.

Schließlich nutzt Rachid Taha seinen gestiegenen Bekanntheitsgrad für einen weiteren Coup. Auf seinem Album *Tékitoi* covert er 2004 »Rock the Casbah«, 1982 ein Hit für die englische Punkband The Clash. Der Song erzählt die Geschichte eines arabischen Herrschers, der Rockmusik verbietet. Das Volk hält sich nicht daran, woraufhin er von seiner Festung aus – der Casbah – eine Fliegerstaffel bestellt, die aber letztlich nicht gegen das Volk vorgeht, sondern die Menschen aus den Kampfjets heraus mit Rockmusik beschallt. Hintergrund für Joe Strummers Text ist das Verbot von westlicher Rockmusik nach der Kulturrevolution im Iran. Mit Beginn des Golfkriegs im Januar 1991 entwickelt das Stück jedoch ein gefährliches Eigenleben: Zum Start der »Operation Desert Storm« spielt das Armeeradio »Rock the Casbah« als eine Art Schlachtensong, später zeigt sich, dass die US-Armee Bomben mit »Rock the Casbah« beschriftet. Joe Strummer verachtet diese Umdeutung seiner Lyrics. Er ist bereits verstorben, als Rachid Taha das Stück mit seiner Version »Rock the Casbah« zurück in den ursprünglichen Kontext holt.

Tahas außergewöhnliche Fähigkeit, Musiken zusammenzuführen, zeigt sich auch auf seiner Version des Elvis-Hits »Now or Never«, zu finden auf dem Album *Zoom* aus dem Jahr 2013: Zusammen mit der Neo-Jazz-Sängerin Jeanna Added überführt er die Schnulze in den arabischen Raum, streift dabei Punk und Avantgarde. Das Album endet mit dem Song »Voilà voilà«, einer Zusammenarbeit mit der englischen Produzentenlegende Brian

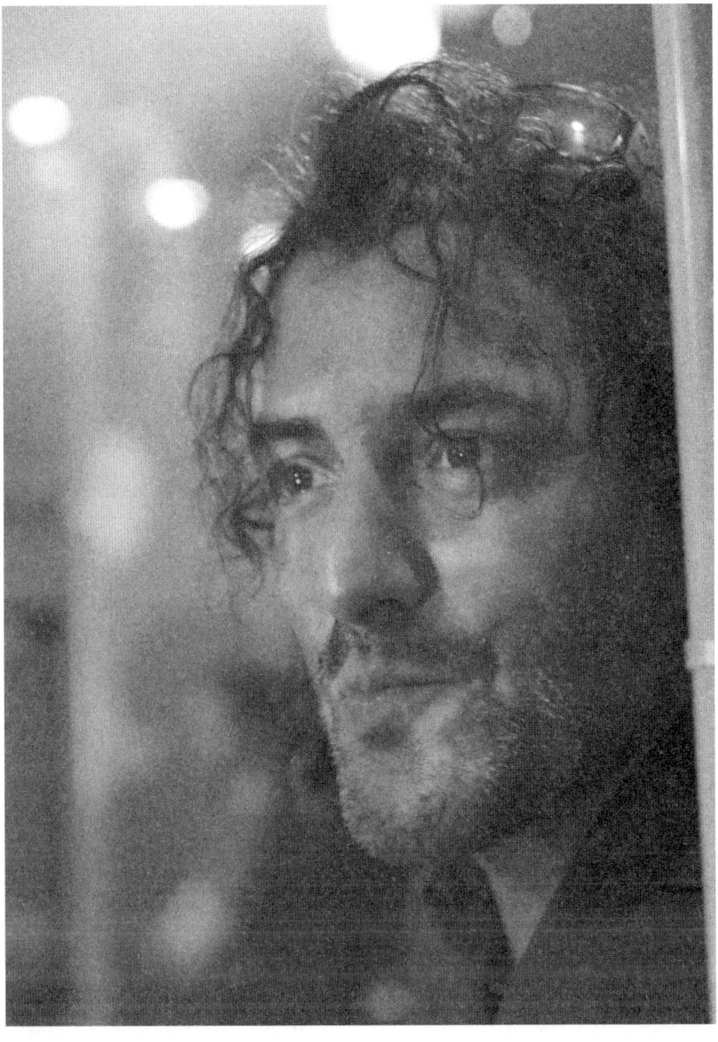

Rachid Taha, 2007

Eno: Rachid Taha holt die Metapher des »Douce France«, des süßen Frankreichs, noch einmal hervor, thematisiert die Rückkehr der Rechten, die Erinnerungen tilgen und den Migranten die Schuld in die Schuhe schieben. »Moi, je croyais que c'était fini /

Mais non, ce n'était qu'un répit« – »Ich dachte, es wäre vorbei / Aber nein, es war nur eine Atempause«.

Im September 2018 verstirbt Rachid Taha an den Folgen eines Herzinfarkts. Begraben liegt er in Sig, seiner Geburtsstadt in Algerien. Zeit seines Lebens hadert er mit der Frage, ob er sich als Algerier oder Franzose fühle. Eine posthume Antwort gibt ein Album, das kurz nach seinem Tod erscheint: *Je suis africain*, aber eben auch: »Africain, fantasmagorique« – »afrikanisch, phantasmagorisch«.

Trois de plus

1. Faudel

Faudel hat seinen ersten großen Auftritt als Teil des gemeinsamen Trios mit Khaled und Rachid Taha, das mit dem mitreißenden Konzertmitschnitt *1, 2, 3 soleils* eines der wichtigsten Raï-Alben überhaupt aufnimmt. Damals ist Faudel mit 20 Jahren der Vertreter der nächsten Generation, vor allem mit dem Album *Samra* wird er seinem Ruf als »Le petit prince du Raï« gerecht. Faudel stammt aus der Pariser Vorstadt Mantes-la-Jolie, entdeckt wird er mit zwölf auf einer Hochzeitsfeier im algerischen Oran, auf der er Raï-Klassiker singt, als hätte er nie etwas anderes getan. Dass sich Faudel ganz selbstverständlich als Franzose mit algerischen Wurzeln versteht, verdeutlicht sein Radiohit »Mon pays« aus dem Jahr 2006: »Je ne connais pas d'autre terre / Que celle qui m'a tendue la main« – »Ich kenne kein anderes Land / Als das, das mir die Hand gereicht hat«.

2. Riff Cohen

Die Sängerin aus Tel Aviv spielt eine außergewöhnliche Form von Weltmusik: Garagenrock trifft French Pop, jiddische Traditionen werden mit typischen Melodien und Instrumenten des Raï verbunden. Auf Riff Cohens erstem Album *À Paris* geht diese wilde Mischung besonders gut auf: Das Stück »Sur le macadam« wirkt, als hätten die White Stripes eine Session in Oran gespielt, »J'aime« klingt wie ein Raï-Stück aus der Yéyé-Ära.

3. Sofiane Saidi

In den Musikmagazinen nennt man Sofiane Saidi den »Prinzen des Raï 2.0«, weil es ihm gelingt, die Traditionen dieser Musik gleichzeitig zu bewahren und zu modernisieren. Dafür sucht sich der in Algerien geborene und seit Anfang der 90er Jahre in Paris lebende Musiker interessante Kooperationspartner. Das großartige Album *El Ndjoum* nimmt er 2018 mit der aus Lyon stammenden Band Mazalda auf, die ihrerseits Raï mit Indiepop- und Psychedelic-Elementen zusammenbringt; das Stück »Wahdi Ana W Galbi« zeigt die musikalische Vielfalt dieses Projekts – und klingt dennoch poppig. Das von Elektronik geprägte Album *Mademoiselle* entsteht 2023 zusammen mit dem Musiker Rodolphe Burger, den wir im Kapitel »Le rock et le punk« als Chef der Band Kat Onoma kennengelernt haben. Wenn sich die Stimmen von Saidi und Burger auf einem Song wie »504« zusammenfinden, entsteht eine sehr eigenwillige Atmosphäre.

16 La fin

Vor wenigen Tagen habe ich die Arbeit an diesem Buch abgeschlossen, seitdem geht jeder Smalltalk über *Voyage, Voyage* mit einer gewissen Anspannung einher. Ah, ein Buch über französische Popmusik, wie spannend, gibt's denn darin auch etwas über dieses und jenes Genre – und wenn ja, dann doch sicherlich auch eine Erwähnung dieser einen Band, die sei ja doch sehr wichtig, oder diesen einen Shootingstar der Szene, an dem führe ja kein Weg vorbei.

Was mich ungemein beruhigt: Oft kann ich sagen, ja, ist dabei. Manchmal muss ich aber auch passen. Wie auch nicht, kein Buch der Welt kann die gesamte Musikszene eines Landes abdecken, schon gar nicht diejenige einer kulturell so reichen Nation wie Frankreich. Aber das ist ja das Schöne an der Musik: Jedes neu erlangte Wissen führt zu einer erweiterten Neugier. Man will mehr erfahren, mehr hören, taucht immer tiefer ein und entdeckt bislang unentdeckte Nischen.

In diesem Moment, ich schreibe diese Zeilen wenige Wochen vor der Drucklegung, liegt bei mir im Arbeitszimmer ein noch ungeöffnetes Paket mit Platten aus einer düsteren musikalischen Ecke der französischen Popmusik. Es gilt, Alben von Bands wie Marc Seberg, Trisomie 21 oder Collection d'Arnell-Andréa zu entdecken. Und weil mir meine Familie zum vergangenen Weihnachtsfest das Abo einer großen französischen Musikzeitschrift geschenkt hat (wie groß meine Freude darüber war!), gelangen monatlich neue Namen auf meinen Radar, die ich – klar – höre und einordne. Auf diese Weise wächst mein

French-Pop-Kosmos immer weiter. Ein Ende? Ist nicht abzusehen.

Wenn mein Vater mit einer Mischung aus Ehrfurcht und Sorge um meinen finanziellen Status meine Plattensammlung begutachtet, fragt er mich häufig, ob nicht irgendwann der Punkt gekommen sei, an dem ich alle Musik, die mich interessiere, besitze und gehört habe. Nein, antworte ich ihm dann, von diesem Punkt bin ich weit entfernt. Wobei ich den Eindruck habe: Je näher ich glaube, diesem Punkt zumindest in einigen Genres zu kommen, desto weiter entferne ich mich von ihm. Musik zu hören, ist ein Hobby für Menschen, die Fässer ohne Böden lieben. Weshalb ich dem wunderbaren Team des Reclam Verlags an dieser Stelle eine Nachricht zukommen lassen möchte: Sollte sich die schöne Notwendigkeit einer zweiten Auflage ergeben, wird diese nicht ohne Ergänzungen auskommen. Nur, damit Sie schon einmal Bescheid wissen.

Musik-, Lektüre- und Filmempfehlungen

Der eine Song?
Alain Bashung: »La Nuit je mens« (1998)

Das eine Album?
Étienne Daho: *Pour nos vies martiennes* (1988)

Der eine Engtanz?
Laurent Voulzy: »Paradoxal système« (1992)

Der eine Partyhit?
Les Rita Mitsouko: »Marcia Baïla« (1984)

Das eine Paris-Lied?
Jacques Dutronc: »Il est cinq heures, Paris s'éveille« (1968)

Der eine Roman?
Virginie Despentes: *Das Leben des Vernon Subutex* (1–3). Aus dem Franz. übers. von Claudia Steinitz. Köln 2017–18.

Der eine Sommerhit?
Raphaël: »Caravane«

Die eine Compilation?
Bob Stanley & Peter Wiggs Present: Paris in the Spring (2018)

Der eine Krimi?
Georges Simenons *Maigret* – und zwar alle Bände.

Der eine Film?
Slogan (Regie: Pierre Grimblat, 1969)

Zum Weiterlesen:
Yves Bigot: Un autre monde – Les amours de la chanson française et du rock (Vol. 1+2). Paris 2017. [Porträts und Infos zu ausgewählten französischen Rockbands.]

Jane Birkin: Munkey Diaries – Die privaten Tagebücher. Aus dem Franz. übers. von Barbara Heber-Schärer. München 2019. [Einblicke in ihr privates Leben – als Mädchen, Frau, Mutter.]

Stéphane Deschamps: Alain Bashung – Sa belle entreprise. Paris 2018. [Reich bebildertes Porträt des einzigartigen Sängers.]

Annie Ernaux: Die Jahre. Aus dem Franz. übers. von Sonja Finck. Berlin 2019. [Autobiographisches Schreiben führt zu einem intensiven Gesellschaftsporträt.]

Martin James: French Connections. From Discotheque to Daft Punk – The Birth of French Touch. Chislehurst 2022. [Die Geschichte eines einzigartigen Dance-Sounds.]

Nils Minkmar: Das geheime Frankreich. Geschichten aus einem freien Land. Frankfurt a. M. 2017. [Feinsinnige Beobachtungen über die französische Kultur und Gesellschaft.]

Jean-Éric Perrin: Frenchy but Chic – Chroniques, 1977 /1982. Terrebonne 2013. [Gesammelte Kolumnen über die französischen Post-Punk- und Wave-Bands.]

Jean-Marie Potiez / Alain Pozzuoli: 101 Tubes de l'été. Paris 2020. [Reich bebilderte Chronik der größten Sommerhits.]

Jean-Pierre Prioul: Gainsbourg, 5 bis rue de Verneuil. Vanves 2017. [Die beste unter vielen Gainsbourg-Biographien.]

Olaf Salie: Chanson. Leidenschaft, Melancholie und Lebensfreude aus Frankreich. München / London / New York 2021. [Hochglanzbildband über die Stars des Chansons.]

Eric Vuillard: Ein ehrenhafter Abgang. Auf dem Franz. übers. von Nicolas Denis. Berlin 2023. [Geschichte als Collage: Das Debakel der Franzosen in Indochina.]

Zum Hören:

Die Playlist zum Buch finden Sie online unter reclam.de/voyage bzw. unter

Abbildungsnachweis

S. 8: André Boße. – © Rufus Himmelsbach.
S. 17: Fishbach. – © Jules Faure.
S. 19: Albin de la Simone. – © Frank Loriou.
S. 21: Fredda. – © Julien Bourgeois.
S. 28: La Boum. – © IMAGO / United Archives.
S. 42: Jane Birkin und Serge Gainsbourg. – © Universal Images Group North America LLC / Alamy Stock Foto.
S. 48: Desireless. – IMAGO / teutopress.
S. 52: France Gall. – © picture alliance / United Archives / Max Schweigmann.
S. 64: Les Rita Mitsouko. – © picture alliance / DALLE APRF / © photo Jean-Marc Birraux.
S. 79: Nino Ferrer. – © colaimages / Alamy Stock Foto.
S. 94: Jacques Dutronc und Françoise Hardy. – © picture-alliance / dpa/dpaweb / Abaca 29432.
S. 112: Brigitte Fontaine. – © picture alliance / dpa / Regmsg.
S. 127: Alain Bashung und Arno. – © Cinematic / Alamy Stock Foto.
S. 143:Étienne Daho. – © picture alliance / Marc Charuel / Photo12 / Marc Charuel.
S. 171: Christine & The Queens. – © Pierre-Ange Carlotti
S. 187: Renaud. – © Abaca Press / Alamy Stock Foto.
S. 203: Laurent Voulzy und Alain Souchon. – © picture alliance / abaca / Niviere David / ABACAPRESS.COM.
S. 219: Johnny Hallyday. – © Penta Springs Limited / Alamy Stock Foto.
S. 254: Dominique A. – © Maria Mochnacz.
S. 264: Matthieu Boogaerts. – © Noémie Reijnen.
S. 269: Benjamin Biolay und Vanessa Paradis. – © picture alliance / DALLE APRF / © DALLE APRF.
S. 283: Barbara Carlotti. – © Elodie Daguin.
S. 299: Manu Chao. – © akg-images / Thomas Bartilla.

S. 310: Jean-Michel Jarre. – © picture-alliance / dpa / epa AFP Marwan Naamani.
S. 314: Daft Punk. – © picture alliance / Matt Sayles / Invision / AP / Matt Sayles.
S. 329: MC Solaar. – © picture alliance / DALLE APRF / © DALLE APRF.
S. 343: Rachid Taha. – © picture alliance / Photo12 / Pierre-Jean Grouille.

Merci beaucoup

Alexandra Romary, Rolf Witteler und Marc-Stefan Andres für die großartige Unterstützung.

Barbara Carlotti, Chris, Fishbach, Fredda, Dominique A, Mathieu Boogaerts, Albin de la Simone, Pascal Parisot und Thierry Stremler für die Gespräche.

Lionel und Laure Ampilhac für die Inspirationen in den frühen 90ern.

Jutta, Rufus und Frede für die Mittagspause in Lyon – und alles.